Ferdinand Greiner

Solvency II und Rating-Modelle im Vergleich

Ausgewählte Kapitaladäquanzmodelle, betrachtet unter den konkurrierenden Aspekten Solvenz und Eigenkapitalrendite

Ferdinand Greiner

Solvency II und Rating-Modelle im Vergleich

PPO GmbH

ISBN 978-3-00-025527-4

1. Auflage September 2008

© Ferdinand Greiner, Augsburg 2008

Alle Rechte, auch die des auszugsweisen Nachdrucks, der fotomechanischen Wiedergabe (einschließlich Mikrokopie) sowie die Auswertung durch Datenbanken oder ähnliche Einrichtungen, sind dem Autor vorbehalten.

Herstellung: PPO GmbH, Gräfelfing bei München, www.ppogmbh.de

Inhaltsverzeichnis

Vorwort

1 **Einleitung** 1

2 **Risiko und Risikomanagement** 5
   2.1 Risikobegriff 5
   2.2 Risikomanagement in Versicherungsunternehmen 7
      2.2.1 Quantitatives und qualitatives Risikomanagement 9
      2.2.2 Fünf Schritte des Risikomanagements 10
   2.3 Anwendungsbeispiel: MaRisk (VA) 17

3 **Risiken eines Versicherungsunternehmens** 28
   3.1 Indikatoren für Risiken 29
   3.2 Kategorisierung von Risiken 31
   3.3 Versicherungstechnisches Risiko 35
      3.3.1 Nicht-Leben 38
      3.3.2 Leben 39
      3.3.3 Gesundheit 43
      3.3.4 Katastrophen 45
   3.4 Kapitalanlagerisiko 45
      3.4.1 Marktrisiko 47
      3.4.2 Forderungsausfallrisiko 49
   3.5 Asset Liability Mismatch-Risiko 52
   3.6 Operationelle Risiken 56
   3.7 Gruppenspezifische Risiken 59

4 Eigenmittel bei Versicherungsunternehmen ... 62

4.1 Risikodeckungsmasse ... 65
   4.1.1 Mittelherkunft der versicherungstechnischen Bilanz ... 66
   4.1.2 Eigenkapital ... 68
   4.1.3 Fremdkapital ... 69
   4.1.4 Hybridkapital ... 72

4.2 Risikokapital ... 74

4.3 Konkurrierende Aspekte Solvenz und Eigenkapitalrendite ... 77

5 Verfahren zur Berechnung des Risikokapitals ... 83

5.1 Zeichnungs- und Kalenderjahrbetrachtung (Nicht-Leben) ... 86

5.2 Risikomaße ... 90
   5.2.1 Kriterien für Risikomaße ... 91
   5.2.2 Ausgewählte Risikomaße ... 93
      5.2.2.1 Typ I: Abweichungsmaße von fixierten Zielgrößen ... 94
      5.2.2.2 Typ II: Maße zur Bestimmung der Kapitalanforderung ... 97

5.3 Abhängigkeiten ... 99

5.4 Ansätze zur Ermittlung von Kapitaladäquanzmodellen ... 103
   5.4.1 Kennzahlen-basierte Konzepte ... 104
   5.4.2 Risk Based Capital-Konzepte ... 105
   5.4.3 Szenario-basierte Modelle ... 107
   5.4.4 Probabilistische Konzepte ... 112

5.5 Interpretation eines Risk Based Capital-Konzepts ... 113
   5.5.1 Allgemeine Überlegungen ... 113
   5.5.2 Bedeutung von Korrelationen ... 114
   5.5.3 „Skalierung" der Risiken ... 117

5.6 Kapitaladäquanzmodelle in der Praxis ... 119

6 Anforderungen der Aufsicht ... 124

6.1 Grundlagen ... 124

Inhaltsverzeichnis III

6.1.1 Rechtsgrundlagen in Deutschland 127
6.1.2 Solvabilitätsanforderungen 129

6.2 *Solvency I (Solo-Solvabilität)* *130*
6.2.1 Solvabilitätsspanne für Schaden/Unfall und Kranken 134
6.2.2 Solvabilitätsspanne für Lebensversicherer 138
6.2.3 Garantie- und Mindestgarantiefonds 143
6.2.4 IST-Solvabilität 146

6.3 *Solvency II* *149*
6.3.1 Zusammenspiel zwischen Aufsicht und Praxis 152
6.3.1.1 Regulatorische Ebene 154
6.3.1.2 Beteiligung der Praxis 158
6.3.2 Gesetzgebungsprozess 160
6.3.3 Drei-Säulen-Ansatz 165
6.3.3.1 Säule I: Quantitative Anforderungen 166
6.3.3.2 Säule II: Qualitative Anforderungen und Aufsicht 168
6.3.3.3 Säule III: Beaufsichtigung und Veröffentlichung 171

6.4 *Die Standardformel nach Solvency II (QIS IV)* *173*
6.4.1 Quantitative Impact Studies 174
6.4.2 Vermögenswerte und Verbindlichkeiten 178
6.4.3 Standardformel (Stand QIS IV) 186
6.4.3.1 Anrechenbare Eigenmittel 188
6.4.3.2 Mindestkapitalanforderungen (MCR) 193
6.4.3.3 Solvenzkapitalanforderung (SCR) 195
6.4.3.4 Basissolvenzkapitalanforderung (BSCR) 201

6.5 *Risk Based Capital-Ansatz in den USA* *216*
6.5.1 Total Adjusted Capital 220
6.5.2 Risk Based Capital Nicht-Leben 226
6.5.3 Risk Based Capital Leben 237

7 Anforderungen der Rating-Agenturen 241

7.1 *Grundlagen* *242*

7.2 *Ratingkonzeptionen* *247*

7.2.1	Ratingobjekte	248
7.2.2	Ratingverfahren	251
7.2.3	Ratingersteller und Ratingempfänger	258
7.3	Ratingansätze von A.M. Best und Standard and Poor's	258
7.4	A.M. Best	263
7.4.1	Best's Capital Adequacy Ratio-Modell	266
7.4.2	Adjusted Capital	268
7.4.3	Net Required Capital	274
7.4.3.1	Nicht-Leben	276
7.4.3.2	Leben	288
7.5	Standard & Poor's	293
7.5.1	Total Adjusted Capital	296
7.5.2	Diversified Target Capital	298
7.5.2.1	Vermögenswerte vor Diversifikation	302
7.5.2.2	Verbindlichkeiten vor Diversifikation	305

8 Fazit ... 309

8.1 Rating-Agenturen vs. Versicherungsaufsicht ... 309

8.2 Zusammenfassung und Ausblick ... 313

9 Anhang ... 320

9.1 Mathematische Betrachtungen zum RBC-Modell ... 320
    9.1.1 Größenfaktor für Anleihen (Bond Size Factor) ... 320
    9.1.2 Unternehmens- und Markterfahrung in Nicht-Leben ... 321

9.2 Überführung des RBC-Modells in das BCAR-Modell ... 323

9.4 Ratingkategorien der führenden Rating-Agenturen ... 327

9.5 Mathematische Betrachtungen zum RBIC-Modell ... 327
    9.5.1 Risikotragfähigkeitskalkül im RBIC-Modell ... 328
    9.5.2 Size Factor Adjustment ... 329
    9.5.3 Diversifikationsbonus im S&P-Modell ... 330

9.6 S&P-Modell vor dem Update 2007 334

10 Literaturverzeichnis **337**

11 Stichwortverzeichnis **358**

Vorwort

Erst- und Rückversicherer stehen angesichts der derzeit neu entwickelten Solvency II-Bestimmungen vor tief greifenden Veränderungen. Diese müssen zukünftig ihre Risiken umfassend bewerten und ihr Risikomanagement an die gestiegenen Anforderungen anpassen. Die "Mindestanforderungen an das Risikomanagement" (MaRisk VA) stellen hierzu eine Art Vorbote dar. Ein weiteres Problemfeld, das gerade die Versicherungsunternehmen beschäftigt, ist das Thema "Rating". Es freut mich sehr, dass wir Ferdinand Greiner, Mitarbeiter eines großen international tätigen Rückversicherungsunternehmens, gewinnen konnten, sich dieser beiden wichtigen Themen anzunehmen. Ziele des Buches sind, Transparenz in diese anspruchsvollen und zukunftsträchtigen Themenbereiche zu bringen und dabei einführend und verständlich für den Praktiker sowie analytisch und Erkenntnis fördernd für den Spezialisten zu sein.

Gräfelfing bei München im September 2008

Helmut Stichlmair
(Geschäftsführer der PPO GmbH)

1 Einleitung

In den letzten Jahren wurden die Rahmenbedingungen der Versicherungswirtschaft einem großen Wandel unterworfen. Gründe dafür sind volatile Kapitalmärkte, sinkende Zinsen, eine steigende Anzahl von Großschäden und eine beschleunigte Deregulierung des Versicherungsmarktes.[1] Da diese Turbulenzen die Eigenkapitalbasis der Versicherungsunternehmen (VU) stark angegriffen haben, sehen sich viele VU[2] veranlasst, die Handhabung ihres Risikomanagements an diese Entwicklungen anzupassen. Denn nach wie vor ist der Risikoausgleich im Kollektiv das zentrale Geschäftsfeld eines VU.[3]

Auch im Risikomanagement selbst hat sich ein Wandel vollzogen. Inzwischen werden neben der bisher rein quantitativen Betrachtung von Risiken auch qualitative Elemente wie bspw. operationelle Risiken im Risikomanagement berücksichtigt.[4] Auch bei Hinzunahme von qualitativen Faktoren liegt ein wesentlicher Fokus auf der Bestimmung des Risikokapitals. Dieses wird durch finanz- und versicherungsmathematische Modellierungsansätze sowohl unternehmensintern durch eigene Modelle (sog. interne Modelle) als auch unternehmensextern durch Kapitaladäquanzmodelle der Rating-Agenturen oder Solvabilitätskonzeptionen der Aufsichtsbehörden ermittelt.[5]

Externe Interessengruppen und VU stellen unterschiedliche Anforderungen an die Höhe des Risikokapitals. Die Modelle beider Interessengruppen haben jedoch ein und denselben Ansatz: Sie bezie-

---

[1] Münchener Rück (2006a), S. 26-27.
[2] Ist im Folgenden von einem VU die Rede, sind damit stets sowohl Erst- als auch Rückversicherungsunternehmen gemeint.
[3] Schneider, J. (2005), S. 400.
[4] Münchener Rück (2006a), S.26-27.
[5] Im Folgenden wird für alle Ansätze der Begriff Kapitaladäquanzmodelle verwendet.

hen den fiktiv errechneten Eigenmittelbedarf (Risikokapital) auf die tatsächlich verfügbaren Eigenmittel (Risikodeckungsmasse). Dabei wird der Eigenmittelbedarf aufgrund der betrachteten Risiken, bspw. eines Vertragsportfolios, völlig losgelöst vom bilanziellen Eigenkapital bewertet und anschließend mit diesem verglichen. Die Kapitaladäquanzmodelle der Aufsichtsbehörden und Rating-Agenturen haben das Ziel, Dritte (bspw. Versicherungsnehmer) zu schützen, indem sie durch unterschiedliche Ansätze zur Ermittlung des Risikokapitals Insolvenzen verhindern, da diese Modelle unterkapitalisierte Gesellschaften als solche kenntlich machen. Kapitaladäquanzmodelle fordern also eine hohe Eigenmittelausstattung. Dabei steht der Solvabilitätsgedanke im Vordergrund. Solvabilität bedeutet, dass ein VU gegenüber einer Aufsichtsbehörde oder einer Rating-Agentur den Nachweis seiner Zahlungsfähigkeit erbringen muss. Diese wird insbesondere durch eine ausreichende Eigenmittelausstattung gemessen.[6] Der Maßstab dafür ist das Risikokapital eines VU. Der Ansatz des Managements, vertreten durch interne Modelle, folgt einer anderen Überlegung, nämlich der einer risikogerechten Kapitalallokation und Profitabilitätsmessung mit dem Ziel, ertragreiche Geschäftssegmente und Margenvorgaben zu bestimmen.[7] Interne Modelle errechnen somit ein tendenziell niedrigeres Risikokapital. Aufgrund dieses Interessenkonflikts sind alle Modelle zur Ermittlung des Risikokapitals im Lichte der konkurrierenden Aspekte Solvabilität und Eigenkapitalrendite zu betrachten. Dieser Problemkreis lässt sich in der folgenden Abbildung nach MÜLLER darstellen:[8]

---

[6] Farny, D. (2006), S. 778.
[7] Müller, E. (2000), S. 761.
[8] in Anlehnung an Müller, E. (2004), S. 33.

Einleitung 3

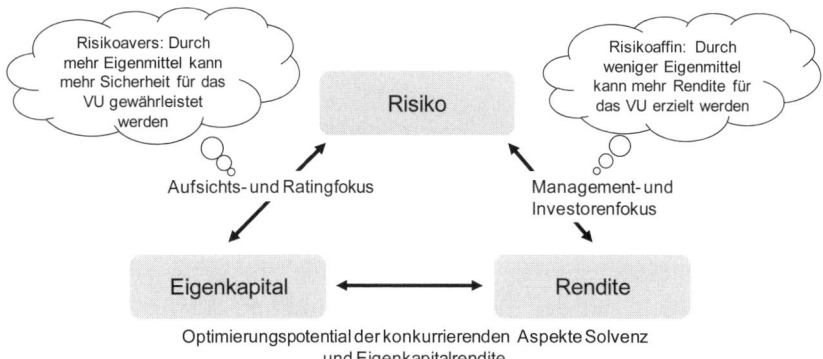

Abbildung 1 Das Entscheidungsdreieck nach MÜLLER

Die zentrale Fragestellung aller Kapitaladäquanzmodelle ist, welchen Risikoumfang ein VU tragen kann und welche Eigenmittel es dazu benötigt.[9] Kapitaladäquanzmodelle überprüfen die „risikogerechte Mindestkapitalisierung" von VU. Vor allem im Nicht-Leben-Bereich[10] eines VU treten überaus komplexe Risikostrukturen auf, die sich in entsprechenden Modellansätzen abbilden lassen. Nach MÜLLER ergeben sich drei Problemkreise:[11]

- Definition der Risikokategorien und deren Unterkategorien

- Festlegung des Risikomaßes und des daraus ableitbaren Kapitalbedarfs pro Risikokategorie oder Unterkategorie

- Zusammenführung der einzelnen Kapitalbedarfsteile zum Gesamt-Risikokapitalbedarf unter möglichst realitätsnaher

---

[9] Deckert, M./Radtke, M. (2004), S. 138.
[10] Mit Nicht-Leben-VU sind Kompositversicherungsunternehmen gemeint, die Schaden- und Unfallversicherungsgeschäft (Property/Casualty - P/C) betreiben. Leben-VU sind VU, die sowohl Lebens- als auch Krankenversicherungsgeschäft betreiben.
[11] Müller, E. (2000), S. 760.

Berücksichtigung von Abhängigkeiten innerhalb und zwischen den Kategorien

Für ein besseres Verständnis der Problemkreise nach MÜLLER wird im folgenden Kapitel der Begriff „Risiko" eingeführt. Von den fünf wesentlichen Schritten des Risikomanagements, nämlich Identifikation, Spezifikation, Aggregation, Überwachung der Risiken und anschließende Risikobewältigung,[12] stehen die drei ersten in direktem Zusammenhang mit den Modellen zur Ermittlung des Risikokapitals. Um sinnvolle Aussagen über die Aggregation von Risiken zum Risikokapital treffen zu können, müssen vorab einzelne Risikokategorien und deren Unterkategorien definiert werden. Diese Ermittlung ist Bestandteil des ersten Problemkreises nach MÜLLER und stellt deshalb eine zwingende Voraussetzung für die Darstellung des zweiten und dritten Problemkreises dar. Auf den zweiten Problemkreis, der die Festlegung des Risikomaßes und des daraus abzuleitenden Kapitalbedarfs beinhaltet, wird im Kapitel 5 eingegangen. Dazu werden dort mathematisch-statistische Grundlagen gelegt. In der Praxis führen Aktuare diese Bewertung durch.[13] Der dritte Problemkreis, die Aggregation der einzelnen Kapitalbedarfsteile, ergibt die Höhe des Risikokapitals. Unterschiedliche Interessengruppen haben unterschiedliche Vorstellungen und Konzepte über die Zusammenführung einzelner Kapitalbedarfsteile. Die Berücksichtigung von Abhängigkeiten (bspw. Korrelationen) spielt dabei eine entscheidende Rolle. Alle Problemkreise sind im Spannungsfeld zwischen Solvenz und Eigenkapitalrendite zu betrachten.

---

[12] Gleißner, W./Romeike, F. (2005), S. 28.
[13] Ein Aktuar ist ein Versicherungs- und Wirtschaftsmathematiker, der nach Ablegen einer besonderen Prüfung in Deutschland den Titel Aktuar DAV (= Deutsche Aktuarsvereinigung) tragen darf (Koch, P. (2003), S. 1787).

2 Risiko und Risikomanagement

In der wissenschaftlichen Literatur findet sich für den Begriff „Risiko" keine allgemein gültige Definition. Auch die Betriebswirtschaftslehre verfügt über keinen einheitlich festgelegten Risikobegriff.[14] Deshalb werden hier einige Definitionen vorgestellt, die das im Folgenden verwendete Risikoverständnis erläutern. Anschließend wird das eingeführte Risikoverständnis in die Thematik des Risikomanagements eingeordnet und wesentliche Schritte des Risikomanagements erläutert. Die Vorstellung der MaRisk (VA) als ein praktisches Anwendungsbeispiel für das Risikomanagement schließt dieses Kapitel. Die MaRisk (VA) gilt als ein Vorgriff der deutschen Versicherungsaufsicht auf die Säule II von Solvency II. Deshalb sollen die Ausführungen zur MaRisk (VA) einen ersten Eindruck von den zukünftigen Anforderungen an das Risikomanagement eines VU vermitteln. Auch für Rating-Agenturen ist das Risikomanagement ein wesentlicher Faktor im interaktiven Rating-Prozess zwischen VU und der Agentur. So fließt bspw. die Beurteilung des Risikomanagements in die qualitative Beurteilung und somit in das Rating ein.

2.1 Risikobegriff

Eine gängige Definition für Risiko findet sich bei GLEIßNER/ROMEIKE: *„Risiken sind die aus der Unvorhersehbarkeit der Zukunft resultierenden, durch „zufällige" Störungen verursachten Möglichkeiten, von geplanten Zielwerten abzuweichen."*[15] STEINER/BRUNS definieren Risiko als: *„Unsicherheit - verstanden als die Möglichkeit des Abweichens von geplanten Größen."*[16]

---

[14] Wagner, F. (2000), S. 7.
[15] Gleißner, W./Romeike, F. (2005), S. 27.
[16] Steiner, M./Bruns, C. (2002), S. 55.

Diese wissenschaftlichen Definitionen erklären Risiko als Abweichung von einem geplanten Wert. In Anlehnung daran werden im Folgenden Risiken als Streuung oder zufällige Abweichung von einem geplanten Ziel- oder Erwartungswert betrachtet. Aufgrund des Abweichungswertes stehen Risiken immer im direkten Zusammenhang mit der Planung. Plan-Ist-Abweichungen sind im Falle einer positiven Abweichung vom Planwert (Upside Risk) als Chance und im negativen Fall (Downside Risk) als Gefahr zu verstehen.[17] Im Folgenden werden Konzepte zur Ermittlung des Risikokapitals, die für die Existenzsicherung eines VU unerlässlich sind, behandelt. Deshalb sollen ausschließlich negative Abweichungen unter dem Aspekt der Vermeidung eines Verlustes oder einer Insolvenzgefahr betrachtet werden.

Im Banken- und Versicherungsbereich gilt ausschließlich die negative Abweichung als Risiko.[18] Beispielhaft kann dafür eine Definition nach SCHIERENBECK genannt werden:

„[Risiko ist] ... definiert als die in einem unzureichenden Informationsstand begründete Gefahr einer negativen Abweichung des tatsächlichen Ergebniswertes vom erwarteten Ergebniswert."[19]

Diese Definition entspricht im Kern dem hier verwendeten Risikoverständnis. Da sich Risiken in der Zukunft abspielen, muss man von einem „unzureichenden Informationsstand" sprechen, der sich als Risiko im Sinne einer „negativen Abweichung" auf die wirtschaftliche Lage des Unternehmens auswirkt.

Auch in der Praxis findet sich der Begriff Risiko für die Betrachtung von negativen Abweichungen. So definiert bspw. die MÜNCHENER

---

[17] Gleißner, W./Romeike, F. (2005), S. 27.
[18] Amley, T. (1993), S. 65; Brink, G.J./Romeike, F. (2005), S. 58.
[19] Schierenbeck, H. (2003), S. 55.

RÜCKVERSICHERUNGS-GESELLSCHAFT in ihrem Geschäftsbericht 2006 den Begriff Risiko wie folgt:

„Die Möglichkeit, dass negative Faktoren die künftige wirtschaftliche Lage eines Unternehmens beeinflussen ..."[20]

Die moderne betriebswirtschaftliche Literatur versucht nicht mehr, eine allgemeingültige Definition für Risiko zu finden. Sie umschreibt seine wesentlichen Eigenschaften,[21] vgl. bspw. WAGNER, F.:

„Das Risiko aus einem Handeln oder Verhalten des Versicherungsunternehmens kommt in einer Wahrscheinlichkeitsverteilung der möglichen Ergebnisse zum Ausdruck."[22]

Aufbauend auf diese Wahrscheinlichkeitsverteilung können Risiken aggregiert werden. Diese Risikoaggregation ist ein wesentlicher Teil des Risikomanagements. Der folgende Abschnitt geht näher darauf ein.

2.2 Risikomanagement in Versicherungsunternehmen

Unter Risikomanagement sind die Aktivitäten eines Unternehmens im Umgang mit seinen Gefahren zu verstehen. Es umfasst alle risikobezogenen Tätigkeiten im Unternehmen.[23] Auch für den hier verwendeten Risikomanagementbegriff wird ein Risikoverständnis als negative Abweichung (Gefahr) von einem Erwartungswert vorausgesetzt. Dabei wird zwischen einem qualitativen Risikomanagement

---

[20] Münchener Rück (2006b), S. 218.
[21] Wagner, F. (2000), S. 7.
[22] Wagner, F. (2000), S. 7.
[23] Gleißner, W./Romeike, F. (2005), S. 28; Wagner, F. (2000), S. 15.

(Ermittlung der Risikotypen) und einem quantitativen Risikomanagement (Berechnung der ermittelten Risikotypen) unterschieden.

Die folgenden Abschnitte erläutern die fünf Schritte des Risikomanagements. Ein VU konzentriert sich auf eine möglichst vollständige und zeitnahe qualitative Abbildung seiner Risikosituation.[24] Es quantifiziert seine Einzelrisiken anhand von Risikokategorien oder Risikotypen, aggregiert sie zum Gesamtrisiko und stellt so den Zusammenhang zum Risikokapital her.[25] Dabei steht die Aggregation für das Zusammenfassen einzelner Risiken zu einem Gesamtrisiko unter Berücksichtigung der Abhängigkeiten zwischen den einzelnen Risiken. Danach allokiert (verteilt) das VU das ermittelte Risikokapital auf die kleinste mögliche risikotragende Einheit, bspw. auf einzelne Geschäftsbereiche oder Lines of Business (LoB).[26] Nach der Allokation gilt es, Risiken zu bewältigen und zu überwachen. Diese Zusammenhänge sind in der folgenden Abbildung dargestellt:

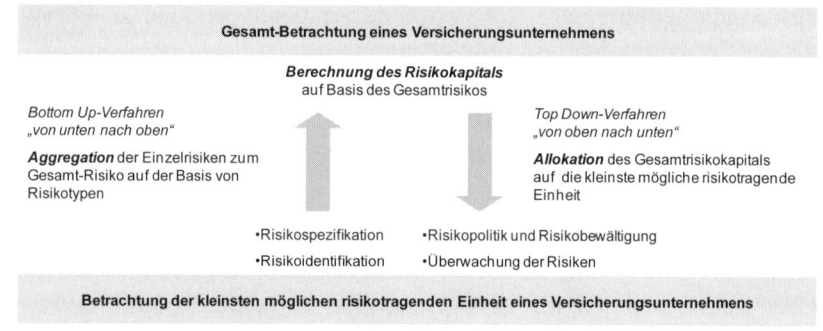

Abbildung 2 Die fünf Schritte des Risikomanagements

---

[24] Wagner, C. (2005), S. 268.
[25] Wagner, C. (2005), S. 277-278.
[26] Eine Line of Business ist ein Geschäftsfeld oder Segment, in dem VU oder deren Geschäftsbereiche tätig sind. Beispiele für LoB sind Leben, Gesundheit oder im Nicht-Leben-Bereich Luftfahrt, Transport, Feuer etc.

2.2.1 Quantitatives und qualitatives Risikomanagement

Die Risiken eines VU werden in zwei verschiedenen Ansätzen, dem Bottom Up- und dem Top Down-Ansatz, erfasst und bewertet. Dazu fasst die Risikoanalyse die einzelnen Risiken zunächst nach dem Bottom Up-Verfahren zusammen, um sie dann „Top Down" in einzelne Risikoarten bspw. auf LoB oder einzelne Verträge aufzuteilen. Risiken müssen erst im qualitativen Risikomanagement erkannt werden, damit anschließend ihre monetäre Bewertung im quantitativen Risikomanagement möglich ist.

Im qualitativen Risikomanagement werden im ersten Schritt relevante Einzelrisiken - also Risiken, deren Eintreffen die Zielsetzungen eines VU deutlich beeinflussen - identifiziert und erfasst. Dann werden diese Risiken ausgehend vom Einzelrisiko (bspw. einem Vertrag) via „Bottom Up" zu einem Gesamtrisiko unter der Berücksichtigung wesentlicher Zusammenhänge zwischen den einzelnen Risiken zusammengefasst. Anschließend wird dieses Gesamtrisiko strukturiert und in verschiedene Risikoklassen ebenfalls unter Berücksichtigung der bereits erfassten Zusammenhänge aufgeteilt und der kleinsten möglichen risikotragenden Einheit des Unternehmens (z. B. LoB oder Vertrag) gemäß dem Top Down-Verfahren zugeordnet.[27]

Das quantitative Risikomanagement hat die Aufgabe, das Ausmaß des Eintreffens eines Risikos im Bottom Up- und Top Down-Verfahren monetär zu bewerten. Dazu berechnet (modelliert) ein VU Wahrscheinlichkeitsverteilungen, deren Parameterwerte die Realität beschreiben sollen. Diese Verteilungen werden dann auf einer Gesamtunternehmensebene zusammengefasst (aggregiert), um sie anschließend „Top Down" auf die das kleinste Risiko tragende Ein-

---

[27] Wagner, F. (2000), S. 96.

heit des VU zu verteilen (allokieren).[28] Zentrales Ziel des quantitativen Risikomanagements ist die Bestimmung des Risikokapitals. Es ergibt sich aus den durch das qualitative Risikomanagement ermittelten Risikoklassen.[29]

Sowohl beim qualitativen als auch beim quantitativen Risikomanagement ist darauf zu achten, dass sich die Analyse der Risiken nicht nur auf die Ausgangsrisikolage eines VU beschränkt, sondern auch Risikoauswirkungen aller Alternativen für das künftige Verhalten eines VU berücksichtigt.[30] Die Risikoanalyse ist auch eine Entscheidungsvorbereitung, weil sie Aussagen über Mitteleinsätze bei der Risikohandhabung und über das allgemeine Unternehmensmanagement beinhaltet.

2.2.2 Fünf Schritte des Risikomanagements

Die fünf Schritte des Risikomanagements sind Identifikation, Spezifikation, Aggregation und Allokation, die Überwachung von Risiken sowie die Risikopolitik und die anschließende Risikobewältigung.[31]

Die Risikoanalyse eines VU erfolgt in zwei Schritten - Risikoidentifikation und Risikospezifikation. Diese beiden Schritte sind für VU deutlich schwieriger als für andere Wirtschaftsbranchen, weil die Übernahme der Risiken Dritter das Kerngeschäft eines VU darstellt. Diese Risiken sind im Allgemeinen schwer überschaubar.[32] Oftmals besteht auch ein schleppender Informationsfluss über quantitative und qualitative Informationen zu Risiken durch die dritte Partei. VU versuchen dieser Problemstellung durch Sammeln von Daten und

---

[28] Wagner, F. (2000), S. 96-97.
[29] Lim, G./Kriele, M./Rauschen, T. (2006), S. 36.
[30] Karten, W. (1993a), S. 3830.
[31] Gleißner, W./Romeike, F. (2005), S. 28.
[32] Farny, D. (1983), S. 581.

Erfahrungen zu begegnen.[33] Diese Daten werden in drei großen Risikoklassen strukturiert:[34] dem versicherungstechnischen Risiko, dem Kapitalanlagerisiko und dem operationellen Risiko. Dabei setzt die versicherungstechnische Risikoanalyse auf der Ebene der Versicherungsnehmer und bei deren versicherten Risiken ein. Da ein VU Schadensauszahlungen aus Prämieneinnahmen zu einem späteren Zeitpunkt finanzieren muss, ist es wesentlichen Risiken im Kapitalanlagegeschäft ausgesetzt. Dort muss die Risikoanalyse ebenfalls bei Dritten - den Emittenten der Kapitalanlagen - ansetzen. So sind bspw. Länderrisiken ein wesentlicher Faktor bei Vertragsabschlüssen im Ausland. Bei Kapitalanlagerisiken kann es zu unerwünschten Kumuleffekten wie bspw. zu einer Kombination von Zins- und Währungsrisiken oder erwünschten Risikoausgleichseffekten durch Streuung von Kapitalanlagen kommen. Bei operationellen Risiken handelt es sich um Risiken, die im Rahmen der Geschäftstätigkeit eines VU entstehen. Allerdings lassen sich die eigenen innerbetrieblichen Risiken eines VU aufgrund der hohen Exponierung der übernommenen Risiken als eher gering einstufen.[35]

Hauptziel der Risikoidentifikation im qualitativen Risikomanagement ist es, alle wesentlichen Risiken durch einen systematischen und fokussierten Prozess möglichst zeitnah zu erfassen.[36] Bei der Risikoidentifikation muss zunächst festgestellt werden, in welchen Risikofeldern die entscheidenden Risiken auftreten. Diese Risikofelder werden soweit möglich in (Sub-)Risikoklassen untergliedert und analysiert. Dadurch kann eine überschaubare Anzahl an wesentlichen Risiken für ein VU identifiziert werden.

---

[33] Wagner, F. (2000), S. 97.
[34] Schierenbeck, H./Hölspher, R. (1998), S. 239; Brink, G.J./Romeike, F. (2005), S. 71.
[35] Wagner, F. (2000), S. 97-98.
[36] Gleißner, W./Romeike, F. (2005), S. 29.

Im nächsten Schritt, der Risikospezifikation, sind diese Risiken genauer zu skalieren, da nicht angenommen werden kann, dass alle Risiken mit derselben Gewichtung in das Gesamtrisiko eingehen. Eine „einfache" Aggregation von Risiken darf nicht durch eine simple Addition erfolgen, weil bei einer Zusammenfassung von Risiken nach dem Bottom Up-Verfahren sowohl unerwünschte Risikokumuleffekte[37] als auch erwünschte Risikoausgleichseffekte entstehen können.[38] Diese so skalierten Risiken fließen in die (Risiko-)Aggregation des Gesamtrisikos ein.

In der Risikoaggregation werden einzelne Faktoren durch spezielle Modelle separat berechnet. Ist die Größe der einzelnen Risikofaktoren bekannt, werden die Ergebnisse zusammengefasst und die Höhe des Gesamtrisikos unter Berücksichtigung von Diversifikationseffekten geschätzt.[39] Dabei gehen die verschiedenen Faktoren in unterschiedlicher Höhe in das Gesamtrisiko ein. Dies kann bspw. zur Folge haben, dass die errechnete Höhe des operationellen Risikos deutlich geringer ist als die des versicherungstechnischen. Auch müssen Risikoausgleichseffekte durch die Modellierung von Abhängigkeiten (bspw. Korrelationen oder Copulas) zwischen diesen Einzelrisiken bei der Risikoaggregation beachtet werden. Die Berücksichtigung von Abhängigkeiten hat zur Folge, dass die Summe der ermittelten Einzelrisiken nicht mit der Höhe des tatsächlich ermittelten Gesamtrisikos übereinstimmt. Dies lässt sich im Falle negativer Korrelationen auf Diversifikationseffekte zurückführen, die bspw.

---

[37] Als Kumul werden mehrere bei einem VU abgesicherte Risiken bezeichnet, die von einem Schadensereignis gleichzeitig betroffen sind. Als Beispiel kann ein Flugzeugabsturz genannt werden. Bei diesem Schadensereignis greifen bspw. die Lebensversicherungen der Insassen, die Police für das versicherte Flugzeug und des am Boden entstandenen Schadens. In diesem Zusammenhang spricht man von einem Kumulschaden.

[38] Wagner, F. (2000), S. 98. Ein Risikoausgleichseffekt oder Diversifikationseffekt tritt u. a. dann auf, wenn ein VU weltweit eine spezielle Risikoart versichert und die erwarteten Schäden nicht überall eintreten. Auch können Risikoausgleichseffekte innerhalb verschiedener LoB entstehen, wenn bspw. die Exponierung für Feuerschäden in einem Jahr sehr stark ist und gleichzeitig in den anderen LoB keine nennenswerten Schäden zu verzeichnen sind.

[39] Arnoldussen, L./Pohnke, C. (2004), S. 810.

ein weltweit agierendes VU aufgrund globaler Risikoübernahmen erzielen kann und die das Gesamt-Risikokapital verringern. Im Falle positiver Korrelationen würde sich das Gesamtrisiko erhöhen. Die Risikoaggregation kann erst durchgeführt werden, wenn die Eintrittswahrscheinlichkeit der Schadensverteilung einzelner Risikoklassen und deren Korrelationen durch geeignete Verfahren ermittelt worden ist (vgl. Kapitel 5).[40]

Der Kapitalbedarf der (eingegangenen) Risiken lässt sich aus der in der Risikoaggregation ermittelten Verteilungsfunktion ableiten. Die Höhe des übernommenen Risikos wirkt sich unmittelbar auf den Gewinn und damit auch auf die Höhe des Eigenkapitals aus. Der Kapitalbedarf lässt sich auf Grundlage der gesamtunternehmensbezogenen Ergebnisverteilung, auf das der Verteilung zu Grunde liegende Risikomaß und des angestrebten Sicherheitsgrades berechnen.[41] Ein VU kann nur Risiko in der Höhe tragen, in der es durch Eigenmittel abgesichert ist.[42] Deshalb werden in Kapitel 4 die Konzepte Risikodeckungsmasse (für die realen Eigenmittel) und Risikokapital (für den virtuellen Kapitalbedarf) eingeführt, die diese Anforderungen genauer spezifizieren.

Die Kapitalallokation erfolgt nach der Berechnung des Gesamt-Risikokapitals. Der Begriff Kapitalallokation steht für die verursachergerechte und angemessene Verteilung des durch Risikoaggregation ermittelten Gesamt-Risikokapitalbedarfs auf einzelne Geschäftssegmente.[43] Sie stellt einen transparenten Anreiz- und Kontrollmechanismus für das Management dar und verfolgt das Ziel, die Risiken der einzelnen Geschäftssegmente hinreichend mit Risikokapital abzusichern. Da es sich bei einem VU um eine Rechtseinheit

---

[40] Gleißner, W./Romeike, F. (2005), S. 31.
[41] Schradin, H. R./ Zons, S. (2005), S. 172.
[42] Gleißner, W./Romeike, F. (2005), S. 31.
[43] Weiler, W./Machalett, V. (2005), S. 440. Geschäftssegmente sind steuerungsrelevante Segmente eines VU, auf die das Risiko verteilt wird. Dies können LoB, Länder, Kunden, Produkte oder einzelne Verträge sein.

handelt, bei der eine reale Zuweisung von Kapital nicht erforderlich ist, erfolgt die Kapitalallokation auf Geschäftssegmente rein virtuell. Dabei muss risikoreicheren Geschäftsbereichen (mit höheren Erfolgs- oder Misserfolgsaussichten) mehr Kapital zugewiesen werden als risikoärmeren. In der Literatur besteht Uneinigkeit darüber, wie das ermittelte Risikokapital unter Berücksichtigung von Diversifikationseffekten adäquat auf die einzelnen Geschäftssegmente zu verteilen ist. Es ist noch nicht gelungen, einen allgemein anerkannten wissenschaftlichen Kriterienkatalog zu entwickeln, der sowohl methodische als auch unternehmerische Anforderungen in Bezug auf ein Allokationsverfahren ausreichend beschreibt.[44] Deshalb werden im Folgenden gängige Verfahren kurz vorgestellt, nämlich das Marginal Capital-Verfahren und Verfahren von spiel- oder risikotheoretischer Natur.

Der Ansatz des Marginal Capital-Verfahrens beruht auf dem mikroökonomischen Prinzip, wonach ein VU seine „Produktion" solange auszudehnen hat, bis die Grenzkosten den Grenznutzen übersteigen. Dabei wird der Kapitalbedarf einer Geschäftseinheit als Veränderung des Gesamtkapitalbedarfs durch Hinzu- oder Wegnahme eines Geschäftssegments aus dem Portfolio bestimmt. Bei risikotheoretischen Verfahren sind bspw. risikoproportionale Verfahren zu nennen, die das Risiko eines Geschäftssegments in ein Verhältnis zum Gesamtrisiko setzen. Ein „prominentes" Beispiel für ein spieltheoretisches Verfahren wäre der Ansatz nach Shapley, der, ähnlich dem Marginal Capital-Verfahren, den erwarteten marginalen Kapitalbedarf einer LoB an deren Beitrag zum bestehenden Kollektiv misst.[45]

Das Management eines VU steuert die Verteilung des Risikokapitals auf einzelne Geschäftssegmente. Mit Hilfe des allokierten Kapitals

---

[44] Schradin, H. R./ Zons, S. (2005), S. 171.
[45] Schradin, H. R./ Zons, S. (2005), S. 171-175.

werden die Kapitalkosten der einzelnen Geschäftssegmente ermittelt, die sie selbst zu erwirtschaften haben.[46] Dabei kann für jedes Vertragsportfolio eines Geschäftssegments ermittelt werden, welche Kapitalkosten pro Vertrag entstehen. Durch Kapitalallokation lassen sich die einzelnen Geschäftssegmente untereinander vergleichen. Sie wird so zum Instrument der Geschäftssteuerung.[47]

Die Entscheidung darüber, wie viel Kapital auf ein Geschäftssegment allokiert wird, hängt - neben den Restriktionen durch Aufsicht und Rating-Agenturen - von der Höhe der bereits eingegangenen Risiken und der spezifischen Risikoneigung eines VU ab. Deshalb ist die Risikopolitik ein wesentlicher Bestandteil der Unternehmensstrategie. Risikopolitik muss Entscheidungskriterien, Risiken und Chancen gegeneinander abwägen.[48] Dies kann bereits auf Vertragsbasis oder im Kapitaladäquanzmodell erfolgen. Auch sollte ein Risiko-Limit für die Höhe des zukünftig einzugehenden Risikos definiert werden. Risiko-Limits unterliegen dabei zwei Restriktionen, nämlich den internen Zeichnungslimiten oder Richtlinien und der Höhe der geeigneten und verfügbaren (Finanz-)Mittel, durch deren Einsatz Schadenspotentiale eliminiert werden können.[49] Diese Mittel definieren auch die Höhe des Eigenkapitals, das je nach strategischer Risikoneigung eine unterschiedliche Höhe aufweisen kann. Darüber hinaus sollte sich ein VU unbedingt der Kernrisiken, die es eingehen will oder die aus Gesamtunternehmenssicht unvermeidbar sind, bewusst sein.[50] Aus diesen Risiken lassen sich tendenziell (retro-) zedierende[51] Risiken ableiten. Nach der Allokation des Kapitals auf

---

[46] Aus diesem Grund fließen die Risikokapitalkosten mit in das Pricing eines Versicherungsvertrags ein.
[47] Arnoldussen, L./Pohnke, C. (2004), S. 813-814.
[48] Gleißner, W./Romeike, F. (2005), S. 35.
[49] Wagner, F. (2000), S. 28.
[50] Gleißner, W./Romeike, F. (2005), S. 35.
[51] Transferiert ein Erstversicherer an einen Rückversicherer Risiken, spricht man von Zession. Wird das Risiko von einem Rückversicherer an einen anderen Rückversicherer transferiert, spricht man von Retrozession.

die einzelnen Geschäftssegmente, müssen die Risiken bewältigt und überwacht werden.

Die (Retro-)Zession der Risiken selbst ist eine Risikobewältigungsmaßnahme. Sie optimiert Risikopositionen. Ein VU kann zwischen mehreren Strategien im Umgang mit Risiken wählen:[52]

- Risikovermeidung: das Nicht-Zeichnen von Risiken oder der Ausstieg aus einem riskanten Geschäftsfeld oder Projekt

- Risikoreduzierung: bspw. durch bestimmte Vertragsklauseln oder eine Auswahl bestimmter Kundengruppen

- Risikotransfer: Zession oder Retrozession

- das Risiko selbst tragen

Gerade die Höhe des selbstgetragenen Risikos ist wesentlicher Bestandteil der Risikopolitik und Strategie eines VU.

Die Überwachung der Risiken obliegt den Sorgfaltspflichten der Geschäftsführung oder des Vorstands. Ihre Umsetzung im Unternehmen erfolgt durch Delegation von Aufgaben. Deshalb wird das Risikomanagement oftmals einer Controlling- oder einer Risk Management-Abteilung übertragen. Diese setzen in enger Abstimmung mit dem Vorstand dessen Risikopolitik in einem Risikomanagementsystem um. Dort werden eingegangene Risiken zunächst identifiziert, dann abgebildet und bewertet, anschließend gesteuert, bewältigt, überwacht und in einem Berichtswesen zusammengefasst. Diese Schritte finden sich auch in den Mindestanforderungen an das

---

[52] Gleißner, W./Romeike, F. (2005), S. 36.

Risikomanagement (MaRisk) wieder, die im Folgenden vorgestellt wird.

2.3 Anwendungsbeispiel: MaRisk (VA)

Ein Beispiel für die Umsetzung des Risikomanagements in der Praxis sind die MaRisk. Sie beschreiben Forderungen an das qualitative Risikomanagement und stellen Anforderungen an das quantitative Risikomanagement bspw. durch die Vorschrift, diejenigen Modelle zur Risikomessung zu beachten, die unter Solvency II (S II) vorgeschrieben sind.[53] Die MaRisk wurden von der Bundesanstalt für Finanzdienstleistungsaufsicht (BaFin) bereits im Bankenbereich eingeführt und gelten nach ihrer Fertigstellung im Vorgriff auf Säule II von S II auch für VU. Die MaRisk (VA = Versicherungsaufsicht) werden voraussichtlich im Oktober 2008 fertiggestellt.[54] Zurzeit liegen sie noch nicht in ihrer endgültigen Fassung vor, da die BaFin noch Ergebnisse ihrer Konsultationen mit VU einarbeitet. Die momentan gültige Fassung de Entwurfs der MaRisk (VA) wird hier vorgestellt.

In der Finanzdienstleistungsbranche sind die Mindestanforderungen an das Risikomanagement verbindliche Vorgaben der BaFin zur Ausgestaltung des Risikomanagements. Die BaFin hat bis dato Vorschriften für Kreditinstitute erlassen, die 2005 in Kraft getreten sind und 2007 nochmals überarbeitet wurden.[55] Sie stellen Mindestanforderungen für das Betreiben von Handelsgeschäften (MaH), für die Ausgestaltung der internen Revision (MaIR) und für das Kredit-

---

[53] BaFin (2008), S. 31.
[54] Die Umsetzung für VU soll bis 31.12.2008 erfolgt sein. Allerdings muss der entsprechende Risiko- und Revisionsbericht erstmalig 2009 an die BaFin übermittelt werden.
[55] Diese wurden von der BaFin im „Rundschreiben 18/2005 (BA) - Mindestanforderungen an das Risikomanagement" sowie dem „Rundschreiben 5/2007 (BA) - Mindestanforderungen an das Risikomanagement" veröffentlicht.

geschäft (MaK) dar. Die MaRisk sind die Umsetzung der bankaufsichtsrechtlichen Überprüfungsprozesse der zweiten Säule von Basel II.

In der Versicherungswirtschaft sind die MaRisk (VA) eine konkrete Ausgestaltung des zum 01.01.2008 in Kraft getretenen § 64a des Versicherungsaufsichtsgesetzes (VAG). Dieser Paragraph gibt lediglich die Rahmenbedingungen für die Geschäftsorganisation eines VU vor. Er ist deshalb sehr allgemein gehalten und schreibt auch keine konkreten Maßnahmen vor.[56] So sind die MaRisk (VA) ein wichtiger Eckpfeiler auf dem Weg zu einer risikoorientierten und Prinzipienbasierten Aufsicht. Ziel der MaRisk (VA) ist es, das unternehmensspezifische Risikoprofil von VU durch die Darstellung von Solvenzkapital und dessen Integration in das Risikomanagement sowie durch interne Kontrollen adäquat wiederzugeben. Dabei werden zwei wesentliche Aspekte fokussiert: Die Mindestanforderungen an das Risikomanagement von VU und eine regelmäßige Berichterstattung gegenüber der Aufsicht.

Die MaRisk (VA) befindet sich auf dem Versicherungssektor noch in der Entwicklungsphase. Die BaFin hat dazu den VU einen Entwurf der MaRisk (VA) in einer Konsultation[57] vorgelegt. In dieser werden die für VU[58] im Zusammenhang mit dem Risikomanagement relevanten Paragraphen detaillierter darstellt und konkretisiert. Diese

---

[56] Diese allgemeinen Formulierungen finden sich auch in anderen für VU relevanten Gesetzen und Verordnungen, bspw. im § 91 Abs. 2 des Aktiengesetzes (Organisation, Buchführung). Dieser lautet: *„Der Vorstand hat geeignete Maßnahmen zu treffen, insbesondere ein Überwachungssystem einzurichten, damit den Fortbestand der Gesellschaft gefährdende Entwicklungen früh erkannt werden."* oder im Deutschen Corporate Governance Kodex Ziff. 4.1.4. (Aufgaben und Zuständigkeiten) *„Der Vorstand sorgt für ein angemessenes Risikomanagement und Risikocontrolling im Unternehmen."*

[57] Anschreiben zu BaFin (2008).

[58] VU, deren Sitz in Deutschland ist, haben die MaRisk (VA) anzuwenden. Das sind für die BaFin: Erst- und Rückversicherer (einschließlich der ausländischen Niederlassungen), Pensionsfonds, Versicherungs-Holdinggesellschaften und Finanzkonglomeratsunternehmen (BaFin (2008), S. 4-5).

sind der § 104s VAG (Besondere organisatorische Pflichten von Finanzkonglomeraten), der am 01.01.2008 in Kraft getretene § 64a VAG (Geschäftsorganisation) und der § 55c (Vorlage des Risikoberichts und des Revisionsberichts). Weiter fokussiert sich die MaRisk (VA) auf die zweite Säule von S II und soll VU durch die Einrichtung angemessener aufsichtsrechtlich anerkannter unternehmensinterner Leitungs-, Steuerungs- und Kontrollprozesse auf S II vorbereiten.[59]

Die MaRisk (VA) legt aufsichtsrechtliche Mindestanforderungen[60] für das Risikomanagement bei VU fest.[61] Ihre Eckpunkte sind:

- umfassende Berücksichtigung aller Risiken des betrieblichen Geschäfts durch den Nachweis einer Geschäfts- und Risikostrategie

- Sicherstellung einer geeigneten Ablauforganisation, die es ermöglicht, alle risikorelevanten Geschäftsabläufe angemessen zu überwachen und zu kontrollieren

- Einrichtung interner Steuerungs- und Kontrollprozesse im Rahmen einer ordnungsgemäßen Geschäftsorganisation

- regelmäßige Risikoberichterstattung (inklusive Prüfungsberichte der internen Revision) gegenüber der Aufsichtsbehörde

Die prinzipienorientierte Vorgehensweise der BaFin stellt ein Novum für die deutsche qualitative Versicherungsaufsicht dar. Sie kann

---

[59] Anschreiben zu BaFin (2008).
[60] Allerdings sollen die von der BaFin festgelegten Mindestanforderungen VU nicht daran hindern, höhere Standards anzuwenden (BaFin (2008), S. 4).
[61] BaFin (2008), S. 3.

auch bei Solvency II bei den Rahmenbedingungen und Durchführungsbestimmungen beobachtet werden und lässt VU selbst über die Ausgestaltung ihres Risikomanagements, das auf unternehmensindividuellen Risiken und dem jeweiligen Geschäftsmodell beruht, bestimmen.[62] Dies bedeutet, dass über die grundsätzlichen Regelungen der MaRisk (VA) hinaus kein weiterer Regelungsbedarf vonseiten der BaFin gesehen wird. Allerdings unterliegt diese prinzipienorientierte Vorgehensweise den Grundsätzen der Proportionalität und Materialität. Proportionalität bedeutet, dass Anforderungen an das Risikomanagement stets unter Berücksichtigung der unternehmensindividuellen Risiken, der Art und des Umfangs des Geschäftsbetriebs und der Komplexität des gewählten Geschäftsmodells zu erfüllen sind.[63] Der Grundsatz der Materialität besagt, dass ein VU nur wesentliche Risiken in seine Betrachtung[64] einbeziehen soll.[65] Die BaFin betrachtet ein Risiko[66] als wesentlich, wenn es sich nachhaltig auf die Finanz- oder Ertragslage eines VU auswirken kann (Grundsatz der Wesentlichkeit). Dabei müssen zumindest folgende Risiken in die Betrachtung mit einbezogen werden:[67]

- Kapitalanlagerisiken (diese sind aus Sicht der BaFin: Marktrisiko, Kreditrisiko und Liquiditätsrisiko)

- versicherungstechnisches Risiko

- operationelles Risiko

---

[62] BaFin (2008), S. 4.
[63] BaFin (2008), S. 7.
[64] Dies bedeutet, dass sich Mittel und Wege zur Erreichung eines Ziels für unterschiedliche VU verschieden gestalten können.
[65] BaFin (2008), S. 6.
[66] Unter Risiko versteht die BaFin „... die Möglichkeit des Nichterreichens eines explizit formulierten oder sich implizit ergebenden Zieles ..." und „... Alle von der Geschäftsleitung identifizierten Risiken, die sich nachhaltig negativ auf die Wirtschafts-, Finanz- oder Ertragslage des Unternehmens auswirken können, werden als wesentlich erachtet." BaFin (2008), S. 7.
[67] BaFin (2008), S. 8-9.

- darüber hinaus auch Konzentrationsrisiken, das strategische Risiko sowie das Reputationsrisiko

Die Geschäftsleitung eines VU trägt die Gesamtverantwortung für die Implementierung eines funktionsfähigen Risikomanagements und dessen Weiterentwicklung. Dabei liegt die Verantwortung für Risikomanagemententscheidungen bei der Geschäftsleitung und ist nicht delegierbar. Die Mitarbeiter eines VU haben in ihrem Tagesgeschäft risikobewusst im Sinne des unternehmensindividuellen Risikomanagements zu agieren.[68] Das Risikomanagement besteht in den MaRisk (VA) aus vier Teilbereichen: der Risikostrategie, den organisatorischen Rahmenbedingungen, dem internen Steuerungs- und Kontrollsystem (IKS) und der internen Revision. Diese Teilbereiche sind in der folgenden Abbildung zusammengefasst:[69]

---

[68] BaFin (2008), S. 9-11. Der Einbeziehung der Mitarbeiter liegt der Gedanke zu Grunde, dass derjenige, der dem Risiko am nächsten ist (bspw. ein Versicherungsvertreter bzw. dessen Vorgesetzter), den ersten steuernden und risikoreduzierenden Einfluss auf das Risiko nehmen kann. Deshalb hat bspw. ein Mitarbeiter die Aufgabe, seinen nächsten Vorgesetzten über alle risikorelevanten Vorgänge zu informieren, damit dieser eine erste Steuerung von Risiken vornehmen kann (BaFin (2008), S. 10).

[69] Die vier Elemente finden sich in § 64a VAG (Geschäftsorganisation) und werden in der MaRisk (VA) detailliert erläutert.

Risiko und Risikomanagement 22

Risikostrategie	muss • Art • Umfang • Herkunft • Zeithorizont • Risikotragfähigkeit der Risiken eines VU bestimmen
organisatorische Rahmenbedingungen	Festlegung der organisatorischen Rahmenbedingungen für • Aufbauorganisation • Ablauforganisation • Einrichtung eines internen Steuerungs- und Kontrollsystems

internes Steuerungs- und Kontrollsystem	• Risikotragfähigkeitskonzept
	• Risikokontrollprozess
	  • Risikoidentifikation
	  • Risikoanalyse und -bewertung
	  • Risikosteuerung
	  • Risikoüberwachung
	• Kommunikation und Risikokultur (intern)
	• Risikoberichterstattung (extern)

interne Revision	• notwendiger Bestandteil der Geschäftsorganisation • vollständiges/uneingeschränktes Informations- und Prüfungsrecht • untersteht nur der Geschäftsleitung

Abbildung 3 Elemente eines angemessenen Risikomanagements

Das Vorgehen innerhalb des Risikomanagements[70] wird durch die individuelle Risikosituation des einzelnen VU bestimmt. Dabei verfolgt die MaRisk (VA) einen holistischen Ansatz. Dies bedeutet, dass die in der Abbildung beschriebenen Elemente voneinander abhängen, aufeinander einwirken und eine Einheit bilden. Dabei fordert der holistische Ansatz, dass die Risikostrategie zunächst „Top Down" im operativen (Tages-)Geschäft umgesetzt werden muss, und die Risiken des operativen Tagesgeschäfts „Bottom Up" an die Geschäftsleitung berichtet werden müssen. Die Geschäftsleitung hat die Geschäftsstrategie und die daraus abgeleitete Risikostrategie

---

[70] Es muss dabei die in § 64a Abs. 1 Satz 4 VAG (Geschäftsorganisation) genannten Elemente enthalten.

mindestens einmal pro Geschäftsjahr zu überprüfen und zu dokumentieren. Folgende Punkte sind dabei zu berücksichtigen:[71]

- die Art (Welche Risiken sollen überhaupt eingegangen werden?)

- der Umfang (Wie groß darf das Risiko sein?)

- die Herkunft (Woher stammt das Risiko?)

- der Zeithorizont für Risiken (Welche Risiken sollen in welcher Zeitperiode mit der vorhandenen Risikodeckung bewältigt werden?)

- die Risikotragfähigkeit

Das Unternehmen muss die organisatorischen Rahmenbedingungen festlegen und auch sicherstellen, dass alle wesentlichen risikorelevanten Geschäftsaktivitäten auf der Grundlage von innerbetrieblichen Leitlinien basieren.[72] Diese sollen die Grenzen[73] der Geschäftstätigkeit aufzeigen. Innerhalb dieser Leitlinien sind folgende Organisationseinheiten zu berücksichtigen:

- die Aufbauorganisation[74]

---

[71] BaFin (2008), S. 12.
[72] BaFin (2008), S. 13-14.
[73] Grenzen können rechtlicher, satzungsmäßiger oder strategischer Art sein. Dabei müssen materiell bedeutsame Einzelentscheidungen und Anweisungen des Managements, die gegen innerbetriebliche Leitlinien verstoßen, schriftlich begründet, dokumentiert und der Geschäftsleitung zur Kenntnis vorgelegt werden (BaFin (2008), S. 14).
[74] Elemente der Aufbauorganisation sind aus Sicht der BaFin: Geschäftsleitung, unabhängiges Risiko-Controlling, Geschäftsbereiche und interne Revision (BaFin (2008), S. 15-17).

- die Ablauforganisation[75] unter Berücksichtigung der organisatorischen Einbindung von neuen Geschäftsfeldern und von neuen Kapitalmarkt-, Versicherungs- oder Rückversicherungsprodukten, Ressourcen und betrieblichen Anreizsystemen, der Organisationsentwicklung sowie der Schlüsselkontrollen

- die Einrichtung eines geeigneten internen Steuerungs- und Kontrollsystems, das über ein Risikotragfähigkeitskonzept verfügt, welches Risikoidentifikation, Risikoanalyse, Risikobewertung, Risikosteuerung und Risikoüberwachung ermöglicht

Das interne Steuerungs- und Kontrollsystem (IKS) stellt Anforderungen an ein Risikotragfähigkeitskonzept zur Limitierung des Gesamtrisikos. Dabei handelt es sich um ein Modell, das einem Standard-, Teil- oder internen Modell entspricht wie es bspw. gemäß S II künftig gefordert wird. Weiter definiert das IKS den Risikokontrollprozess bei VU[76] sowie Anforderungen an die unternehmensinterne Kommunikation, an die Risikokultur und an die Risikoberichterstattung. Als letztes Element eines angemessenen Risikomanagements ist die Einführung einer (funktionsfähigen) internen Revision zu nennen, die für die BaFin Bestandteil einer ordnungsgemäßen Geschäftsorganisation ist. Dabei hat eine Prüfung[77] durch die interne Revision alle wesentlichen Aktivitäten der gesamten Geschäftsorganisation zu erfassen, vor allem diejenigen des Risikomanage-

---

[75] Elemente der Ablauforganisation sind aus Sicht der BaFin: Versicherungstechnisches Geschäft, Reservierung, Kapitalanlagemanagement und passives Rückversicherungsmanagement (BaFin (2008), S. 19-22).

[76] Dieser besteht aus Risikoidentifikation, Risikoanalyse und -bewertung, Risikosteuerung sowie Risikoüberwachung und ähnelt dem im Kapitel 2.2.2 und 2.2.3 vorgestellten Prozess der fünf Schritte des Risikomanagements.

[77] Die interne Revision hat alle wesentlichen Aktivitäten der gesamten Geschäftsorganisation zu betrachten und basiert auf einem jährlich fortzuschreibenden Prüfungsplan. Dabei ist die interne Revision mit einem vollständigen und uneingeschränkten Prüfungsrecht auszustatten und untersteht lediglich den Weisungen der Geschäftsleitung (BaFin (2008), S. 42-43).

ments. Es muss sichergestellt werden, dass die Revision ihre Aufgabe objektiv und unabhängig erfüllen kann und über ausreichend qualifiziertes Personal verfügt. Weiter finden sich in der MaRisk (VA) Vorschriften für Funktionsausgliederungen und Dienstleistungen im Sinne des § 64a Abs. 4 VAG (Outsourcing) und für die Vorsorge für Notfälle und Krisen (Notfallplanung). Schließlich regeln die MaRisk (VA) den Bereich Information und Dokumentation.[78] Hier müssen die relevanten Informationen exakt und vollständig sowie für Dritte nachvollziehbar und überprüfbar zur Verfügung gestellt werden. Dabei hat die Dokumentation[79] *„... alle wesentlichen Handlungen, Festlegungen, Entscheidungen und gegebenenfalls Begründungen sowie festgestellte Mängel und daraus gezogene Schlussfolgerungen ... [zu enthalten]"*[80]. *„[Auch] ... unterjährige Änderungen innerhalb der Risikostrategie, der aufbau- und ablauforganisatorischen Regelungen oder des internen Steuerungs- und Kontrollsystems sind aufzuzeichnen und zeitnah innerhalb des Unternehmens zu kommunizieren ..."*.[81] Dies soll einem reibungslosen und angemessenen Ablauf des Risikomanagements dienen. Dabei muss auf eine klare Transparenz des Prozesses für alle Beteiligten - das schließt auch die Abgrenzung von Verantwortungen und Aufgaben ein - geachtet werden. Darüber hinaus ermöglicht eine gute Dokumentation[82] externen Dritten (bspw. BaFin, Wirtschaftsprüfer) einen raschen Überblick über die Funktionsweise des Risikomanagements.[83] Die Dokumentation[84] dient jedoch nicht nur dem Zweck der Einhaltung der Dokumentationspflicht gegenüber der Aufsicht, sondern kann

---

[78] Somit entsprechen die MaRisk (VA) dem § 55c VAG (Vorlage des Risiko- und des Revisionsberichts).
[79] Somit entsprechen die MaRisk (VA) dem § 55c VAG (Vorlage des Risiko- und des Revisionsberichts).
[80] BaFin (2008), S. 49.
[81] BaFin (2008), S. 49.
[82] Somit entsprechen die MaRisk dem § 55c VAG (Vorlage des Risikoberichts und des Revisionsberichts).
[83] Schüller, J. (2008).
[84] Somit entsprechen die MaRisk dem § 55c VAG (Vorlage des Risikoberichts und des Revisionsberichts).

auch unternehmensintern, etwa indem sie die Effizienz der Arbeit des Aufsichtsrates steigert, genutzt werden.[85]

Aufgrund ihrer prinzipienorientierten Vorgehensweise enthalten die MaRisk (VA) keine konkreten Maßnahmen für die Ausgestaltung des Risikomanagements und sind somit auf die gesamte Bandbreite der Institutionen des Versicherungswesens anwendbar. Sie könnte allerdings Diskussionen zwischen VU und der BaFin provozieren. In Säule II von Solvency II gestalten VU ihr Risikomanagement selbst, d. h. sie können die Anforderungen an das qualitative und quantitative Risikomanagement flexibel, entsprechend der Größe und dem Geschäftsfeld ihres Unternehmens, umsetzen. Das Risikomanagement lässt sich so leichter in das operative Geschäft integrieren und Synergien mit weiteren Projekten (bspw. S II, IFRS) effektiver nutzen.[86] Eine weitere Konsequenz der MaRisk ist die regelmäßige Berichterstattung gegenüber der Aufsicht.

Auch für die Aufsicht entsteht ein deutlich größerer Spielraum, der ihr erlaubt, auf neue Entwicklungen (bspw. durch S II) flexibler zu reagieren. Wie auch im Bankenbereich zu beobachten war, kann die MaRisk (VA) unter Berücksichtigung faktischer und praktischer Erfordernisse weiterentwickelt und angepasst werden.[87]

Durch die Konzentration auf wesentliche Risiken (Grundsatz der Materialität) wird vor allem in kleinen und mittleren VU (KMVU)[88]

---

[85] Maser, H./Oehlenschlägel, H.-W. (2006), S.1931.
[86] Schüller, J. (2008).
[87] Dazu hat sich bspw. im Bankenbereich ein Fachgremium MaRisk gebildet, das sich aus Vertretern der BaFin und der Bankenverbände zusammensetzt, das die Vorschläge zu Anpassungen der MaRisk diskutiert. Wenn die BaFin diese akzeptiert, werden sie in die MaRisk integriert.
[88] Der Begriff kleine und mittelgroße Unternehmen (KMVU) wird von VU und Marktbeobachtern sehr unterschiedlich interpretiert. Die EU-Kommission definiert den Begriff der kleinen und mittelgroßen Unternehmen (KMU) anhand der Kriterien Mitarbeiterzahl (≤250), Jahresumsatz (≤ 50 Mio. €) und Jahresbilanzsumme (≤ 43 Mio. €) sowie auf Grund ihrer Unabhängigkeit von Großunternehmen. Allerdings weicht die Versicherungsbranche von dieser Definition ab. Sie zieht die Höhe

unnötiger Mehraufwand durch Bürokratie und Verwaltung vermieden. So haben VU die Möglichkeit, Prozesse effizienter zu gestalten und unternehmensweite Abläufe zu optimieren. Ein gut implementiertes Risikomanagementsystem kann zu einem effektiven Instrument des Risiko-Controllings auf allen Hierarchieebenen werden.[89] Dennoch sind die MaRisk (VA) gerade für KMVU eine große Herausforderung, da diese - den Erfahrungen der BaFin entsprechend - durch die Umsetzung der MaRisk (VA) stärker belastet werden als große VU.[90] In den MaRisk finden sich einige Erleichterungen[91] für kleine und mittelgroße VU, sie stellen KMVU jedoch vor die Aufgabe, ein neues, den MaRisk (VA) angemessenes Informations- und Kontrollsystem zu implementieren. Das Thema Outsourcing (bspw. der internen Revision)[92] könnte in diesem Kontext gerade für KMVU zunehmend an Bedeutung gewinnen.[93]

---

der Brutto-Prämien und der versicherungstechnischen Rückstellungen als zentrale Maßstäbe für die Größe eines VU heran. Bereits vor einigen Jahren wurde ein Schwellenwert von 5 Mio. € für Brutto-Prämien geplant, der unter S II gelten soll. Dieser wird jedoch kritisiert. Die BaFin schlägt bspw. vor, diesen Wert zwischen 6 und 10 Mio. € festzulegen. In den QIS-Studien wurden für KMVU deutlich höhere Werte definiert. So soll bei Lebensversicherungsunternehmen ein Wert von 10 Mrd. € für versicherungstechnische Rückstellungen und in Nicht-Leben 1 Mrd. € für die gezeichneten Prämien gelten. Die Praxis betrachtet neben größenbezogenen Werten weitere Merkmale wie Sparte, Konzerneinbindung oder Rechtsform für KMVU (Heimes, K. (2007), S. 1707).

[89] Schüller, J. (2008).
[90] Faber-Graw, P. (2007), S. 13.
[91] bspw. in Bezug auf die Aufbauorganisation: *„... In kleineren und mittleren Unternehmen kann mehr als eine Funktion von einer Person oder einer organisatorischen Einheit ausgeführt werden ..."* (BaFin (2008), S. 14).
[92] Dazu bemerkt die BaFin: *„... Die interne Revisionsfunktion kann auch ausgelagert werden. Insbesondere bei kleinen Unternehmen muss die interne Revision nicht notwendiger Weise das ganze Jahr tätig werden ..."* (BaFin (2008), S. 42).
[93] Maser, H./Oehlenschlägel, H.-W. (2006), S.1932.

3 Risiken eines Versicherungsunternehmens

Ausgelöst durch die US-Haftpflichtkrise und Hurrikan Andrew (1992) war eine gesteigerte Anzahl von Insolvenzen bei amerikanischen VU zu beobachten. In Großbritannien führte eine große Anzahl von Naturkatastrophen in den 80er Jahren zu einer Verschlechterung des Marktes und in den 90er Jahren zu großen Verlusten, aus denen zahlreiche Insolvenzen resultierten. In Frankreich bewirkte eine Immobilienkrise in den 90er Jahren ebenfalls Insolvenzen. Der stark reglementierte deutsche Markt weist jedoch im Gegensatz dazu seit 1930 keine Insolvenz auf.[94]

Die Betrachtung von Insolvenzen soll das Verständnis für die Relevanz von Risiken wecken. Ihre Analyse kann aus praktischer Sicht wertvolle Hinweise auf die absolute Bedeutung von Risiken und deren Skalierung geben. Die aus Insolvenzen hergeleiteten Risikoklassen sollen im nächsten Schritt mit Risiken aus wissenschaftlicher und praktischer Sicht, nämlich mit den relevanten Risiken aus den Kapitaladäquanzmodellen der Rating-Agenturen (S&P, A.M. Best) und der Aufsichtsbehörden (Solvency II/QIS, NAIC), verglichen werden. Diese Modelle fassen mehrere zusammengehörige Risiken zu Risikoklassen zusammen. Unter Risikoklasse, auch Risikokategorie genannt, wird eine Ausprägung von Risiko verstanden, die auf einer höher aggregierten Ebene mehrere Risikoarten gleicher oder unterschiedlicher Art zusammenfasst. Auf der untersten Skalierungsebene[95] spricht man von einer Risikoart, auch Risikounterkategorie oder Sub-Risikoart genannt. Für diese Risikoklassen wird das benötigte Risikokapital in den einzelnen Risikomodulen der Kapitaladäquanzmodelle oder Solvabilitätskonzeptionen modelliert. Dabei können diese Module analog zu den Risikoklassen Submodule

---

[94] Swiss Re (2003), S. 4.
[95] Sie lässt sich durchaus in weitere Einzelrisiken unterteilen (vgl. Kapitel 5.5).

enthalten, in denen das Risikokapital einer Sub-Risikoart bereits modelliert ist.

3.1 Indikatoren für Risiken

Aus der empirischen Betrachtung realer Insolvenzgründe lassen sich mögliche Risikofelder ableiten. So veröffentlichte SWISS RE, basierend auf Daten von A.M. Best, folgende Zusammenstellung über die Hintergründe für Insolvenzen in den USA von 1969 bis 1998:[96]

Tabelle 1 Insolvenzgründe von VU in den USA

	Insolvenzgründe	*Anzahl*	*Prozent*
(1)	ungenügende Rückstellungen/Prämien	143	22 %
(2)	zu starkes Wachstum	86	13 %
(3)	Katastrophenschäden	36	6 %
(4)	überbewertete Aktiva	40	6 %
(5)	Ausfall von Rückversicherungsforderungen	22	3 %
(6)	signifikanter Wechsel des Geschäftsfelds	28	4 %
(7)	Betrug	44	7 %
(8)	verbundene Unternehmen	26	4 %
(9)	Verschiedenes	44	7 %
(10)	nicht identifiziert	169	26 %
	Gesamt	638	100 %

Die Betrachtung der Insolvenzen in den USA liegt nahe, weil im Zeitraum von 1978 - 1994, also vor der Einführung des Risk Based Capital (RBC)-Modells der NAIC, in den Vereinigten Staaten 66 %

---

[96] in Anlehnung an Swiss Re (2003), S. 6.

der weltweiten[97] Insolvenzen im Nicht-Leben-Bereich zu beobachten waren.[98] GRÄWERT/STEVENS/TADROS errechnen - ebenfalls basierend auf Daten von A.M. Best - folgende Gründe für das weltweite Zusammenbrechen von VU in den 90er Jahren:[99]

Tabelle 2 Insolvenzgründe von VU weltweit

	Insolvenzgründe	**Prozent**
(1)	mangelhafte Verlustrücklagen/schlechte Preisgestaltung	35 %
(2)	zu schnelles Wachstum	20 %
(3)	Katastrophenverluste	8 %
(4)	überbewertetes Betriebsvermögen	9 %
(5)	Rückversicherungsausfall	5 %
(6)	größere geschäftliche Veränderungen	7 %
(7)	mutmaßlicher Betrug	10 %
(8)	verbundene Unternehmen in Zahlungsnot	6 %
	Gesamt	100 %

Vergleicht man die Ergebnisse beider Studien, so lassen sich Gemeinsamkeiten erkennen: Die Felder (1) bis (3) beinhalten versicherungstechnische Risiken der Passiva. In den Feldern (4) und (5) finden sich Risiken, die aus den Aktiva resultieren sowie das Rückversicherungsausfallrisiko. Die Felder (6) und (7) stehen für außerbilanzielle Risiken. Das Risiko durch verbundene Unternehmen ist in Feld (8) abgebildet

Diese empirische Betrachtung zeigt, dass durch einen ersten Blick auf die Bilanz Indikatoren für Solvenz oder Insolvenz eines VU durch einen Vergleich der Aktiva mit den Passiva eines VU abgelei-

---

[97] Europa wies ohne Großbritannien 23 % Insolvenzen auf, Großbritannien 4 % und die übrige Welt 7 %.
[98] Schradin, H. R. (1997), S. 271.
[99] in Anlehnung an Gräwert, A./Stevens, A./Tadros, R. (2003), S. 396.

tet werden können. Es ist also möglich, aus der Betrachtung von Bilanzen und den empirischen Gründen von Insolvenzen Indikatoren für wesentliche Risikoklassen eines VU abzuleiten. Als erster Indikator ist ein Wertverlust der Aktiva oder der Kapitalanlagen zu nennen. Diese werden bspw. durch einen Börsencrash, Zinsänderungen oder Forderungsausfälle von Schuldnern verursacht.[100] Deshalb ist das Kapitalanlagerisiko eine wesentliche Risikoklasse der Aktivseite. Ein Anstieg der Verbindlichkeiten birgt das versicherungstechnische Risiko. Beide Betrachtungsweisen schließen auch außerbilanzielle oder operationelle Risiken ein. Diese drei Risikoklassen werden in den nächsten Abschnitten noch detaillierter untergliedert.

3.2 Kategorisierung von Risiken

Dieser Abschnitt geht zunächst auf grundlegende Probleme bei der Erfassung von Risiken ein. Anschließend werden die für ein VU relevanten Risikoklassen aus wissenschaftlicher und praxisrelevanter Sicht kategorisiert.

Aus wissenschaftlicher Sicht sind unterschiedliche Ansätze für die Beschreibung und Erfassung der Risikoarten denkbar.[101] Dies ist darauf zurückzuführen, dass in der Literatur, wie in Kapitel 2.1 geschildert, unterschiedliche Ansätze für die Definition von Risiko und somit auch für Risikoklassen existieren. Darüber hinaus ist auch die Erfassung von Risiken an sich problematisch. Risiken können nie vollständig berücksichtigt werden, da bei ihrer Erfassung die Wesentlichkeit - im Sinne von Gewichtigkeit - der einzelnen Risikoklassen überprüft werden muss und deshalb unbedeutende Risiken zu

---

[100] Swiss Re (2003), S. 6.
[101] Ansätze für die Erfassung von versicherungstechnischen Risiken finden sich bspw. in: Hartung, T. (2007); Farny, D. (2000); Liebwein, P. (2000); Scheunemann, R. B. (1999) oder Wagner, F. (2000). Für die Erfassung der Kapitalmarktrisiken sei bspw. auf Eisele, B. (2004) verwiesen.

vernachlässigen sind. Dies zeigt sich auch bei einem Vergleich der in der Wissenschaft erfassten Risiken mit denen der Praxis. In der Wissenschaft werden manchmal Risiken eingeführt, die jedoch in der Praxis - aufgrund ihrer mangelnden Relevanz für VU - nicht beachtet werden. In der Praxis berücksichtigt das operationelle Risiko diese Risiken oftmals als „Auffangtatbestand". Zudem werden Risiken erst in der Zukunft deutlich erkennbar. In der Gegenwart ist ihre Einschätzung äußerst schwierig. Als Beispiel hierfür seien Risiken aus Asbestschäden im Nicht-Leben-Bereich oder der steigende Anteil der immer älter werdenden Bevölkerung im Leben-Bereich genannt. Beide Beispiele zeigen, dass es sich bei der Erfassung von Risiken um Momentaufnahmen in der Gegenwart handelt. Risiken können nicht für alle Zukunft vollständig erfasst werden. Dennoch müssen die bis dato aus wissenschaftlicher und praxisrelevanter Sicht erkannten Risiken erfasst werden. Deshalb werden die aktuell erkennbaren wesentlichen Risiken im folgenden Abschnitt vorgestellt. Später erfolgt ihre Integration in die Kapitaladäquanzmodelle.

Voraussetzung für die Erstellung eines Kapitaladäquanzmodells ist die Erfassung, Kategorisierung und Systematisierung aller wesentlichen Risikoarten, die den Fortbestand eines VU gefährden können. Über ihre Erfassung und Kategorisierung finden sich viele Ansätze in der Literatur. Die Gemeinsamkeit aller wissenschaftlichen Ansätze besteht darin, dass sie drei große Risikoklassen herausarbeiten, nämlich das versicherungstechnische Risiko, das Kapitalanlagerisiko und das operationelle Risiko. Auch die meisten praxisbezogenen Kapitaladäquanzmodelle berücksichtigen diese drei großen Risikoklassen. Bei Übertragung der wissenschaftlichen Ansätze in die Praxis erfolgt eine Trennung in den Leben/Gesundheit- und in den Nicht-Leben-Bereich.

Aus wissenschaftlicher Sicht lassen sich die wesentlichen Risiken des Versicherungsgeschäfts in Risiken des Betriebsbereichs und in

Risiken des Wertbereichs unterteilen. Der Wertbereich[102] bildet die wirkungsbezogene Betrachtungsweise ab.[103] Dabei umfasst er die Risiken aller finanziellen und versicherungstechnischen Aktivitäten eines VU. Bei der Untergliederung von Wertbereichsrisiken ist zwischen Erfolgs- und Liquiditätsrisiken zu differenzieren. Die Erfolgsrisiken setzen sich aus versicherungstechnischen Risiken, dem Kapitalanlagerisiko, dem Betriebskostenrisiko und „sonstigen Erfolgsrisiken", zusammen. Liquiditätsrisiken ergeben sich aus dem Terminrisiko und dem Liquidierbarkeitsrisiko. Der Betriebsbereich umfasst den sachlich-technischen Apparat. Dieser ist für die Bearbeitung der Geschäftsvorfälle notwendig und damit verantwortlich für die Herstellung und Aufrechterhaltung der Leistungsbereitschaft. Der Betriebsbereich stellt zwar eine Hilfsfunktion für den Wertbereich dar, birgt jedoch eigene Risiken.[104] Sie entstehen aus technisch-organisatorischen und aus funktionalen Gegebenheiten. Diese Risikoklassen stehen z. Zt. im Mittelpunkt des wissenschaftlichen Interesses. Ein weiterer Ansatz findet sich bei HARTUNG in Anlehnung an ALBRECHT, der zwischen finalen und kausalen Risikodimensionen unterscheidet. Dabei erfasst die finale Risikodimension die Konsequenzen, die aufgrund von Gefahren entstehen können. Dazu gehören zahlungsstromorientierte Konsequenzen (liquiditätsbezogene Risiken) und erfolgsorientierte Konsequenzen (das Ergebnis beeinflussende Risiken). Die kausale Risikodimension erfasst Risikoarten, die die Entstehung der finalen Risikodimension verursachen. Dies sind versicherungstechnische Risiken, Kapitalanlagerisiken und operationelle Risiken.[105]

Als Beispiel für aufsichtsrechtliche Anforderungen an Risikoklassen lässt sich bei Solvency II (S II) eine Übereinstimmung zwischen

---

[102] Er wird auch „externer" Bereich oder liquiditätsmäßig „finanzieller" Bereich genannt.
[103] Amely, F. M. (1994), S. 66.
[104] Schierenbeck, H./Hölscher, R. (1998), S. 18.
[105] Hartung, T. (2007), S. 67-69.

Wissenschaft und Praxis feststellen. Die Risikoklassen von S II bilden die Risikoklassen aller in Kapitel 6 und Kapitel 7 betrachteten Modelle ab, da auch Rating-Agenturen im Wesentlichen identische Risikoklassen verwenden. Allerdings sind diejenigen von S II etwas detaillierter untergliedert. Aus diesem Grund werden die Risikoklassen der Rating-Modelle und der Ansatz der NAIC nicht explizit vorgestellt. Wenn sie signifikant von S II abweichen, wird dies vermerkt.

Die Europäische Kommission (EuK) beauftragte KPMG in der Mitteilung „Solvabilität 2: Vorstellung der geplanten Arbeiten" vom 13.03.2001, die für ein Solvabilitätssystem relevanten Risiken zu typisieren.[106] Aufbauend auf dieser KPMG-Studie[107] und dem Arbeitsdokument „Risikomodelle von Versicherungsunternehmen und -gruppen"[108] der EuK stellte die International Actuarial Association (IAA) die relevanten Risikoklassen in ihrem für S II richtungsweisenden Arbeitspapier „A Global Framework for Insurer Solvency Assessment" 2004 vor. Die Risikokategorien Underwriting Risk, Credit Risk, Market Risk und Operational Risk wurden danach für eine Standardformel bei S II von der KPMG vorgeschlagen und von der IAA aufgegriffen.[109] Später forderte die EuK auch die Berücksichtigung des Asset Liability Mismatch Risk (ALM-Risiko).[110] Vergleicht man diese Risikoklassen mit den in der wissenschaftlichen Literatur diskutierten, lässt sich feststellen, dass das versicherungstechnische Risiko (Underwriting Risk), die Kapitalanlagerisiken (Ausfallrisiko oder Credit Risk, Marktrisiko oder Market Risk) und das ALM-Risiko den Erfolgsrisiken aus wissenschaftlicher Sicht entsprechen. Das wissenschaftliche Betriebsbereichsrisiko ist in der Praxis durch das operationelle Risiko (Operational Risk) abgedeckt.

---

[106] Europäische Kommission (2001b), S. 13.
[107] KPMG (2002), S. 16-27.
[108] Europäische Kommission (2001a), S. 7-9.
[109] Europäische Kommission (2004), S. 36.
[110] GDV (2005), S. 8.

Festzuhalten ist, dass das versicherungstechnische, das Kapitalanlage- und das operationelle Risiko als oberste Aggregationsstufe in allen hier vorgestellten Ansätzen aus Wissenschaft und Praxis berücksichtigt werden und auch am Beispiel der Insolvenzgründe empirisch begründbar sind. Das folgende Kapitel untergliedert diese Risikoklassen nachvollziehbar und stellt sie vor.

3.3 Versicherungstechnisches Risiko

Das versicherungstechnische Risiko (Underwriting Risk) dominiert das Gesamtbild der Risikosituation eines VU. Das Geschäft mit Risiko macht den Kern seiner unternehmerischen Handlungen aus. Es ist Ausdruck der Gefahr, dass die verdienten Prämien und die finanziellen Reserven nicht ausreichen, um die Schadensfälle einer Periode vereinbarungsgemäß zu decken.[111] Verglichen mit anderen Branchen bspw. der Industrie bildet sich hier eine singuläre Risikoklasse,[112] da hier das einzigartige Wirtschaftsgut Versicherungsschutz betrachtet wird.[113] In der wissenschaftlichen Literatur finden sich für das versicherungstechnische Risiko unterschiedliche Definitionen.[114] ALBRECHT/SCHWAKE definieren es so, dass der Gesamtschaden die Summe aus den zur Verfügung stehenden Gesamtbeiträgen und dem Sicherheitskapital (Risikokapital - vgl. Kapitel 4.2) übersteigt. Dabei ist bei dem Volumen der Gesamtbeiträge neben den Schadenszahlungen auch die Bildung von Rückstellungen zu berücksichtigen.[115] Übersteigt der Gesamtschaden die Summe aus Gesamtbeiträgen und Sicherheitskapital in Form von Rückstellungen, kann sich daraus eine Insolvenz entwickeln.

---

[111] Hartung, T. (2007), S. 69.
[112] Farny, D. (2000), S. 80.
[113] Hartung, T. (2007), S. 69.
[114] Einen Überblick über die verschiedenen wissenschaftlichen Definitionen des versicherungstechnischen Risikos findet sich bei Liebwein, P. (2000), S. 11-20.
[115] Albrecht, P./Schwake, E. (1988), S. 651.

Beim versicherungstechnischen Risiko haben der Leben- und der Nicht-Leben-Bereich die gleiche Gesamtschadensbetrachtung. Um den wahren Gehalt der unterstellten Gesamtschadensverteilung zu bestimmen und um das versicherungstechnische Risiko zu präzisieren, unterscheidet FARNY zwischen dem Zufalls-, Änderungs- und Irrtumsrisiko. Das Zufallsrisiko entsteht durch eine zufallsbedingt hohe Schadenslast trotz richtiger Einschätzung der Schadensverteilung. So können als Beispiele für das Zufallsrisiko das Kumulrisiko, das Ansteckungsrisiko oder das Großschaden-, Größtschäden- sowie Katastrophenrisiko genannt werden.[116] Das Irrtumsrisiko ist eine falsche Einschätzung der Schadensverteilung, auf der die Kalkulation der Prämien beruht. Das Änderungsrisiko basiert auf einer Änderung der Schadensverteilung während der Vertragslaufzeit oder der Abwicklungsperiode.[117] Dieses Risiko kann bspw. durch Sachverhalte, die dem VU vorher nicht bekannt waren, Änderungen im Umfeld des Risikos oder innerhalb des Geschäftsfelds, erklärt werden (bspw. Asbestschäden, die aufgrund von Änderungen in der Rechtsprechung unter Umständen hohe Schadenszahlungen erfordern). HELTEN wählt für die Unterteilung der Risikokomponenten die Begriffe Diagnose- und Prognoserisiko.[118] Dabei versteht HELTEN unter dem Diagnoserisiko das Risiko, das bei der wahren stochastischen Schadensgesetzmäßigkeit aufgrund der Ungewissheit über historische Daten und des hypothetischen Verlaufs der Gesamtschadensverteilung entsteht. Das Prognoserisiko impliziert, dass der Schadensverlauf zufallsbedingt ist und deshalb selbst bei bekannten und stabilen stochastischen Gesetzmäßigkeiten nie mit Sicherheit prognostiziert werden kann.[119]

Diese Definitionen beinhalten die Gesamtschadensverteilung als zentrales Element. HELTEN und FARNY unterscheiden dabei zwei

---

[116] Farny, D. (2000), S. 86-87.
[117] Farny, D. (2000), S. 85.
[118] Helten, E. (1991), S. 186-190.
[119] Helten, E./Karten, W. (1991), S. 189.

Komponenten: Zum einen, dass die statistische Verteilung an sich aufgrund der mangelnden Datenlage nicht korrekt sein kann, und zum anderen im Umkehrschluss, dass trotz einer korrekten statistischen Verteilung der Zufall den Schadensverlauf beeinflusst. Deshalb entspricht das Irrtumsrisiko nach FARNY weitestgehend dem Diagnoserisiko nach HELTEN. Das Prognoserisiko lässt sich in das Zufalls- und Änderungsrisiko unterteilen.[120]

Da der Wert der Gesamtschadensverteilung durch Prämieneinnahmen gedeckt ist, muss die Praxis auf die Betrachtungsweise Zeichnungs- und Kalenderjahr aus Kapitel 5.1 zurückgreifen. Bei der Kalenderjahrbetrachtung wird jedes Jahr neu kalkuliert. Die Prämienkalkulation erfolgt mit vergangenheitsbasierten Daten. Schäden treten erst in Zukunft ein; Prämien werden deshalb vor Schadenseintritt ermittelt und beinhalten in der Kalenderjahrbetrachtung das Diagnoserisiko. Das Risiko, das Reserven anhaftet, kann als Prognoserisiko aufgefasst werden, da ein VU für die erwarteten Schäden Rückstellungen aus Verträgen bildet und der Eintritt des Schadens vom Zufall abhängt. Die Praxis unterscheidet deshalb in der Kalenderjahrbetrachtung zwischen dem Prämien- und dem Reserverisiko. Die grundlegende wissenschaftliche Beschreibung der versicherungstechnischen Risiken durch das Diagnose- und Prognoserisiko gilt für alle drei wesentlichen Geschäftsfelder eines VU, nämlich Nicht-Leben, Leben und Gesundheit. Die spezifischen Risiken dieser Geschäftsfelder werden in den folgenden Abschnitten vorgestellt.

---

[120] Hartung, T. (2004), S. 7.

3.3.1 Nicht-Leben

Das Prämienrisiko (Premium Risk)[121] im Nicht-Leben-Bereich berücksichtigt, dass im Laufe eines Geschäftsjahres zukünftige Schadenszahlungen und Aufwendungen für den Versicherungsvertrag die Höhe der Prämieneinnahmen[122] übersteigen können. Man spricht in diesem Zusammenhang von einer Untertarifierung.[123] Aus nicht ausreichend kalkulierten Prämien resultieren nicht ausreichende Schadensrückstellungen.[124] Also steigt oder fällt dieses Risiko mit dem Prämienumfang, den ein Geschäftsbereich ausweist. Für jeden einzelnen Vertrag sind Netto-Prämien[125] anzusetzen, da der Rückversicherungsschutz bereits in den Brutto-Prämien enthalten ist. Ausgeschlossen von diesem Risiko sind die Risiken aus Katastrophen, da diese in einer eigenen Risikoklasse erfasst werden. Auch Forderungsausfälle werden in einer eigenen Risikoklasse erfasst. Diese beiden Risikoklassen werden in Kapitel 3.3.4 und Kapitel 3.4.2 vorgestellt.

Das Reserverisiko (Reserve Risk) beruht im Nicht-Leben-Bereich auf der Abwicklung des Schadens. Es stellt das Risiko aus Abwicklungsverlusten bei den am Bilanzstichtag ermittelten Schadensrückstellungen dar und erfasst das Risiko, dass vorhandene Reserven mögliche Schäden nicht ausreichend decken.[126] Werden bspw. versicherungstechnische Rückstellungen in einer Höhe getätigt, die dem

---

[121] Es wird auch Tarifierungs- oder Beitragsrisiko genannt.
[122] Prämien aus den Abgrenzungen zum Stichtag sowie des laufenden Jahres.
[123] Aon Rück (2005), S. 21.
[124] Grießmann, G./Schubert, T. (2005), S. 1642.
[125] Unter Netto-Prämien (Brutto-Prämien abzgl. der Prämien des Geschäfts, das in Rückversicherung gegeben wurde) versteht man bei einer sehr groben (Preis)-Kalkulation die Netto-Risikoprämie und den Sicherheitszuschlag. Dabei ist der Netto-Risikoprämie der Erwartungswert des Gesamtschadens eines Versicherungsvertrags. Der Sicherheitszuschlag entspricht der Standardabweichung des Schadens (Alberecht, P./Lippe, S. (1988), S. 526). Darüber hinaus fließen in die Prämienkalkulation auch Faktoren wie bspw. Verwaltungskosten, Kosten für Rückversicherung oder der Gewinnaufschlag mit ein.
[126] Aon Rück (2005), S. 21.

tatsächlichen Bedarf nicht entsprechen (aufgrund der stochastischen Natur der Schäden oder einem Schwanken der Schadenshöhe um einen Mittelwert), spricht man von einem Reserverisiko.[127] Es stellt sich die Frage, inwieweit eine Reservierung auf der Passivseite dem eigentlichen Risikogehalt der ihr gegenüber stehenden Kapitalanlagen auf der Aktivseite entspricht.[128] Dieser Gedanke wird beim ALM-Risiko aufgegriffen (vgl. Kapitel 3.5).

3.3.2 Leben

An dieser Stelle muss eine Differenzierung zwischen den Sparten Leben und Nicht-Leben getroffen werden. Während im Nicht-Leben-Bereich das überwiegende Gefahrenpotential vom Prämien- und Reserverisiko ausgeht, dominieren im Lebenbereich die biometrischen Risiken. Dort ist das riskierte Kapital[129] Gegenstand des Prämien- und Reserverisikos. Es schützt ein VU davor, dass die kalkulierten und reservierten Deckungsmittel im Schadensfall nicht ausreichen, um die tatsächlichen Auszahlungen auszugleichen.[130] Dieser Tatbestand erlaubt nur einen sehr groben Vergleich[131] mit dem Prämien- und Reserverisiko aus Nicht-Leben.

---

[127] CEIOPS (2008) - QIS IV; TS.XIII.B.
[128] Meister, D. (2005), S. 461-462.
[129] Vereinfacht dargestellt müssen Lebens-VU zur Deckung der vertraglichen Verpflichtungen aus dem Versicherungsvertrag und zur Absicherung von Schadensfällen, die die Schadenserwartung übersteigen, grundsätzlich zwei Komponenten berechnen. Dabei fließen der Risikoanteil oder riskiertes Kapital (Net Amount at Risk) und das Deckungskapital in die Prämienkalkulation ein. Das Deckungskapital beschreibt für jedes Jahr den Wertunterschied zwischen vergangenen sowie zukünftigen Beiträgen und den zu erfüllenden vertraglichen Verpflichtungen. Der Risikoanteil ist der Teil, der bei der Prämienkalkulation berücksichtigt wird, für den Fall, dass das Deckungskapital nicht ausreicht, um vertragliche Verpflichtungen zu erfüllen. Beide Komponenten fließen neben anderen Faktoren in die Deckungsrückstellung ein.
[130] Schradin, H. R. (1997), S. 279.
[131] Dies ist bspw. auf eine mögliche zukünftige Gewinnbeteiligung (Prämienrückerstattung) des Versicherungsnehmers zurückzuführen. Vor allem in der Lebens- und Krankenversicherung ist die Prämienrückerstattung ein bedeutendes Element für das Preis-Leistungs-Verhältnis eines Versicherungsvertrags und somit ein wichtiger Wettbewerbsfaktor. Im Nicht-Lebenbereich ist diese Preisdifferenzierung

In Leben spielen die (versicherungstechnischen) Rechnungsgrundlagen eine wichtige Rolle. Bei ihnen handelt es sich um faktische oder rechtliche Vorgaben,[132] die in die Prämienbestimmung übernommen werden müssen.[133] Dies sind bspw. überbetriebliche Schadensstatistiken in der Schadensversicherung.[134] Die Rechnungsgrundlagen in Leben sind: Kosten, Zinsen, biometrische Rechnungsgrundlagen (z. B. Sterbetafeln) und Storno.[135] Daraus lassen sich wesentliche Risiken aus dem Leben-Bereich ableiten. Aus den Rechnungsgrundlagen leiten sich wesentliche Kategorien ab, aus denen versicherungstechnische Verluste bei Leben-VU entstehen können. Dies sind die Risiken aus dem Geschäft selbst sowie aus den Geschäftsprozessen. Unter Risiken aus dem Geschäft selbst sind die biometrischen Risiken (Risiken aus den durch die Lebensversicherung gedeckten Gefahren) und Katastrophenrisiken zu verstehen, die noch nicht in den biometrischen Risiken erfasst wurden; desweiteren entstehen versicherungstechnische Risiken, die aus dem Geschäftsprozess (z. B. Kundenverhalten oder Reservierungen) erwachsen.

---

nicht so bedeutend. Bei der Prämienrückerstattung handelt es sich bei Lebens- und Kranken-VU um Rückzahlungen an Versicherungsnehmer, die aufgrund von nicht mehr benötigten Sicherheitszuschlägen oder der Verwendung von Überschüssen aus dem Vertrag entstehen können. Weitere Formen der Prämienrückerstattung sind verschiedene Regelungen zur sekundären Preisdifferenzierung (Erfahrungstarifierung) im Schadensbereich oder die Prämienrückerstattung in Form von Gewinnausschüttungen für Mitglieder eines Versicherungsvereins auf Gegenseitigkeit oder öffentlich rechtlicher VU (Farny, D. (2006), S. 77). In der Praxis finden sich noch die Begriffe Prämien-(Beitrags-)Rückerstattung, Prämien-(Beitrags-)Rückgewähr, Prämien-(Beitrags-)Ermäßigungen, Gewinnbeteiligung und Überschussbeteiligung (Farny, D. (2006), S. 74-75).

[132] In Deutschland enthält das VAG u. a. die gesetzlichen Forderungen für die Kalkulation der Prämien (§§ 11 I, und 12 I) oder die Mitwirkung eines verantwortlichen Aktuars bei der ordnungsgemäßen Berechnung der Prämien und versicherungstechnischen Rückstellungen (§§ 11a III, 11d und 12 III). (Farny, D. (2006), S. 286 und 684).

[133] Die traditionelle Versicherungsmathematik bezeichnet die für versicherungstechnische Berechnungen notwendigen Parameter als Rechnungsgrundlagen. Allerdings werden in der modernen Versicherungsmathematik Methoden wie bspw. an Marktpreisen orientierte oder Szenario-basierte Verfahren angewandt, in denen es keine Rechnungsgrundlagen im herkömmlichen Sinne gibt.

[134] Farny, D. (2006), S. 690.

[135] Rockel, W./Helten, E./Loy, H./Ott, P. (2007), S. 193 und 197.

Die biometrischen Risiken setzen sich aus den Risiken für Sterblichkeit, Langlebigkeit, Krankheit und Invalidität zusammen. Alle biometrischen Risiken sind - neben der Risikoursache selbst - einem Volatilitäts-, und einem Trend- oder Änderungsrisiko ausgesetzt. Das Volatilitäts- oder Schwankungsrisiko umfasst die Abweichung der Leistungsfälle vom Erwartungswert und entspricht damit den Vorstellungen des Diagnoserisikos. Das Trend- oder Änderungsrisiko folgt der Idee des Prognoserisikos. Es berücksichtigt die Möglichkeit einer Fehleinschätzung, wie z. B. das Langlebigkeitsrisiko, wenn etwa die angesetzten und erwarteten Sterblichkeitsraten bei Lebensversicherungen nicht dem Bestand der Verträge entsprechen[136].

Das Sterblichkeitsrisiko (Mortality Risk) umfasst das Risiko eines vorzeitigen (natürlichen) Todes bspw. aus einer Risikolebensversicherung. Dieses Risiko gewinnt bei einem Anstieg der Sterblichkeitsraten an Bedeutung. Das Langlebigkeitsrisiko (Longevity Risk) umfasst dagegen das Risiko, dass bspw. ein Versicherungsnehmer einer Rentenversicherung ein überdurchschnittlich hohes Lebensalter erreicht. Hier entsteht das Risiko aus einem Rückgang der Sterblichkeitsraten. Die Krankheitsrisiken (Morbidity Risk) und Invaliditätsrisiken (Disability Risk) umfassen Risiken bei Krankheiten und deren mögliche Folgen. Dies sind bspw. Risiken aus Behandlungen von Krankheiten und Verletzungen oder aber - über die Dauer einer Krankheit hinaus - Risiken aus Erwerbs- oder Berufsunfähigkeit, Pflegebedürftigkeit oder Behinderungen. Steigen die Wahrscheinlichkeiten für diese Fälle an, erhöht sich damit auch das Risikopotential eines VU.[137]

Die Risiken aus Geschäftsprozessen unterteilen sich im Lebenbereich in das Auszahlungsrisiko, das Stornorisiko und das Kostenrisi-

---

[136] GDV (2005), S. 53.
[137] Wagner, F. (2000), S. 126.

ko. Das Kostenrisiko (Expense Risk)[138] erfasst das Risiko einer Veränderung der kalkulierten Kosten. Es berücksichtigt also das Risiko von Änderungen in den Kostenstrukturen eines Lebensversicherers. Dieses ergibt sich, wenn einem VU trotz eines Geschäftsausfalls im nächsten Geschäftsjahr weiterhin konstante Aufwendungen in Höhe der fixen Abschluss- und Verwaltungskosten entstehen.[139] Es setzt sich aus dem Fixkostenrisiko und dem Kick Back-Risiko zusammen. Dabei berücksichtigt das Fixkostenrisiko interne Kostenstrukturen, während das Kick Back-Risiko aufgrund von Marktschwankungen den Rückgang der Erstattung von Verwaltungskosten durch Anlagefonds betrachtet.[140]

Das Stornorisiko (Lapse Risk) erfasst das unerwartete Stornieren von Lebensversicherungsverträgen. Darunter fallen die Kündigung eines Vertrags, Rückkäufe oder Prämienfreistellungen. Dabei besteht ein enger Zusammenhang zwischen Stornierungen von Verträgen[141] und dem Zinsänderungsrisiko (vgl. Kap. 3.4), da ein VU beim Abgang von Versicherungspolicen gezwungen ist, Vermögenswerte auf der Aktivseite zu verkaufen. Wenn bspw. ein Versicherungsnehmer in einer Phase steigender Zinsen seine Verträge, die auf niedrigerem Zinsniveau abgeschlossen wurden, kündigt, wäre das VU unter Realisierung erheblicher Kursverluste gezwungen, der Forderung des Versicherungsnehmers nachzukommen.[142] Man spricht bei steigenden Zinsen vom Stornorisiko und bei fallenden Zinsen vom Wiederanlagerisiko.[143] Ein VU muss je nach Produktmerkmal und der sich daraus ableitenden Stornoneigung seiner

---

[138] Das Kostenrisiko in Leben/Gesundheit wird in der wissenschaftlichen Betrachtung dem Betriebskostenrisiko zugerechnet, das eine eigene wissenschaftliche Risikoklasse darstellt. Die Praxis zählt das Kostenrisiko zu den versicherungstechnischen Risiken.
[139] Grießmann, G./Schubert, T. (2005), S. 1640.
[140] GDV (2005), S. 52.
[141] entsprechend dem ALM-Gedanken (vgl. Kap. 3.5).
[142] Schradin, H. R. (1997), S. 279.
[143] Meister, D. (2005), S. 461.

Versicherungsnehmer unterschiedlich hohes Risikokapital hinterlegen.[144]

Das Auszahlungsrisiko (Revision Risk) entsteht bei Rentenzahlungen aus Schadens- und Unfallverträgen, deren Höhe sich möglicherweise auf dem Rechtsweg ändert.[145]

3.3.3 Gesundheit

Die Risiken aus dem Bereich Gesundheit ähneln denen der Lebensversicherung. Sie unterteilen sich in Kostenrisiko, Risiko der Rechnungsgrundlagen und Epidemierisiko. Weiter wird auch das Risiko aus dem Geschäft mit der Arbeiterunfallversicherung in die Betrachtung der Risiken aus Gesundheit mit einbezogen.[146] Das Kostenrisiko (Expense Risk) ist deckungsgleich mit Leben. Das Risiko der Rechnungsgrundlagen (Claim-,[147] Mortality-, Cancellation Risk) umfasst drei Faktoren, nämlich das Risiko, dass der tatsächliche Pro-Kopf-Schaden der versicherten Person nicht dem erwarteten entspricht (Claims Risk), das Risiko eines Abweichens der Sterblichkeitsannahmen (Mortality Risk) und das Stornorisiko (Cancellation Risk). Die beiden letztgenannten Risiken treten auch in Leben auf.

Die Arbeiterunfallversicherung (Workers' Compensation) ist im Gegensatz zur Berufsunfähigkeitsversicherung gesetzlich vorgeschrieben. Sie ist für Unternehmen verpflichtend, ihre Leistung ist unabhängig vom Verschulden zu erbringen. Sie unterliegt strengen gesetzlichen Vorgaben und einer aufsichtsrechtlichen Kontrolle. Sie ist

---

[144] Schradin, H. R. (1997), S. 279.
[145] Broszeit, T./Mayr, B. (2007a), S. 781.
[146] Die Arbeiterunfallversicherung wird in der Sparte Gesundheit erläutert und nicht in Nicht-Leben, da diese Unterteilung auch in der QIS IV zu beobachten war, und der Aufbau dieses Kapitels sich an den QIS-Studien orientiert.
[147] in QIS II noch Excessive Loss Risk genannt.

von Arbeitgebern für Beschäftigte abzuschließen. Mit vielen Entwicklungen wie dem Wandel der Arbeitsbedingungen, der höheren Lebenserwartung und neuartigen Krankheitsursachen wie bspw. Stress können viele staatliche Arbeiterunfallsysteme nicht Schritt halten und beteiligen deshalb die private Versicherungswirtschaft an der Arbeiterunfallversicherung.[148] Sie leistet für Beschäftigte eines Unternehmens (und deren Angehörige) Schadenszahlungen bei Verletzungen oder Todesfällen, die aus einem Wegeunfall, Arbeitsunfall[149] oder aus Berufskrankheiten resultieren. Dabei ist zu beobachten, dass für die Begriffe Arbeiterunfall und Berufskrankheit aufgrund der unterschiedlichen Ausgestaltungen der staatlichen Systeme keine einheitliche Definition existiert. Die MÜNCHENER RÜCKVERSICHERUNGS-GESELLSCHAFT präzisiert die beiden Begriffe wie folgt:[150]

„Arbeitsunfälle entstehen im Zusammenhang mit der betrieblichen Tätigkeit während der Arbeitszeit. Sie ereignen sich zufällig und plötzlich und sie führen kausal zu einer körperlichen Beeinträchtigung."

„Berufskrankheiten resultieren aus einer dauerhaften schädlichen Exponierung gegenüber einer beruflichen Gefahr. Die Exponierung muss, was ihre Dauer und Dosierung betrifft, geeignet sein, eine Berufskrankheit auszulösen, und die Krankheit muss medizinisch diagnostiziert werden."

---

[148] Münchener Rück (2006a), S. 40.
[149] CEIOPS (2008) - QIS IV, TS.XII.D.2.
[150] Münchener Rück (2006a), S. 40.

3.3.4 Katastrophen

Das Katastrophenrisiko (Catastrophe Risk) betrifft die Bereiche Leben/Gesundheit und Nicht-Leben. Hier werden unregelmäßige oder extreme Ereignisse berücksichtigt, die nicht durch versicherungstechnische Sub-Module abgedeckt sind. Dabei sollte auch das Kumulrisiko (Accumulation Risk) berücksichtigt werden, das das gleichzeitige Auftreten mehrerer Schadensfälle durch ein einziges auslösendes Ereignis - z. B. Erdbeben oder Pandemie - beschreibt. Häufig entstehen die größten Schäden im Nicht-Leben-Bereich durch Naturkatastrophen, während in Leben/Gesundheit Epidemien, Pandemien oder Seuchen die größte Gefahr darstellen.[151] Das Epidemierisiko (Epedemic- oder Accumulation Risk) entsteht, wenn im Bereich Gesundheit angenommen wird, dass Schadensfälle epidemisch (also unabhängig von getroffenen Annahmen in Bezug auf versicherte Personen) in einem Katastrophenszenario auftreten.[152] Das Risiko aus Terrorismus stellt für beide Bereiche eine Gefahr dar und wird deshalb auch in dem Modell von A.M. Best explizit berücksichtigt.

3.4 Kapitalanlagerisiko

Das Kapitalanlagerisiko fußt auf dem variierenden Zu- und Abfluss von Prämieneinnahmen und Schadenszahlungen (vgl. Kapitel 4.1: Sicherheits- und Reservierungsfunktion). Ein VU übernimmt die Rolle des „Geldhalters",[153] indem es zugeflossene Mittel unter bestimmten Voraussetzungen am Kapitalmarkt anlegt. Dabei entsteht aufgrund der Schwankungen auf den Kapitalmärkten ein Kapitalanlagerisiko auf der Aktivseite.

---

[151] CEIOPS (2008) - QIS IV, TS.XII.B.28.
[152] CEIOPS (2008) - QIS IV, TS.XII.B.27.
[153] Kromschröder, B. (1988), S. 322.

Bei der Betrachtung von Kapitalanlagerisiken muss grundsätzlich zwischen systematischen und unsystematischen Risiken unterschieden werden. Diese stellen den Kern der wissenschaftlichen Kapitalmarkt- und Portfoliotheorie dar. Das systematische Risiko (Systematic Risk - Marktrisiko) ist auf allgemeinwirtschaftliche Faktoren zurückzuführen und berührt sämtliche Unternehmen in gleicher Weise. Deshalb sind alle Wertpapiere am Markt diesem Risiko ausgesetzt; es kann nicht weg diversifiziert werden.[154] Das unsystematische Risiko (Idiosyncratic Risk - unternehmensspezifisches Risiko) betrifft ein einzelnes Unternehmen und beruht auf Vorkommnissen im Unternehmen oder in der Branche. Deshalb werden die unsystematischen (Teil-)Risiken als investmentspezifisch angesehen. Sie lassen sich durch Diversifikation, also dem Kauf einer steigenden Anzahl an Wertpapieren aus verschiedenen Branchen und Ländern, verringern. Als Beispiel kann hierfür das Bonitätsrisiko bei Anleihen oder Krediten genannt werden.[155] Das systematische und das unsystematische Risiko sollen in die Betrachtung des Kapitalanlagerisikos einfließen. In Solvency II (QIS IV) wird bspw. das systematische Risiko im Aktienrisikomodul und das unsystematische im Konzentrationsrisikomodul modelliert.[156]

Aus wissenschaftlicher Sicht entsteht ein Kapitalanlagerisiko dann, wenn sich die Kapitalanlageziele eines VU nicht verwirklichen lassen.[157] Daraus ergeben sich zwei wissenschaftliche Gliederungsmöglichkeiten für das Kapitalanlagerisiko. Die erste knüpft an die Ziele der Kapitalanlage an. Sie orientiert sich an den Anlagezielen Sicherheit, Rentabilität und Liquidität.[158] Die zweite ist praxisorientierter und strukturiert das Kapitalanlagerisiko nach Gläubiger-,

---

[154] Als Risikoursachen müssen bspw. Zinssatzänderungen, Inflation, politische Ereignisse oder Naturkatastrophen genannt werden.
[155] vgl. bspw. Perridon, L./Steiner, M. (2002), S. 276; Obst, G./Hinter, O. (2000), S. 8-9 oder Wöhe, G. (2000), S. 800.
[156] CEIOPS (2008) - QIS IV, TS.IX.C.3.
[157] Farny, D. (2000), S. 506.
[158] Farny, D. (2000), S. 818.

Anteilseigner-, Zinsänderungs-, Währungs- und Wertänderungsrisiko sowie sonstigen Preisrisiken.[159] Unter sonstige Preisrisiken fällt die Gefahr von Preisschwankungen bei Termin- und Optionsgeschäften, soweit sie noch nicht in einer anderen Risikokategorie erfasst sind. Als Beispiel ließe sich hier die Gefahr schwankender Edelmetallkurse nennen.[160]

Die Praxis selbst unterteilt das Kapitalanlagerisiko in zwei große Risikoklassen: in das Markt- oder Marktänderungsrisiko und in das (Forderungs-)Ausfallrisiko. Das ALM-Risiko nimmt eine Sonderstellung ein und wird in Kapitel 3.5 vorgestellt. Das Marktänderungsrisiko definiert das Risiko, dem ein VU durch Schwankungen auf den Aktien-, Festzinsanlagen- und Immobilienmärkten ausgesetzt ist. Deshalb unterscheidet die Praxis zwischen dem Kursänderungsrisiko für Aktien und festverzinsliche Wertpapiere, dem Wertänderungsrisiko Immobilien, sowie dem Währungsrisiko und dem Konzentrationsrisiko.[161]

3.4.1 Marktrisiko

Das Kursänderungsrisiko umfasst das Risiko von Volatilitäten auf den Wertpapiermärkten und das Länderrisiko, das entstehen kann, wenn das Land, in dem ein Unternehmen seinen Hauptsitz hat, eine schlechte Bonität aufweist. Das Kursänderungsrisiko (Aktien-Eequity Risk) ergibt sich aus Schwankungen auf Wertpapiermärkten, denen Aktienpositionen und Derivate unterworfen sind.[162] Das Kursänderungsrisiko für festverzinsliche Wertpapiere (Fixed Income Securities) tritt auf, wenn Zinsänderungen eine negative Auswirkung auf die Ertragslage eines VU haben. Daraus ergeben sich zwei

---

[159] Scheunemann, R. B. (1999), S. 16.
[160] Amely, F. M. (1994), S. 70; Rittich, H. (1995), S. 119-122.
[161] CEIOPS (2008) - QIS IV, TS.IX.
[162] Scheunemann, R. B. (1999), S. 19.

Ausprägungen des Risikos: das Spread-Risiko (Spread Risk) und das Zinsänderungsrisiko (Interest Rate Risk). Das letztgenannte dient der Quantifizierung einer Änderung des Marktwerts festverzinslicher Kapitalanlagen. Daraus resultiert eine Veränderung der Eigenmittel bei einem Zinsanstieg oder Rückgang. Das Spread-Risiko umfasst das Risiko, dass der Ertrag aus der Risikoprämie einer festverzinslichen Anleihe niedriger sein kann als derjenige aus einer risikolosen Anleihe (wie Bundesschatzanleihen). Dabei ist zwischen der Laufzeit und der Kreditqualität einer Anleihe zu unterscheiden. Bei der Laufzeit wird das Risiko einer Zinsänderung für kurzfristige und langfristige Anlagen abgebildet. Der Credit Spread umfasst das Risiko von Zinsaufschlägen gegenüber einer risikolosen Zinsstruktur bei gleicher Laufzeit oder Duration.[163] Da manche Staatsanleihen (bspw. aus Deutschland oder den USA) als risikolos gelten, muss bei eventuell risikobelasteten Anleihen (bspw. Unternehmensanleihen) ein Credit Spread als Risikoprämie für einen möglichen Ausfall der Anleihe an den Anleger bezahlt werden. Er wird beim Kauf der Anleihe fest vereinbart. Der Zins der Staatsanleihe könnte ebenfalls steigen. Damit würde der Wert des Credit Spreads im Vergleich zu Staatsanleihen sinken.

Die Gefahr eines Wertverlustes materieller Vermögensgegenstände drückt sich im Wertänderungsrisiko Immobilien (Property Risk) aus. Es erfasst dabei direkt oder indirekt genutzte Grundstücke und Gebäude (gewerblich oder privat). Diese sind bspw. dem Risiko einer Marktpreisänderung ebenso ausgesetzt wie die Betriebs- und Geschäftsausstattung dem Risiko der technischen Alterung und Abnüt-

---

[163] Duration ist eine Sensitivitätskennzahl, die die durchschnittliche Kapitalbindung einer Geldanlage in einem festverzinslichen Wertpapier in Jahren bezeichnet. Es handelt sich dabei um das gewichtete Mittel aller Zeitpunkte, zu denen der Anleger Zahlungen aus seiner Geldanlage erhält. Die modifizierte Duration gibt an, wie sich der Gesamtbetrag der Anleihe voraussichtlich ändert, wenn sich der Zinssatz ändert (Steiner, M./Bruns, C. (2002), S. 157ff).

zung unterworfen ist. Auch das Risiko von Immobilieninvestments wird dieser Risikoklasse zugerechnet.[164]

Das Währungsrisiko (Currency Risk) erfasst die Gefahr, dass sich eine Devisenkursänderung negativ auf die in inländischer Währung geführte GuV eines Unternehmens auswirkt.[165] Es umfasst also das Fremdwährungsrisiko, das von Volatilitäten im Wechselkurs beeinflusst wird und berücksichtigt somit potentielle Verluste aus Wechselkursschwankungen.[166]

Eine weitere Ausprägung des Kursänderungsrisikos ist das Konzentrationsrisiko (Market Risk Concentrations) für Wertpapiere.[167] Seinetwegen wurde die „Deutschland AG" 2005 aufgelöst. Es entsteht aus umfangreichen Einzelbeteiligungen an Unternehmen oberhalb eines Schwellenwerts. Bei Berechnung des Konzentrationsrisikos wird der Marktwert des Engagements berücksichtigt.[168] Bei der Modellierung dieses Risikos muss eine Doppelerfassung des Risikos in Verbindung mit dem Kursänderungsrisiko vermieden werden. Diese Doppelerfassung wird bspw. durch die Multiplikation mit einem Faktor ausgeglichen.[169]

3.4.2 Forderungsausfallrisiko

Aus wissenschaftlicher Sicht steht das Gläubigerrisiko für das allgemeine Bonitätsrisiko und das Länderrisiko. Es berücksichtigt, dass ein Kreditnehmer oder Emittent festverzinslicher Wertpapiere seine

---

[164] Keine, F. M. (1986), S. 258-261.
[165] Steiner, M./Bruns, C. (2002), S. 128.
[166] GDV (2005), S. 44.
[167] Auch Kumul- oder Klumpenrisiko genannt.
[168] Dabei sollen im deutschen Modell alle Einzelanlagen berücksichtigt werden, deren Marktwert über dem entsprechenden Grenzwert nach § 3 der Anlageverordnung (Anl.V.) liegt.
[169] GDV (2005), S. 47; Grießmann, G./Schubert, T. (2005), S. 1639.

Verpflichtungen aufgrund wirtschaftlicher Schwierigkeiten möglicherweise nicht oder nur teilweise erfüllen kann. Deshalb schließt das Gläubigerrisiko die Gefahr des teilweisen Verlustes von Forderungen aus Kreditvergabe oder Schuldverschreibungen ein.[170] Die Versicherungswirtschaft erweitert das wissenschaftliche Gläubigerrisiko um einen zusätzlichen Aspekt, nämlich um das Risiko, dass ein Rückversicherer seinen Zahlungsverpflichtungen gegenüber dem Erstversicherer nicht nachkommen kann. Deshalb besteht das Forderungsrisiko[171] im Wesentlichen aus dem Forderungsausfallrisiko gegenüber Rückversicherern (Counterparty Default Risk - Reinsurance)[172] und dem Ausfallrisiko (sonstiger) Forderungen (Counterparty Default Risk - Financial Derivatives).[173] Es handelt es sich hier in der Regel um den Ausfall von Forderungen aus Rückversicherungsbeziehungen oder einem sonstigen Forderungsausfall, wie z. B. dem eines Emittenten von Wertpapieren.[174] Als Bezugsgröße für das Forderungsrisiko aus Rückversicherungsgeschäften gilt der Umfang des zedierten Geschäfts.[175] Das Ausfallrisiko (sonstiger) Forderungen wird für Fixed Income Titel (Unternehmensanleihen, Hypotheken und sonstige Forderungen) ermittelt. Dabei betrachtet man das Risiko, dass Schuldner entsprechenden Zins- oder Rückzahlungsverpflichtungen nicht nachkommen können. Hier kommt bspw. bei Konkurs das sog. „Default Risk" oder Adressenausfallrisiko zum Tragen. Unter den Begriff sonstige Forderungen fallen Zins- und Dividendenforderungen, Miet- und Pachtforderungen aus Immobilienvermögen und andere Forderungen.

---

[170] Keine, F. M. (1986), S. 84.
[171] Andere Bezeichnungen für Forderungsrisiko sind Kreditrisiko, Kredit- und Bonitätsrisiko, Adressenrisiko oder Credit Risk.
[172] Müller, E./Reischel, M. (1994), S. 493.
[173] In QIS III bildet das Risikomodul SCR_{def} die „reinen" Forderungsausfallrisiken (Reinsurance, Financial Derivatives) ab. In QIS II waren diese Risiken noch im Modul SCR_{cred} berücksichtigt. Dieses setzte sich aus dem Kreditrisiko und den beiden Forderungsausfallrisiken zusammen.
[174] Capgemini (2004), S. 10; GDV (2005), S. 68; Deckert, M./Radtke, M. (2004), S. 139.
[175] Dies sind Beitragsüberträge, Deckungsrückstellungen, Rückstellungen für noch nicht abgewickelte Versicherungsfälle, Rückstellungen für Beitragsrückerstattung, sonstige Rückstellungen sowie Depotforderungen (Aon Rück (2005), S. 20).

Das Länderrisiko umfasst die Summe aller Risiken, die aus der Gewährung grenzüberschreitender Kredite entstehen. Sie umfassen Risiken, die aus dem sozialen und politischen Umfeld eines bestimmten Landes stammen und spezifisch für das betrachtete Land sind. Das Länderrisiko lässt sich in zwei Dimensionen einteilen: das wirtschaftliche und das politische Länderrisiko. Das wirtschaftliche Länderrisiko (Transfer- und Konvertierungsrisiko) umfasst das Risiko, dass eine Konvertierung der ausländischen in die vertraglich vereinbarte Währung sowie der Transfer von Geldleistungen nicht möglich ist. Das politische Länderrisiko (Sovereign Risk) umfasst die Zahlungsunwilligkeit bei einer Kreditvergabe an ausländische Staaten. Hierbei fallen das Bonitätsrisiko und das wirtschaftliche Länderrisiko zusammen. Das wirtschaftliche Länderrisiko ist eine Ausprägung des Währungsrisikos, während beim politischen Länderrisiko eine genaue Analyse des fremden Staates erforderlich ist und somit einen Aspekt des Forderungsausfallrisikos darstellt.[176] Die Versicherungswirtschaft betrachtet beim Länderrisiko einen zusätzlichen Aspekt: die geographische Diversifikation. Dies sei an einem Beispiel verdeutlicht: Es ist eher unwahrscheinlich, dass es in Deutschland zu größeren Erdbeben kommt. Allerdings ist dieses Risiko in anderen Regionen der Welt sehr häufig anzutreffen. Auch kann ein identisches Risiko in unterschiedlichen Ländern eine unterschiedliche Höhe an Schadenszahlungen für das VU bedeuten, bspw. sind Stürme in Europa durch sehr hoch dotierte Policen gedeckt, während diese Verträge bspw. in der Dritten Welt eher selten abgeschlossen werden oder sehr niedrig dotiert sind. So kann ein VU durch eine geschickte weltweite Verteilung seiner eingegangen Risiken in einzelnen Regionen und Branchen (LoB) Diversifikationseffekte erzielen. Dieser Effekt wird dadurch verstärkt, dass auch die Risiken zwischen den LoB nicht gleichzeitig eintreffen. Da sich diese Überlegungen in den Prämien und Reserven eines VU widerspiegeln, sind diese dem Prämien- und Reserverisiko zuzuordnen.

---

[176] Büschken, E. (1998), S. 980-981.

Hinsichtlich des Forderungsrisikos lässt sich an dem Modell der NAIC eine Besonderheit beobachten. Dort fließt dieses Risiko in zwei Risikoklassen (Klasse R_3 und R_4, vgl. Kapitel 6.5.2) ein. Alle anderen vorgestellten Modelle betrachten das Forderungsrisiko in einer eigenen Risikoklasse. Das Stornorisiko kann in Leben ebenfalls als Forderungsausfallrisiko angesehen werden, weil Forderungsausfälle gegenüber Versicherungsvertretern und Versicherungsnehmern entstehen können, wenn eine erhöhte Anzahl von Versicherungsnehmern Verträge kündigt, ohne dass das VU gleichzeitig Provisionsrückforderungen in derselben Höhe geltend machen kann.[177] Dabei werden die Verminderungen der Zillmerforderungen[178] aus dem vorzeitigen Abgang von Forderungen abzüglich der rückgebuchten Provisionen und zuzüglich der Abschreibungen und Wertberichtigungen für die Forderungen an Vertreter ermittelt.[179]

3.5 Asset Liability Mismatch-Risiko

Das Asset Liability Mismatch-Risiko kann durch ein angemessenes, zeitgleiches Management auf der Aktiv- und der Passivseite einer Bilanz reduziert werden. Deshalb wird das Asset Liability Mismatch-Risiko hier erst nach der Vorstellung des Asset Liability Managements eingeführt. Das Asset Liability Management (ALM) verfolgt das Ziel, die Wechselwirkungen zwischen Kapitalanlagen (Assets) und Verbindlichkeiten durch Versicherungsleistungen (Liabilities) zu optimieren. Es gilt dabei, den Zielkonflikt zwischen hoher Rendite und ständiger Verfügbarkeit des Kapitals sowohl durch längerfristige

---

[177] GDV (2005), S. 52.
[178] Zillmerforderungen sind die Abschlusskosten einer Lebensversicherung. Dabei werden die noch nicht als Prämie vom Versicherungsnehmer eingezahlten Deckungsbeiträge für die Abschlusskosten „gezillmert". Die „Zillmerung" ist ein versicherungsmathematisches Verfahren, das die noch nicht getilgten Abschlusskosten zusammen mit den Deckungsrückstellungen auf die Laufzeit der Versicherungsverträge verteilt (Farny, D. (2000), S. 574).
[179] Grießmann, G./Schubert, T. (2005), S. 1640.

Kapitalanlagen als auch durch Erhaltung der Liquidität des Unternehmens zu lösen.[180]

Aufgrund spezifischer Techniken und Ansätze zur Koordination von (Anlage-)Entscheidungen bezüglich der Aktiv- und Passivseite eines VU ist das ALM Teil der Unternehmenssteuerung.[181] Es steuert die künftige Bilanzstruktur und optimiert erwartete Renditen unter Unsicherheit. Dabei handelt es sich um ein Managementkonzept, das in einem kontinuierlichen Prozess Strategien formuliert, umsetzt, überwacht und revidiert mit dem Anspruch, unter vorgegebenen Risikotoleranzen und Beschränkungen die finanziellen Ziele eines VU zu erreichen.[182] Das ALM unterscheidet zwischen Makro-Sicht und Mikro-Sicht. Gegenstand der Makro-Sicht ist die Betrachtung des gesamten Unternehmens, während die Mikro-Sicht einzelne Produkte wie bspw. die Analyse einer aktienindexgebundenen Lebensversicherung, bei der Leistungsverpflichtungen und Kapitalanlagen miteinander gekoppelt sind, analysiert. Beim ALM werden grundsätzliche Überlegungen der Investitionstheorie auf Gegebenheiten und Besonderheiten der Versicherungsbranche übertragen. Dies können bspw. die Stochastizität der Versicherungsrisiken, lange Laufzeiten, spezifische Formen der Aktiva, Puffergrößen in Form von Rückstellungen für Beitragsrückerstattung oder stille Reserven sein.[183] Ein zentrales Element des ALM ist die simultane Projektionsrechnung der Aktiv- und Passivseite. Mit geeigneten Finanzmarktmodellen können dabei Risiken auf der Aktivseite, wie bspw. das Zinsrisiko, als stochastische Größen abgebildet werden. Risiken der Passivseite, hauptsächlich versicherungstechnische Risiken wie bspw. Stornoquote oder Todesfallrisiken aus Leben, werden bei der Projektion als unveränderbar angesehen.[184] Da sich die Passivseite

---

[180] Bittermann, L./Lutz, A. (2003), S. 393.
[181] Zwiesler, H. J. (2005), S. 118.
[182] Münchener Rück (2008a), S. 219.
[183] Zwiesler, H. J. (2005), S. 118-119.
[184] Busson, M./Russ, J./Strasser, W./Zwiesler, H. J. (2000), S. 104-105.

aufgrund langer Vertragslaufzeiten oftmals mehrere Jahre lang nicht verändert, findet sich der größere Handelsspielraum auf der Kapitalanlageseite. Hier können kurzfristige Änderungen in der Konzernpolitik herbeigeführt werden. Es ist allerdings auch möglich, durch Alternative Risk Transfer (ART)[185] oder durch eine Variation der Zusammensetzung der Verbindlichkeiten (Liability Mix) auf der Passivseite eine Minimierung des Kapitaleinsatzes zu erreichen.[186]

Im ALM-Prozess selbst werden im ersten Schritt Annahmen über die zukünftige Entwicklung der Kapitalanlagen und Verbindlichkeiten getroffen. Im zweiten Schritt werden Projektionsrechnungen (wenn-dann-Aussagen)[187] zu Assets und Liabilities für einen festzulegenden Zeitraum in der Zukunft durchgeführt. Aus diesen Projektionsrechnungen (bspw. Stresstests oder stochastische Modelle) ergibt sich ein umfangreiches Zahlenmaterial. Dieses gilt es im dritten Schritt auf wenige Kenngrößen zu reduzieren, um diese dann im vierten Schritt zu analysieren. Als Ergebnis dieser Analyse werden die vorherigen Annahmen in einem iterativen Prozess präziser an die Realität angepasst und das Modell so weiter verbessert. Je realer diese Annahmen sind, umso zuverlässiger kann der ALM-Prozess ein VU bei zukünftigen strategischen Entscheidungen unterstützen.

Das Asset Liability Mismatch-Risiko[188] ist die fehlende betragsmäßige oder zeitliche Übereinstimmung zwischen den versicherungstechnischen Verpflichtungen auf der Passiv-Seite der Bilanz (Liabilities) und den der Deckung dienenden einzelnen Aktivposten (Assets).[189] Es beschreibt im Wesentlichen zwei Gefahren: Zum einen,

---

[185] Maßnahmen des ART wie der traditionelle ART, Finite Risk, Blended Covers, Securitization, derivative Instrumente oder indexgebundene Deckung werden bspw. in Busson, M./Russ, J./Strasser, W./Zwiesler, H. J. (1999) vorgestellt.
[186] Busson, M./Russ, J./Strasser, W./Zwiesler, H. J. (1999), S. 630.
[187] Bei wenn-dann-Aussagen ist zu beachten, dass sie keine Realität darstellen, sondern lediglich eine Approximation, also nur dann mit der Realität übereinstimmen, wenn die vorausgesetzten Annahmen eines Modells eintreffen.
[188] auch Liquiditätsrisiko.
[189] Capgemini (2004), S. 10.

dass Zahlungsströme (Cash Flows) im Hinblick auf ihre Fälligkeit oder Betragshöhe nicht oder nur unzureichend mit den Fälligkeitszeitpunkten oder den Volumina der für die Verpflichtungen aufzubringenden Cash Flows korrespondieren. Zum anderen bildet es die Gefahr ab, dass potentielle Wertänderungen der Aktiva nicht von gleichlaufenden Wertänderungen der Passiva begleitet werden.[190] Die folgenden Beispiele beschreiben ALM-Risiken. Beispiel 1: Da die Zinsbindungsfristigkeiten auf der Aktiv- und Passivseite (fast) nie gleich sind (Asset Liability Mismatch), bedingt diese unterschiedliche Fristigkeitenstruktur Zinsänderungsrisiken; Beispiel 2: Die Geschäfte auf der Aktiv- und der Passivseite reagieren unterschiedlich stark und mit unterschiedlicher Geschwindigkeit auf Marktzinsänderungen,[191] weil bspw. Versicherungsverträge im Nicht-Leben-Bereich in der Regel nur einmal pro Kalenderjahr anlässlich ihrer Erneuerung abgeschlossen werden. In die Prämienkalkulation werden jedoch die zum Zeitpunkt der Berechnung aktuellen Marktpreise eingerechnet; aus Prämien werden Rückstellungen gebildet oder sie gehen in das Eigenkapital (vgl. Kapitel 4.1) ein. Schäden, die während der einjährigen Laufzeit anfallen, werden durch Mittel aus der Aktivseite, bspw. einem Anleiheportfolio, das den Rückstellungen auf der Passivseite zuzuordnen ist, gedeckt. Dieses Rückstellungsportfolio unterliegt jedoch der Volatilität des Kapitalmarktes. Daraus können sich Abweichungen auf der Aktiv- und Passivseite einer Bilanz ergeben.[192]

---

[190] Hartung, T. (2007), S. 84.
[191] Rittich, H. (1995), S. 108-110. Dies gilt jedoch nicht für kapitalbildende Lebensversicherungen, da Refinanzierungsmittel mit einem festen Rechnungszins zu verzinsen sind (Rittich, H. (1995), S. 110-113).
[192] Weitere Beispiele für das ALM-Risiko finden sich in Hartung, T. (2007), S. 84ff.

3.6 Operationelle Risiken

Die operationellen Risiken finden sich in der Wissenschaft als Betriebsbereichsrisiken und lassen sich im Gegensatz zu Wertbereichsrisiken nur sehr schwer monetär erfassen und messen. Sie betrachten technisch-organisatorische und funktionale Risiken. Die Letzteren umfassen Beschaffungsrisiken, wie z. B. die ineffektive Wahl nicht geeigneter Mitarbeiter, Leistungserstellungsrisiken, wie bspw. Fehlleistungen bei der Vertrags- und Schadensbearbeitung. Die Risiken aus dem technisch-organisatorischen Bereich sind auf die Gefahr von Dysfunktionen zurückzuführen, die durch schlechte Qualität, mangelnde Quantität oder fehlerhafte Koordinierung von Arbeitskräften und Betriebsmitteln entstehen.[193]

In der Praxis finden sich diese Überlegungen in den operationellen Risiken. Diese beziehen sich branchenunabhängig auf Störungen in der Leistungserstellung und können interne und externe Ursachen haben. Interne Ursachen sind bspw. fehlerhafte Prozesse, Fehler der Mitarbeiter oder auch ein IT-Versagen. Naturkatastrophen oder Betrug wären Beispiele für externe Ursachen.[194]

Die Schwierigkeit bei der Erfassung operationeller Risiken ist, dass sie sich nicht auf bestimmte organisatorische Einheiten im Unternehmen beschränken lassen und dass sie ein breites Spektrum an Schadensszenarien erfordern. Dieses Spektrum kann sowohl Erfassungsfehler in der Auftragsbearbeitung wie auch große Schäden aus betrügerischen Vorgängen beinhalten. Eine weitere Schwierigkeit liegt darin, dass sich das operationelle Risiko oftmals nicht deutlich von anderen Risikokategorien abgrenzen lässt. Die von VU verwendeten „Modelle" basieren oftmals auf einfachen Schätzmethoden, und nur sehr wenige VU praktizieren eine explizite Quantifizierung

---

[193] Scheunemann, R. B. (1999), S. 24.
[194] Kaiser, T./Frey, C. (2007), S. 954.

des operationellen Risikos.[195] Gründe, die die Messung des operationellen Risikos erschweren sind:[196]

- unzureichende Datenlage in VU, da bis dato keine internen Erfahrungswerte oder Marktdaten existieren

- Überlappung mit anderen Risikokategorien (vor allem versicherungstechnischen), für die bereits Risikokapital hinterlegt ist

- Verknüpfung mit anderen Schadensfällen, weil Korrelationen zwischen operationellen Risiken und anderen Risikokategorien möglich sind. Problematisch ist hierbei, dass diese Korrelationen für jeden Schadensfall einzeln ermittelt werden müssen.

- unterschiedliche Auswirkungen des operationellen Risikos auf ein VU: Diese reichen von nicht erkennbar bis unternehmensgefährdend. Hier wäre eine Modellierung mit spezifischen Methoden, wie bspw. durch die Extremwerttheorie, angebracht.

Aufgrund dieser Schwierigkeiten wird das operationelle Risiko in den QIS-Studien mit Hilfe eines einfachen und robusten Verfahrens (Kennzahlen-basierter Ansatz) gemessen, dessen Grundlage Brutto-Prämien und Brutto-Reserven sind. Darüber hinaus findet keine Diversifikation zu anderen Risikoarten statt.[197] Mögliche Methoden für eine interne Identifikation und Bewertung des operationellen Risikos wären das Sammeln von Verlustdaten, eine qualitative Risikoeinschätzung oder die Implementierung eines Frühwarnsystems.

---

[195] Pfeifer, U./Dorenkamp, L./Ott, P. (2006).
[196] Kaiser, T./Frey, C. (2007), S. 955.
[197] Kaiser, T./Frey, C. (2007), S. 955.

Als Indikatoren für Verlustdaten können Versicherungsleistungen und sonstige Erstattungen, die durch Schäden entstanden sind oder Ursachenbeschreibungen von Schäden genannt werden. Bei der qualitativen Risikoeinschätzung könnte u. a. eine Befragung der Mitarbeiter zu vorgegebenen Risiken und Risikofeldern in einer strukturierten Weise erfolgen. Ein Frühwarnsystem könnte bspw. mit quantitativen und qualitativen Kennziffern wie Stornoquoten, Krankenstand oder Zufriedenheitsstatistiken für Mitarbeiter arbeiten. All diese Methoden sind unter ihrem Aufwand-Nutzen-Verhältnis kritisch zu hinterfragen und setzen einen längerfristigen Änderungsprozess im Unternehmen (Change Management) voraus.[198]

In den vorgestellten Modellen der Kapitel 6 und 7 finden sich zwei Ansatzpunkte zur Erfassung operationeller Risiken: das operationelle Risiko nach Basel II (Baseler Akkord, der die aufsichtsrechtlichen Forderungen an Kreditinstitute umfasst) und das außerbilanzielle Risiko. Die operationellen Risiken nach Basel II sind als Risiken durch Verluste definiert, die aufgrund einer Unangemessenheit oder eines internen Versagens von Mitarbeitern oder Systemen oder auch aufgrund von externen Ereignissen eintreten können. Diese Definition nach Basel II enthält auch Rechtsrisiken; sie schließt strategische Risiken oder Reputationsrisiken aus.[199] An ihr orientieren sich die QIS-Studien von Solvency II.

Die NAIC und die Rating-Agenturen berücksichtigen die außerbilanziellen Risiken[200] sowie das allgemeine Geschäftsrisiko. Sie dienen als „Sammel- und Auffangtatbestand" und können deshalb mit den operationellen Risiken von Solvency II verglichen werden. Die geforderte Sicherheitskapitalunterlegung lässt sich nicht empirisch

---

[198] Kaiser, T./Frey, C. (2007), S. 956-958.
[199] Capgemini (2004), S. 10; Grießmann, G./Schubert, T. (2005), S. 1642.
[200] Bei S&P werden sie auch Non-insurance Risk oder versicherungsfremde Risiken genannt.

begründen. Die NAIC bindet sie aufgrund von Praktikabilitätserwägungen an Prämieneinnahmen.[201] Die Module von A.M. Best und S&P erfassen in den außerbilanziellen Risiken ebenfalls alle Risiken, die sich keinen anderen Risikokategorien zuordnen lassen und deren Ursprung nicht in bestimmten Bilanzpositionen zu suchen ist,[202] wie z. B. Eventualverbindlichkeiten.[203] Die Ermittlung des Eigenkapitals erfolgt immer individuell durch Analysten entsprechend dem Einzelrisiko.[204]

3.7 Gruppenspezifische Risiken

Sind mehrere VU in einer Versicherungsgruppe zusammengefasst, leistet das Gefüge dieser Gruppe einen wesentlichen Beitrag zur Stabilität der einzelnen Unternehmen, bspw. durch globale oder spartenspezifische Diversifikationseffekte. Allerdings können auch gegenläufige Effekte innerhalb einer Gruppe auftreten, welche die Stabilität eines Konzerns möglicherweise gefährden. Diese Effekte lassen sich in den meisten Fällen nur schwer quantifizieren. Die Gründe dafür sind die oftmals mangelnde Transparenz und eine hohe Komplexität der Konzernstruktur. Gruppenspezifische Risiken sind das Ansteckungsrisiko, das Reputationsrisiko, das Rechtsrisiko, das Haftungsrisiko und das Konzentrationsrisiko (vgl. Kapitel 3.4.1) oder auch eine erhöhte Abhängigkeit einzelner Unternehmen innerhalb der Gruppe von der Mutter bei extremen Ereignissen (bspw. einem Kumulschaden).[205] Das Ansteckungsrisiko (Contagion Risk)

---

[201] Schradin, H. R. (1997), S. 279.
[202] Meister, D. (2005), S. 461.
[203] Unter Eventualverbindlichkeiten (Contingent Liabilities) sind Geschäftsvorfälle zu verstehen, die nur eventuell eine Belastung für ein Unternehmen darstellen, weil deren Eintritt eher unwahrscheinlich ist. Dies sind bspw. nach HGB Verbindlichkeiten aus der Übertragung von Wechseln, Wechsel- und Scheckgeschäften, Bürgschaften oder Gewährleistungsfristen oder Haftungsverhältnisse aus der Bestellung von Sicherheiten für fremde Verbindlichkeiten (Coenenberg, A. G. (2000), S. 330).
[204] Deckert, M./Radtke, M. (2004), S. 139.
[205] Broszeit, T./Mayr, B. (2007b), S.866-867.

ist ein wesentliches, allerdings schwer messbares Risiko bei Gruppen. Es entsteht, wenn VU von einem Ereignis zwar nicht unmittelbar betroffen sind, dadurch jedoch gefährdet sein können oder von Dritten (bspw. Aktionären oder Versicherungsnehmern) als gefährdet angesehen werden. Als Beispiel dafür ließe sich die Subprime-Krise anführen, bei der zu beobachten war/ist, dass Kreditinstitute, die keine Geschäfte in den USA getätigt haben, ebenfalls von der Krise „angesteckt" werden. Das Reputationsrisiko baut auf einer ähnlichen Argumentation auf. Allerdings umfasst es Marktwahrnehmungen, die sich innerhalb einer Gruppe auf deren Unternehmen übertragen. Das Rechtsrisiko umfasst den Sachverhalt, dass im Extremfall innerhalb einer Gruppe Kapital von einem Gruppenunternehmen zu einem anderen Gruppenunternehmen transferiert wird (bspw. von Mutter zu Tochter). Diese Transaktion könnte für das transferierende Unternehmen unter Umständen existenzgefährdend sein. Deshalb müssen nationale Aufsichtsbehörden eventuell eingreifen und die Transaktion sogar rückabgewickelt werden. Nationales Aufsichts-, Insolvenz-, und Versicherungsrecht steht möglicherweise der gegenseitigen Unterstützung der Gruppenmitglieder entgegen. Die Rechtslage ist in diesem Punkt weder in Europa noch weltweit einheitlich geregelt.[206] Das Risiko der Eigentümerpositionen wird zusätzlich durch das Haftungsrisiko erhöht, das bei Versicherungsgruppen entstehen kann, wenn ein Konzern im Insolvenzfall einer Tochter deren Verbindlichkeiten erfüllt oder für evtl. Patronatserklärungen einsteht.[207]

Die wissenschaftliche Problematik der Eigentümerpositionen - also einer Trennung der Risiken von Mutter und Töchtern innerhalb eines Konzerns - findet bspw. im Modell der NAIC eine gesonderte[208] Betrachtung, nämlich in der Risikoklasse Anlagen bei verbundenen Unternehmen. Diese Risikoklasse wird, soweit möglich, aus dem

---

[206] Broszeit, T./Mayr, B. (2007b), S.867.
[207] Amley, F. M. (1995), S. 67.
[208] Sie wird dort als „unkorreliert" verstanden und deshalb vor die Wurzel gestellt.

Risikokapital der verbundenen Unternehmen (Affiliates) ermittelt, also aus Aktien, Vorzugsaktien und Anleihen und nicht aus deren Bilanzwert.[209] Unter dem außerordentlichen Bilanzrisiko finden sich Bürgschaften für verbundene Unternehmen (Guarantees for Affiliates), nicht verfügbare Aktiva, Depotforderungen und Eventualverbindlichkeiten (Contingent Liabilities).[210]

---

[209] Wagner, F. (2000), S. 428.
[210] Müller, E./Reischel, M. (1994), S. 478-479.

4 Eigenmittel bei Versicherungsunternehmen

Viele Definitionen im Zusammenhang mit Eigenmittel und Kapitalbedarf bei VU beinhalten Begriffe wie bilanzielles Eigenkapital, Risikodeckungsmasse, ökonomisches Kapital, Excess-Kapital oder Risikokapital. Zwischen diesen Begriffen besteht ein Zusammenhang, sie werden jedoch aufgrund unterschiedlicher Ansätze ermittelt. Diese Eigenmittelbegriffe werden sinnvoll strukturiert und daran anschließend das Konzept des Risikotragfähigkeitskalküls nach SCHIERENBECK eingeführt.[211] Mit den hier vorgestellten Begriffen Risikodeckungsmasse und Risikokapital soll vor allem eine exakte Trennung zwischen realen Eigenmitteln und virtuellem Kapitalbedarf erreicht werden.

Der Begriff bilanzielles Eigenkapital orientiert sich an der Eigenkapitalermittlung nach externer Rechnungslegung nach dem Vorsichtsprinzip.[212] Dabei handelt es sich um eine zeitwertbezogene (bspw. auf den Bilanzstichtag bezogene) Betrachtung.[213] Unter einer Risikodeckungsmasse sind reale Eigenmittel zu verstehen, die einem Risiko gegenüberstehen. Dies bedeutet, dass die Teile der Risikodeckungsmasse, die kein Risiko tragen (z. B. immaterielle Vermögensgegenstände) herausgerechnet werden. Die Risikodeckungsmasse beinhaltet die Eigenmittel, die für die Besicherung der eingegangenen Risiken notwendig sind und dem VU tatsächlich zur Verfügung stehen. Sie wird durch die Anforderungen an die Eigenmittel in den Kapitaladäquanzmodellen definiert. Das ökonomische Kapital

---

[211] Schierenbeck, H. (2003), S. 14.
[212] Das Vorsichtsprinzip ist ein Grundsatz, nach dem die Rechnungslegung „vorsichtig" im Interesse des Gläubigers zu gestalten ist. Dies bedeutet, dass die Rechnungslegung keinen zu optimistischen Eindruck von einem Unternehmen vermitteln sollte. Als inhaltliche Ausprägungen des Vorsichtsprinzips gelten das Realisationsprinzip (Gewinne sind nur zu berücksichtigen, wenn sie am Abschlussstichtag realisiert sind) und das Imparitätsprinzip (Ungleichbehandlung negativer und positiver Erfolgsbestandteile) (Coenenberg, A. G. (2003), S. 49).
[213] Meyer, L. (2005), S. 107.

(Net Asset Value) entspricht dem Betrag, der zusätzlich zu den bilanziell zum Zeitwert bewerteten (versicherungstechnischen) Verpflichtungen gehalten werden müsste, um innerhalb eines bestimmten Zeithorizonts alle möglichen Verpflichtungen, die sich aus einer vorgegebenen Ruinwahrscheinlichkeit ergeben, zu decken.[214] Deshalb ermittelt sich der Net Asset Value aus der Differenz der zu Marktwerten ermittelten Höhe der Kapitalanlagen (Assets) und der ebenfalls zu Marktwerten bewerteten Verbindlichkeiten (Liabilities). Diese Differenz ergibt das ökonomische Kapital. Dieses beinhaltet auch Eigenmittelbestandteile, die kein Risiko tragen, bspw. direkt vom VU gehaltene eigene Aktien. Diese Bestandteile stellen den Unterschied zu den Risikodeckungsmassen dar. Sowohl Risiko- als auch ökonomisches Kapital berücksichtigen außerbilanzielle Sachverhalte, die Risiko tragen können, wie bspw. Kreditzusagen oder Garantien.

Ein überschüssiges Kapital oder Excess-Kapital ist die Differenz aus Risikodeckungsmasse oder ökonomischem Kapital und benötigtem Kapital (Risikokapital). Das benötigte Kapital ist bspw. der höchste errechnete Wert des Risikokapitals aus einem internen Modell, den Solvenzkapitalanforderungen der Aufsicht oder den Kapitaladäquanzmodellen der Rating-Agenturen. Deshalb variiert die Höhe des Excess-Kapitals je nach Anforderung (extern oder intern).

Das Risiko wird durch einen virtuellen Kapitalbedarf, also das Risikokapital,[215] gemessen und in Form von virtuellem Kapital quantifiziert. In diesem Zusammenhang ist Risikokapital als Messinstrument für die Quantifizierung relevanter Risiken zu verstehen. Es ist ein theoretisches Konstrukt zur Ermittlung des Risikokapitalbedarfs.[216] Das Risikotragfähigkeitskalkül ermittelt das Verhältnis von

---

[214] Meyer, L. (2005), S. 109.
[215] Schierenbeck, H. (2003) verwendet den Begriff Risikopotential für Risikokapital; diese Begriffe werden hier als Synonyme aufgefasst.
[216] Grüter, M. D./Lister, M./Paul, S./Schierenbeck, H. (2003), S. 13.

Risikokapital und Risikodeckungsmasse im IST-SOLL-Zustand. Dies lässt sich wie folgt formalisieren:[217]

$$(1)\ Risikotragfähigkeitskalkül = \frac{Risikodeckungsmasse}{Risikokapital} = \frac{IST\ Zustand}{SOLL\ Zustand}$$

Nach SCHIERENBECK stellt das Risikotragfähigkeitskalkül den Zusammenhang zwischen Risikodeckungsmasse und Risikokapital her. Es besagt, dass das Risikokapital, das unter Anwendung eines strengen Vorsichtsprinzips zu ermitteln ist, das definierte Risikotragfähigkeitspotential - es ist in Abhängigkeit von repräsentativen Risikobelastungsszenarien zu bestimmen - nicht übersteigen darf.[218] SCHIERENBECK prüft, ob Risikodeckungsmasse und Risikokapital in einem günstigen Verhältnis zueinander stehen.[219] Durch einen Vergleich von Risikodeckungsmasse und Risikokapital lässt sich feststellen, ob die Gefahr einer Insolvenz besteht oder ob etwa zu viel Kapital hinterlegt worden ist.[220] Ist die ermittelte Kennzahl aus (1) größer oder gleich eins, wird das VU solvent bleiben, weil die „reale" Risikodeckungsmasse ausreicht, um das Risikokapital zu decken. Dieser Ansatz findet sich in allen in Kapitel 6 und 7 vorgestellten Kapitaladäquanzmodellen und Solvabilitätskonzeptionen. Sie beziehen stets die Höhe des Risikokapitals auf den Umfang der Risikodeckungsmasse. Deshalb sollen im Folgenden die wesentlichen Eigenschaften des Risikokapitals und der Risikodeckungsmasse betrachtet werden. Weiter wird aufgezeigt, welche realen Eigenmittel zur Deckung des theoretischen Konstrukts Risikokapital erforderlich sind. Der folgende Abschnitt stellt bilanzielle Bestandteile der Risikodeckungsmasse vor. Das Risikokapital wird im Abschnitt 4.2 vorgestellt.

---

[217] in Anlehnung an Schierenbeck, H. (2003), S. 14.
[218] Schierenbeck, H. (2003), S. 14.
[219] Grüter, M. D./Lister, M./Paul, S./Schierenbeck, H. (2003), S. 9.
[220] Dal Santo, D. (2002), S. 63.

4.1 Risikodeckungsmasse

Ein VU muss zukünftige Auszahlungen für Schäden durch Rückstellungen und zusätzliche Risikoreserven decken. FLEMMING versteht unter Risikoreserve:

„... *alle Vorsorgemaßnahmen für zukünftige Verpflichtungen aus dem Versicherungsgeschäft* ..." und „... *die das Risiko zufälliger ... [negativer] ... Abweichungen vom erwarteten Verlauf des Geschäfts abdecken sollen.*"[221]

Risikoreserven beziehen sich ausschließlich auf die in Kapitel 2.1 dargestellten negativen Abweichungen von einem erwarteten Wert. Da VU zwischen absehbaren und nicht absehbaren Risiken unterscheiden, bilden sie für absehbare Risiken Rückstellungen, für nicht absehbare Risiken jedoch zusätzliche Risikoreserven. Dies bedeutet, übertragen auf eine Bilanz, dass Risikoreserven bei vereinfachter Betrachtung in das Eigenkapital und Rückstellungen in das Fremdkapital einfließen. Man spricht in diesem Zusammenhang von einer Reservierungsfunktion des Kapitals.[222] Die Begriffe Risikoreserven und Risikodeckungsmasse sind synonym. Unter Verwendung der Begrifflichkeiten von SCHIERENBECK wird im Folgenden ausschließlich von einer Risikodeckungsmasse gesprochen. Diese spiegelt sich in den Eigenmitteln der Passivseite wieder. Die Passivseite gibt, abgesehen von Bilanzierungshilfen, Auskunft darüber, aus welchen Finanzierungsquellen die Mittel stammen.[223] Die wesentlichen Bestandteile der Passivseite der Bilanz (Eigenkapital, Hybridkapital und Fremdkapital) die der Deckung der Verluste eines VU dienen, werden nun vorgestellt.

---

[221] Flemming, K. (1988), S. 667.
[222] Flemming, K. (1988), S. 667.
[223] Coenenberg, A. G. (2003), S. 6.

4.1.1 Mittelherkunft der versicherungstechnischen Bilanz

Aus eingegangenen Verträgen könnte eine Risikoübernahme resultieren, die die Erfüllung vertraglicher Leistungen und somit die Fortsetzung der Unternehmenstätigkeit eines VU in Frage stellt.[224] Um versicherungstechnische Risiken abzudecken und Zahlungen im Schadensfall leisten zu können, müssen versicherungstechnische Rückstellungen gebildet werden.[225] Diese stellen einen wesentlichen Teil des Fremdkapitals dar. Darüber hinaus muss ein VU über einen gewissen Eigenkapitalbestand verfügen, damit in extremen Schadenssituationen die Deckung[226] unerwarteter Risiken gewährleistet ist. Da sich die Mittel zur Deckung von Schäden auf der Aktivseite der Bilanz (Kapitalanlagen) befinden, deren Mittelherkunft jedoch auf der Passivseite zu suchen ist, fungiert das Eigenkapital - anders als das Eigenkapital eines „klassischen" Unternehmens - als „doppelter Puffer". Zum einen stellt der Eigenkapitalbestand auf der Passivseite eine Sicherungsfunktion gegenüber dem Wertverlust von Kapitalanlagen der Aktivseite dar, zum anderen dient er der Absicherung des Fremdkapitals auf der Passivseite gegen nicht ausreichend hohe Reserven für die Besicherung der eingegangenen Risiken. Das Eigenkapital übt eine Pufferfunktion bei unerwarteten Ergebnisschwankungen aus.[227] Die dem Eigen- und Fremdkapital gegenüber stehenden Kapitalanlagen der Aktivseite müssen ertragsbringend angelegt werden. Allerdings birgt die ertragbringende Anlage von Aktiva Risiken, die die Existenz eines Unternehmens gefährden können. Aus diesem Zusammenhang resultieren zwei Risikokategorien, nämlich das Kapitalanlagerisiko (Aktivseite) und das versicherungstechnische Risiko (Passivseite).[228]

---

[224] Swiss Re (2000), S. 4.
[225] Mehr zur genauen Zusammensetzung von Rückstellungen findet sich bspw. in: Welzel, H. J. (1988); Farny, D. (2001).
[226] Unter Deckung ist die Übernahme der aus einem Versicherungsvertrag entstandenen Risiken im Schadensfall zu verstehen.
[227] Swiss Re (2000), S. 4.
[228] Swiss Re (2000), S. 4.

Der Mittelzufluss eines VU besteht im Wesentlichen aus Beteiligungskapital und Prämieneinnahmen.[229] Weil die Risikodeckungsmasse ausschließlich aus Eigenmitteln besteht, ist ihr auch das Beteiligungskapital zuzurechnen. Prämien sind die Gegenleistung der Kunden dafür, dass VU Risiken übernehmen.[230] Prämien, die im Allgemeinen zu Beginn der einzelnen Versicherungsperioden im Voraus geleistet werden, bilden die Grundlage der Kapitalanlage eines VU. Auch Auszahlungen für Versicherungsleistungen müssen aus Prämien finanziert werden. Da diese unterschiedliche Fälligkeiten aufweisen, kann ein VU die zeitliche Differenz zwischen Mittelzufluss und -abfluss für Kapitalanlagegeschäfte nutzen.[231] Die Einordnung der Prämieneinnahmen in die versicherungstechnische Bilanz ist komplizierter als die des Beteiligungskapitals. Sie gehen sowohl in das Eigen- wie auch in das Fremdkapital ein. Dies ist auf die drei wesentlichen Funktionen von Prämien zurückzuführen. Ein VU finanziert Reserven für absehbare und nicht absehbare Schäden aus seinen Prämieneinnahmen. Darüber hinaus finanziert es durch sie die Aufrechterhaltung seines Versicherungsbetriebes. Sind Reserven und Aufwendungen ausreichend kalkuliert, fließt der Überschuss der Prämieneinnahmen dem VU als Gewinn zu und geht so über die Gewinn- und Verlustrechnung als Jahresüberschuss in das Eigenkapital ein.[232]

Prinzipiell ist anzumerken, dass sich aus der Passivseite einer versicherungstechnischen Bilanz an bestimmten Positionen (bspw. an der Höhe der Rückstellungen) grob ablesen lässt, ob ein VU in der Lage ist, seine Schäden zu decken. Diese Mittel werden als De-

---

[229] Kromschröder, B. (1988), S. 322.
[230] Swiss Re (2000), S. 4.
[231] Dabei ist zwischen dem Leben- und Nicht-Leben-Bereich zu differenzieren. Im Leben-Bereich schreibt die BaFin VU in Deutschland vor, 90 % der Prämieneinnahmen an Versicherungsnehmer zurückzuerstatten. Deshalb legt ein VU die Einnahmen aus diesen Verträgen in risikolosen Wertpapieren an. Diese Vorschrift besteht allerdings nicht im Nicht-Leben-Bereich. Dort werden andere Anlagestrategien angewandt.
[232] Albrecht, P./Lippe, S. (1988), S. 526; Karten, W. (1993b), S. 38.

ckungsmassen bezeichnet. Spricht man in diesem Zusammenhang von Risikodeckungsmassen, sind stets die Teile des Eigenkapitals und des Hybridkapitals (vgl. Kapitel 4.1.4) gemeint, die Risiko (im Sinne von unerwarteten negativen Abweichungen) tragen. Deshalb finden sich die Risikodeckungsmassen auf der Passivseite. Die erwarteten Schäden finden sich in den versicherungstechnischen Rückstellungen.

4.1.2 Eigenkapital

Die Herkunft des Eigenkapitals von VU stammt - analog dem eines produzierenden Unternehmens - aus der Außenfinanzierung durch Investoren und aus der Innenfinanzierung durch Einbehaltung von Gewinnen.[233] Sobald Eigenkapital zugeflossen ist, dient es der Finanzierung von Vermögen. Die Besonderheit des Eigenkapitals von VU ist die seiner Sicherungsfunktion.[234] Diese Sicherungsfunktion beinhaltet, dass entstehende Verluste, die versicherungstechnische Rückstellungen (im Fremdkapital) überschreiten, im Schadensfall solange durch Eigenkapital gedeckt sind, bis dieses vollständig aufgebraucht ist. Erst danach wird das Hybridkapital belastet. Dieser Vorstellung folgen auch die Solvabilitätsvorschriften und die Kapitaladäquanzmodelle. Das Ziel all dieser Modelle ist die ausreichende Absicherung gegen Risiken durch eine adäquate Eigenkapitalunterlegung.[235] Ein VU ist im Rahmen dieser Sicherungsfunktion verpflichtet, eine bestimmte Menge an Eigenkapital zu halten. Die dem Eigenkapital entgegenstehenden Positionen auf der Aktivseite können auf dem Kapitalmarkt ertragbringend angelegt werden.[236]

---

[233] Farny, D. (2000), S. 781.
[234] Man spricht in diesem Zusammenhang auch von einer Garantie-, Haftungs- oder Reservefunktion des Eigenkapitals.
[235] Farny, D. (2000), S. 783.
[236] Kromschröder, B. (1988), S. 322.

4.1.3 Fremdkapital

Das Fremdkapital eines VU stammt sowohl aus versicherungstechnischen als auch aus nicht-versicherungstechnischen Bereichen. Im nicht-versicherungstechnischen Bereich erwächst das Fremdkapital aus Umsatzprozessen, die in Form von Pensions- oder Steuerrückstellungen in der Bilanz zu Buche schlagen. Diese sind im Vergleich zum versicherungstechnischen Fremdkapital eher niedrig.[237] Gläubigerkapital[238] - bei produzierenden Unternehmen als Fremdkapital „im klassischen Sinne" bekannt - wird bei VU nur in sehr geringen Mengen vorübergehend oder in Sondersituationen eingesetzt, bspw. zur Überbrückung von kurzfristigen Liquiditätsengpässen.[239]

Die Mittelherkunft des Fremdkapitals resultiert im versicherungstechnischen Bereich überwiegend aus der Umsatzfinanzierung. Prämieneinnahmen können mit Umsatzerlösen anderer Wirtschaftszweige verglichen werden. Von diesen Umsatzerlösen werden - analog zu anderen Wirtschaftszweigen - Auszahlungen bspw. aufgrund von Schäden abgezogen. Dies bedeutet, dass das Fremdkapital entweder aus im Voraus gezahlten Prämien durch Kunden oder aus zufließenden Spar-/Entspargeschäften gebildet wird.[240] Dass die Zeitpunkte des Mittelzuflusses durch Prämien und des Mittelabflusses im Schadensfall auseinanderfallen ist eine Besonderheit der Versicherungsbranche.[241] In der Bilanzierung besteht die Besonderheit besteht darin, dass Prämieneinnahmen bereits vor der unsicheren, jedoch abschätzbaren (Schadens-) Auszahlung zur Verfügung stehen und aufgrund ihrer Reservierungsfunktion Fremdkapitalcha-

---

[237] Farny, D. (2000), S. 783.
[238] Gläubigerkapital ist das Kapital, das nach einer festgelegten Laufzeit an eine Bank oder ein Unternehmen gegen Zinsen zurückerstattet werden muss und dessen Beschaffung durch Fremdfinanzierung erfolgt.
[239] Farny, D. (2000), S. 783; Kromschröder, B. (1988), S. 322.
[240] Farny, D. (2000), S. 783.
[241] Diese Problemstellung wird nochmals in Kapitel 5.1 bei der Kalender- bzw. Zeichnungsjahrbetrachtung aufgegriffen.

rakter aufweisen. Dieser Teil des Fremdkapitals wird Sicherheitskapital genannt. Die gesamten Prämieneinnahmen können - analog zum Eigenkapital - bis zum Zeitpunkt der Auszahlung im Schadensfall unter bestimmten Voraussetzungen auf dem Kapitalmarkt angelegt werden.[242] Deshalb stehen das Management der Kapitalanlagen und die daraus resultierenden Kapitalanlagerisiken im direkten Zusammenhang mit der Übernahme von Risiken.[243] Dieser Gedanke ist ein wesentlicher Bestandteil des ALM-Risikos.

Ein VU, das für die Entschädigung eines vertraglich festgelegten Schadens haftet, ist nicht nur verpflichtet, Risiken aus aktuellen Verträgen zu decken, sondern ist darüber hinaus auch gehalten, länger zurückliegende Risiken aus seinem Vertragsportfolio abzusichern. Deshalb müssen Verträge mit einer hinreichend hohen Wahrscheinlichkeit über einen längeren Zeitraum hinweg gedeckt sein. Aus diesem Grund werden aus den Prämieneinnahmen eines Geschäftsjahres finanzielle Mittel für die Schadensdeckung in Form von Reserven oder Rückstellungen bereitgestellt. Diese Reserven, die der Deckung länger zurückliegender, aber noch nicht abschließend abgerechneter Schäden dienen, sind der Hauptbestandteil der Passiva einer Bilanz.[244] Das HGB unterscheidet sechs Rückstellungsarten. Sie werden im Folgenden kurz vorgestellt.[245] Alle VU bilden Beitragsüberträge (§ 341e Abs. 2 Nr. 1 HGB). Diese resultieren aus Abweichungen zwischen der Dauer einer Versicherungsperiode und dem Zeitraum eines Geschäftsjahres. Bei Beitragsüberträgen handelt es sich um einen passiven Rechnungsabgrenzungsposten, der jedoch traditionell bei versicherungstechnischen Rückstellungen ausgewiesen wird. In der Schaden- und Unfallversicherung unterscheidet das HGB zwischen Schadensrückstellungen

---

[242] Kromschröder, B. (1988), S. 322.
[243] Swiss Re (2000), S. 4.
[244] Rockel, W./Helten, E./Loy, H./Ott, P. (2005), S. 151; Karten, W. (2000), S. 53.
[245] mehr zu Versicherungsbilanzen findet sich bspw. in Rockel, W./Helten, E./Loy, H./Ott, P. (2007).

(§ 341g HGB) und Schwankungsrückstellungen (§ 341h HGB). Eine Schadensrückstellung wird für künftige Schadenszahlungen bei Versicherungsfällen, die bereits eingetreten, aber noch nicht vollständig abgewickelt sind, gebildet. Es handelt sich dabei um eine Rückstellung zur Erfüllung künftiger Versicherungsleistungen. Bei der Schwankungs- und Großrisikenrückstellung handelt es sich um eine Besonderheit des HGB im Vergleich zu US-GAAP und IFRS. Diese versicherungstechnische Rückstellung soll VU nach dem Vorsichtsprinzip gegen zufällig auftretende Über- und Unterschäden in einzelnen Versicherungsperioden absichern. Da diese Rückstellung der Glättung von Schwankungen im Zeitablauf dient, stellt sie eine Rückstellung für noch ungewisse Verpflichtungen in der Zukunft, deren Höhe unbekannt ist, auf den gesamten Versicherungsbestand eines VU dar. Deshalb gilt die Schwankungsrückstellung bei einer Liquidation eines VU als Eigenkapital. Auch bei aktiven VU (die sich nicht in Liquidation befinden) besitzt sie teilweise Eigenkapitalcharakter, da die Schwankungsrückstellung[246] *„... nicht einzelnen Versicherungsnehmern zugeordnet ist, sondern lediglich einem unbestimmten Kollektiv ...".*[247] Deshalb wird diese Rückstellung bspw. in den Kapitaladäquanzmodellen der Rating-Agenturen der Risikodeckungsmasse zugerechnet. In der Leben- und Krankenversicherung unterscheidet das HGB zwischen Deckungsrückstellungen (§ 341f HGB) und den Rückstellungen für Beitragsrückerstattung (§ 341 Abs. 2 Nr. 3 HGB). Dabei haben die Rückstellungen für Beitragsrückerstattung den Charakter einer Verbindlichkeit, da es sich um Rückstellungen für die Auszahlung von Gewinnanteilen an Versicherungsnehmer handelt, die aufgrund einer Satzung, eines Gesetzes, einer vertraglichen Vereinbarung oder einer geschäftsplanmäßiger Erklärung gebildet werden müssen. Die Deckungsrückstellung wird für künftige Geldleistungen gebildet. Sie dienen der Deckung künftiger Rechtsansprüche von Versicherungsnehmern. Des-

---

[246] Rockel, W./Helten, E./Loy, H./Ott, P. (2005), S. 152.
[247] Rockel, W./Helten, E./Loy, H./Ott, P. (2005), S. 153.

halb lassen sich die Deckungsrückstellung und die Schadensrückstellung aus dem Schadens- und Unfallbereich miteinander vergleichen. Darüber hinaus erfassen Lebens und Nicht-Lebensversicherungen unter sonstigen versicherungstechnischen Rückstellungen Rückstellungen ähnlich den Großrisikenrückstellungen, den Stornorückstellungen und den Rückstellungen für drohende Verluste aus schwebenden Versicherungsgeschäften.[248]

4.1.4 Hybridkapital

Vermischen sich die Merkmale von Eigen- und Fremdkapital und lässt sich deshalb die Mittelherkunft nicht eindeutig einer Kapitalart zuweisen, spricht man von Hybridkapital.[249] Seine Mittelherkunft resultiert in der Versicherungswirtschaft im Wesentlichen aus zwei Finanzierungsformen, nämlich der Finanzierung mit Genussrechtskapital und der Aufnahme nachrangiger Verbindlichkeiten.[250] Beide Finanzierungsformen werden bei VU dem Hybridkapital zugerechnet.

Für die Finanzierung eines VU durch Genussrechtskapital existieren keine verbindlichen gesetzlichen Vorgaben. Bei der Emission von Genussscheinen bestimmt der Emittent die (Kapital-)Ausstattung selbst. Der Inhaber eines Genussscheins verpflichtet sich zu Kapitaleinzahlungen und erhält dafür im Gegenzug bestimmte Rechte. Diese Rechte können sich von festen Zinsansprüchen über Gewinnanteile bis zu Mitwirkungsrechten in bestimmten Organen des Unternehmens erstrecken. Einzahlungen können befristet oder unbefristet sein. Da die Gestaltungsmöglichkeiten für die Rechte und

---

[248] Rockel, W./Helten, E./Loy, H./Ott, P. (2005), S. 153.
[249] Als Synonym für Hybridkapital werden in der Praxis auch Bezeichnungen wie hybride Finanzierungsinstrumente, Insurance Hybrid Capital (IHC) oder Mezzaninfinanzierungen verwendet.
[250] Schneider, J. (2005), S. 411.

Pflichten beider Vertragsparteien differieren können, kann es sich, je nach Vertragstyp, bei Genussrechtskapital sowohl um Eigen- als auch um Fremdkapital handeln. Aus diesem Grund wird das Genussrechtskapital dem Hybridkapital zugerechnet.[251]

Nachrangige Verbindlichkeiten sind grundsätzlich Teil des Fremdkapitals.[252] Sie bekommen jedoch Eigenkapitalcharakter, wenn bei Kreditverträgen oder Wertpapierverbindlichkeiten vereinbart wird, dass die Gläubiger der nachrangigen Verbindlichkeiten eines VU im Falle einer Insolvenz für entstandene Verluste dann haften, wenn das gesamte Eigenkapital bereits an die Gläubiger ausgezahlt ist. In diesem Fall handelt es sich um Fremdkapital, das allerdings Eigenkapitalcharakter aufweist. Es ist dem Hybridkapital zuzuordnen.[253] In der Versicherungswirtschaft sind oftmals sog. Surplus Notes als nachrangige Anleihen und Schuldverschreibungen anzutreffen.

Bei beiden Darlehensformen (Genussrechtskapital und nachrangige Verbindlichkeiten) werden im Insolvenzfall zunächst alle Ansprüche der Versicherungsnehmer befriedigt. Danach werden die Ansprüche der Hybridkapitalgeber erfüllt und zuletzt diejenigen der Eigenkapitalgeber. Deshalb bietet Hybridkapital dem Hybridkapitalgeber grundsätzlich ein höheres Maß an Sicherheit als Eigenkapital dem Eigenkapitalgeber.[254] Hybridkapital führt zu einer Reduktion der Kapitalkosten eines VU. Da der Hybridkapitalgeber ein geringeres Risiko trägt als der Eigenkapitalgeber, weist Hybridkapital einen geringeren Renditeanspruch als Eigenkapital auf.[255] Hybridkapital wird jedoch in den Kapitaladäquanzmodellen unter bestimmten Voraussetzungen von Rating-Agenturen und Aufsichtsbehörden dem

---

[251] Farny, D. (2000), S. 783.
[252] Schneider, J. (2005), S. 411.
[253] Farny, D. (2000), S. 783.
[254] Leiding, J. (2004), S. 1633.
[255] Jerey, A./Stöffler, M. (2004), S. 1895.

Eigenkapital zugerechnet.[256] Ein VU verbessert durch die Zurechnung von Hybridkapital zum Eigenkapital seine Risikotragfähigkeit.[257]

In der Praxis nützen VU diese Vorteile und emittieren Papiere, die sowohl von Aufsichtsbehörden als auch von Rating-Agenturen als Eigenmittel anerkannt werden, während der Jahre 2003 und 2004 wurden in der europäischen Versicherungslandschaft bspw. Emissionen von Hybridkapital im Wert von mehr als 8 Mrd. € vorgenommen.[258]

4.2 Risikokapital

Das Risikopotential eines VU drückt sich in seinem Risikokapital aus. Das Risikokapital ist ein theoretisches Konstrukt, das Forderungen an die Risikodeckungsmassen abbildet.

Ermittelt wird das Risikokapital entweder durch interne Modelle und/oder durch externe Anforderungen von Aufsichtsbehörden oder Rating-Agenturen in deren Solvabilitätskonzeptionen oder Kapitaladäquanzmodellen. In der Literatur findet sich jedoch keine einheitliche Definition für Risikokapital. Deshalb wird in diesem Abschnitt das Verständnis von Risikokapital herausgearbeitet, das auf die hier vorgestellten Kapitaladäquanzmodelle zutrifft.

Im Bankenbereich finden sich bei SCHIERENBECK und DAL SANTO zwei Ansätze für eine Definition von Risikokapital. Darauf bezogen soll

---

[256] Diese Voraussetzungen finden sich bspw. in: Alonso, I./Brüggentisch, C./Gilgenberg, B. (2005), S. 1058.
[257] Alonso, I./Brüggentisch, C./Gilgenberg, B. (2005), S. 1059.
[258] Leiding, J. (2004), S. 1633.

eine Definition für VU abgeleitet werden. SCHIERENBECK beschreibt Risikokapital wie folgt:

„[Als Risikokapital] ... *bezeichnet man die Gesamtheit der Risikodeckungspotentiale, die mindestens vorgehalten werden muss, um selbst dann, wenn die vorab definierte Maximalbelastungssituation eintreten sollte, solvent zu bleiben.*"[259]

Dies bedeutet, dass eine Bank oder auch ein VU selbst in ungünstigen Fällen und Extremsituationen zahlungsfähig bleiben muss. Es ist allerdings in der Praxis kaum möglich, alle Eventualitäten bei der Ermittlung von Risikokapital zu berücksichtigen. Deshalb wird die Maximalbelastungssituation vorab definiert, indem das Unternehmen selbst eine Ausfallwahrscheinlichkeit festlegt. Sein Management entscheidet über die Höhe der Ausfallwahrscheinlichkeit innerhalb des Zielkonflikts zwischen Solvenz und Eigenkapitalrendite, der in Kapitel 4.3 beschrieben wird.[260] Eine weitere Definition von Risikokapital bei Banken findet sich bei DAL SANTO:

„[Risikokapital ist] ... *dasjenige Kapital, das benötigt wird, um einen [vom Management, Aufsichtsbehörde oder Rating-Agentur] zu definierenden Sicherheitsgrad der Finanzsituation gewährleisten zu können.*"[261]

Da sich diese Definition ausschließlich auf eine Finanzsituation - einer wesentlichen Risikoart bei Banken - bezieht, kann die Definition von Risikokapital für VU wie folgt erweitert werden:

Risikokapital ist das Kapital, das von einem Versicherungsunternehmen vorgehalten werden muss, um einen zu definierenden (risi-

---
[259] Schierenbeck, H. (2003), S. 21.
[260] Dal Santo, D. (2002), S. 64.
[261] Dal Santo, D. (2002), S. 64.

koaversen) Sicherheitsgrad der Gesamtrisikosituation zu gewährleisten. Diese Kapitalanforderung wird fiktiv durch ein Kapitaladäquanzmodell oder ein internes Modell ermittelt.

Aus dieser Definition ergeben sich zwei wesentliche Gesichtspunkte für die Betrachtung von Risikokapital: Erstens muss ein VU zur Sicherstellung seiner Zahlungsfähigkeit - selbst bei Erreichung seines definierten Sicherheitsgrads - über genügend Risikodeckungsmasse verfügen, um auch im Extremfall zahlungsfähig zu sein und gleichzeitig sein laufendes Geschäft weiterzuführen. Zweitens ist die Ermittlung des Risikokapitals hypothetisch. Externe und interne Modelle ermitteln das Risikokapital unabhängig von der Risikodeckungsmasse. Das Ergebnis der Kapitaladäquanzmodelle wird später auf das „real" vorhandene Kapital bezogen. Das Risikotragfähigkeitskalkül ermittelt, ob ein VU durch den Vergleich beider Größen im Extremfall solvent bliebe. Die Definition spiegelt auch das Verständnis der Praxis wieder. Die MÜNCHENER RÜCKVERSICHERUNGSGESELLSCHAFT definiert z. B. in ihrem Geschäftsbericht 2006 Risikokapital wie folgt:

„Das Risikokapital ist der Kapitalbetrag, der hypothetisch dem Betrieb des Erst- und Rückversicherungsgeschäfts zugeordnet ist, um damit sicherzustellen, dass die Wahrscheinlichkeit einer Zahlungsunfähigkeit des risikobehafteten Teils des Geschäfts so gering wie möglich wird. Das für diesen Zweck erforderliche Kapital wird durch mathematische Risiko- und Finanzmodelle ermittelt."[262]

In Anlehnung an diese Definition wird im Folgenden unter dem Begriff Risikokapital eine theoretische Kapitalanforderung für die Hinterlegung von Eigenmitteln verstanden, die als hypothetisches Konstrukt innerhalb der Kapitaladäquanzmodelle oder internen Modelle entwickelt wurde. Dennoch müssen reale Eigenmittel diesen

---

[262] Münchener Rück (2006b), S. 218.

theoretischen Anforderungen entsprechen. Daraus resultiert ein Zielkonflikt innerhalb des Eigenkapitals, der in folgendem Abschnitt beschrieben wird.

Zusammenfassend kann festgestellt werden, dass der Risikokapitalbedarf in Bezug auf das eingeführte Gesamtrisiko der Schadensverteilung ermittelt wird. Risikokapital darf nicht dem Eigenkapital gleichgesetzt werden. Diesen Begriffen liegen unterschiedliche Definitionen zugrunde.[263] Das bilanzielle oder ökonomische Eigenkapital und gewisse Teile des Fremdkapitals stehen dem Risikokapital lediglich zur Deckung des Kapitalbedarfs für das übernommene Risiko zur Verfügung.[264] Dabei stellen die Eigenmittel eines VU[265] in ihrer Funktion als Risikodeckungsmasse einen Puffer für unerwartete Verluste dar. Diese unerwarteten Verluste müssen, wie in den vorhergehenden Kapiteln erläutert, identifiziert, spezifiziert und anschließend den Eigenmitteln fiktiv zugeordnet werden. Das Risikokapital wird innerhalb der Kapitaladäquanzmodelle als theoretisches Konstrukt ermittelt und ausschließlich durch Mittel der Eigenkapitalgeber (Eigenkapital und Hybridkapital) gedeckt.[266] Damit ist das Risikokapital ein Instrument, das Versicherungsnehmer und Kapitalgeber schützt.

4.3 Konkurrierende Aspekte Solvenz und Eigenkapitalrendite

Die Gegenüberstellung der Begriffe Risikodeckungsmasse und Risikokapital verdeutlicht den Zielkonflikt bei der Eigenkapitalunterlegung. Die Anforderungen, die von externen und internen Modellen

---

[263] Schradin, H. R. (1994), S. 209.
[264] Farny, D. (2000), S. 517.
[265] Hier ist das „reale" Eigenkapital in Verbindung mit den aufsichtsrechtlich anerkannten Teilen des Hybridkapitals gemeint.
[266] Dal Santo, D. (2002), S. 63.

gestellt werden, ergeben sich aus dem Zielkonflikt zwischen Solvenz und Eigenkapitalrendite.

Aufgrund der beschriebenen Pufferfunktion des Eigenkapitals bei außergewöhnlichen Schadensereignissen und einer gleichzeitigen (fast) völlig freien Verfügbarkeit über das Eigenkapital in Bezug auf Kapitalanlagen entsteht das Entscheidungsdreieck zwischen Risiko, Kapital und Rendite, das in Kapitel 1 vorgestellt wurde. Mehr „teures"[267] Eigenkapital garantiert dem Versicherungsnehmer eine sicherere Zahlung im Schadensfall. Weniger „teures" Eigenkapital bewirkt eine höhere Rendite für Investoren, senkt Prämien und führt damit zu einer verbesserten Wettbewerbssituation. Dabei sind zwei Positionen zu beobachten: Der risikoaverse Ansatz vertritt die Interessen der Versicherungsnehmer, der Versicherungsaufsicht oder der Rating-Agenturen. Er fordert, dass ein VU möglichst viel Eigenkapital für die Besicherung seiner Risiken hinterlegt. Der risikoaffine Ansatz, vertreten durch Investoren, Analysten und Management, fordert lediglich eine Eigenkapitalunterlegung in der Höhe, die für die Sicherung der Solvenz des Unternehmens als unbedingt nötig erachtet wird. Damit stellt sich gewissermaßen täglich die Frage, welche adäquate Kapitalmenge einer vorhandenen Risikoposition gegenüberzustellen ist.[268] Folgende Abbildung visualisiert diesen Zielkonflikt:

---

[267] Eigenkapital ist deshalb „teurer" als Fremdkapital, weil für Eigenkapital - zusätzlich zum festen Zinssatz des Fremdkapitals - nach dem Capital Asset Pricing Model (CAPM) ein zusätzlicher Risikoaufschlag für das Insolvenzrisiko an den Investor gezahlt werden muss.
[268] Müller, E. (2004), S. 34.

Eigenmittel bei Versicherungsunternehmen 79

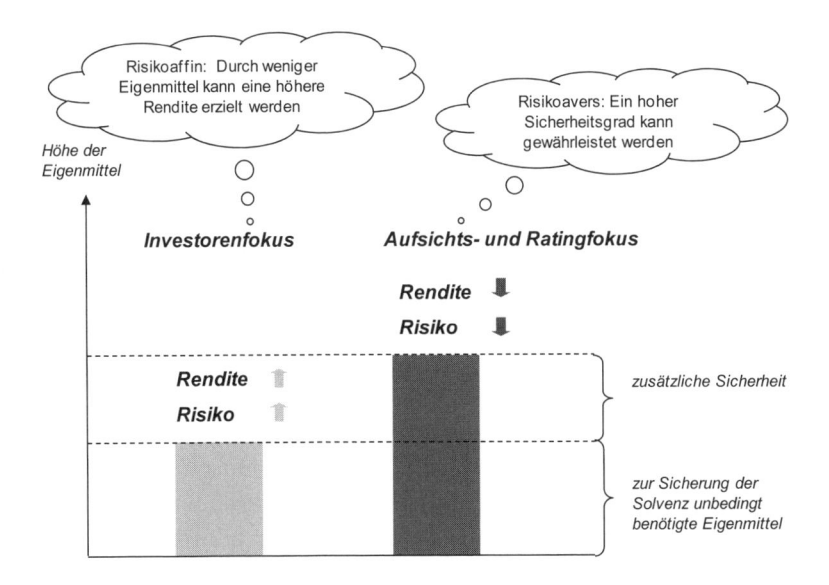

Abbildung 4 Der Zielkonflikt innerhalb der Eigenmittel

Eine mögliche Lösung dieser Problemstellung wäre, dass seitens der Risikodeckungsmassen mehr Hybridkapital aufgenommen oder eine Kapitalerhöhung durchgeführt würde. Seitens des Risikokapitals müsste das Risiko, das das Eigenkapital belastet, reduziert werden. Dies würde entweder die Aufgabe von Geschäft bedeuten oder die Abgabe von Risiken an Rückversicherer. Die Rückversicherung steht hier für den Ersatz von relativ teurem „harten" Kapital bei Erstversicherern. Sie würde die Kapitalkosten der Erstversicherer insgesamt reduzieren. Die Erstversicherer könnten den Vertrag jederzeit kündigen und blieben damit zeitlich variabel.[269] Auch kann der Erstversicherer das Volumen des in Rückversicherung gegebenen Risikos innerhalb der Verträge skalieren. Durch den Rückversicherungs-

---

[269] In der Regel haben Rückversicherungsverträge des Nicht-Leben-Geschäfts eine Laufzeit von einem Jahr.

schutz erweitert der Erstversicherer allerdings seine Risikopalette um die Gefahr des Forderungsausfallrisikos gegenüber Rückversicherern.[270] Dieser Umstand könnte zu einer geringfügigen Erhöhung seiner Kapitalkosten führen, weil dieses Risiko wiederum in Kapitaladäquanzmodelle einfließt und somit eine höhere Risikokapitalunterlegung erfordert. Insgesamt ist diese geringfügige Erhöhung des Risikokapitals jedoch weniger belastend als ein höheres Risikokapital ohne Rückversicherung und stellt deshalb einen Vorteil für Erstversicherer dar. Aus diesem Zusammenhang ergibt sich ein weiteres Optimierungsproblem: Kosten für die Rückversicherung im Vergleich zu den eingesparten Kapitalkosten.[271]

Abbildung 5 stellt in Anlehnung an eine Veröffentlichung der MÜNCHENER RÜCKVERSICHERUNGS-GESELLSCHAFT (2006a) den Zusammenhang zwischen Risikokapital und Risikodeckungsmassen (die sich aufgrund von Adjustierungen mit dem ökonomischen Eigenkapital vergleichen lassen) und Handlungsmöglichkeiten zur Erhöhung der Risikodeckungsmasse oder Senkung des Risikopotentials dar:[272]

---

[270] Müller, E. (2004), S. 34.
[271] Leyherr, U./Scully, M./Sommerfeld, F. (2003), S. 1795.
[272] in Anlehnung an Münchener Rück (2006a).

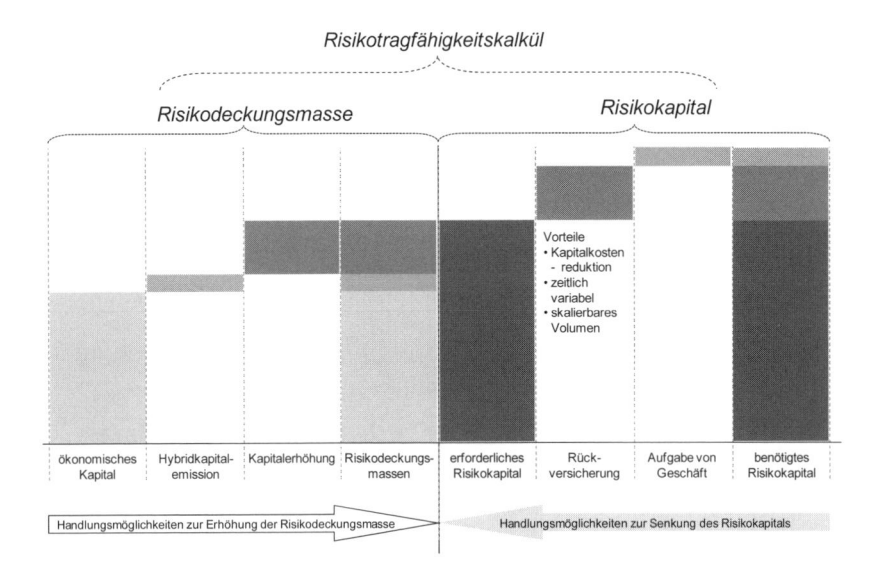

Abbildung 5 Das Risikotragfähigkeitskalkül in der Praxis

Wenn das ermittelte Risikokapital bspw. aufgrund von Diversifikationseffekten kleiner ist als die Risikodeckungsmasse, liegt ein überschüssiges Kapital oder Excess-Kapital vor. Das Excess-Kapital wirft einige Fragestellungen auf. Sollte ein VU etwa weitere zusätzliche Geschäfte eingehen, um das vorhandene Kapital besser zu nutzen und somit eine Überkapitalisierung vermeiden? Wie wird die Frage nach einer Ausschüttung des Excess-Kapitals an Aktionäre oder Kunden behandelt? Oder sollte das Excess-Kapital nicht doch angelegt werden?[273] Im Kontext dieses Zielkonflikts ist eine exakte Modellierung des Risikokapitals durch Kapitaladäquanzmodelle unbedingt erforderlich. Dabei werden an die Höhe des Risikokapitals unterschiedliche Anforderungen gestellt. Sie definieren sich sowohl durch interne Modelle als auch durch externe Anforderungen von

---

[273] Weiler, W./Machalett, V. (2005), S. 441.

Aufsichtsbehörden und Rating-Agenturen. Diese beiden externen Interessensgruppen werden in den Kapiteln 6 und 7 vorgestellt und deren Kriterien für die Höhe des Risikokapitals in ihren Kapitaladäquanzmodellen erläutert. Doch zunächst werden mathematische und statistische Grundlagen zur Berechnung des Risikokapitals gelegt.

5 Verfahren zur Berechnung des Risikokapitals

An Ermittlung und Höhe des Risikokapitals werden nicht nur interne Anforderungen durch unternehmenseigene Steuerungsmodelle gestellt, sondern auch externe von Aufsichtsbehörden und Rating-Agenturen. Kapitaladäquanzmodelle[274] sollen die Frage beantworten, welches Risiko eine wie hohe Kapitalausstattung erfordert. Sie ermitteln die Höhe des zu unterlegenden Eigenkapitals für drei große Risikoklassen: nämlich das versicherungstechnische Risiko, das Kapitalanlagerisiko und das operationelle Risiko.[275] Die in Kapitel 6 und 7 vorgestellten Modelle beruhen in ihren Grundzügen auf einem ähnlichen mathematischen Ansatz zur Berechnung und Aggregation der einzelnen Risikoklassen des Risikokapitals. Im Risikotragfähigkeitskalkül (vgl. Kapitel 4) wird das notwendige Risikokapital mit den Risikodeckungsmassen verglichen. In diesem Kapitel werden einige Grundlagen für die Modellierung des Risikokapitals vorgestellt. Diese Ausführungen sollen einem besseren Verständnis der in Kapitel 6 und 7 betrachteten Modelle dienen.

Für die Quantifizierung von Risiko, also der Modellierung von Risikokapital, muss ein VU ein möglichst realistisches Abbild seiner Risikosituation in einem Modell beschreiben. Dabei sind Zielgrößen festzulegen, die bspw. Ertrag oder Verlust feststellen und deren zukünftige Realisierung ungewiss ist. Diese Zielgrößen können für das Gesamtunternehmen, für einzelne Risikoklassen und jedes Teilrisiko einer Risikoklasse festgelegt werden. Die Abbildung dieser Zielgrößen erfolgt durch Zufallsvariablen. Dabei wird zwischen diskreten und stetigen Zufallsvariablen unterschieden. Zur Analyse von

---

[274] Das Kapitaladäquanzmodell ist ein Ansatz, den Rating-Agenturen zur Ermittlung des Risikokapitals verwenden. Im Rahmen eines Aufsichtsmodells spricht man von Solvabilitätskonzeptionen. Beide Begriffe können bei der mathematisch/statistischen Modellierung synonym aufgefasst werden, da beide Ansätze das Ziel haben, eine für das VU angemessene Kapitalausstattung zu ermitteln.
[275] Swiss Re (2003), S. 40.

Zufallsvariablen gibt es unterschiedliche Methoden, die die Bemessung der Risiken erleichtern. Diese im Folgenden vorgestellten Methoden werden auf konkrete Situationen im Unternehmensbereich einer Versicherung angewandt. Dabei ist unter Risiko(-position) die negative Verfehlung einer Erwartung, ein Verlust oder eine Insolvenz eines VU zu verstehen.

Die Beschreibung einer Zufallsvariablen X erfolgt durch ihre Verteilung (z. B. Normalverteilung, Binominalverteilung). Die Verteilungsfunktion für stetige Zufallsvariablen lautet:[276]

$$(2)\ F(x) = P(X \leq x)$$

Dabei steht P(X≤x) für die Wahrscheinlichkeit, dass die Zufallsvariable X einen Wert ≤ x annimmt. Das Dichtemaß für stetige Zufallsvariablen wird wie folgt definiert:[277]

$$(3)\ F(x) = \int_{-\infty}^{x} f(x)dx$$

Durch ein Risikomaß, d. h. eine Funktion, die dem Risikogehalt einer Position oder quantifizierenden Variablen einen Wert zuordnet, wird so eine Rangfolge von Handlungsalternativen bezüglich des Risikogehalts erstellt.[278] Risikomaße ermöglichen die Erfassung der (Gesamt-)Risikoposition eines VU. Die Summe aller ermittelten Risikopositionen stellt das Risikokapital in den Kapitaladäquanzmodellen oder Solvabilitätskonzeptionen dar. Die einzelnen Risikoposi-

---

[276] Bamberg, G./Bauer, F. (2002), S. 96; im Folgenden werden ausschließlich stetige Zufallsvariablen betrachtet.
[277] Bamberg, G./Bauer, F. (2002), S. 105.
[278] Gründl, H./Winter, M. (2005), S. 184.

tionen werden unter Berücksichtigung von linearen oder nicht linearen Abhängigkeiten (bspw. Korrelationen oder Copulas) modelliert. Die folgenden Abschnitte stellen gängige Risikomaße vor und führen, daran anschließend, ausgewählte Kapitaladäquanzmodelle ein. Der letzte Abschnitt dieses Kapitels zeigt am Beispiel der Entwicklung eines Risk Based Capital-Konzepts, welche mathematischen Problemstellungen bei einer Modellierung auftreten können und wie sich die in diesem Kapitel vorgestellten Ansätze miteinander verknüpfen lassen. Die folgende Abbildung zeigt die Schritte zur Entwicklung eines Kapitaladäquanzmodells oder einer Solvabilitätskonzeption:

Ermittlung eines Kapitaladäquanzmodells oder einer Solvabilitätskonzeption			
Ermittlung eines monetären Wertes des Risikos	Risikokapital des Gesamt-Unternehmens oder der einzelnen Risikoklasse		
Aggregation zum Risikokapital unter Berücksichtigung von Diversifikationseffekten	Aggregation der einzelnen Risikoklassen		
vergleichende Quantifizierung der einzelnen Risikopostionen	Risikomaß 1	Risikomaß 2 ⋯	Risikomaß n
Bestimmung von Wahrscheinlichkeit, Ausmaß und Höhe des Risikos	Wahrscheinlichkeitsverteilung 1	Wahrscheinlichkeitsverteilung 2 ⋯	Wahrscheinlichkeitsverteilung n
Abbildung einer Zielgröße in Form einer Risikoposition in ein Modell	Annahme 1	Annahme 2 ⋯	Annahme n

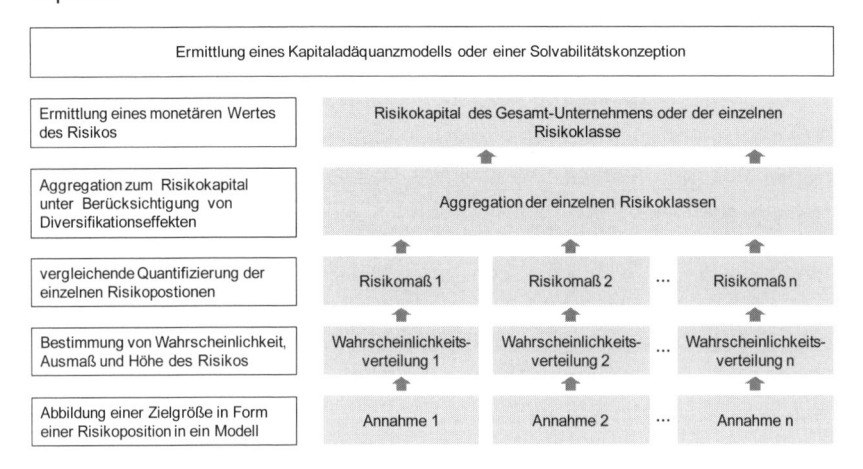

Abbildung 6 Die Schritte zur Ermittlung des Risikokapitals

Um Risikopositionen abbilden zu können, werden im ersten Schritt der Modellierung Annahmen getroffen. Der nächste Abschnitt zeigt am Beispiel der Zeichnungsjahr- und der Kalenderjahr-Betrachtung eines Versicherungsvertrags in Nicht-Leben, welche Annahmen möglich sind. Dabei ist darauf hinzuweisen, dass dort vereinfachte Annahmen getroffen werden. Sie sollen lediglich der Veranschaulichung grundsätzlicher Problemstellungen dienen.

5.1 Zeichnungs- und Kalenderjahrbetrachtung (Nicht-Leben)

Eine Bilanz erfasst alle positiven und negativen Veränderungen,[279] die in einem Geschäftsjahr anfallen. Man spricht in diesem Zusammenhang von einer Kalenderjahrbetrachtung.[280] Diese kann wie folgt definiert werden:

Die Kalenderjahrbetrachtung erfasst zeitpunktbezogen alle positiven und negativen wertmäßigen Veränderungen, die im Zeitraum eines Kalenderjahres einem (Rück-)Versicherungsunternehmen gemeldet werden. Das entspricht, gemäß den International Accounting Standards (IAS), einer Betrachtung des Finanzjahrs.

Unter die Kalenderjahrbetrachtung fallen bspw. alle Kapitalmarktrisiken, weil positive oder negative Veränderungen durch Finanzinstrumente jeglicher Art immer durch exakt einen Börsenkurs verursacht werden. Veränderungen innerhalb eines Kalenderjahres können also problemlos addiert und saldiert werden. Auch lässt sich am Bilanzstichtag ein Stichtagskurs bilden. Diese wertmäßigen Veränderungen werden unabhängig vom Zeitpunkt ihrer Entstehung im aktuellen Kalenderjahr verbucht.

Die Bewertung eines Versicherungsvertrags unterliegt dagegen einer zeitraumbezogenen Betrachtung. Dazu müssen die Zahlungsströme eines Versicherungsvertrags analysiert werden: Prämien sind positive Veränderungen. Sie fallen im Wesentlichen während der Versicherungsdauer des Vertrags an.[281] Die Schäden - also negative Veränderungen - können sowohl während der Versiche-

---

[279] Spricht man von Veränderungen, sind damit Einzahlungen, Auszahlungen, Einnahmen, Ausgaben, Zuflüsse, Abflüsse und Wertänderungen gemeint.
[280] Liebwein, P. (2000), S. 108.
[281] Schwepcke, A. (2001), S. 75.

Verfahren zur Berechnung des Risikokapitals 87

rungsdauer als auch noch lange danach gemeldet werden. Um den Saldo aus positiven und negativen Veränderungen exakt zu ermitteln und damit die Rentabilität eines Vertrags zu bestimmen, müssen alle Prämien und Schäden über die Vertragslaufzeit hinweg addiert werden. Diese Beträge werden dann genau dem Jahr zugeordnet, in dem der Vertrag gezeichnet worden ist.[282] Es wird Zeichnungsjahr genannt.[283] Daraus lässt sich eine Definition für die Zeichnungsjahrbetrachtung ableiten:

Die Zeichnungsjahrbetrachtung eines Versicherungsvertrags erfasst alle positiven und negativen Veränderungen während seiner Laufzeit und darüber hinaus alle daraus resultierenden Regressansprüche. Bezugsjahr für diese Veränderungen ist das Jahr, in dem der Vertrag gezeichnet worden ist.

Der Unterschied zwischen Zeichnungs- und Kalenderjahr[284] kann mit Abbildung 7 verdeutlicht werden:

---

[282] Einen Vertrag zeichnen bedeutet in der (Rück-)Versicherungsbranche, dass ein Vertrag durch einen Versicherungsvertreter unterschrieben, also gezeichnet wird. Dieser bestätigt durch seine Unterschrift, dass er das Risiko, das er zuvor eingehend geprüft hat, akzeptiert.
[283] auch Underwriting Year genannt.
[284] Eine weitere Buchungsmethode stellt die Anfall-Jahr-Betrachtung dar. Dabei ist das Anfalljahr das Jahr, in dem der Schaden eingetreten ist. Schadenszahlungen und Schadensreserven werden entsprechend dem Jahr der Entstehung des Schadens verbucht.

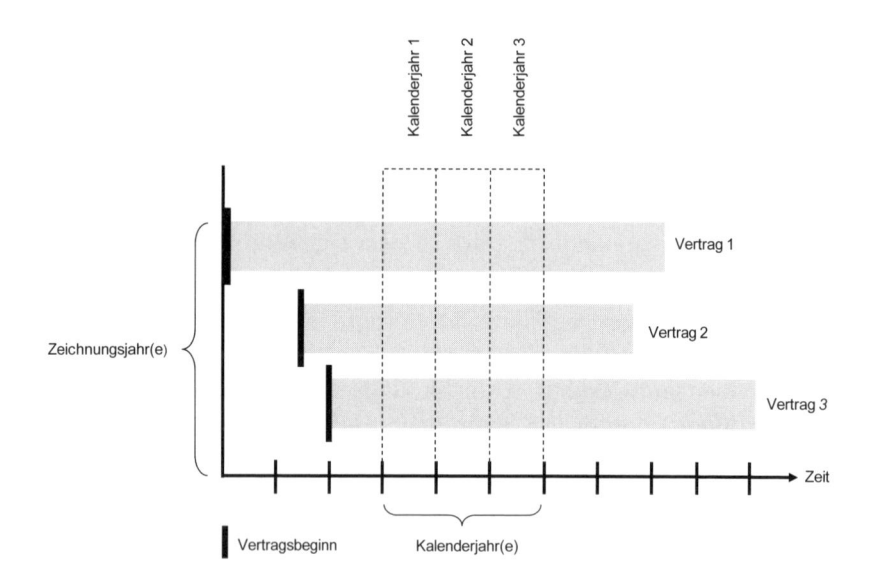

Abbildung 7 Zeichnungs- vs. Kalenderjahr

Die Unterscheidung zwischen Zeichnungs- und Kalenderjahr hat vor allem Einfluss auf versicherungstechnische Risiken, die im Risikokapital erfasst werden. Das versicherungstechnische Risiko lässt sich nicht exakt durch eine rein kalenderjahrbezogene Betrachtung abbilden. Auch kann aufgrund der mangelnden Datierung der Verträge in der Kalenderjahrbetrachtung keine Aussage über die Vertragsdauer, die aus dem Vertrag resultierende zukünftige Risikobelastung und die damit verbundenen Zahlungen getroffen werden. Deshalb sollten alle versicherungstechnischen Risiken im Idealfall durch das Zeichnungsjahr erfasst werden.

Die vorgestellten Kapitaladäquanzmodelle[285] beziehen sich auf das bilanzielle Eigenkapital und damit auf eine kalenderjahrbezogene

---

[285] Modelle von Solvency II (QIS-Studien), von S&P, von A.M. Best und der NAIC.

Sichtweise, weil diese Daten für Externe leichter zugänglich sind und im Rahmen der Bilanzierungsgrundsätze konsistent ermittelt worden sind. Unter sehr vereinfachenden Annahmen, nämlich einer Portfoliodiversifikation, konstanten Vertragsklauseln und dem Ausschlusses einer Claims Inflation, kann bei großen VU Kalender- und Zeichnungsjahr VU annähernd gleichgesetzt werden.

Die erste Annahme Portfoliodiversifikation bedeutet, dass ein großes VU über ein Vertragsportfolio verfügt, in dem Verträge sowohl aus Zeichnungsjahr- als auch aus Kalenderjahrsicht, bspw. die gleiche Schadensentwicklung, Laufzeit und Schadenshöhe aufweisen. Ist diese Bedingung erfüllt, kann davon ausgegangen werden, dass sowohl positive als auch negative Veränderungen in allen betrachteten Jahren annähernd konstant bleiben.

Die zweite Annahme, konstante Klauseln bei Versicherungsverträgen, würde bspw. bedeuten, dass Schadensfälle genau in dem Jahr abgerechnet werden, in dem tatsächlich Schäden aufgetreten sind. Bei Schäden aus Naturkatastrophen (NatCat-Geschäft) ist dies möglich. Unrealistisch ist diese Annahme dagegen im Marine-Geschäft oder im Haftpflichtgeschäft in Bezug auf Kosten, die bspw. aus künftig zu führenden Gerichtsprozessen entstehen können. Die Annahme konstanter Klauseln verhindert hier „eine zeitliche Verzerrung" der Zahlungsströme.

Die dritte Annahme ist der Ausschluss einer Claims Inflation.[286] Claims Inflation bedeutet, dass innerhalb einer Branche eine spezifische Inflation auftreten kann, die höher ist als die allgemeine Inflationsrate. Dies bedeutet, dass das Risiko, das ein VU in diesen

---

[286] Ein Versicherungsvertrag enthält Ausschlüsse, wenn eine Sondervereinbarung (in Bezug auf das versicherte Risiko) zwischen den Vertragspartnern besteht oder gewisse Sachverhalte durch den Vertrag nicht gedeckt sind. Deshalb können Verträge verschiedener VU zwar dasselbe Risiko abdecken, jedoch unter unterschiedlichen Voraussetzungen. Dies ist ebenfalls eine sehr vereinfachende Annahme.

Branchen deckt, zwar in seinem Wesen gleich geblieben ist, seine Deckung jedoch aufgrund eines sich ändernden (Markt-)Umfelds kostspieliger wurde. Gründe dafür können Änderungen in der Rechtsprechung oder auch im Gesundheitswesen sein, weil die Lebenserwartung der Versicherten bspw. durch technologische Innovationen gestiegen ist. [287]

Die Kalenderjahrbetrachtung erleichtert den Vergleich der einzelnen Modellansätze. Sie wird daher sowohl bei externen als auch bei manchen internen Modellen verwendet. Die vorgestellten Kapitaladäquanzmodelle beziehen sich alle auf bilanzielle Größen und damit auf die Kalenderjahrsichtweise.

Der folgende Abschnitt vertieft den Begriff des Risikomaßes und stellt gängige Methoden in der Versicherungswirtschaft vor.

5.2 Risikomaße

Risikomaße erlauben den Vergleich verschiedener Risiken mit unterschiedlichen Charakteristika, Verteilungstypen und Verteilungsparametern (wie bspw. Schadenshöhe).[288] Um das Risikopotential eines VU richtig erfassen zu können, müssen an die Wahl des Risikomaßes formale und inhaltliche Anforderungen gestellt werden. Im Folgenden werden allgemeine Kriterien für ein schlüssiges Risikomaß vorgestellt, ehe auf die für VU gängigen Risikomaße eingegangen wird. Dabei besitzt diese Auswahl keinen Anspruch auf Vollständigkeit. Sie soll lediglich einen Eindruck von den grundsätzlichen, statistischen und mathematischen Möglichkeiten für die Bewertung von Risiken vermitteln.

---

[287] Münchener Rück (2004), S. 156.
[288] Gleißner, W./Romeike, F. (2005), S. 223.

Verfahren zur Berechnung des Risikokapitals 91

5.2.1 Kriterien für Risikomaße

Für ein Risikomaß, das negative Abweichungen (Downside-Bereich) misst, finden sich in der Literatur folgende Kriterien:[289]

- Erfassung wesentlicher Risikoaspekte

- Messung in monetären Geldeinheiten, die dem VU und Dritten ermöglicht, den Umfang des Risikopotentials (Risikokapital) mit dem Sicherheitskapital (Risikodeckungsmassen) zu vergleichen

- anschauliche (ökonomische) Interpretierbarkeit

- Praktikabilität für das Risikomanagement durch leichte Ermittelbarkeit des Risikomaßes

- Aussagefähigkeit der Risikomessung durch eine eindeutige und willkürfreie Bestimmung, um objektive Vergleiche zwischen VU sicherzustellen

Die Bestimmung der wünschenswerten Güteeigenschaften (Qualitätseigenschaften) eines Risikomaßes ist ebenfalls in der Literatur ausgiebig diskutiert worden.[290] Sie wurde dort in vielfältigen Axiomssystemen vorgestellt.[291] Das System der Kohärenzaxiomatik[292] von ARTZNER, DELBAEN, EBER, HEATH hat bis dato den größten Anklang gefunden.[293] Es wird im Folgenden eingeführt. Ein Risikomaß, das die Gütekriterien der Kohärenzaxiomatik erfüllt, gilt

---

[289] in Gründl, H./Winter, M. (2005), S. 186 sehr anschaulich zusammengefasst.
[290] Eine vergleichende Übersicht findet sich bspw. in Albrecht, S. (2004).
[291] Axiom ist ein Grundsatz einer Theorie.
[292] Artzner, P./Delbaen, F./ Eber, J.-M./Heath, D. (1998).
[293] Hartung, T. (2007), S. 99; Gründl, H./Winter, M. (2005), S. 186.

als kohärentes also schlüssiges oder stimmiges Risikomaß.[294] Dabei ist Kohärenz (Zusammenhang) nicht als zusätzliche Güteeigenschaft zu verstehen, sondern als eine grundlegende Voraussetzung für die Sinnhaftigkeit eines Risikomaßes.[295] ARTZNER et al. fordern für ein Risikomaß Translationsinvarianz, positive Homogenität, Subadditivität und Monotonie.[296]

Die Translationsinvarianz (Unveränderbarkeit)[297] besagt, dass bei einer Erhöhung der Risikoposition um einen sicheren Betrag (also eine risikolose Anlage) das zugehörige Risikomaß (also das Risikokapital) exakt um diesen Betrag verringert werden muss.[298]

Die positive Homogenität (gleiche Beschaffenheit) bedeutet, dass das einer risikotragenden Position zugerechnete Risikokapital proportional zu seiner Größe steigt und schließt so Skaleneffekte aus.[299] Besitzt bspw. ein VU n-identische Aktien, so bedeutet dies, dass das Gesamtrisiko dem n-fachen Risiko der Einzelaktie entspricht.[300]

Die Subadditivität ist von zentraler Bedeutung unter den Kohärenzaxiomen. Sie fordert, dass der Wert der Gesamt-Risikokapitalanforderung nicht größer sein darf als die Summe der einzelnen Beträge. Dieses Axiom berücksichtigt die Diversifikation, also den Risikoausgleich.[301] Daraus folgt bspw., dass das Risiko der Gesamtunternehmung höchstens so groß ist wie das summierte

---

[294] Hartung, T. (2007), S. 99.
[295] Acerbi, C./Tasche, D. (2002), S. 1478f.
[296] Artzner, P./Delbaen, F./ Eber, J.-M./Heath, D. (1998), S. 6-7.
[297] Die Translation entspricht in der Mathematik einer Parallelverschiebung. Invarianz bedeutet Unveränderbarkeit.
[298] Hartung, T. (2007), S. 99-100; Gründl, H./Winter, M. (2005), S. 187. Natürlich gilt dies auch für eine Verringerung der Risikoposition um eine risikolose Anlage. In diesem Fall würde sich das Risikomaß erhöhen.
[299] Hartung, T. (2007), S. 101; Gründl, H./Winter, M. (2005), S. 187. Skaleneffekte sind Effekte, die durch Größenersparnis bedingt sind.
[300] Dies bedeutet vereinfacht gesagt, dass eine Verdopplung der Aktien (risikobehaftete Anlage) auch eine Verdopplung des Ergebnisses (Risikomaß) bewirkt.
[301] Gründl, H./Winter, M. (2005), S. 187.

Risiko der einzelnen Geschäftsbereiche oder dass die Summe der Risiken eines Anlagenportfolios höchstens so groß ist wie die Summe der Einzelrisiken der sich darin befindlichen Anlagen.

Die Monotonie (Gleichförmigkeit)[302] fordert, dass das Risikokapital einer Position X_2 stets kleiner oder gleich dem Risikokapital einer Position X_1 sein muss, wenn der zugrundeliegende Wert der risikotragenden Position X_2 in jedem Zustand mindestens so groß ist wie die Position X_1.[303] Je höher das eingegangene Risiko eines VU ist, umso höher ist auch sein Risikomaß.[304]

5.2.2 Ausgewählte Risikomaße

Ein Risikomaß hat die Aufgabe, den Risikogehalt eines Objekts oder einer (unsicheren) Handlungsoption zu bewerten und zahlenmäßig zu erfassen.[305] Doch so vielfältig die Anzahl von Risikosituationen ist, so vielfältig sind die Ansätze und Verfahren, um Risiko zu messen. Deshalb konzentrieren sich die folgenden Ausführungen auf gängige Risikomaße und erheben keinerlei Anspruch auf Vollständigkeit.

---

[302] Monotonie bedeutet, dass unter Hinzunahme von weiteren Prämissen die Forderung bestehen bleibt.
[303] Gründl, H./Winter, M. (2005), S. 187-188.
[304] Gleißner, W./Romeike, F. (2005), S. 223.
[305] Hartung, T. (2007), S. 96.

Verfahren zur Berechnung des Risikokapitals 94

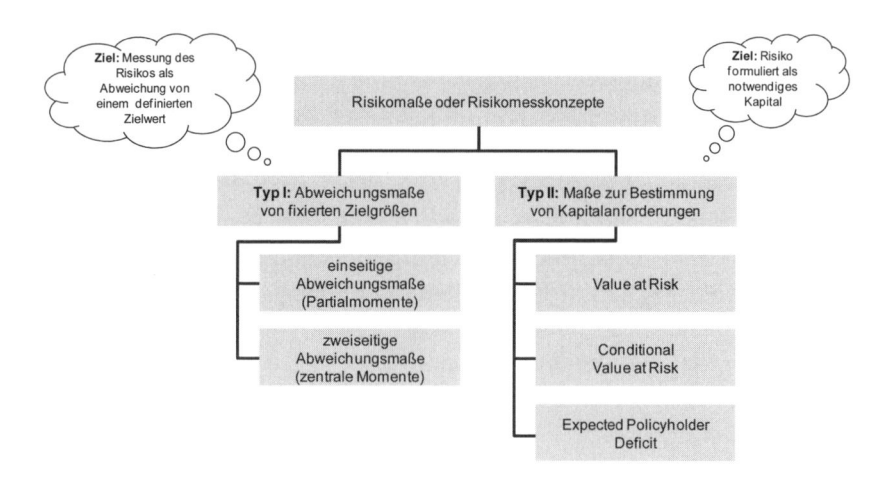

Abbildung 8 Ausgewählte Risikomaße für VU

Um die ausgewählten Risikomaße sinnvoll zu strukturieren, wird hier auf die Einteilung nach ALBRECHT zurückgegriffen. Er unterteilt sie in zwei Typen. Der erste Typ erfasst alle Messgrößen, die Risiko als Abweichung von einem (vorab) definierten Zielwert verstehen. Der zweite Typ geht einen Schritt weiter und bestimmt das notwendige Kapital zur Deckung dieses Risikos.[306] Eine Strukturierung der vorgestellten Risikomesskonzepte findet sich in der obigen Abbildung.

5.2.2.1 Typ I: Abweichungsmaße von fixierten Zielgrößen

Typ I-Risikomaße nach ALBRECHT messen das Risiko durch Erfassung der Abweichungen von einem bestimmten Zielwert. Diese Streuungsmaße (Dispersationsmaße) stellen als zweiseitige Abweichungsmaße (zentrale Momente) sowohl die erwünschte Abwei-

---

[306] Albrecht, S. (2004), S. 8.

chung durch Zielübererfüllungen als auch die unerwünschte Abweichung durch Zieluntererfüllung dar. Ein VU muss festlegen, ab welcher Höhe ein Risiko (gemessen durch die Abweichung) als relevant eingestuft wird.[307] Als ein sehr häufig anzutreffendes[308] Beispiel für ein zweiseitiges Risikomaß kann das erste (Erwartungswert) und zweite zentrale Moment (Varianz) genannt werden.[309] Varianz und Standardabweichung sind aufgrund ihrer Eigenschaft als symmetrisches Risikomaß (sie erfassen sowohl positive als auch negative Abweichungen) nicht für die Solvenzsteuerung eines VU geeignet.[310]

Unter Partialmomenten versteht man Risikomaße, die nur den oberen (Upper Partial Moments) oder unteren (Lower Partial Moments) Teil oder Rand der Wahrscheinlichkeitsverteilung erfassen.[311] Da Risiken oder Risikosituationen als negative Abweichungen eingeführt wurden, kommen die einseitigen Abweichungsmaße oder Partialmomente diesem (intuitiven) Risikoverständnis näher. Dazu wird zunächst ein kritischer Wert der betrachteten Ergebnisverteilung als Referenzgröße festgelegt. Diese Referenzgröße stellt die Trennlinie zwischen positiven und negativen Ergebnissen dar. Partialmomente berücksichtigen nur den Wertbereich, der den vorgebenden Wert unter- oder überschreitet. Bei der Messung des Risikos werden die

---

[307] Hartung, T. (2007), S. 103.
[308] Dabei gelten nach den Pionierarbeiten von Markowitz (1952, 1959) und Tobin die Varianz und die Standardabweichung als traditionelle Risikomaße in der Ökonomie (Albrecht, S. (2004), S. 19).
[309] Momente sind Kennzahlen oder Kenngrößen von Zufallsvariablen. Sie werden in Ordnungen oder Grade eingeteilt. Weitere bekannte zentrale Momente sind die Schiefe (dritten Grades) oder die Wölbung (vierten Grades). Allerdings sind diese wegen ihrer Dimensionslosigkeit eher als ergänzende Risikomaße, nur als Beschreibung von Wahrscheinlichkeitsverteilungen und nicht als eigenständiges Risikomaß anzusehen (Gründl, H./Winter, M. (2005), S. 189). Sie werden in der folgenden Betrachtung vernachlässigt.
[310] Gründl, H./Winter, M. (2005), S. 189.
[311] Ein so geartetes Risikomesskonzept bietet sich an, wenn definierte Höchstgrenzen (bspw. maximaler Schaden) oder Mindestwerte (angestrebte Mindest-Rendite) modelliert werden (Hartung, T. (2007), S. 105; Abrecht (2004) S. 22).

unteren Partialmomente (LPM)³¹² betrachtet. Sie lassen sich wie folgt darstellen:³¹³

$$(4) \quad LMP_n(c,x) = \int_{-\infty}^{c} (c-x)^n f(x) dc = E[\max(c-x,0)^n]$$

Dabei ist c der Zielwert oder eine fest definierte Schranke³¹⁴ für den Wertbereich von x. LPM stellen die Unterschreitung eines Zielwertes in den Vordergrund. n steht für die Ordnung eines Partialmoments. Dabei werden in der Regel die Spezialfälle n = 0, 1 oder 2 zur Risikomessung verwendet.³¹⁵ Das untere Partialmoment erster Ordnung gibt den Erwartungswert, also die erwartete Höhe der negativen Abweichung vom Referenzpunkt an; das untere Partialmoment zweiter Ordnung beschreibt die Varianz, also den Erwartungswert der quadrierten negativen Abweichung vom Zielwert.³¹⁶ Generell ist für die unteren Partialmomente (den Shortfallrisikomaßen) anzumerken, dass sie zwar dem intuitiven Risikoverständnis entsprechen, ihre Anwendung aber aufwendig ist, bspw. bei der Portfoliooptimierung.³¹⁷

---

[312] Diese werden auch als Excess-, Shortfall- oder Downside-Risikomaße bezeichnet.
[313] Albrecht, S. (2004), S. 22.
[314] Diese ist nicht notwendigerweise mit dem Erwartungswert identisch, sondern kann auch deterministische (beliebig bestimmte) Zielgröße oder ein stochastisches Benchmark sein (Albrecht, S. (2004), S. 22). Als Beispiele für einen oberen Partialwerts (Gewinn) kann die risikolose Verzinsung oder eine erwartete Rendite und im Falle eines unteren Partialwerts (Verlust) die Schadenshöhe genannt werden.
[315] Bei n = 0 erhält man die Wahrscheinlichkeit, dass x die Kennzahl c unterschreitet.
[316] Gründl, H./Winter, M. (2005), S. 190.
[317] Albrecht, S. (2004), S. 25.

5.2.2.2 Typ II: Maße zur Bestimmung der Kapitalanforderung

Die im Folgenden vorgestellten Risikomaße des Typs II sind Quantil-basiert. Als α-Quantil wird der Wert bezeichnet, unterhalb dem ein vorgegebener Anteil α aller Fälle der Verteilung liegt. Hat also das 1%-Quantil den Wert c, ist dies so zu interpretieren, dass 1 % aller möglichen Werte größer oder gleich c ist.

Vor allem im Banken- und Versicherungsbereich wird der Value at Risk (VaR_α)[318] sehr häufig als Risikomaß verwendet.[319] Dabei ist der VaR_α definiert als die Verlust- oder Schadenshöhe, die innerhalb eines bestimmten Zeitraums (z. B. einer Halteperiode von Wertpapieren) mit einer gegebenen Wahrscheinlichkeit (diese wird durch das Konfidenzniveau α, bspw. 99 %, ausgedrückt) nicht überschritten werden darf.[320] Für eine stetige Verlustvariable ist der VaR_α wie folgt definiert:[321]

$$(5)\ VaR_\alpha(X) = F_X^{-1}(1-\alpha)\ für\ 0 < \alpha < 1$$

Die Verlusthöhe wird durch die Zufallsvariable X beschrieben; ihre Verteilungsfunktion ist F_X. Dabei wird der VaR_α mit einem gegebe-

---

[318] Dieser wird auch Probable Maximum Loss (PML) oder Maximum Possible Loss (MPL) genannt (Albrecht, S. (2004), S. 30).
[319] Gleißner, W./Romeike, F. (2005), S. 226.
[320] Bspw. bedeutet ein VaR_α i. H. v. 10 Mio. € bei einer Haltedauer von einem Jahr und einem Konfidenzniveau von 99 % statistisch gesehen, dass durchschnittlich alle 100 Jahre (1/100 = 0,01 => 1-0,01= 0,99 also 99 %) mit einem Verlust von mehr als 10 Mio. € zu rechnen ist. Man spricht in diesem Zusammenhang auch von einem 100-Jahres-Schaden. Ein 200-Jahres-Schaden hätte das Konfidenzniveau von 99,5 % (0,5/100 = 0,005), wobei nicht zwingend vorausgesetzt werden muss, dass ein VaR_α als Risikomaß zugrunde liegt.
[321] Hartung, T. (2007), S. 111.

nen Konfidenzniveau 1-α berechnet und entspricht dem α-Quantil der Verteilung.

Der Conditional Value at Risik ($CVaR_\alpha$)[322] zum Niveau α steht für den Erwartungswert einer Risikoposition, die oberhalb des VaR_α liegt. Das bedeutet, dass der $CVaR_\alpha$ bei Eintritt des Extremfalls, der durch den Value at Risk ausgedrückt wird, die Erwartung der Überschreitung des VaR_α angibt und somit nicht die Wahrscheinlichkeit α einer „großen" Abweichung ausdrückt, sondern die Höhe der darüber hinausgehenden Abweichung.[323] Formal lässt sich im stetigen Fall der $CVaR_\alpha$ wie folgt darstellen:[324]

$$(6) \quad CVaR_\alpha(X) = VaR_\alpha(X) + E[X - VaR_\alpha | X \geq VaR_\alpha(X)] \, für \, X \geq 0$$

Der $CVaR_\alpha$ kann als durchschnittlicher Maximalschaden der α schlimmsten Fälle interpretiert werden.[325] Die analytische Bestimmung des $CVaR_\alpha$ wird dadurch erschwert, dass sich dieses Risikomaß oftmals nur näherungsweise mit Hilfe von Simulationsverfahren bestimmen lässt. Außerdem stellt sich die Frage, ob es sinnvoll ist, Schäden, die größer sind als diejenigen, die eine Insolvenz verursachen, zu ermitteln, wenn der VaR_α die Insolvenzwahrscheinlichkeit wiedergibt.[326]

Ein dem Conditional Value at Risk ähnliches Konzept entspricht dem Expected Policyholder Deficit (EPD). Es repräsentiert das erwartete Ausfallvolumen für den Fall, dass das vorhandene haftende Kapital (K) durch einen Verlust (V) völlig aufgebraucht ist und somit der

---

[322] Wird auch Tail Value at Risk genannt. Der $CVaR_\alpha$ entspricht dem Risikomaß des Expected Shortfall, wenn die zugrundeliegende Verteilungsfunktion eine Dichtefunktion ist (Albrecht, S. (2004), S. 31).
[323] Gleißner, W./Romeike, F. (2005), S. 227.
[324] Hartung, T. (2007), S. 115; Albrecht, S. (2004), S. 32.
[325] Albrecht, S. (2004), S. 32.
[326] Gleißner, W./Romeike, F. (2005), S. 227.

Insolvenzfall eintritt. Die folgende Darstellung zeigt den stetigen Fall:[327]

$$(7)\ EPD = \int_{-\infty}^{+\infty} (V-K) \cdot 1_{\{V>K\}}(V) f(V) dV \text{ für } V \geq 0 \text{ und } K \geq 0$$

Mit der Indikatorfunktion:

$$(8)\ 1_{\{V>K\}}(V) = \begin{cases} 1, V > K \\ 0, V \leq K \end{cases}$$

Der wesentliche Unterschied zwischen dem Expected Policyholder Deficit und den bisher vorgestellten Konzepten besteht in der Wahl der Referenzgröße. Der EPD berücksichtigt im Insolvenzfall, dass Ansprüche der Versicherungsnehmer, ausgedrückt in der Verlustvariablen (V), vollständig (und darüber hinaus) zu Lasten des haftenden Kapitals (K) erfüllt werden. Deshalb stellt lediglich der im Insolvenzfall nicht gedeckte Teil der Ansprüche der Versicherungsnehmer die Basis für die Berechnung des Risikokapitals dar. Dies lässt sich am Wert Null der Indikatorfunktion erkennen. Die Funktion zeigt, dass der EPD stets den Wert Null annimmt, wenn das Kapital (K) ausreicht, den Verlust (V), also die Risiken, zu decken.[328]

5.3 Abhängigkeiten

Werden einzelne Risikokapitalia, die anhand eines Risikomaßes bestimmt wurden, zum Gesamt-Risikokapital zusammengefasst, gilt

---
[327] in Anlehnung an Hartung, T. (2007), S. 120.
[328] Hartung, T. (2007), S. 120-121.

es, mögliche Abhängigkeiten oder Wechselwirkungen zwischen den einzelnen Risiken zu berücksichtigen. Der Kumulschaden ist ein Beispiel für eine typische Abhängigkeit. Tritt er ein, betrifft ein und dasselbe Schadensereignis mehrere LoB gleichzeitig; die Risiken der LoB stehen somit in einem Zusammenhang und sind voneinander abhängig. Die Modellierung von Abhängigkeiten lässt sich in drei wesentliche Klassen aufteilen:

- die „pragmatische"-Lösung (Unterstellung von Unabhängigkeit)

- die „klassische" Lösung (Messung der linearen Abhängigkeiten bspw. Korrelationen)

- die „moderne" Lösung (Annahme nicht linearer Abhängigkeiten, bspw. Copulas)

Für die Messung der linearen Abhängigkeiten müssen zunächst der Erwartungswert und die Varianz als Kenngrößen der Zufallsvariablen eingeführt werden.[329] Der Erwartungswert steht dabei für die mittlere Eintrittshöhe dieser Größe X (bspw. eine spezielle Risikoart).[330] Der stetige Erwartungswert E(X) definiert sich wie folgt:[331]

$$(9)\ E(X) = \int_{-\infty}^{+\infty} x \cdot f(x) dx = \mu$$

Dabei ist x die Realisierung der Zufallsvariablen X und f(x) die Dichtefunktion.

---

[329] Hartung, J. (1985), S. 103.
[330] Gleißner, W./Romeike, F. (2005), S. 225.
[331] Hartung, J. (1985), S. 112.

Die Varianz σ^2 ist das Volatilitätsmaß für eine spezielle Größe X. Dabei kennzeichnet die Varianz die Streuung einer Verteilung um den Erwartungswert. Dies bedeutet, dass die Varianz das Ausmaß der Schwankung oder des Abweichens einer risikobehafteten Größe vom Erwartungswert µ quantifiziert. Bei einer stetigen Variablen wird die Varianz Var(X) wie folgt definiert:[332]

$$(10)\ Var(X) = \int_{-\infty}^{+\infty} (x - \mu)^2 f(x) dx = \sigma^2$$

Wie weit die möglichen Ausprägungen im Mittel vom Erwartungswert entfernt sind, gibt die Standardabweichung σ bzw. die Verteilung um den Erwartungswert an. Die Standardabweichung ist als Wurzel der Varianz definiert:[333]

$$(11)\ \sigma = \sqrt{\sigma^2} = \sqrt{Var(X)}$$

Die Standardabweichung σ kann einen monetären Wert darstellen, während die Varianz σ^2 diesen quadrieren würde.

Kovarianz und Korrelationskoeffizient messen lineare Abhängigkeiten. Die Kovarianz ist die Maßzahl für die Abhängigkeit zwischen zwei Zufallsvariablen X_1 und X_2 und wird wie folgt festgelegt:[334]

$$(12)\ Cov(X_1, X_2) = E[(X_1 - \mu_1)(X_2 - \mu_2)]$$

---

[332] Bamberg, G./Bauer, F. (2002), S. 122.
[333] Bamberg, G./Bauer, F. (2002), S. 122.
[334] Grundmann, W./Luderer, B. (2001), S. 17.

Sind zwei Risiken voneinander abhängig, lässt sich die Abhängigkeitsstruktur zweier Zufallsvariablen X_1 und X_2 durch den Korrelationskoeffizienten $\rho_{1,2}$ darstellen.[335] Der Korrelationskoeffizient ist, bezogen auf die Vergleichbarkeit, aussagekräftiger als die Kovarianz. Dies ist darauf zurückzuführen, dass die Kovarianz eine absolute Kennzahl darstellt und dass der Korrelationskoeffizient zwischen 1 und -1 standardisiert ist.[336] Kovarianz und Korrelationskoeffizient hängen wie folgt zusammen:[337]

$$(13) \quad \rho_{1,2} = \frac{CoV(X_1, X_2)}{\sigma_1 \cdot \sigma_2} \Leftrightarrow CoV(X_1, X_2) = \rho_{1,2} \cdot \sigma_1 \cdot \sigma_2$$

Die Darstellung nicht linearer Abhängigkeiten an dieser Stelle würde hier zu weit gehen. Es sei deshalb auf die Literatur verwiesen.[338] Das Prinzip der nicht linearen Anhängigkeiten (Copulas) lässt sich an dem Beispiel, wie die Risiken Sturm und Wasserschaden zusammenhängen können, verdeutlichen. Zwischen beiden Risiken besteht normalerweise keine Abhängigkeit. Allerdings treten in Küstenregionen Überschwemmungen ab einer bestimmten Windstärke (Sturm) auf. Damit sind diese Risiken voneinander abhängig. So können nicht lineare Abhängigkeiten - stark vereinfacht - als „Hebel" oder „Weiche" verstanden werden, die sich bei Eintritt einer bestimmten Risikohöhe (hier Windstärke) einstellen und dann bewirken, dass die Risiken voneinander abhängig sind.

---

[335] Hartung, T. (2004), S. 14.
[336] Steiner, M./Bruns, C. (2002), S. 10.
[337] Bortz, J. (2005), S. 205.
[338] bspw. Hartung, T. (2007); Cherubini, U. (2004); Embrechts, P./Klüppelberg, C./Mikosch, T. (2003); Mack, T. (2001).

Verfahren zur Berechnung des Risikokapitals 103

5.4 Ansätze zur Ermittlung von Kapitaladäquanzmodellen

In der Literatur wird der Vergleich von Solvabilitätskonzeptionen oder Kapitaladäquanzmodellen häufig anhand von ausgewählten Modelltypen durchgeführt. HARTUNG veröffentlichte eine systematische, theoriegeleitete und vergleichende Analyse dieser Modellkonzeptionen.[339] Er teilt die Modelle zur Ermittlung des Risikokapitals in vier Gruppen ein. Sie sind in der Abbildung 9 dargestellt:

	Solvabilitätskonzeption			
Eigenschaften	statisch; Rechnungslegung-basiert; einjährig		dynamisch; Cash Flow -basiert; mehrjährig	
Konzepte	Kennzahlen-basierte Konzepte	Risk Based Capital Konzepte	Szenario-basierte Konzepte	probalistische Konzepte
Vorgehen	Faktor -basiert	Faktor-basiert Abhängigkeiten	(ausgewählte) Szenarien	stochastische Modelle
Beispiel	Solvency I	Ansatz der NAIC; Solvency II	Swiss Solvency Test (SST)	Dynamic Financial Analysis (DFA)

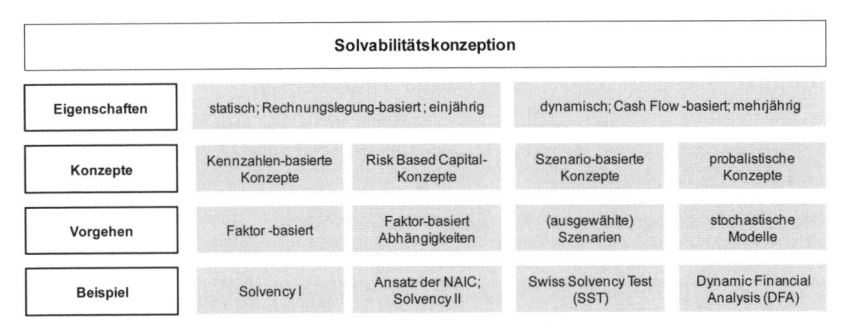

Abbildung 9 Strukturierung der Solvabilitätskonzeptionen

HARTUNG beschreibt die einzelnen Modelle detailliert und stellt sie einander gegenüber. Bei einigen Modellen (bspw. S II) ist zu beobachten, dass sich einzelne Ansätze vermischen. So werden in den QIS-Studien bspw. auch Szenario-basierte Verfahren zur Aggregation der einzelnen Risikopositionen verwendet. Die Aggregation zum Gesamt-Risikokapital erfolgt dort jedoch mit einem Risk Based Capital-Konzept (RBC-Konzept). Das RBC-Konzept ist die Basis aller in Kapitel 6 und 7 vorgestellten Konzepte und soll deshalb im letzten Abschnitt dieses Kapitels ausführlicher interpretiert werden.

---

[339] finden sich in Hartung, T. (2007).

5.4.1 Kennzahlen-basierte Konzepte

Kennzahlen-basierte Konzepte[340] ermitteln den ungünstigsten zu erwartenden finanziellen Verlust für jedes Risiko separat. Dazu wird das Gesamt-Risiko eines VU auf verschiedene Unterkategorien verteilt. Jede Unterkategorie erhält einen bestimmten Anteil des Risikokapitals, der durch Multiplikation der risikotragenden Variablen (meist eine Bilanzposition) mit einem zu bestimmenden Gewichtungsfaktor ermittelt wurde. Zur Ermittlung des Kapitalanlagerisikos wird bspw. der Wert des Aktienportfolios mit dem Risikofaktor 35 % multipliziert. Der Gewichtungsfaktor repräsentiert den gewünschten Sicherheitsgrad für das zu unterlegende Kapital pro Risiko(unter)kategorie. Dieses Vorgehen ist für alle Risikoarten identisch.[341] Formal gesehen wird die Risikokapitalunterlegung durch die Gewichtung einer risikotragenden Variablen BP (meist eine Bilanzposition) mit einem vorgegebenen Gewichtungsfaktor f berechnet. Die Summe aus allen ermittelten Risikoklassen i = 1,..,n ergibt das (Gesamt-) Risikokapital c'. Dies lässt sich wie folgt darstellen:[342]

$$(14) \quad c' = \sum_{i=0}^{n} \underbrace{f_i \cdot BP_i}_{c_i}$$

mit

i   *Risikokategorie i mit i = 1,...,n*

f_i *Gewichtungsfaktor der Risikokategorie i*

BP_i *Risikotragende Position der Risikokategorie i*

---

[340] auch Single Fixed Ratio oder Single Factor Based-Ansätze genannt (Hartung, S. 188).
[341] Kriele, M./Lim, G./Reich, H. (2004), S. 1049.
[342] vgl. bspw. Müller, E./Reischel, M. (1994), S. 477.

Sind zur Berechnung der Risikokategorie i Adjustierungen notwendig, wird diese Grundformel abgeändert. Gründe hierfür können bspw. Konzentrationsrisiken, eine Risikoreduktion durch bestimmte Sachverhalte (bspw. Rückversicherung) oder die Komplexität des zu modellierenden Risikos sein. Formal lässt sich dies wie folgt darstellen:[343]

$$(15) \quad c' = \sum_{i=0}^{n} \underbrace{[f_i \cdot BP_i]}_{c_i} * A_i$$

mit

*   „Verknüpfungsmechanismus" zur Adjustierung der Risikokategorie i

A_i Adjustierung der Risikokategorie i

Das so bestimmte Risikokapital reicht aus, wenn das Verhältnis der Risikodeckungsmassen zu Risikokapital größer oder gleich eins ist.[344]

5.4.2 Risk Based Capital-Konzepte

Risk Based Capital-Konzepte (RBC-Konzepte) gelten als Weiterentwicklung der Kennzahlen-basierten Konzepte. Sie ermitteln zuerst - analog der Kennzahlen-basierten Konzepte - die Risikokapitalanforderung jeder einzelnen Risikoklasse. Der zweite Schritt ist neu. Er aggregiert die einzelnen Risikoklassen und berücksichtigt gleichzeitig Abhängigkeitsstrukturen (Diversifikations- oder Korrelationsef-

---

[343] vgl. bspw. Hartung, T. (2007), S. 219; Müller, E./Reischel, M. (1994), S. 477.
[344] Kriele, M./Lim, G./Reich, H. (2004), S. 1049.

fekte). Formal gestaltet sich dieses Vorgehen zur Ermittlung des Gesamt-Risikokapitals c' wie folgt:[345]

$$(16) \quad c' = f_1 \cdot BP_1 * f_2 \cdot BP_2 * \ldots * f_n \cdot BP_n$$

mit

i	Risikokategorie i mit $i = 1,\ldots,n$
f_i	Gewichtungsfaktor der Risikokategorie i
BP_i	Risikotragende Position der Risikokategorie i
$*$	"Verknüpfungsmechanismus" zur Adjustierung der Risikokategorie i

Die Aggregation zum Gesamt-Risiko c' erfolgt häufig durch eine Quadratwurzel, wobei die Diversifikationseffekte durch die Korrelationskoeffizienten $\rho_{i,j}$ bestimmt werden. Formal gestaltet sich dieser Sachverhalt wie folgt:[346]

$$(17) \quad c' = \sqrt{\sum_i (f_i \cdot BP_i)^2 + 2 \sum_{i<j} \rho_{i,j} \cdot (f_i \cdot BP_i) \cdot (f_j \cdot BP_j)}$$

$$= \sqrt{\sum_i {c'_i}^2 + 2 \sum_{i<j} \rho_{i,j} \cdot c'_i \cdot c'_j}$$

---

[345] Hartung, T. (2007), S. 218.
[346] Hartung, T. (2007), S. 220.

Verfahren zur Berechnung des Risikokapitals 107

mit

i Risikokategorie i mit i = 1,...,n

$\rho_{i,j}$ Korrelationskoeffizient zwischen den Risikoarten i und j, wobei die Art der Korrelation näher zu spezifizieren ist

c'_i Risikokapitalunterlegung pro Risikokategorie i

In der symmetrischen Matrizenschreibweise erhält man folgende Darstellung der Formel (17), da $\rho_{i,j} = \rho_{j,i}$ gilt:

$$(18) \quad c' = \sqrt{(c'_i,...,c'_j)\begin{pmatrix} 1 & \cdots & \rho_{j1} & \cdots & \rho_{n1} \\ \cdots & 1 & \cdots & \rho_{ij} & \cdots \\ \rho_{i1} & \cdots & 1 & \cdots & \rho_{in} \\ \cdots & \rho_{ij} & \cdots & 1 & \cdots \\ \rho_{n1} & \cdots & \rho_{jn} & \cdots & 1 \end{pmatrix}\begin{pmatrix} c'_i \\ \cdots \\ \cdots \\ \cdots \\ c'_j \end{pmatrix}}$$

Nach Betrachtung der relevanten Risikoklassen (vgl. Kapitel 3) und deren Korrelationen kann die Matrix zur Zusammenführung der einzelnen Risikopotentiale von Risikoklassen aufgestellt werden. Dabei muss die Berechnung des Risikokapitals der einzelnen Risikoklassen nicht zwingend durch einen Kennzahlen-basierten Ansatz erfolgen. Denkbar wären auch Szenario-basierte Ansätze oder stochastische Modelle. Sie werden in den folgenden Abschnitten vorgestellt.

5.4.3 Szenario-basierte Modelle

Szenario-basierte Modelle beruhen auf einzelnen Szenarien, ohne die absolute Messbarkeit bezüglich aller möglichen Durchführungen sicherzustellen. Bei Szenario-basierten Modellen[347] fußt die Berechnung des Risikokapitals auf der Messung ausgewählter historischer oder fiktiver Szenarien, die die Eigenkapitalausstattung eines VU beeinflussen.[348] Ein VU wird dabei modellhaft vorgegebenen (negativen) Stressszenarien ausgesetzt, die ein oder mehrere mögliche Risiken beschreiben.[349] Diese Modelle greifen zur Festlegung der betrachteten Ereignisse auf die Methode der Szenarioanalyse zurück.

Bei der Szenarioanalyse werden hypothetische Folgen von Ereignissen (Szenarien) systematisch und nachvollziehbar mit Hilfe von Entwicklungspfaden[350] erzeugt. Dazu müssen vorher logisch zusammenpassende Annahmen getroffen werden.[351] Zur Beschreibung von Szenarien werden Deskriptoren herangezogen, die unterschiedliche Ausprägungen[352] annehmen können.[353] Innerhalb eines Szenarios werden die Deskriptoren gebündelt, wobei die Bandbreite ihrer Ausprägungen die möglichen Zustände des Szenarios bestimmt.[354] Dies lässt sich in folgender Abbildung verdeutlichen:

---

[347] In der Literatur findet sich auch der Begriff deterministisch Szenario-basiertes Modell (Kriele, M./Lim, G./Reich, H. (2004), S. 1048).
[348] Hartung, T. (2007), S. 247.
[349] Kriele, M./Lim, G./Reich, H. (2004), S. 1048.
[350] Ein Entwicklungspfad beschreibt den Verlauf eines einzelnen Deskriptors innerhalb eines Szenarios.
[351] Hartung, T. (2007), S. 247.
[352] Auch Projektionen, Zukunftsprojektionen, Schlüsselfaktoren oder Ereignisse genannt (Hartung, T. (2007), S. 248).
[353] Hartung, T. (2007), S. 248.
[354] Bei der Konstruktion von Szenarien muss auf die Kriterien Konsistenz (plausible Ausprägungen der Deskriptoren), Stabilität (geringe Veränderung des Szenarios durch Störgrößen) und Unterschiedlichkeit (alle möglichen Entwicklungen der Deskriptoren werden berücksichtigt) geachtet werden (Hartung, T. (2007), S. 248).

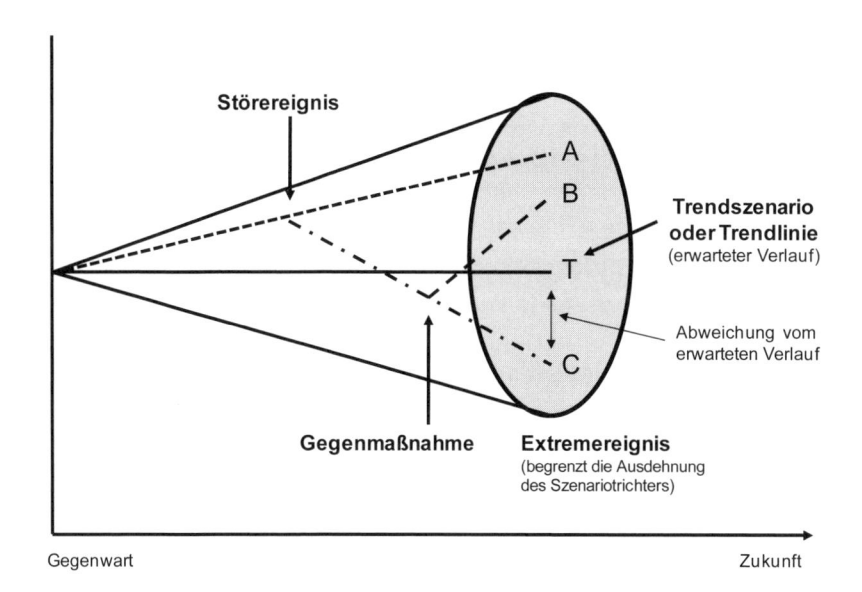

Verfahren zur Berechnung des Risikokapitals 109

Abbildung 10 Szenariotrichter

Innerhalb des Szenariotrichters – er wird durch Extremereignisse begrenzt - beginnen alle Entwicklungspfade (A, B, C, T) des betrachteten Deskriptors am selben Ausgangspunkt (Gegenwart). Allerdings entwickeln sie sich im Zeitverlauf in verschiedene Richtungen innerhalb des Szenariotrichters. Ein Trendszenario oder eine Trendlinie stellt den erwarteten Verlauf des Szenarios dar. Dabei sind in der obigen Abbildung die Entwicklungspfade A, B und C Abweichungen von der Trendlinie. Aus einem Störereignis z. B. im Verlauf C können sich wiederum Abweichungen vom Entwicklungspfad ergeben.[355] Eine Gegenmaßnahme im Verlauf B kann den abweichenden Entwicklungspfad wiederum in eine andere Richtung lenken. Die Hauptaufgabe der Szenarioanalyse ist die Entwicklung geeigneter Szenarien unter den Gesichtspunkten Relevanz und

---

[355] Hartung, T. (2007), S. 249.

Plausibilität.[356] Szenarioanalysen sind ein Instrument zur Ermittlung des Risikokapitals, das abschätzt, in welchem Umfang sich ausgewählte Variablen entwickeln. Die zu untersuchenden Variablen werden im Hinblick auf die finanzielle Stabilität eines VU definiert.[357]

Diese im Rahmen des Szenario-basierten Modells betrachteten Szenarien beruhen, bezogen auf Solvabilitätskonzeptionen, auf zwei grundsätzlichen Überlegungen, nämlich:[358]

- Einfluss des Szenarios auf bilanzielle Wertansätze von Vermögen und Verbindlichkeiten und somit auf die Eigenmittel

- Einfluss der zukünftigen Strukturen von Zahlungsströmen (Cash Flows), die die Eigenmittelausstattung eines VU verändern

Durch die Kombination verschiedener hypothetischer Ereignisse werden Szenarien modelliert, die die finanzielle Lage eines VU maßgeblich beeinflussen können (wie bspw. Wertverlust aller Kapitalanlagen um 50 %). Aus jedem Szenario wird ein Verlustpotential errechnet und dieses durch einen Aggregationsmechanismus zum Gesamt-Risikokapital zusammengefasst.[359] Das angenommene Risikokapital reicht aus, wenn es in allen Szenarien einen positiven Wert aufweist. Es können jedoch nur Aussagen über eine bestimmte Marktsituation innerhalb eines vorgegebenen Szenarios getroffen werden.[360]

---

[356] Hartung, T. (2007), S. 249. Dazu werden Verfahren wie die Konsistenzanalyse für die Gewinnung der Datenbasis des Szenarios angewendet und, um das Szenario bewerten zu können, das Enumerations- und Branch and Bound-Verfahren oder die Cluster-Analyse (Hartung, T. (2007), S. 251).
[357] Hartung, T. (2007), S. 247.
[358] Hartung, T. (2007), S. 252.
[359] Hartung, T. (2007), S. 252.
[360] Kriele, M./Lim, G./Reich, H. (2004), S. 1048.

Die Szenario-basierten Modelle haben bereits heute in Form von Stress-Tests oder Worst Case-Szenarien Einzug in Solvabilitätssysteme gehalten.[361] Allerdings finden sie sich bspw. bei Solvency II ausschließlich auf der Ebene der Submodule. Als Beispiel für ein solches Szenario kann das grundsätzliche Vorgehen im Leben-Modul der QIS IV genannt werden:[362]

$$(19)\ Life_{xxx} = \sum_i (\Delta NAV\ |xxxSchock)$$

mit

xxx beobachtete Risikoklasse

ΔNAV Änderung der freien Mittel. Diese werden durch den Abzug der Verbindlichkeiten Liabilities) von den Vermögenswerten (Assets) ermittelt.

xxxSchock Vorgabe des Schockszenarios (bspw. Erhöhung der Sterblichkeitsrate um 10 %)

Diese Schockszenarien betrachten eine Marktwertbilanz. Dabei werden die Auswirkungen dieser Szenarien auf die freien Mittel (Risikodeckungsmassen - Net Asset Value) modelliert. Die Reduktion der freien Mittel, die sich aus dem Szenario ergibt, ist die erforderliche Risikokapitalanforderung des betrachteten Risikos. Als Beispiel lässt sich dafür das Schockszenario für die Veränderung der Zinsstrukturkurve nennen, die zur Bestimmung des Zinsrisikos verwendet werden kann.[363] Diese Schockszenarien wirken sich sowohl auf die Aktiv- als auch auf die Passivseite der Bilanz aus. Durch Abzug der Verbindlichkeiten von Vermögenswerten nach dem Zinsschock ermittelt sich der Net Asset Value (NAV) nach dem Schock. Er wird

---

[361] Hartung, T. (2007), S. 253.
[362] Ein solches Szenario findet sich bspw. CEIOPS (2008) - QIS IV, TS.XI.C.6.
[363] Klinge, U. (2007), S. 1145.

mit dem NAV vor dem Schock verglichen. Die Differenz beider Werte ergibt das ΔNAV (Delta Net Asset Value).

5.4.4 Probabilistische Konzepte

Probabilistische oder stochastische Modelle gehen einen Schritt weiter als Szenario-basierte Ansätze. Sie modellieren alle Geschäftsfaktoren wie Schadensfälle oder Kapitalmarktrisiken und berücksichtigen die Unsicherheit künftiger Entwicklungen. Deshalb lassen sich bei stochastischen Modellen auch Wahrscheinlichkeitsaussagen treffen, die bei Szenario-basierten Modellen nicht möglich sind,[364] da sie nicht nur mit negativen Faktoren arbeiten. Probabilistische Verfahren verfolgen das Ziel, aus der Verlustverteilung eines VU Aussagen über dessen Insolvenzwahrscheinlichkeit abzuleiten. Dazu wird durch den Einsatz statistischer und mathematischer Methoden eine möglichst realitätsgetreue Abbildung der stochastischen Verlustgesetzmäßigkeit erzeugt. So werden bspw. Modelle der aktuariell geprägten Risikotheorie und Techniken der stochastischen Simulation verwendet.[365] Die probabilistischen Verfahren eignen sich zur Modellierung des Risikokapitals aufgrund eines speziell auf das jeweilige VU abgestimmten internen Modells. Bei internen Modellen, die von der Aufsicht im Rahmen von Solvency II anerkannt werden, ermittelt jedes VU sein Risikokapital in Bezug auf eine festgelegte Ruinwahrscheinlichkeit. Dabei ist zu beachten, dass Aufsichtsbehörden die Rahmendaten des Modells vorgeben. Das können bspw. die im Modell abzubildenden Risikoarten oder auch eine maximal akzeptierte Ruinwahrscheinlichkeit (Sicherheitsniveau) sein. Das VU konstruiert geeignete probabilistische Modelle anhand dieser Rahmendaten. In diesen wird der Gefährdungsgrad durch das Risiko (Risk Exposure) für einzelne Risikoarten festgelegt und

---

[364] Kriele, M./Lim, G./Reich, H. (2004), S. 1048-1049.
[365] Hartung, T. (2007), S. 281.

zum Gesamtrisiko verknüpft. Das benötigte Risikokapital ist so zu errechnen, dass unter Anwendung eines definierten Risikomaßes für das Gesamt-Risikokapital ein vorgegebenes Mindestsicherheitsniveau erreicht wird.[366] Stochastische Modelle greifen auf Closed Form Solutions oder Monte Carlo Simulationen zurück.[367]

5.5 Interpretation eines Risk Based Capital-Konzepts

In diesem Abschnitt wird ein Risk Based Capital (RBC)-Modell aus Kapitel 5.4.2 interpretiert. Dadurch soll das Verständnis für die in Kapitel 6 und 7 vorgestellten Modelle erleichtert werden, die alle auf dem RBC-Konzept beruhen.

5.5.1 Allgemeine Überlegungen

Ein RBC-Modell könnte theoretisch beliebig viele verschiedene Risikokategorien (Risikoklassen) berücksichtigen. Es wäre möglich, dass ein VU für jeden einzelnen abgeschlossenen Versicherungsvertrag, für jede einzelne Position ein spezifisches Risikokapital modelliert. Diese Vorgehensweise wäre jedoch äußerst aufwendig und kostspielig. Es empfiehlt sich daher, Risiken stufenweise zu aggregieren und sich auf wesentliche Risikoklassen zu beschränken. Dies wird im Folgenden als die Wesentlichkeit einer Risikoklasse bezeichnet.

Dies bedeutet jedoch nicht, dass Risiken einzelner Verträge nicht von dem Modell erfasst werden könnten. Für das Risikokapital jeder Unterkategorie, die in das RBC-Modell einfließt, können weitere

---
[366] Kriele, M./Lim, G./Reich, H. (2004), S. 1048-1049.
[367] Ockenga, T./Großpietsch, A. (2006), S. 2008.

Modelle stehen,[368] die wiederum detailliertere Risiken auf einer niedrigeren Aggregationsebene beinhalten und die zu einer übergeordneten Risikokategorie zusammengefasst werden. Dadurch werden Korrelationen und Diversifikationseffekte, die möglicherweise bereits in „unteren" Risikoklassen auftreten, in den Werten der „oberen" Risikoklasse berücksichtigt. Dabei ist zu beachten, dass man nur soweit nach „unten" gehen kann wie es die Datenqualität eines VU zulässt.

Nicht nur die Qualität der Daten ist für die Güte des Ergebnisses entscheidend, sondern auch die Güte des Schätzers eines statistischen Modells beeinflusst die Ergebnisse, da sich bspw. Tatbestände operationeller Risiken, wie Unterschlagungen durch Mitarbeiter, nur sehr schwer quantifizieren lassen. Deshalb sind Risikoklassen, die auf Werten basieren, deren Faktoren nicht quantitativ, sondern lediglich qualitativ erfassbar sind, immer mit Vorsicht zu interpretieren.

5.5.2 Bedeutung von Korrelationen

Damit sich die Auswirkungen von Korrelationen auf die Höhe des Risikokapitals besser veranschaulichen lassen, wird der Fall völliger Unkorreliertheit $\rho_{i,j} = 0$ mit den Auswirkungen einer positiven oder negativen Korrelation verglichen. Bei völliger Unkorreliertheit fällt der zweite Term aus Gleichung (20) weg und hätte somit keinen Einfluss auf das Risikokapital. Dies ergibt folgendes Bild:

---

[368] In der Praxis ist es Aufgabe der Aktuare, für jedes c' einen möglichst genauen Wert zu ermitteln. Deshalb können sich hinter jedem c' alle in diesem Kapitel vorgestellten Ansätze für Solvabilitätskonzeptionen oder Kapitaladäquanzmodelle verbergen.

$$(20)\ c' = \sqrt{\sum_i c'^2_i + 2\sum_{i<j} \rho_{i,j} \cdot c'_i \cdot c'_j} = \sqrt{\sum_i c'^2_i + 2\sum_i 0 \cdot c'_i \cdot c'_j}$$

$$= \sqrt{\sum_i c'^2_i}$$

Im Falle einer positiven Korrelation $\rho_{i,j} > 0$ würde sich das Risikokapital vergrößern, weil es durch die Summenbildung unter der Wurzel wächst. Es gilt dann $\rho_{i,j} > 0$, $c'_i > 0$ und $c'_j > 0$:

$$(21)\ \sqrt{\sum_i c'^2_i + 2\sum_{i<j} \rho_{i,j} \cdot c'_i \cdot c'_j} \geq \sqrt{\sum_i c'^2_i}$$

Dieser Effekt wird bspw. in QIS-Modellen oder im Vorschlag für die Standardformel für Solvency II des Gesamtverbands der Deutschen Versicherungswirtschaft (GDV) berücksichtigt. Beide Modelle verwenden Korrelationen. Die GDV arbeitet aus *„prinzipiellen Sicherheitserwägungen"*[369] ausschließlich mit positiven Korrelationen, die das Risikokapital erhöhen.[370] Auch in den QIS-Studien werden, ebenfalls aus Sicherheitserwägungen heraus, sehr konservative negative Korrelationen neben positiven angesetzt. Diese Vorgaben gelten jedoch lediglich für die Standardformel im Rahmen von S II. VU sollen angeregt werden, eigene, von der Aufsicht anerkannte interne Modelle zu implementieren. In diesen internen Modellen können VU negative Korrelationen verwenden. Dadurch würde im

---

[369] GDV (2005), S. 139.
[370] GDV (2005), S. 139.

Falle einer negativen Korrelation $\rho_{i,j} < 0$ das Risikokapital reduziert, weil sich der Term unter der Wurzel verkleinert. Das ist für $\rho_{i,j} < 0$, $c'_i > 0$ und $c'_j > 0$:

$$(22) \quad \sqrt{\sum_i c'^2_i + 2 \sum_{i<j} \rho_{i,j} \cdot c'_i \cdot c'_j} \leq \sqrt{\sum_i c'^2_i}$$

Läge eine vollständig negative Korrelation vor, ließen sich maximale Diversifikationseffekte erzielen.[371] Dies würde bedeuten, dass sich durch eine optimale Kombination bestimmter Risiken im Portfolio theoretisch eine Portfoliostandardabweichung von Null ergäbe. Solche Diversifikationseffekte lassen sich bei größeren VU, die weltweit unterschiedlichste Risiken übernehmen, in gewissem Rahmen beobachten.

Betrachtet man die Auswirkungen von positiven und negativen Korrelationen auf das Risikokapital, lässt sich feststellen, dass umso mehr Risikokapital hinterlegt werden muss, je stärker die Risiken positiv korreliert sind. Deshalb ist die realistische Abbildung der Korrelationsstruktur der Risiken von großer Bedeutung. In der Praxis ist eine solche Abbildung jedoch sehr schwierig. Korrelationen müssen häufig geschätzt werden.

An dieser Stelle sei auch auf die Gefahr von „Scheinkorrelationen"[372] hingewiesen. Von einer „Scheinkorrelation" spricht man, wenn die Korrelation zweier Merkmale X und Y durch ein drittes Merkmal Z verursacht wird.[373] Z ist die intervenierende Variable.[374]

---

[371] Steiner, M./Bruns, C. (2002), S. 13.
[372] Die Begriffe werden in Anführungszeichen gesetzt, weil eine „Scheinkorrelation" im statistischen Sinne natürlich eine korrekte Korrelation darstellt.
[373] Hartung, J. (1985), S. 77.
[374] Bamberg, G./Bauer, F. (2002), S. 50.

Ein Beispiel dafür wäre, dass in Ostpreußen zu Beginn der Industrialisierung eine sehr starke Abnahme der Geburtenrate (X) festgestellt wurde und gleichzeitig die Zahl der Storchennester zurückging (Y). Selbstverständlich handelt es sich bei dieser positiven Korrelation um eine „Scheinkorrelation", da die zunehmende Industrialisierung (Z) der wahre Grund für den Rückgang der Geburtenrate und der Storchenpopulation war.[375]

Die Matrix aus Gleichung (18) kann umso exakter modelliert werden, je mehr Risikoklassen als intervenierende Variablen einfließen. Gleichzeitig kann durch die umfassende Berücksichtigung von Risikofaktoren der Effekt von „Scheinkorrelationen" weitestgehend ausgeschlossen werden. Dabei muss wiederum die Forderung nach der Wesentlichkeit von Risikoklassen (vgl. Kapitel 5.5.1) beachtet werden.

5.5.3 „Skalierung" der Risiken

In RBC-Modellen ist oftmals zu beobachten, dass sie nicht die absolute Bedeutung einer bestimmten Risikoklasse im Vergleich mit anderen abbilden. Sind bspw. zwei Risikoklassen zwar negativ korreliert, jedoch von geringerer Bedeutung als eine dritte positiv korrelierte, würden die beiden vom Betrag her „kleinen" Risikoklassen weniger Risikokapital benötigen als die betragsmäßig „große" Risikoklasse (bspw. das versicherungstechnische Risiko, vgl. Kapitel 3.3). Dies soll an folgendem Beispiel mit drei Risikoklassen veranschaulicht werden:

---

[375] Bosch, S. (2002), S. 150.

$$（23）\ c' = \begin{pmatrix} c_1 & c_2 & c_3 \end{pmatrix} \begin{pmatrix} 1 & \rho_{1,2} & \rho_{1,3} \\ \rho_{2,1} & 1 & \rho_{2,3} \\ \rho_{3,1} & \rho_{3,2} & 1 \end{pmatrix} \begin{pmatrix} c_1 \\ c_2 \\ c_3 \end{pmatrix}$$

Aus dieser allgemeinen Darstellung geht nicht hervor, in welchem Maß sich Korrelationen in Bezug auf die absolute Bedeutung der Risikoklassen auswirken. Deshalb werden $c_1 = 100$ im Folgenden als „bedeutende" Risikoklasse, $c_2 = 1$ und $c_3 = 1$ als weniger „bedeutende" Risikoklassen angenommen. Weiter wird vorausgesetzt, dass c_1 völlig unkorreliert ist und die Korrelationen $\rho_{3,2}$ und $\rho_{2,3}$ zwischen c_2 und c_3 im 1. Fall +1 betragen und im 2. Fall -1:

Fall 1:

$$（24）\ c' = \begin{pmatrix} 100 & 1 & 1 \end{pmatrix} \begin{pmatrix} 1 & 0 & 0 \\ 0 & 1 & 1 \\ 0 & 1 & 1 \end{pmatrix} \begin{pmatrix} 100 \\ 1 \\ 1 \end{pmatrix} = 10.004$$

Fall 2:

$$（25）\ c' = \begin{pmatrix} 100 & 1 & 1 \end{pmatrix} \begin{pmatrix} 1 & 0 & 0 \\ 0 & 1 & -1 \\ 0 & -1 & 1 \end{pmatrix} \begin{pmatrix} 100 \\ 1 \\ 1 \end{pmatrix} = 10.000$$

Die Auswirkung auf das Gesamt-Risikokapital ist selbst bei einem Vergleich von Extremfällen wie einer völlig positiven und einer völlig negativen Korrelation sehr gering. Deshalb unterscheidet sich das Ergebnis des 1. Falls nur um 4 Einheiten von dem des 2. Falls. Diese absolute Bedeutung der Risiken kann auch durch die Größe der

Faktoren in (20), (21) oder (22) zur Ermittlung der Risikokategorien, c'_1, c'_2 oder c'_3 beeinflusst werden.

In den vorangegangenen Abschnitten wurden drei Auswirkungen auf die Höhe des Risikokapitals eines RBC-Modells erläutert, nämlich (Schein-)Korrelationen, die Anzahl der Risikoklassen und die absolute Bedeutung der Risikoklassen. Dies lässt sich in folgenden drei Aspekten zusammenfassen:

- die Beschränkung der Risikoklassen unter Beachtung der Wesentlichkeit und der „Scheinkorrelationen"

- die Berücksichtigung der Korrelationen (Abbhänigkeiten)

- die Beachtung der absoluten Bedeutung der Risikoklassen

5.6 Kapitaladäquanzmodelle in der Praxis

Wie der Zielkonflikt innerhalb des Eigenkapitals zwischen risikoaversen und risikoaffinen Ansätzen (vgl. Kapitel 4.3) zeigt, werden unterschiedliche Forderungen an die Höhe der Risikokapitalunterlegung gestellt. Auch innerhalb des risikoaversen Ansatzes unterscheiden sich die Anforderungen der Aufsichtsbehörden von denen der Rating-Agenturen.[376] Dabei schien die Beurteilung durch Rating-Agenturen noch vor einigen Jahren ein rein amerikanisches Phänomen zu sein. Jetzt lassen sich auch in Europa intensive Bemühungen der VU um ein einwandfreies Rating und damit auch eine zunehmende Relevanz der Rating-Agenturen beobachten.[377] Darüber hinaus wurden Kapitaladäquanzmodelle im Rahmen der neuen

---

[376] vgl. dieses und Kapitel 7.
[377] Deckert, M./Radke, M. (2004), S. 138.

Aufsichtssystematik Solvency II der Europäischen Union intensiv diskutiert. Es bestand sogar die Forderung nach einer Integration dieser Rating-Modelle in das Aufsichtssystem der Europäischen Union.[378]

In der Praxis finden sich zahlreiche Ansätze zur Ermittlung der Kapitaladäquanz. Dies sind z. B. die Ansätze der Aufsicht in den USA, Australien, Kanada und Japan[379] oder die Diskussionsbeiträge zur Standardformel[380] der Säule I von Solvency II aus Holland, der Schweiz, England und Deutschland, die in die quantitativen Auswirkungsstudien (QIS-Studien) der CEIOPS[381] eingeflossen sind.[382] In den folgenden beiden Kapiteln werden die Modelle der NAIC[383] und der QIS-Studien,[384] die den aufsichtsrechtlichen Anforderungen entsprechen, vorgestellt und diskutiert, ebenso die Kapitaladäquanzmodelle von A.M. Best und S&P, die den Ansatz der Rating-Agenturen vertreten. Alle vier Ansätze weisen Gemeinsamkeiten auf. Ihre Faktor-basierten Modelle orientieren sich an der Kalenderjahrbetrachtung und beurteilen vor allen Dingen die Finanzkraft eines VU. Versicherungen sind gehalten, diejenige Menge an Eigenmitteln bereitzuhalten, die sie, gemäß ihren Kapitaladäquanzmodellen, benötigen, um auf Dauer solvent zu bleiben. Alle vorgestellten Modelle leiten Kapitaladäquanzkennzahlen ab, ordnen diese bestimmten Ratingklassen zu oder bewirken Maßnahmen der Aufsichtsbehörden.[385] Diese Kennzahlen folgen dem Risikotragfähigkeitskalkül aus Kapitel 4. Wenn die Kennzahl kleiner eins ist, ist das Kalkül verletzt. Die einzelnen Modelle verwenden jedoch für die

---

[378] Sauer, R./Wimmer, A. (2004), S. 14; KPMG (2002), S. 102-105.
[379] Europäische Kommission (2001a), S. 14; Swiss Re (2000), S. 8.
[380] In der Literatur findet sich auch für die Standardformel der Begriff Standardansatz.
[381] Committee of European Insurance and Occupational Pensions Supervisors.
[382] Grießmann, G./Schubert, T. (2004b), S. 1044.
[383] National Association of Insurance Commissioners.
[384] Stand QIS IV – CEIOPS (2008), April 2008, veröffentlicht von CEIOPS.
[385] Daenert, T./Heidegger, H./Ollmann, M./Stegmann, U. (2005), S. 251; Europäische Kommission (2001b), S. 4.

beiden zentralen Begriffe Risikokapital und Risikodeckungsmassen unterschiedliche Bezeichnungen. Diese werden in der folgenden Tabelle gegenübergestellt:

Tabelle 3 Risikokapital und Risikodeckungsmassen in den vorgestellten Modellen

Institution	*Risikokapital*	*Risikodeckungsmassen*
NAIC (RBC)	Risk Based Capital	Total Adjusted Capital
A.M. Best (BCAR)	Net Required Capital	Adjusted Capital
S&P (IRBC)	Diversified Target Capital	Total Adjusted Capital
Solvency II (QIS)	Solvenzkapitalanforderung	anrechenbare Eigenmittel

Alle Modelle betrachten die drei großen Risikoklassen, nämlich das versicherungstechnische Risiko, das Kapitalanlagerisiko und das operationelle Risiko. Diese werden in kleinere Risikoarten unterteilt und unter einer Quadratwurzel[386] zum Gesamt-Risikokapital zusammengefasst. Alle Risikodeckungsmassen bauen auf dem bilanziellen Eigenkapital auf, das durch Zu- bzw. Abschläge[387] adjustiert wird und so dem ökonomischen Eigenkapital ähnlich ist. Außerdem weisen die Modelle[388] neben dem quantitativen Kapitaladäquanzmodell auch qualitative Analysen der Finanzkraft auf.

Für den Vergleich in Kapitel 6 und 7 ist festzuhalten, dass die Modelle dort auf einem sehr hoch aggregierten Niveau betrachtet werden. Deshalb sind kleinere Risikoarten oder Berechnungsverfahren,

---

[386] mit Ausnahme des Modells von S&P, das zwar eine Quadratwurzel für die Ermittlung der Diversifikation verwendet, jedoch die ermittelte Diversifikation vom Gesamt-Risikokapital abzieht.
[387] bspw. Zuschläge für stille Reserven und Abschläge für immaterielle Wirtschaftsgüter.
[388] wahrscheinlich unter Ausnahme des Modells der NAIC.

deren Ergebnisse schon in die Berechnung der einzelnen Risikokapitalien eingehen, zu vernachlässigen. Auch werden einzelne Eigenkapitalbestandteile der Risikodeckungsmassen auf einem hoch aggregierten Niveau vorgestellt. Dennoch kann unter diesen Voraussetzungen gezeigt werden, dass sich alle Ansätze auf mathematische Grundlagen aus diesem Kapitel und die betrachteten Risikoklassen aus Kapitel 3 zurückführen lassen. Dabei wird davon ausgegangen, dass die Risikoarten der vorgestellten Modelle trotz ihrer unterschiedlichen Nomenklatur allgemeiner oder gleicher Natur sind und dass sie sich deshalb auch in allen vorgestellten Modellen finden. Aus diesem Grund werden die einzelnen Risikoklassen und -arten dieser Modelle nicht mehr explizit vorgestellt. Bei allen Modellen ist darauf hinzuweisen, dass Gruppenaspekte (soweit in den Modellen vorhanden) in der folgenden Betrachtung vernachlässigt werden, da Rating-Agenturen diese in eigenen (qualitativen) Modellen behandeln und die Betrachtung einer Versicherungsgruppe oder eines Konzerns in den QIS-Studien bisher[389] lediglich eingeführt, jedoch nicht detailliert aufgearbeitet worden ist. Man kann davon ausgehen, dass die Anforderungen an Gruppen im Rahmen des Prozesses von Solvency II überarbeitet werden. Das folgende Kapitel betrachtet die Standardformel von Solvency II (Stand QIS IV) ebenso wie den Ansatz der amerikanischen Aufsichtsbehörden, der als Vorläufer aller in den folgenden Kapiteln vorgestellten Modelle gilt. In Kapitel 7 schließt sich eine Betrachtung des Modells von A.M. Best an die Darstellung der allgemeinen Anforderungen von Rating-Agenturen an VU an. Es ist dem Modell der NAIC sehr ähnlich. S&P verwendet einen davon abweichenden Ansatz, in dem die Agentur die Risiken der Aktiv- und Passivseite einer Bilanz zunächst modelliert und dann Diversifikationseffekte mit Hilfe eines Risk Based Capital-Konzepts (vgl. Kapitel 5.4.2) berechnet.

---

[389] wurden in QIS III eingeführt und in QIS IV detaillierter vorgestellt.

Um den Lesefluss zu erleichtern, wird in den folgenden Kapiteln teilweise auf Formeln verzichtet. Es werden ausschließlich die wichtigsten Formeln (bspw. zur Aggregation der einzelnen Risikoklassen zum Gesamt-Risikokapital) dargestellt. Kapitel 6 und 7 sind identisch aufgebaut: Zunächst werden die grundsätzlichen Anforderungen von Aufsicht und Rating-Agenturen dargestellt. Das folgende Kapitel beschreibt neben der Regulierung in Deutschland auch Solvency I und legt Grundlagen für das Verständnis von Solvency II. Daran schließt sich die Betrachtung von ausgewählten Solvabilitätskonzeptionen und Kapitaladäquanzmodellen an.

6 Anforderungen der Aufsicht

Ein Vertreter der Anforderungen, die von externen Interessensgruppen an VU gestellt werden sind die Anforderungen der Aufsichtsbehörden. Um sie genauer zu spezifizieren, werden in diesem Kapitel zunächst die Grundlagen für die Aufsicht gelegt. Dazu wird der Begriff Regulierung eingeführt und deren Rechtsgrundlagen in Deutschland erläutert. Darauf folgt eine Darstellung von Solvency I als Beispiel für das aktuelle europäische Regulierungssystem. Weiter werden Grundlagen für Solvency II gelegt sowie die momentan diskutierte Standardformel am Beispiel der QIS IV erläutert. Der letzte Abschnitt dieses Kapitels stellt den Ansatz der National Association of Insurance Commissioners vor, der als Vorläufer aller Solvabilitätskonzeptionen gilt.

6.1 Grundlagen

Die Versicherungsbranche nimmt ebenso wie das Bankenwesen eine bedeutende Rolle in der Volkswirtschaft ein. VU führen Liquiditätstransformationen durch, weil ihnen erhebliche Kapitalbeträge in Form von Prämieneinnahmen zufließen, die sie erst nach einer längeren Zeitspanne an ihre Versicherungsnehmer im Schadensfall zurückzahlen. Durch die Transformation von Risiken und den Risikoausgleich im Kollektiv sind VU Risikoträger. Dies bedeutet, dass sie das Risiko möglicher Schäden auf eine große Anzahl von Versicherungsnehmern verteilen und damit Risiken innerhalb des Kollektivs der Versicherten ausgleichen. Voraussetzung dafür ist, dass die kalkulierten Risikoprämien für den Ausgleich der Schäden innerhalb des Kollektivs ausreichen und dass „Ersparnisse" der Versicherungsnehmer durch VU rentabel angelegt werden.[390]

---

[390] Schierenbeck, H./Hölscher, R. (1998), S. 222.

Da Versicherungsnehmer nicht in der Lage sind, die finanzielle Leistungsfähigkeit eines VU zu überprüfen, wird die Versicherungswirtschaft reguliert und steht unter staatlicher Aufsicht. Man spricht von Regulierung, wenn ein Markt durch Ge- und Verbote so beeinflusst wird, dass der freie Wettbewerb eingeschränkt ist oder sich umgestaltet. Träger der Regulierung sind die mit rechtlichen Befugnissen ausgestatteten (nationalen) Regulierungsinstitutionen. Zuständigkeit und Verantwortung für die Regulierung werden weltweit auf die zu diesem Zweck geschaffenen (nationalen) Aufsichtsbehörden übertragen. Ihre Aufgabe ist es, die Interessen der Versicherungsnehmer zu wahren und die Funktionsfähigkeit des Marktes zu schützen.[391]

Die Ziele der staatlichen Versicherungsaufsicht, die meist nur in Generalklauseln zur Begründung der erlassenen Gesetze formuliert werden, lassen sich nach FARNY folgendermaßen abstrahieren:[392]

- Schutz der Interessen der Versicherungsnehmer

- Verhinderung und Beseitigung von Missständen im Versicherungswesen

- Funktionsfähigkeit der Versicherungswirtschaft

- Nutzung des Versicherungswesens für allgemeine wirtschaftspolitische Zwecke

Die Aufsichtsbehörden verfolgen die Umsetzung der Regulierungsziele mit Hilfe von Gesetzesnormen und der Rechtssprechung. Die Regulierungsziele selbst sind von politischen Entscheidungen geprägt und definieren die angestrebten (Ziel-)Zustände und Prozesse

---

[391] Hartung, T. (2007), S. 12-13.
[392] Farny, D. (2000), S. 107-108.

auf dem Markt. Diese Ziele sollen durch Interventionen der Aufsichtsbehörden erreicht werden.[393] Die Aufsichtsbehörden überwachen nach HARTUNG im Wesentlichen folgende Gesichtspunkte:[394]

- Markteintritt/Marktaustritt

- Preise und Produkte

- Verhalten zur Sicherung des ordnungsgemäßen Geschäftsbetriebs

- Versicherungsnehmer (bspw. bei einer Pflichtversicherung)

Allerdings sind auf unterschiedlichen Versicherungsmärkten unterschiedliche Ausprägungen und Intensitäten der Regulierung zu beobachten.[395] Zur Umsetzung einer Regulierung stehen den Aufsichtsbehörden Aufsichtsmittel zur Verfügung. Reale Aufsichtssysteme lassen sich nach FARNY wie folgt einteilen:[396]

- Publizität

- Vorgabe von Normen

- Eintragung in (Handels-)Register

- Konzessionen

- materielle Eingriffe in den Geschäftsbetrieb

---

[393] Hartung, T. (2007), S. 11-12.
[394] Hartung, T. (2007), S. 12.
[395] Hartung, T. (2007), S. 12.
[396] Farny, D. (2006), S. 112.

Die durch die Aufsicht vorgegebenen Normen beeinflussen den Geschäftsbetrieb eines VU. Als Beispiel dafür wären die gesetzlichen Regelungen zur Eigenkapitalausstattung (Solvency) zu nennen. Die materiellen Maßnahmen können sich bis zu einem Eingriff in die personelle Besetzung der Geschäftsleitung erstrecken.

6.1.1 Rechtsgrundlagen in Deutschland

In Deutschland besteht seit 1901 eine umfassende und intensive Versicherungsaufsicht.[397] Sie wurde auch durch das Bundesaufsichtsamt für Versicherungswesen (BAV) durchgeführt, das 2002 aufgrund des „Gesetzes über die integrierte Finanzdienstleistungsaufsicht" in die Bundesanstalt für Finanzdienstleistungsaufsicht (BaFin) eingegliedert wurde.[398] Die BaFin ruht auf den drei Säulen Bankenaufsicht, Versicherungsaufsicht und Wertpapieraufsicht. Das Aufgabenfeld der Versicherungsaufsicht umfasst die Zulassung von neuen VU, die Überprüfung der Jahresabschlüsse und die Überwachung der (Schadens-)Rückstellungen. Auch wacht die Aufsicht darüber, ob VU über genügend freie Finanzmittel (bzw. Eigenmittel) verfügen und ein angemessenes Maß an Rückversicherung vorweisen.[399]

In Deutschland stützt sich die Versicherungsaufsicht auf zwei Rechtsgrundlagen: nämlich das „Gesetz über die Beaufsichtigung der Versicherungsunternehmen" (Versicherungsaufsichtsgesetz - VAG)[400] und das Gesetz über die Bundesanstalt für Finanzdienstleistungsaufsicht (Finanzdienstleistungsaufsichtsgesetz - FinDAG).[401]

---

[397] Farny, D. (2000), S. 112.
[398] Sanjo, J. (2002), S. 1831; Bafin (2002), S. 95.
[399] Bafin (2002), S. 97.
[400] Soweit es die Normen der Rechnungslegung betrifft, sind in Deutschland die Vorschriften des HGB (drittes Buch, vierter Abschnitt, zweiter Unterabschnitt: §§ 341-341o HGB), die Vorgaben des Gesetzes über den Versicherungsvertrag (VVG) und

Das FinDAG definiert die Aufsichtsbehörde. Es regelt bspw. die Aufsicht in Deutschland, deren Aufgaben, Organisation und Anforderungen an das Personal. Weiter regelt es Gebühren und deren Umlage, Zwangsmittel und die Finanzierung gesonderter Aufgaben. Im FinDAG finden sich Regelungen zum Haushaltsplan, zur Rechnungslegung und zur Deckung des Verwaltungsaufwands der Behörde.[402]

Das VAG regelt Fragen nach der Beaufsichtigung von VU. Es enthält Vorschriften bspw. für die Erlaubnis des Geschäftsbetriebs, zu einem Versicherungsverein auf Gegenseitigkeit und zur Geschäftsführung (bspw. Kapitalausstattung, Rechnungslegung, Deckungsrückstellungen). Die Vorschriften für die Beaufsichtigung von VU beziehen sich auch auf Beteiligungen von VU, Versicherungsgruppen, Finanzkonglomerate und VU mit Sitz im Ausland. Darüber hinaus regelt das Gesetz Einrichtungen der betrieblichen Altersvorsorge und enthält Straf- und Bußgeldvorschriften.[403]

In Bezug auf Solvabilitätskonzeptionen sind die Bestimmungen der §§ 53, 64 und 81 des VAG hervorzuheben. Die §§ 53c Abs. 1 VAG (Kapitalausstattung) und 81b VAG (Solvabilitäts-, Finanzierungs- und Sanierungsplan) regeln die rechtlichen Grundlagen der Eigenmittelausstattung von VU und die notwendigen Sanktionen bei deren Nichterfüllung. Dabei sind diese Regelungen nach § 121a VAG sowohl für Erstversicherer als auch für Rückversicherer relevant. Dieser Umstand lässt sich damit erklären, dass es sich bei einem Geschäft zwischen Erst- und Rückversicherer um eine Risikotransformation zwischen zwei sachverständigen Vollkaufleuten handelt, dass jedoch die Liquidität des Erstversicherers und somit auch der Versicherungsnehmer gefährdet wäre, wenn der Rückversicherer

---

[401] die Verordnungen, Verwaltungsakte und Rundschreiben der BaFin neben dem VAG von großer Bedeutung (Schradin, H. R. (2003), S. 617).
Farny, D. (2006), S. 117.
[402] Das FinDAG findet sich bspw. auf der Homepage der BaFin unter www.bafin.de.
[403] Das VAG findet sich bspw. auf der Homepage der BaFin unter www.bafin.de.

insolvent würde. § 64a gibt die Rahmenbedingungen für die Geschäftsorganisation eines VU vor und ist somit Rechtsgrundlage der MaRisk (VA).

6.1.2 Solvabilitätsanforderungen

Solvabilitätsanforderungen haben einen hohen Stellenwert in der Versicherungswirtschaft. Die wichtigste Funktion eines VU ist der Schutz seiner Versicherten. Ein VU muss noch nach Jahrzehnten in der Lage sein, eingegangene Verpflichtungen zu erfüllen. Ein anschauliches Beispiel dafür ist die Lebensversicherung. Die Altersversorgung des Versicherten oder auch die Versorgung seiner Hinterbliebenen hängt von der künftigen Solvenz eines VU ab. Auch volkswirtschaftlich ist die Solvenz von VU aufgrund hoher Kapitalanlagevolumen von großer Bedeutung. Dieser Umstand ist vor allem vor dem Hintergrund zu sehen, dass große Versicherer auf Kapitalmärkten nicht nur als „Marktnehmer" auftreten, sondern auch als Investoren die Märkte durch größere Transaktionen nachhaltig beeinflussen können.[404]

Solvabilitätsanforderungen manifestieren sich in Art und Höhe der zweckmäßigen Kapitalreserven.[405] Deshalb stellt dieses Kapitel beispielhaft das in den USA verwendete Risk Based Capital-Modell (RBC-Modell) und das europäische Regelwerk Solvency I und II vor. Das RBC-Modell der National Association of Insurance Commissioners ist der Vorläufer der Kapitaladäquanzmodelle von Rating-Agenturen und gilt als Pendant zu den in der EU geltenden Vorschriften.[406] Das RBC-Modell erweitert die Solvabilitätsanforderungen in USA um weitere qualitative Ziele wie bspw. die Berücksichti-

---
[404] Kriele, M./Lim, G./Reich, H. (2004), S. 1048.
[405] Wagner, F. (2000), S. 409.
[406] Wagner, F. (2000), S. 422.

gung der operationellen Risiken. Diese qualitativen Ziele werden in Europa nach der geplanten Einführung von Solvency II im Jahr 2012 in die einzelnen Modelle integriert.[407] Durch den Einsatz dieser Modelle, die eine Berechnung des Solvabilitätskapitals erfordern, soll erreicht werden, dass VU noch risikoorientierter vorgehen und so die eigenen Risiken noch präziser einzuschätzen vermögen.[408] Doch zunächst wird der in Europa geltende Status Quo durch Solvency I erläutert.

6.2 Solvency I (Solo-Solvabilität)

Der Begriff Solvency lässt sich aus dem französischen Wort „solvabilité" (Solvenz, Zahlungsfähigkeit) ableiten. Er wurde bei der Umsetzung der EU-Richtlinien in nationale Gesetze übernommen (bspw. im § 53c VAG mit dem Begriff „Solvabilitätsspanne").[409]

Das VAG kannte 1901 noch keine detaillierten Solvabilitätsvorschriften. Die Aufsicht forderte damals lediglich eine vorsichtige und risikogerechte Prämien- und Rückversicherungspolitik.[410] Eine Solvabilitätsspanne für Nichtlebens- (1973) und Lebensversicherer (1979) wurde in den ersten EWG-Koordinierungsrichtlinien[411] mit den Worten „*freies unbelastetes Eigenkapital immaterieller Vermögenswerte*" definiert. Damit war die notwendige Rechtssicherheit für eine Solvabilitätsspanne geschaffen.[412]

---

[407] Schubert, T. (2005), S. 43.
[408] Kriele, M./Lim, G./Reich, H. (2004), S. 1048.
[409] Müller, H. (2004), S. 723.
[410] Müller, H. (2004), S. 724.
[411] Richtlinie 73/239/EWG des Rates vom 24.07.1973 zur Koordinierung der Rechts- und Verwaltungsvorschriften betreffend die Aufnahme und Ausübung der Tätigkeit der Direktversicherung (mit Ausnahme der Lebensversicherung); Erste Richtlinie 79/267/EWG des Rates vom 05.05.1979 zur Koordinierung der Rechts- und Verwaltungsvorschriften über die Aufnahme und Ausübung der Direktversicherung (Lebensversicherung); Konsolidierte Fassung in der Richtlinie 2002/83/EG des Rates und des Parlaments vom 05.11.2002 über Lebensversicherungen.
[412] Müller, H. (2004), S. 724.

Aufgrund einer nun 20-jährigen Erfahrung sollten die bestehenden Vorschriften während der Beratungen über die dritten Richtlinien (1992)[413] überprüft wurden. Der Versicherungsausschuss erhielt bis Mitte 1997 einen Bericht über die Notwendigkeit einer späteren Harmonisierung der Solvabilitätsspanne. Dieser Bericht ergab, dass sich das bisherige Solvabilitätssystem zwar im Kern bewährt hatte, jedoch auch Schwachstellen wie bspw. eine fehlende Abdeckung des Kapitalanlagerisikos in der Nichtlebensversicherung aufwies. Um diese Schwachstellen zu beseitigen, wurde ein Zwei-Stufenplan beschlossen. In der ersten Stufe sollten Änderungen an den bestehenden Richtlinien durch Solvency I (S I) vorgenommen werden. Für die zweite Stufe war geplant, dass durch Solvency II eine umfassende Analyse des Anforderungsprofils zur ganzheitlichen Messung der finanziellen Lage eines VU und der Faktoren, die sie beeinflussen, erfolgt.[414]

Vor S I waren lediglich die Solvabilitätsvorschriften für einzelne VU (Solo-Solvabilität) gesetzlich geregelt. Deshalb wurden ergänzende Vorschriften, die „Solo-Plus Solvabilität", erlassen. Der folgende Abschnitt stellt die Solo-Solvabilität nach S I vor. Bei der Solo-Plus-Solvabilität (Solvabilität und die Richtlinien über die zusätzliche Beaufsichtigung von Finanzkonglomeraten) handelt es sich um Solvabilitätsvorschriften für (weltweit tätige) Versicherungskonzerne. Für sie ist die Solo-Solvabilität nicht aussagekräftig genug, weil sie keine konzerninternen Beziehungen und Verhältnisse abbildet und nicht berücksichtigt, dass in Versicherungskonzernen bei bestimmten Versicherungszweigen oder bei Kapitalanlagegeschäften (ungewollte) Risikokumule entstehen können. Weiter können bei der Be-

---

[413] Richtlinie 92/49/EWG des Rates vom 18.06.1992 zur Koordinierung der Rechts- und Verwaltungsvorschriften für Direktversicherungen (mit Ausnahme der Lebensversicherung) sowie zur Änderung der Richtlinien 73/239/EWG und 88/357/EWG (Dritte Richtlinie Schadensversicherung); Richtlinie 92/96/EWG des Rates vom 10.11.1992 zur Koordinierung der Rechts- und Verwaltungsvorschriften für die Direktversicherung (Lebensversicherung) sowie zur Änderung der Richtlinien 79/267/EWG und 90/619/EWG (Dritte Richtlinie Lebensversicherung).
[414] Müller, H. (2004), S. 725-726.

rechnung der Solo-Solvabilität von verschiedenen Unternehmen eines Konzerns Double- oder Multiple Gearing-Effekte entstehen.[415] Da ein Finanzkonglomerat unterschiedliche Unternehmen umfasst, also VU und auch Banken sowie andere Unternehmen der Finanzwirtschaft, sind alle genannten Unternehmen in die Betrachtung der Solvabilität des Konglomerats einzubeziehen.[416]

Die Solvabilitätsvorschriften für reine Rückversicherer sind „... *derzeit noch nicht in allen Einzelheiten klar ...*" und besitzen den „... *Charakter eines Provisoriums da sie vermutlich mit Solvency II erneut geändert werden.*"[417] Bis dato gelten auch für Rückversicherer diejenigen Anforderungen als verbindlich, die für Erstversicherer zutreffen. Allerdings unterliegen Rückversicherer keinem Spartentrennungsgebot und ihr Risiko aus Lebensversicherungen unterscheidet sich von dem der Erstversicherer dadurch, dass Kapitalanlagen dort überwiegend beim Zedenten bleiben, während der Rückversicherer lediglich Depotforderungen erhält.[418]

In Deutschland bildet § 53c Abs. 1 des VAG die rechtliche Grundlage für Solvency I. Der Paragraph enthält folgenden Passus:

---

[415] Farny, D. (2006), S. 798-799. Unter dem Double- oder Multiple Gearing-Effekt versteht man die doppelte oder mehrfache Verwendung von Eigenmitteln als IST-Solvabilitätsmittel innerhalb eines Konzerns. Dies bedeutet, dass Teile des Eigenkapitals, bspw. einer Mutter, über den Erwerb oder das Halten von Beteiligungen der Töchter an diese weitergegeben werden. Sie werden dort wiederum als IST-Solvabilitätsmittel genutzt. Weiter besteht auch innerhalb eines Konzerns die Möglichkeit, weitere solvabilitätsfähige Kapitalbeträge bspw. durch Hybridkapital zu emittieren oder zu empfangen (Farny, D. (2006), S. 798-799). In beiden Fällen übersteigt die Summe der IST-Solvabilitätsmittel der einzelnen VU die Summe der real zur Verfügung stehenden IST-Solvabilitätsmittel des Gesamtkonzerns. Dies würde im Falle einer Liquidation eines VU zu einer mangelnden Deckung durch Eigenkapital führen. Deshalb klammern sowohl Aufsicht als auch Rating-Agenturen die Möglichkeit einer Doppelbelegung von Eigenmitteln in allen Modellen aus.
[416] Farny, D. (2006), S. 804.
[417] Farny, D. (2006), S. 791.
[418] Farny, D. (2006), S. 793.

"Versicherungsunternehmen sind verpflichtet, zur Sicherstellung der dauernden Erfüllbarkeit der Verträge stets über freie unbelastete Eigenmittel mindestens in Höhe der geforderten Solvabilitätsspanne zu verfügen, die sich nach dem gesamten Geschäftsumfang bemisst."

Details zur Umsetzung finden sich in der Verordnung über die Kapitalausstattung von Versicherungsunternehmen (KapAusstV) in den §§ 1 und 2 der KapAusstV für Schadenerstversicherer und in den §§ 4 und 5 der KapAusstV für Lebensversicherer sowie für Leben und Nicht-Leben im BaFin-Rundschreiben 4/2005 (VA) vom 01.03.2005.[419] Dabei erfolgt der technische Ablauf nach S I in drei Schritten:

- Messung der Risikolage eines VU (SOLL-Solvabilität)

- Forderung nach der Mindestausstattung eines VU durch „Eigenmittel" (IST-Solvabilität) in Relation zur SOLL-Solvabilität

- Sanktionen bei Unterschreitung der Mindestanforderungen für Eigenmittel

Bei S I handelt es sich um ein Kennzahlen-basiertes Konzept (vgl. Kapitel 5.4.1). Dabei wird das SOLL-Eigenkapital eines VU durch eine oder mehrere risikotragende Variablen definiert. Diese Variablen werden mit einem vorgegebenen Faktor multipliziert. Das Gesamt-SOLL-Eigenkapital ergibt sich aus der Addition der gewichteten risikotragenden Variablen.[420] Dabei bleiben Diversifikationsef-

---

[419] Alle zitierten Gesetze, Verordnungen und Rundschreiben finden sich bspw. auf der Homepage der BaFin unter www.bafin.de.
[420] Hartung, T. (2007), S. 188-189.

fekte, anders als bei RBC-Konzepten (vgl. Kapitel 5.4.2), unberücksichtigt.

S I geht bei der Ermittlung der SOLL-Solvabilität davon aus, dass sich das Überschuldungsrisiko aus den Arten und Volumina der Kerngeschäfte ergibt. Deshalb ermittelt S I das Überschuldungsrisiko bei Komposit (Schaden/Unfall)- und Krankenversicherern nach einem Kennzahlen-basierten Konzept. Die Solvabilitätsspanne wird bestimmt durch die Höhe des SOLL-Kapitals, das sich aus dem jeweils höheren Beitragsindex oder Schadensindex ergibt.[421] Bei Lebensversicherungen errechnet sich die Solvabilitätsspanne aus der Summe der Ergebnisse für das Kapitalanlagerisiko, des versicherungstechnischen Risikos und der Zusatzversicherungen.[422] Die Ansätze für Lebens- und Nicht-Lebens(Schaden/Unfall und Kranken)-VU werden im Folgenden vorgestellt.

6.2.1 Solvabilitätsspanne für Schaden/Unfall und Kranken

Für Schaden/Unfall- und Krankenversicherer sowie Rückversicherer werden Beitragsindex (BI_t) und Schadensindex (SI_t) miteinander verglichen. Das Maximum beider Beträge wird anschließend einem Vorjahresvergleich unterzogen. So ermittelt sich die Solvabilitätsspanne ($S_{N/L}$) für Nicht-Leben für die Periode t wie folgt:

$$(26)\quad S_{N/L} = \max\{BI_t;\ SI_t\}$$

Sollte die berechnete Solvabilitätsspanne des Geschäftsjahres geringer sein als diejenige des Vorjahres, erfolgt eine Kontroll- oder

---

[421] Wagner, F. (2000), S. 410-411.
[422] Hartung, T. (2007), S. 212.

Korrekturrechnung durch den Vorjahresvergleich (VjV).[423] Er berechnet sich wie folgt:

$$(27)\ VjV = \max\{BI_{t-1}; SI_{t-1}\} \frac{SR_{Ende\,t}}{SR_{Beginn\,t}} \text{ wenn } \max\{BI_t; SI_t\} < \max\{BI_{t-1}; SI_{t-1}\}$$

Dabei wird der Wert der Solvabilitätsspanne des Vorjahres durch das Verhältnis der Brutto-Schadensrückstellungen (SR) zu Beginn und zum Ende des aktuellen Geschäftsjahres t gewichtet. Dabei darf das Verhältnis nicht größer als eins sein. Dieser Wert ergibt die neue Solvabilitätsspanne. Durch den Vorjahresvergleich sollen Beeinflussungen, die aufgrund großer Veränderungen bei der Rückversicherung und Dotierungen der Schadensrückstellungen entstehen, begrenzt werden.[424]

In Solvency I berechnet sich der Beitragsindex (BI) für die Periode t wie folgt:[425]

$$(28)\ BI_t = \begin{matrix}(a \cdot BP_t) \cdot SbQ_t & \text{für } BP_t \leq 50\,Mio.\,€ \\ [a \cdot 50\,Mio.\,€ + b \cdot (BP_t - 50\,Mio.\,€)] \cdot SbQ_t & \text{für } BP_t > 50\,Mio.\,€\end{matrix}$$

Die Formel zeigt, dass Faktor a für Prämien gilt, die kleiner oder gleich 50 Mio. € sind. Der Faktor b greift ab einer Prämienhöhe von 50 Mio. €. Dabei ist für Prämien (BP$_t$) der höhere Betrag aus gebuchten oder verdienten Brutto-Prämien des direkten oder indirekten Geschäfts[426] der Periode t maßgeblich. Für den Fall Prä-

---

[423] Farny, D. (2006), S. 784.
[424] Farny, D. (2006), S. 784.
[425] in Anlehnung an Hartung, T. (2007), S. 207.
[426] Das Geschäft eines Erstversicherers, das direkt mit einem Versicherungsnehmer abgeschlossen wird, wird als direktes Geschäft bezeichnet. Kommt ein Geschäft für einen Erstversicherer von anderen Versicherungsunternehmen, gilt dieses als indirektes Geschäft (Liebwein, P. (2000), S. 108).

mien ≤ 50 Mio. € beträgt Faktor a bei Kompositversicherern, die allgemeine Haftpflicht, Luftfahrt- und Schiffshaftpflicht betreiben, 0,27,[427] bei den restlichen Kompositversicherern 0,18 sowie bei den Krankenversicherern 0,06.[428] Im Fall, Prämien > 50 Mio. € beträgt der Faktor b bei Kompositversicherern, die allgemeine Haftpflicht, Luftfahrt- und Schiffshaftpflicht betreiben, 0,24,[429] und bei restlichen Kompositversicherern 0,16 sowie bei Krankenversicherern: 0,053333.[430] Das so gewichtete Ergebnis wird in beiden Fällen mit der Selbstbehaltsquote (SbQ_t) oder dem Rückversicherungsfaktor für die Periode t multipliziert. Die SbQ_t gilt sowohl beim Beitrags- als auch beim Schadensindex und errechnet sich wie folgt:[431]

$$(29)\ SbQ_t = \max\left(\frac{S_t^f + S_{t-1}^f + S_{t-2}^f}{S_t + S_{t-1} + S_{t-2}}; 0{,}5\right)$$

Die Selbstbehaltsquote ist mit mindestens 0,5 anzusetzen.[432] Sie wird mit dem Verhältnis aus den Aufwendungen für Versicherungsfälle für eigene Rechnung in Periode t (S_t^f) und den Brutto-Aufwendungen für Versicherungsfälle in Periode t (S_t) der letzten drei Jahre verglichen.

Der Schadensindex (SI_t) einer Periode t und einer Anzahl an Durchschnittsjahre x berechnet sich wie folgt:[433]

$$(30)\ SI_t = \begin{matrix} (c \cdot SD_{(t,x)}) \cdot SbQ_t & \text{für } SD_{(t,x)} \leq 35 Mio.\,€ \\ [c \cdot 35\ Mio\ € + d \cdot (SD_{(t,x)} - 35\ Mio.\,€)] \cdot SbQ_t & \text{für } SD_{(t,x)} > 35 Mio.\,€ \end{matrix}$$

---

[427] Erhöhung des Faktors 0,18 um 50 %.
[428] Drittelung des Faktors 0,18.
[429] Erhöhung des Faktors 0,16 um 50 %.
[430] Drittelung des Faktors 0,16.
[431] Hartung, T. (2007), S. 208.
[432] Der Faktor 50 % bedeutet, dass Rückversicherung pauschal mit 50 % angerechnet wird.
[433] in Anlehnung an Hartung, T. (2007), S. 208.

Analog zum Beitragsindex ändert sich der Faktor ab einer fest definierten Grenze. Diese liegt bei 35 Mio. € der Durchschnittsschadensaufwendungen ($SD_{(t,x)}$). Sie setzen sich aus Brutto-Zahlungen für Versicherungsfälle und der Veränderung der Brutto-Schadensrückstellungen für noch nicht abgewickelte Versicherungsfälle innerhalb der Periode t zusammen. Dazu werden die der Periode t zuzurechnenden Erträge aus Regressen abgezogen. Die Anzahl der Durchschnittsjahre x beträgt bei VU, die überwiegend Kredit-, Hagel- oder Frostversicherung betreiben, 7 Jahre, bei restlichen Sach- oder und Krankenversicherern 3 Jahre.

Für den Fall, Schäden ≤ 35 Mio. € beträgt Faktor c bei Kompositversicherern, die allgemeine Haftpflicht, Luftfahrt- und Schiffshaftpflicht betreiben, 0,39,[434] bei restlichen Kompositversicherern 0,26 sowie bei Krankenversicherern 0,086667.[435] Für Fall Schäden > 35 Mio. € beträgt Faktor d bei Kompositversicherern, die allgemeine Haftpflicht, Luftfahrt- und Schiffshaftpflicht betreiben, 0,345,[436] bei restlichen Kompositversicherern 0,23 sowie bei Krankenversicherern 0,076667.[437]

Zur zweistufigen Staffelung des Beitrags- und Schadensindex durch fest definierte Schwellen (50 Mio. € bzw. 30 Mio. €) ist anzumerken, dass diese zweistufige Staffelung „willkürlich" erscheint, weil sie einen verbesserten Risikoausgleich bei steigendem Geschäftsumfang nicht angemessen berücksichtigt,[438] ja sogar verfälscht. Es wäre möglich, dass der „Knick" durch einen einzigen Vertrag verursacht wird, der ein weitaus größeres Risiko in sich birgt als alle Verträge des gesamten Portfolios „vor dem Knick". Dies deutet auf eine Fehlerquelle von S I hin, nämlich die Staffelung der Solvabilitäts-

---

[434] Erhöhung des Faktors 0,18 um 50 %.
[435] Drittelung des Faktors 0,18.
[436] Erhöhung des Faktors 0,16 um 50 %.
[437] Drittelung des Faktors 0,16.
[438] Wagner, F. (2000), S. 414.

Anforderungen der Aufsicht 138

spannen. Sie sind nach Wertgrößen (€-Beträge) und nicht nach Mengengrößen, bspw. Anzahl der versicherten Risiken oder Anzahl der Verträge, gestaffelt.[439]

6.2.2 Solvabilitätsspanne für Lebensversicherer

Die Berechnung der SOLL-Solvabilität von Lebensversicherungsunternehmen weicht von derjenigen der Schadensversicherung deutlich ab.[440] Bei ihrer Ermittlung ist neben dem versicherungstechnischen auch das Kapitalanlagerisiko zu beachten. Drei Größen bestimmen die Solvabilitätsspanne eines Lebensversicherers, nämlich das Ergebnis aus dem Kapitalanlagerisiko (KA_t), das Ergebnis aus dem versicherungstechnischen Risiko (VT_t) und die Ergebnisse aus Zusatzversicherungen und sonstigen Geschäften (Z_t). Die zuletzt Genannten setzen sich wiederum aus mehreren Einzelergebnissen zusammen. Somit bemisst sich die Solvabilitätsspanne (S_L) für Leben:

$$(31) \quad S_L = KA_t + VT_t + Z_t$$

Das Ergebnis für das Kapitalanlagerisiko (KA) in der Periode t berechnet sich aus versicherungstechnischen Passiva, durch die Kapitalanlagen finanziert werden:[441]

$$(32) \quad KA_t = e \cdot MR_t \cdot SbQ_t^{KA} = e \cdot \underbrace{(DR_t + B\ddot{U}_t)}_{\substack{mathematische \\ Reserven}} \cdot SbQ_t^{KA}$$

---

[439] Farny, D. (2006), S. 755; Wagner, F. (2000), S. 414.
[440] Hartung, T. (2007), S. 211; Farny, D. (2006), S. 787.
[441] in Anlehnung an Hartung, T. (2007), S. 212.

Der Faktor für das Kapitalanlagerisiko e variiert nach der Art des Geschäfts. Er beträgt:

- bei nominellen Lebensversicheren: 0,04

- bei fondsgebundenen Lebensversicherern

  - wenn der Versicherungsnehmer das Kapitalanlagerisiko trägt, die Vertragslaufzeit mehr als 5 Jahre umfasst und der Verwaltungskostenzuschlag auf mehr als 5 Jahre festgelegt ist: 0,01

  - wenn das VU das Kapitalanlagerisiko trägt: 0,04

  - wenn der Verwaltungskostenzuschlag auf weniger als 5 Jahre festgelegt ist: 25 % der zurechenbaren Netto-Verwaltungskosten

- bei Kapitalisierungsgeschäften für das Kapitalanlagerisiko: 0,04[442]

Die mathematischen Reserven (MR_t) bilden sich aus der Summe der Brutto-Deckungsrückstellungen (DR_t) und aus Brutto-Beitragsüberträgen ($BÜ_t$), die um die Kostenanteile vermindert wurden. Sie bilden sich aus dem gesamten direkten und indirekten Geschäft.

Die Selbstbehaltsquote für das Kapitalanlagerisiko oder auch der Rückversicherungsfaktor (SbQ_t^{KA}) der Periode t für Leben berechnet sich aus dem Verhältnis der mathematischen Netto-Reserven

---

[442] Dabei ist anzumerken, dass die SbQ_t^{KA} in diesem Fall mit dem Faktor eins belegt wird.

(nMR$_t$) zu den Brutto-Reserven im letzten Geschäftsjahr (bMR$_{t-1}$). Dieses Verhältnis ist mit mindestens 0,85 anzusetzen:[443]

$$(33)\ SbQ_t^{KA} = \max\left\{\frac{nMR_t}{bMR_{t-1}}; 0{,}85\right\}$$

Das Ergebnis für das versicherungstechnische Risiko (VT) der Periode t aus dem direkten und indirekten Geschäft für Kapital- und Rentenversicherungen errechnet sich wie folgt:[444]

$$(34)\ VT_t = f \cdot \underbrace{[VS_t - (DR_t + B\ddot{U}_t)]}_{riskiertes\ Kapital} \cdot SbQ_t^{VT}$$

Dabei variiert auch hier der Faktor f nach Art des Geschäfts und beträgt

- bei nominellen Lebensversicherern

    - 0,003 für alle Versicherungen außer einer kurzfristigen Todesfallversicherung mit einer Laufzeit bis zu 5 Jahren

    - 0,0015 für Todesfallversicherungen mit einer Laufzeit von 3 bis 5 Jahren

    - 0,001 für Todesfallversicherungen mit einer Laufzeit bis zu 3 Jahren

---

[443] Der Faktor 50 % bedeutet, dass Rückversicherung wird pauschal mit 15 % angerechnet.
[444] in Anlehnung an Hartung, T. (2007), S. 212.

- bei fondsgebundenen Lebensversicherungen 0,003. Für den Fall, dass der Versicherungsnehmer das Kapitalanlagerisiko trägt, die Vertragslaufzeit mehr als 5 Jahre umfasst und der Verwaltungskostenzuschlag auf mehr als 5 Jahre festgelegt ist beträgt der Faktor 0,01.

VS_t stellt die für den (hypothetischen) Versicherungsfall zum Solvabilitätsstichtag zugesagten Versicherungssummen oder die Barwerte der aufgeschobenen Leistungen in der Periode t dar. Von diesen werden die mathematischen Reserven abgezogen. Dieser Betrag entspricht dem riskierten Kapital eines VU. Dabei sind zwei Sonderfälle zu beachten: Bei Unfallversicherern entspricht das riskierte Kapital der Versicherungssumme. Bei Kapitallebensversicherungen errechnet sich die Risikosumme aus der Differenz zwischen der Todesfallleistung und dem bereits gebildeten Deckungskapital.

Das auf diese Weise ermittelte Kapital wird mit der Selbstbehaltsquote (SbQ_t^{VT}) für Lebensversicherer multipliziert. Sie entspricht dem Verhältnis des riskierten Kapitals auf eigene Rechnung zu dem brutto riskierten Kapital des letzten Geschäftsjahres. Dieses Verhältnis ist mit mindestens 0,5 anzusetzen.[445]

Das Ergebnis für Zusatzversicherungen und sonstige Geschäfte (Z_t) berechnet sich bspw. aus folgenden Faktoren, falls sie auf ein VU zutreffen:

- Zusatzversicherungen berechnen sich wie bei Sachversicherern analog zum Beitragsindex

---

[445] Der Faktor 50 % bedeutet, dass Rückversicherung wird pauschal mit 50 % angerechnet.

- bei Tontinegeschäften[446] für das Kapitalanlagerisiko: 1 % des Vermögens der Gemeinschaften

- bei der Verwaltung von Versorgungseinrichtungen wird das verwaltete Vermögen mit der Selbstbehaltsquote[447] für Lebens-VU multipliziert. Der Faktor beträgt:

  - 0,04 der mathematischen Reserven von VU, die das Kapitalanlagerisiko selbst tragen

  - 0,01, wenn der Versicherungsnehmer das Kapitalanlagerisiko übernimmt und Vertragslaufzeit und Festlegung der Verwaltungskosten nicht mehr als 5 Jahre betragen.

  - keine Berücksichtigung (Faktor 0), wenn ein VU kein Kapitalanlagerisiko übernimmt und die Verwaltungskosten auf weniger als 5 Jahre festgelegt sind. In diesem Fall werden 25 % der zurechenbaren Netto-Verwaltungsaufwendungen angesetzt.

Bei S I findet sich ein systematischer Bruch bei der Ermittlung der Solvabilitätsspannen von Leben und Nicht-Leben, weil in Leben - zwar zeitlich begrenzt -[448] zukünftige Gewinne angerechnet werden dürfen und somit eine Stromgröße als Solvabilitätsmittel anerkannt wird.

Zur Solvabilitätsspanne Leben sei weiter angemerkt, dass die wesentliche Erfassung des versicherungstechnischen Risikos durch das riskierte Kapital zwar technisch einfach erscheint, dass sie jedoch

---

[446] Tontinegeschäfte sind verzinsliche Spargeschäfte in Kollektiven mit Auszahlungen zu einem bestimmten Zeitpunkt an die überlebenden Personen (Farny, D. (2006), S. 134).
[447] Diese ist allerdings in der Praxis nicht anzutreffen (Farny, D. (2006), S. 134).
[448] Hartung, T. (2007), S. 217.

risikotheoretisch unzulänglich ist. Dafür gibt es mehrere Gründe: Zunächst ist die Einbeziehung der selbstständigen Berufsunfähigkeitsversicherung fragwürdig, weil sie eher zu den Schadenversicherungen zählt. Weiter wird in der Solvabilitätsspanne Leben die Zusammensetzung der Kapitalanlagen und damit der Risikogehalt der einzelnen Asset-Klassen nicht berücksichtigt. Außerdem vernachlässigt S I auch den Zusammenhang zwischen versicherungstechnischen Verpflichtungen und Kapitalanlagen. Somit kommt es zu keiner Erfassung des Zinsspannenrisikos für Spar- und Entspargeschäfte.[449]

Die Solvabilitätsspannen ($S_{N/L}$, S_L) stellen die erste Stufe des zu ermittelnden Risikokapitals nach Solvency I dar. Sie werden mit dem Garantie- und Mindestgarantiefonds verglichen. Das höchste der drei Ergebnisse ergibt die Solvabilitätsspanne, die nach dem Risikotragfähigkeitskalkül aus Kapitel 4 im Verhältnis zur IST-Solvabilität gesetzt wird.

6.2.3 Garantie- und Mindestgarantiefonds

Der Umfang der Solvabilitätsspanne entspricht Stufe eins der aufsichtsrechtlichen SOLL-Solvabilität. In der zweiten Stufe besteht der Garantiefonds aus einem Drittel der Solvabilitätsspanne. Unterschreitet ein VU diesen Garantiefonds,[450] werden von der Aufsicht strengere Sanktionen eingeleitet.[451]

---

[449] Farny, D. (2006), S. 795.
[450] Der Begriff des Garantiefonds wird in §§ 53c VAG nicht genau erläutert. In Absatz (1) heißt es lediglich: *„Versicherungsunternehmen sind verpflichtet, zur Sicherstellung der dauernden Erfüllbarkeit der Verträge stets über freie unbelastete Eigenmittel mindestens in Höhe der geforderten Solvabilitätsspanne zu verfügen, die sich nach dem gesamten Geschäftsumfang bemisst. Ein Drittel der geforderten Solvabilitätsspanne gilt als Garantiefonds."* Deshalb kann der Garantiefonds als eine Stufe im Aufsichtsprozess ausgelegt werden, deren Unterschreitung ernstzunehmendere Konsequenzen für das jeweilige VU hat.
[451] Wagner, F. (2000), S. 411.

Für Stufe drei fordert die Aufsicht einen Mindestgarantiefonds, der einen absoluten €-Betrag enthält. Dieser Betrag ist die von der Aufsichtsbehörde als absolut zwingend erachtete Mindestkapitalausstattung eines VU und abhängig vom Risikogehalt der betrachteten jeweiligen LoB und Rechtsform des VU:[452]

- 3,2 Mio. € bei Lebensversicherern oder falls ein Sachversicherer ein oder mehrere Geschäftsfelder wie allgemeine Haftpflicht, Kraftverkehrs-, Luftfahrt- und Schiffshaftpflicht, Kredit und Kaution betreibt

- 3,2 Mio. € für Rückversicherer[453]

- 2,25 Mio. € bei Versicherungsvereinen auf Gegenseitigkeit[454]

- 2,2 Mio. € bei allen übrigen Sach- und Krankenversicherungen

Der Mindestgarantiefonds ist, vor allem für neu gegründete oder sehr kleine VU bedeutsam, da diese über weniger Kapital verfügen. Folgende Abbildung soll die Zusammenhänge zwischen IST- und SOLL-Solvabilität und auch Auswirkungen des Vorgehens der Aufsichtsbehörde im Rahmen von S I, die im folgenden Abschnitt beschrieben werden, veranschaulichen:

---

[452] § 2 der KapAusstV.
[453] Dabei unterliegen Rückversicherer bestimmten Größenkriterien. Diese sind in § 2 Abs. 2a der KapAusstV geregelt.
[454] Dieser Betrag ist im „Normalfall" zu hinterlegen. Ausnahmen regelt § 2 Abs. 4 der KapAusstV.

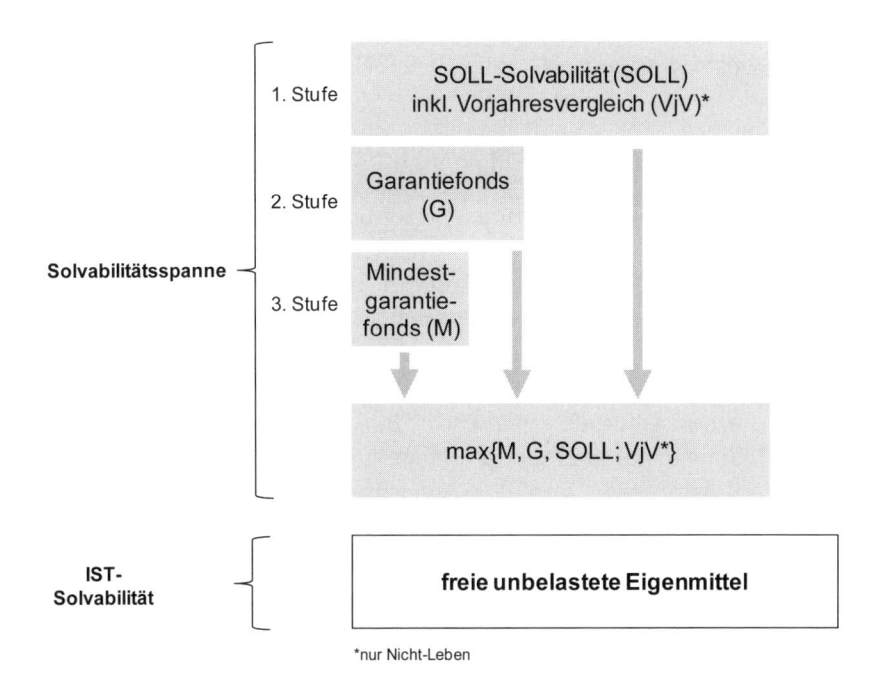

Abbildung 11 IST- vs. SOLL-Solvabilität im Rahmen von S I

Kritisch anzumerken ist beim Mindestbetrag- und Garantiefonds von S I, dass die absoluten geforderten €-Beträge fiktiv scheinen. Die Zuordnung einzelner Versicherungszweige zu „Gefährlichkeitsstufen" wirkt pauschal. Darüber hinaus werden Diversifikationseffekte im Gesamtbestand des versicherten Portfolios völlig vernachlässigt.[455]

Die Solvabilitätsspanne wird mit der IST-Solvabilität verglichen und lässt sich somit in das Risikotragfähigkeitskalkül einordnen.

---

[455] Wagner, F. (2000), S. 415.

6.2.4 IST-Solvabilität

Entsprechend dem Risikotragfähigkeitskalkül aus Kapitel 4 soll die gemessene Risikolage eines VU (SOLL-Solvabilität) mit seiner Mindestausstattung an Eigenmitteln (IST-Solvabilität) verglichen werden. Diese sind in § 53 VAG als „*freie unbelastete Eigenmittel*" beschrieben. Allerdings sind die Begriffe „*frei*" und „*unbelastet*" nicht aufsichtsrechtlich definiert.[456] Betriebswirtschaftlich lassen sie sich so interpretieren, dass es sich hierbei um Eigenmittel handelt, die die Fähigkeit besitzen, Verluste zu finanzieren und somit die Existenzsicherheit eines VU erhöhen.[457] In § 53 des VAG sind einzelne als IST-Solvabilität anerkannte Eigenmittel aufgelistet, auch können weitere Bestandteile von der Aufsicht fallweise genehmigt werden.[458] Die Liste der Eigenmittel ist „*... recht bunt und folgt keiner betriebswirtschaftlichen Konzeption.*"[459] HARTUNG teilt diese Eigenmittel[460] in drei Gruppen ein. Sie sind in der Abbildung 12 dargestellt:[461]

---

[456] Farny, D. (2006), S. 790; Wagner, F. (2000), S. 412.
[457] Farny, D. (2006), S. 790.
[458] Wagner, F. (2000), S. 412.
[459] Farny, D. (2006), S. 790.
[460] Eine detaillierte Aufstellung der „freien unbelasteten Eigenmittel" findet sich sowohl im § 53 VAG als auch bei Farny, D. (2006), S. 792-793.
[461] Hartung, T. (2007), S. 215.

Anforderungen der Aufsicht 147

```
freie unbelastete Eigenmittel nach § 53 VAG – IST-Solvabilität
-> Stichtagbezogene bilanzielle Größe bzw. Kennzahlen
```

uneingeschränkt zulässig	best. Voraussetzungen für die Anrechenbarkeit	Anrechnung durch Aufsichtsrechtliche Genehmigungen
bspw.: • gezeichnetes Kapital • Gewinn- und Kapitalrücklagen • Gewinnerwartung	bspw.: • Genussrechtskapital[1] • nachrangige Verbindlichkeiten[1]	bspw.: • stille Nettoreserven • Leben: 50 % der künftigen Überschüsse, sofern die versicherungsmathematischen Wahrscheinlichkeiten für den Eintritt von Gewinnen nachgewiesen sind[2]

abzüglich der

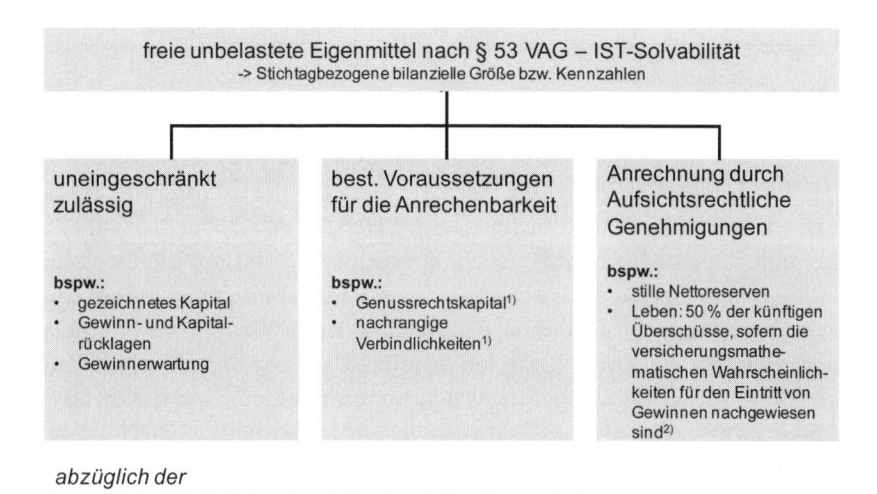

in der Bilanz ausgewiesenen immateriellen Werten

bspw.:
• aktivierte Aufwendungen zur Ingangsetzung des Geschäftsbetriebs
• aktivierte Firmen- oder Geschäftswerte

[1] Anrechnung mit max 50% der Solvabilitätsspanne
[2] Anrechnung mit max 25% der Solvabilitätsspanne

Abbildung 12 Die Bestandteile der IST-Solvabilität

Die IST-Solvabilität ermittelt sich aus der Summe aller anrechenbaren und genehmigten Positionen abzüglich der in der Bilanz ausgewiesenen Werte für aktivierte Aufwendungen zur Ingangsetzung des Geschäftsbetriebs, für aktivierte Firmen- oder Geschäftswerte,[462] für den Wert des Verlustvortrags[463] und Buchwerte „... von Beteiligungen an und von Forderungen gegenüber Kreditinstituten und anderen Finanzunternehmen im Versicherungskonzern oder

---

[462] Hartung, T. (2007), S. 215.
[463] Wagner, F. (2000), S. 413.

Finanzkonglomerat, es sei denn, das Versicherungsunternehmen wird in dieser Hinsicht beaufsichtigt."[464]

Sollten die absoluten Beträge der IST-Solvabilität unter denjenigen der SOLL-Solvabilität liegen, werden gemäß § 81 b VAG im dritten Schritt aufsichtsrechtliche Sanktionen eingeleitet. Dabei müssen VU bei einer bestehenden oder drohenden Unterschreitung der Solvabilitätsspanne der Aufsichtsbehörde einen Solvabilitätsplan (Plan zur Wiederherstellung gesunder Finanzverhältnisse) zur Genehmigung vorlegen. In diesem Fall stehen einem VU zwei Alternativen offen: es kann bspw. sein Eigenkapital erhöhen (Beeinflussung der IST-Solvabilität) oder seine SOLL-Solvabilität (weniger Risiko durch Abgabe von Geschäft an Rückversicherungsunternehmen oder den Kapitalmarkt) verringern.

Wird der Garantiefonds unterschritten, müssen VU der Aufsichtsbehörde einen Finanzierungsplan (Plan über die kurzfristige Beschaffung von Eigenmitteln) vorlegen. Dabei sind nach dem VAG lediglich Maßnahmen erlaubt, welche die IST-Solvabilität erhöhen, obwohl hier theoretisch auch Maßnahmen zur Beeinflussung der SOLL-Solvabilität möglich wären. Außerdem kann die Aufsichtsbehörde im Fall eines Finanzierungsplans einem VU die freie Verfügung über seine Vermögenswerte einschränken oder untersagen.[465]

Sollten – dieser Fall tritt in der Praxis äußerst selten auf - Mindest- und Garantiefond unterschritten werden, müssen VU sowohl einen Solvabilitäts- als auch einen Finanzierungsplan vorlegen.[466]

Falls sich die finanzielle Lage eines VU rapide verschlechtert und es somit seine Verpflichtungen aus dem Versicherungsgeschäft nicht

---
[464] Farny, D. (2006), S. 793.
[465] Farny, D. (2006), S. 783.
[466] Farny, D. (2006), S. 783.

mehr erfüllen könnte, kann die Aufsicht nach § 81 b Abs. 2 a VAG unabhängig von den oben dargestellten Maßnahmen bei unzureichender Solvabilität einen finanziellen Sanierungsplan (Plan zur Verbesserung der Finanzverhältnisse) einfordern.

Solvency I weist aus betriebswirtschaftlicher Sicht zahlreiche Mängel und Fehlerwirkungen auf.[467] HARTUNG kommt sogar zu dem Schluss, dass dieses Solvabilitätssystem „… *als unzweckmäßig abzulehnen* …"[468] sei. Eine Aufwertung des bestehenden Solvabilitätssystems durch weitere Korrekturen und Reparaturmaßnahmen ist nicht sinnvoll, weil das bestehende Solvabilitätssystem im Rahmen von S II grundlegend neugestaltet wird.[469] Deshalb konzentrieren sich die folgenden Ausführungen auf Solvency II. Hinsichtlich einer Kritik von S I sei auf die einschlägige Literatur verwiesen.[470]

6.3 Solvency II

Die derzeitigen Solvabilitätsvorschriften in Europa sind in Beziehung auf internationale und branchenübergreifende Entwicklungen veraltet. Sie lassen den Mitgliedsstaaten der Europäischen Union (EU) Spielraum für nationale Regelungen, sind nicht risikoorientiert und räumen Aufsichtsbehörden keine Möglichkeit ein, Versicherungsgruppen zu überprüfen. Deshalb wird Solvency II (S II) als zweite Stufe der Reform von Solvabilitätsvorschriften eingeführt. Das neue Solvabilitätssystem berücksichtigt Kritikpunkte an S I vor dem Hintergrund, dass VU heute einem verschärften Wettbewerbsdruck

---

[467] Farny, D. (2006), S. 798.
[468] Hartung, T. (2007), S. 217.
[469] Farny, D. (2006), S. 798.
[470] Weitere kritische Stellungnahmen zu S I finden sich bspw. in Farny, D. (2006), S. 794ff; Hartung, T. (2007), S. 205, S. 213, S. 216-217 und Wagner, F. (2000), S. 413ff.

ausgesetzt sind und ihnen immer weniger freie Finanzierungsquellen (bspw. aus den Kapitalmärkten) zur Verfügung stehen.[471]

Während S I darauf abzielte, bestehende Solvabilitätsvorschriften zu überarbeiten und zu aktualisieren, ist die Reichweite von S II weitaus größer: Es vollzieht den Wandel von einer quantitativen Betrachtung unter S I hin zur Berücksichtigung von qualitativen Elementen. Deshalb werden bei S II Vorschriften bspw. über Aktiva und Passiva, das ALM (Asset Liability Management - Kongruenz der Aktiva mit Verbindlichkeiten), die interne Kontrolle, das Risikomanagement sowie Rückversicherung berücksichtigt und in einem neuen Aufsichtsmodell zusammengeführt.[472] Weiter werden im Gegensatz zu S I nicht allein versicherungstechnische Risiken, sondern auch Kapitalanlagerisiken und operationelle Risiken betrachtet. Dadurch soll eine ökonomischere Betrachtung der zugrundeliegenden Risikolandschaft durch Bereitstellung geeigneter qualitativer und quantitativer Werkzeuge (bspw. Anforderungen an das interne Risikomanagementsystem oder Corporate Governance) erreicht werden;[473] sie erleichtern VU auf diese Weise eine zuverlässige Beurteilung ihrer Gesamtsolvabilität. Insgesamt soll ein Solvabilitätssystem entwickelt werden, das der tatsächlichen Risikosituation eines VU gerecht wird. Die Zielsetzungen von S II sind in dem Begleitdokument zum Vorschlag der Richtlinie des Europäischen Parlaments und des Rates wie folgt definiert:[474]

---

[471] Müller, H. (2004), S. 726.
[472] Müller, H. (2004), S. 724.
[473] Unter Governance versteht man übergeordnete Strukturen zur Steuerung eines Unternehmens. Sie hat das Ziel, sicherzustellen, dass alle Akteure und ihre Aktivitäten zum Erreichen der Unternehmensziele beitragen. Die Durchführung vorgegebener Prozesse wird im Unternehmen durch die Corporate Governance-Regeln sichergestellt. Diese sind als Richtlinien zur Leitung und Überwachung von Unternehmen zu verstehen. Corporate Governance legt fest, wer im Unternehmen berechtigt ist, welche Entscheidungen zu treffen. Weiter werden im Rahmen von Corporate Governance Mechanismen für die Erfolgsmessung, Kontrolle von Entscheidungen sowie deren Umsetzung im Unternehmen integriert.
[474] Europäische Kommission (2007), S. 4.

- Vertiefung der Integration des EU-Versicherungsmarktes

- Verstärkung des Schutzes von Versicherungsnehmern und Anspruchsberechtigten

- Verbesserung der internationalen Wettbewerbsfähigkeit von EU-Versicherungs- und Rückversicherungsunternehmen

- Förderung einer besseren Rechtsetzung

Es gilt, diese Ziele in einem neuen Solvabilitätssystem umzusetzen. So haben sich wichtige Institutionen gebildet, die den Prozess von S II vorantreiben. Sie werden im folgenden Abschnitt vorgestellt. Da S II voraussichtlich erst 2012 europaweit eingeführt wird, stellen die folgenden Abschnitte den aktuellen Stand[475] der Diskussion dar. Dabei werden der Zeitplan und der Gesetzgebungsprozess (Lamfalussy-Verfahren) sowie der Drei-Säulen-Ansatz von S II vorgestellt. Für Solvency II erfolgt die Rechtssetzung durch eine Rahmenrichtlinie (Directive). Diese wird in der Gesetzgebung der Mitgliedsstaaten verankert. Bei Gesetzgebungsakten der EU handelt es sich um Richtlinien oder Verordnungen. Richtlinien müssen nach einer Frist (gewöhnlich zwei Jahre) in das Recht eines jeden EU-Mitgliedsstaates umgesetzt werden. Eine Verordnung erlangt in allen EU-Ländern automatisch Gesetzeskraft, auch ohne Umsetzung.[476] 2008 wurde von der EU-Kommission ein Vorschlag zur Rahmenrichtlinie Solvabilität II (Directive Solvency II) veröffentlicht, die voraussichtlich 2009 ratifiziert werden soll. Dabei sind die Solvabilitätsvorschriften der neuen Rahmenrichtlinie Prinzipien-basiert (also als Grundsätze zu verstehen – vgl. Kapitel 2.3). Die Vorschriften der Rahmenrichtlinien werden in den Durchführungsbestimmungen (Implementing

---

[475] Stand QIS IV – CEIOPS (2008), April 2008, veröffentlicht von der CEIOPS sowie der Vorschlag der Rahmenrichtlinie vom Februar 2008.

[476] Schanté, D./Caudet, L. (2005), S. 77.

Measures) genauer spezifiziert. Zurzeit testet CEIOPS in der Versicherungswirtschaft die genaue Ausgestaltung dieser Durchführungsbestimmungen in den Quantitative Impact Studies (QIS). Deshalb erläutert Kapitel 6.4 die zur Diskussion stehende Standardformel der QIS IV, setzt sie in Bezug zum aktuellen Vorschlag der Rahmenrichtlinie und stellt ausgewählte Ergebnisse der bis dato durchgeführten QIS-Studien vor. Die endgültigen Durchführungsbestimmungen werden voraussichtlich 2010 von EU-Parlament und Rat angenommen. Die Umsetzung in nationales Recht ist bis 2012 geplant.

6.3.1 Zusammenspiel zwischen Aufsicht und Praxis

Durch die Verpflichtung des Committee of European Insurance and Occupational Pensions Supervisors (CEIOPS), die Praxis anzuhören und dieser gewisse Mitspracherechte im Rahmen des Lamfalussy-Verfahrens (vgl. Kapitel 6.3.1.1) zu gewähren, haben sich wichtige Gruppen im Rahmen des Entstehungsprozesses von S II herauskristallisiert. Die wichtigsten Vertreter auf regulatorischer Ebene sowie aus der Praxis finden sich in der folgenden Abbildung und werden in den nächsten beiden Abschnitten vorgestellt.

Anforderungen der Aufsicht 153

```
                    Internationale Beteiligung bspw. durch IASB, IAA, IAIS

        EU-Rat                                    EU-Parlament
           └──────────────────────┬───────────────────┘
                                  ▼
                            EU-Kommission
                                  │
                                  ▼
                         EU-Versicherungsausschuss
                                (EIOPC)

        CEIOPS  ⇔              Consultative Panel
                          (MPCP: Market Participipants Consultative Panel)

    Säule I           Säule I
    Säule II          Säule II      Groupe Consultatif      Comité Européen des
    Säule III         Säule III            (GC)             Assurances (CEA)
    interne           interne
    Modelle           Modelle
                                              CRO-Forum
    Groups etc.       Groups etc.
```

▒ regulatorische Ebene
☐ Beteiligung der Praxis

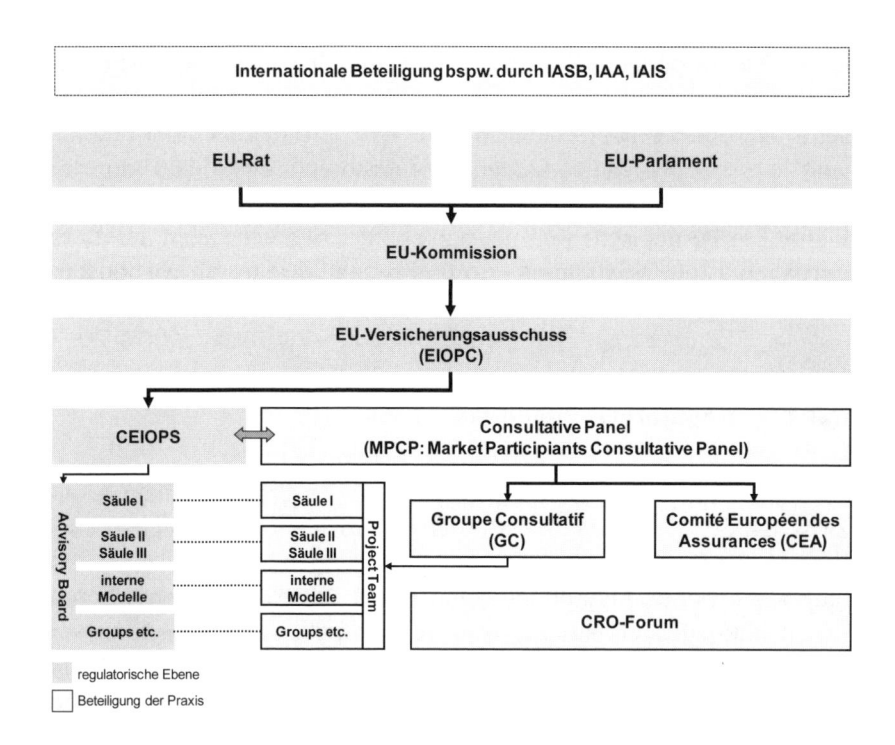

Abbildung 13 Die wichtigsten Beteiligten an Solvency II[477]

Auf internationaler Ebene übt auch das International Accounting Standards Board (IASB) Einfluss auf die Aufsichtssysteme aus. Es erlässt Standards zur Finanzberichterstattung und Rechnungslegung, die bei der Entwicklung von S II berücksichtigt werden. Die nationalen Versicherungsaufsichten beziehen sich darauf.[478] Auch der Berufsverband der Versicherungsmathematiker, die International Actuarial Association (IAA), genießt internationales Ansehen. Diese wird über die International Association of Insurance Supervisors (IAIS) von nationalen Behörden um Unterstützung bei aktuel-

---

[477] in Anlehnung an Stölting, R./Almus, M./Frey, C. (2004b), S. 1.
[478] Meyer, L. (2005), S. 100.

len Projekten gebeten. So brachte die IAA bspw. 2004 ein richtungsweisendes Papier „A Global Framework for Insurer Solvency Assessment" in die Diskussion um S II ein.[479] Die IAIS vertritt weltweit die nationalen Versicherungsaufsichten (etwa 100 an der Zahl). Die IAIS erstellt Versicherungsgrundsätze, Normen und Leitfäden. Die Europäische Kommission bezieht sich wiederum auf diese Vorgaben.[480] In den folgenden Abschnitten werden die wichtigsten Institutionen auf europäischer Ebene vorgestellt.

6.3.1.1 Regulatorische Ebene

In der Europäischen Union (EU) ist die gesetzgeberische Gewalt zwischen der Vertretung der Bürger der EU, dem Europäischen Parlament, und der Vertretung der Regierungen, dem EU-Rat, als gleichberechtigte Institutionen aufgeteilt. Beide Instanzen werden im Rahmen des Mitentscheidungsverfahrens[481] über die Rahmenrichtlinie von S II entscheiden. An den Sitzungen des EU-Rates nimmt je ein Minister entsprechend den Themen der Tagesordnung teil. Dabei ist der Rat der Wirtschafts- und Finanzminister für S II zuständig und entscheidet mit einer qualifizierten Stimmenmehrheit über den Fortgang von S II. Das EU-Parlament kann durch eine absolute Mehrheit vorgeschlagene Rechtsvorschriften des EU-Rates oder der EU-Kommission zurückweisen. In diesem Fall wird die Angelegenheit einem Vermittlungsausschuss vorgelegt. Das EU-Parlament verfügt über mehrere Ausschüsse, die Vorarbeiten für

---

[479] Boller, H. P./Hummel, C. (2005), S. 284-285; IAA (2004).
[480] Kawai, Y. (2005), S. 86.
[481] Bei dem Mitentscheidungsverfahren (Kodezisionsverfahren) handelt es sich um das wichtigste Gesetzgebungsverfahren der Europäischen Gemeinschaft. Dabei hat die Europäische Kommission das Initiativrecht und schlägt einen Rechtsakt vor. EU-Parlament und EU-Rat entscheiden in maximal drei Lesungen, ob der Rechtsakt gescheitert (EU-Rat oder EU-Parlament stimmen dagegen) oder angenommen ist. Während des gesamten Verfahrens kann es zu einem informellen Trilog, also zu Beratungen zwischen dem Ratspräsidenten, Mitgliedern des EU-Parlaments und des EU-Rates kommen.

Plenarsitzungen leisten. Im Rahmen von S II übernimmt der Ausschuss für Wirtschaft und Währung die Führungsrolle, die Ausschüsse für Binnenmarkt und Verbraucherschutz sowie der Rechtsausschuss sind ebenfalls an der Ausarbeitung beteiligt.[482]

Die Europäische Kommission (EuK) handelt politisch unabhängig und wahrt das Interesse der EU in ihrer Gesamtheit und nicht dasjenige der einzelnen Mitgliedsländer. Dabei wird sie von einem Beamtenapparat unterstützt, der sich aus mehr als 30 Generaldirektionen und Dienststellen zusammensetzt. Für die Versicherungswirtschaft ist die Generaldirektion Binnenmarkt zuständig. Sie hat die Aufgabe, Vorschläge für die Rahmenrichtlinie von S II auszuarbeiten und die Ausschussarbeit zu koordinieren. Als einzige Institution mit dem Recht, der EU neue Rechtsvorschriften vorzuschlagen, initiiert die EuK Solvency II. Auch gewährleistet sie die Umsetzung des Projekts nach seinem Abschluss.[483]

Das European Insurance and Occupational Pensions Committee (EIOPC) ist das Gremium der Regulierungsbehörden aller Mitgliedsstaaten. Es besitzt das Monopol auf Regulierungsinitiativen im Bereich S II. Darüber hinaus erörtert es Durchführungsbestimmungen von S II, die auf Vorschlägen der EU-Kommission beruhen. Die EIOPC unterstützt die EU-Kommission, indem sie Vorschläge zu Durchführungsbestimmungen annimmt, und tritt somit an die Stelle des früheren Versicherungsausschusses, der eine Einrichtung für regulierende und gesetzgeberische Maßnahmen vor der Gründung der EIOPC darstellte.[484]

Das Committee of European Insurance and Occupational Pensions Supervisors (CEIOPS) besteht aus hochrangigen Vertretern der EU-

---

[482] Schanté, D./Caudet, L. (2005), S. 77.
[483] Schanté, D./Caudet, L. (2005), S. 76.
[484] Schanté, D./Caudet, L. (2005), S. 77-78.

Aufsichtsbehörden für Versicherung und betriebliche Altersversorgung und Vertretern von Behörden der Mitgliedsstaaten des EU-Wirtschaftsraums. Die CEIOPS besteht aus acht Arbeitsgruppen,[485] von denen vier in die Entwicklung von S II einbezogen sind:[486] Arbeitsgruppe 1 (Financial Requirements Expert Group),[487] beschäftigt sich mit Säule I. Sie untersucht Eigenmittelanforderungen, Bestimmungen für die Kalkulation der versicherungstechnischen Rückstellungen und Berechnungsansätze durch die Standardformel. Dabei berücksichtigt sie Aspekte wie bspw. die adäquate Bestimmung der Sicherheitsmargen oder die Behandlung von statistischen Parametern (bspw. Langlebigkeit), die sich aus künftigen Veränderungen durch S II ergeben. In dieser Gruppe werden auch Details zu den Feldstudien, die so genannten QIS - Quantitative Impact Studies - entwickelt (z. Zt. QIS IV Task Force). Die Säulen II und III werden von der Arbeitsgruppe 2 (Internal Governance, Review and Reporting Expert Group) betreut. Sie stellt u. a. Beziehungen zwischen S II und der Rechnungslegung (IFRS) her, arbeitet an Offenlegungsvorschriften oder qualitativen Anforderungen an VU. Arbeitsgruppe 3 (Internal Models Expert Group) fokussiert sich auf die Entwicklung der Standards für interne Modelle im Rahmen von S II. Arbeitsgruppe 4 (Insurance Groups Supervision Committee) konzentriert sich auf (Versicherungs-)Sektor-übergreifende Fragen wie bspw. die Gruppensolvabilität oder die Erarbeitung von Vorschlägen zur Verminderung der Aufsichtsarbitrage.[488]

---

[485] Die Mandate sowie die Beschreibungen der Arbeitsgruppen finden sich unter www.CEIOPS.eu.
[486] Die anderen vier Arbeitsgruppen der CEIPOS sind: das Committee on Consumer Protection, das Occupational Pensions Committee, das Financial Stability Committee sowie das Convergence Committee.
[487] Ursprünglich arbeiteten fünf Arbeitsgruppen an der Entwicklung von S II. In 2005 wurden Gruppe 1 für Nicht-Leben und Gruppe 2 für Leben zusammengefasst. Weiter wurden aus allen Gruppen alle Aspekte, die die internen Modelle betreffen, ausgegliedert und in einer eigenen Gruppe berücksichtigt.
[488] Unter Arbitrage versteht man den Handel bei Preisungleichheiten für identische Handlungsalternativen in verschiedenen Märkten. Deshalb versteht man unter Aufsichtsarbitrage den Wechsel eines VU in ein anderes Land bei gleich bleibendem Risiko und Geschäft, um dort günstigeren aufsichtsrechtlichen Regelungen zu unterliegen. In der Praxis nutzen dieses Phänomen die sog. Bermuda VU, die ihren

Diese vier Arbeitsgruppen liefern CEIOPS technisches Wissen zu einer Reihe von Fragen (Calls for Advice),[489] die weitere Diskussionen erfordern, ehe die EU-Kommission ihre Arbeit an der Rahmenrichtlinie fortsetzen kann. Die CEIOPS-Beschlüsse sollten im Prinzip von allen Ausschussmitgliedern einstimmig angenommen werden. Eine Ausnahme stellen Empfehlungen an die EU-Kommission dar. Zwar strebt CEIOPS auch hier Einstimmigkeit an, eine qualifizierende Mehrheit würde jedoch ausreichen. Zwei Aufgaben sind von CEIOPS zu bewältigen: Zum einen arbeitet sie an Auslegungsempfehlungen für Leitlinien, um eine einheitliche Durchführung und Anwendung der EU-Rechtsvorschriften zu erreichen. Zum anderen berät sie die EU-Kommission in technischen Fragen. Dabei entscheidet CEIOPS als unabhängige Einrichtung frei über die Art und Weise, in der sie die Anforderungen der EU-Kommission erfüllt. Sie ist jedoch verpflichtet, die Betroffenen (Versicherer, Anleger und Verbraucher) anzuhören. Die EU-Kommission erhält regelmäßig Lageberichte und Empfehlungen von CEIOPS, die die EU-Kommission in ihren Vorschlägen für S II berücksichtigt. Dem EU-Parlament wurde das Recht zuerkannt, eine Stellungnahme zum Vorschlag der Rahmenrichtlinie abzugeben.[490] Abschließend legt die EU-Kommission ihren Vorschlag dem Parlament und dem Rat vor, die darüber abstimmen.[491]

Firmensitz bewusst auf den Bermudas gewählt haben, da sie dort sehr günstige aufsichtsrechtliche und steuerrechtliche Bedingungen vorfinden.

[489] Ein Call for Advice ist eine von einer regulatorischen Instanz (bspw. einer Aufsichtsbehörde) ausgesprochene Einladung an die zu Beaufsichtigenden (bspw. Versicherungen), bei der Erarbeitung neuer aufsichtsrechtlicher Bestimmungen mitzuwirken. Diese können durch Stellungnahmen Einfluss auf den weiteren regulatorischen Prozess nehmen. Durch den Call for Advice soll erreicht werden, dass aufsichtsrechtliche Vorschriften praxisnah sind und von den Beaufsichtigten als sinnvoll erachtet werden.

[490] Schanté, D./Caudet, L. (2005), S. 78-79.
[491] Schanté, D./Caudet, L. (2005), S. 76.

Anforderungen der Aufsicht　　　　　　　　　　　　　　　　　　158

6.3.1.2 Beteiligung der Praxis

Aufgrund der Verpflichtung der CEIOPS, Vertreter der Branche anzuhören, spielen einige Gruppen aus der Versicherungswirtschaft oder deren Interessenverbände eine bedeutende Rolle bei den Beratungen für S II. Dadurch soll der Entstehungsprozess von S II offen und transparent ablaufen. Im Folgenden werden die wichtigsten Gruppierungen vorgestellt.

Das Market Participants Consultative Panel (MPCP), auch Consultative Panel genannt, ist ein beratendes Gremium, das die Arbeit der CEIOPS-Arbeitsgruppen überprüft. Es setzt sich aus berufenen Mitgliedern der Organisationen und Vereinigungen zusammen, die von Solvabilitätsvorschriften betroffen sind.[492] Das Panel soll sicherstellen, dass Marktteilnehmer ausreichend konsultiert und Prioritäten richtig gesetzt werden.[493] Das MPCP führt dabei einen intensiven Dialog mit der europäischen Aktuarsvereinigung und den Interessensvertretern aus der Versicherungswirtschaft. Die Groupe Consultatif (GC)[494] vertritt die europäischen Aktuarsvereinigungen und wurde von der EU-Kommission eingeladen, die CEIOPS insbesondere bei aktuariellen Fragestellungen zu unterstützen. Dafür hat GC ebenfalls vier Arbeitsgruppen gebildet, die exakt denen der CEIOPS entsprechen. Das Comité Européen des Assurances (CEA)[495] unterstützt die Arbeiten an einem angemessenen Regelungsrahmen für S II. Es vertritt die Anliegen der Branche[496] gegenüber den Institutio-

---

[492] Stölting, R./Almus, M./Frey, C. (2004a), S. 1.
[493] Schubert, T. (2005), S. 42.
[494] ihm gehören bspw. der DAV oder das Institute of Actuaries an.
[495] ihm gehören bspw. der GDV, die FFSA oder die ABI an.
[496] Im CEA stimmen kleine, mittelgroße und große Versicherer und Rückversicherer (Leben und Nicht-Leben) aus 33 Ländern (mehr als 5.000 Unternehmen) ihre Interessen aufeinander ab. Auf die nationalen Mitgliedsverbände (bspw. in Deutschland der GDV) fallen über 93 % des inländischen Versicherungsgeschäfts. Diese VU haben ein Gesamtbeitragsaufkommen von 927 Milliarden €, beschäftigen mehr als 1 Million Mitarbeiter und investieren 5.800 Milliarden € in die Wirtschaft (Schanté, D./Caudet, L. (2005), S. 81).

nen der EU und den internationalen Regulierungs- und Aufsichtsbehörden[497] und auch die Anliegen der Interessengruppen im Entwicklungsprozess von S II.[498] Unter anderem hat das CEA eine Arbeitsgruppe gebildet, die dafür zuständig ist, Antworten der nationalen Industrievereinigungen zu Veröffentlichungen der EU-Kommission zu sammeln und diese in aggregierter Form an die CEIOPS weiterzuleiten.[499] Diese Arbeitsgruppe setzt sich aus Experten der nationalen Versicherungsverbände und der führenden europäischen VU zusammen. Darüber hinaus nimmt auch das Chief Risk Officer Forum (CRO-Forum), in dem sich die Chief Risk Officers der großen europäischen VU und Finanzkonglomerate zusammengeschlossen haben, eine bedeutende Rolle ein. Das CRO-Forum ist eine Fachvereinigung, die sich auf die Entwicklung und Förderung branchenweiter Best Practices im Risikomanagement konzentriert.[500] Dabei versucht diese Fachvereinigung auf die Entwicklung von Solvency II im Sinne der VU Einfluss zu nehmen. Die EuK und CEIOPS sehen in dem CRO-Forum einen wichtigen und kompetenten Ansprechpartner, dessen Mitglieder über interne Modelle verfügen, die unter S II zum Einsatz kommen werden. So führte das CRO-Forum parallel zu QIS III eine Benchmark-Studie durch, in der die Ergebnisse aus QIS III mit internen Modellen verglichen werden. Diese Studien werden auch für QIS IV durchgeführt.[501]

Das Zusammenwirken dieser einzelnen Akteure im Rahmen des Lamfalussy-Verfahrens sowie der Zeitplan für die Entwicklung von S II werden in den folgenden beiden Abschnitten behandelt.

---

[497] bspw. hat das CEA einen Beobachterstatus in der IAIS mit dem Recht auf Stellungnahmen.
[498] Schanté, D./Caudet, L. (2005), S. 81.
[499] Stölting, R./Almus, M./Frey, C. (2004a), S. 3.
[500] CRO (2005), S.2.
[501] Münchener Rück (2008b), S. 4.

6.3.2 Gesetzgebungsprozess

Das Projekt S II wurde in zwei Phasen aufgeteilt und hat folgenden Zeitplan:

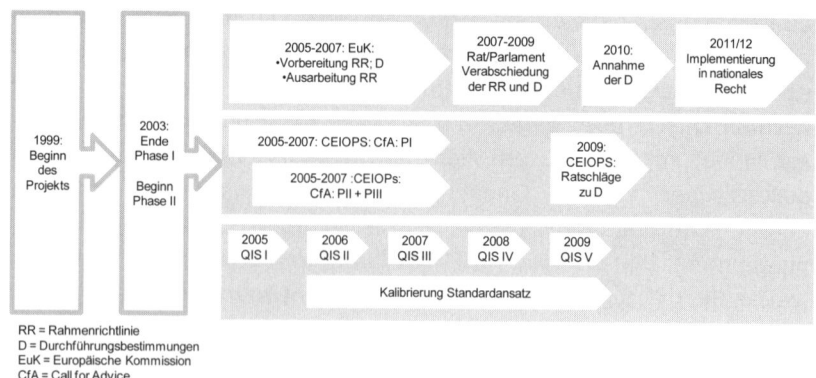

1999: Beginn des Projekts	2003: Ende Phase I Beginn Phase II	2005-2007: EuK: •Vorbereitung RR; D •Ausarbeitung RR	2007-2009 Rat/Parlament Verabschiedung der RR und D	2010: Annahme der D	2011/12 Implementierung in nationales Recht
		2005-2007: CEIOPS: CfA: PI		2009: CEIOPS: Ratschläge zu D	
		2005-2007 :CEIOPs: CfA: PII + PIII			
		2005 QIS I	2006 QIS II	2007 QIS III	2008 QIS IV	2009 QIS V
			Kalibrierung Standardansatz		

RR = Rahmenrichtlinie
D = Durchführungsbestimmungen
EuK = Europäische Kommission
CfA = Call for Advice
Rat/Par = EU-Rat; EU-Parlament
QIS = Quantitative Impact Study
P = Pillar (Säulen von S II)

Abbildung 14 Zeitplan Solvency II

Nach dem Start des Projekts 1999 gilt die Phase I von S II seit 2003 als abgeschlossen.[502] Sie beinhaltet eine systematische Erfassung des Status Quo in den Bereichen Risikomessung und Eigenkapitalunterlegung (wie bspw. RBC-Modelle, Basel II und die Verbindung zwischen Jahresabschlüssen und interner Rechnungslegung). Diese Bestandsaufnahme sollte ein zukünftiges Solvabilitätssystem ermöglichen.[503] 2001 wurde, um eine Diskussionsgrundlage zu schaffen, eine Studie bei der KPMG in Auftrag gegeben mit dem Ziel, relevante Methoden zur Beurteilung der Finanzlage von VU aus

---

[502] Die erste Phase wurde durch das abschließende Dokument „Solvency II - Reflections on the general outline of a framework directive and mandates for technical work" definiert. Dieses Dokument bestätigt die Definitionen der Rahmenbedingungen vorangegangener Papiere. Europäische Kommission (2003b).
[503] Hartung, T. (2007), S. 306; Müller, H. (2004), S. 765.

Sicht der Versicherungsaufsicht zu strukturieren.[504] Die KPMG[505] schlug in Anlehnung an das Basel II-Konzept eine Beaufsichtigung vor, die sowohl quantitativen Eigenkapitalanforderungen als auch qualitativen Aufsichtsmerkmalen (bspw. Qualität des Managements oder Gestaltung der internen Risikokontrolle) und einer marktadäquaten Transparenz entspricht. Auch legte sie der EU-Kommission ein in der Bankenaufsicht verfolgtes Ziel nahe, nämlich ökonomische und regulatorische Kapitalanforderungen einander anzunähern.[506] Das zentrale Ergebnis aus Phase I war die Erkenntnis, dass ein Modell mit drei Säulen - analog Basel II - geschaffen werden sollte.[507]

Phase II[508] soll Einzelheiten des zu implementierenden Systems festlegen. Sie beinhaltet Solvabilitätsgrundsätze, -standards und -leitlinien. Die parallel zur zweiten Phase laufenden Arbeiten der IAIS, des IASB) und die Mitarbeit der IAA werden dort ebenfalls einbezogen.[509] Weiterhin ist geplant, in Phase II einen allgemeinen Rechtsrahmen durch eine Richtlinie zu schaffen, die durch technische Durchführungsbestimmungen (Implementing Measures) ergänzt werden soll. Voraussetzung dafür waren die Calls for Advice, die die EU-Kommission in drei Wellen (2005-2006) von Konsultationsersuchen an die CEIOPS gerichtet hatte. Ziel dieser Anfragen war, verschiedene Aspekte des Solvenzsystems näher zu beleuchten. Dabei bezog sich die erste Anfragewelle auf den Aufsichtspro-

---

[504] Die Studie wurde im Mai 2002 unter dem Titel "*Study into the methodologies to assess the overall financial position of an insurance undertaking from the perspective of prudential supervision*" von der KPMG Deutsche Treuhand-Gesellschaft veröffentlicht. KPMG (2002).
[505] Die Abkürzung KPMG steht für die Gründer der Gesellschaft Klynveld Peat Marwick und Goerdeler.
[506] Hartung, T. (2007), S. 307.
[507] Müller, H. (2004), S. 765.
[508] Mit dem EU-Diskussionspapier „*Effective implementation and enforcement of legislation affecting the insurance sector*" wurde der Grundstein für Phase II gelegt. Europäische Kommission (2003a).
[509] Müller, H. (2004), S. 765.

zess der Säule I, die zweite auf Themen, die Säule I und II betrafen und die dritte auf noch offene Themen zu S II.

Der Gesetzgebungsprozess wird im Lamfalussy-Verfahren (Komitologieverfahren) erarbeitet. Es bezieht CEIOPS und Marktteilnehmer an Hand von Konsultationen in diesen Prozess ein. Das Lamfalussy-Verfahren ist benannt nach Baron Alexandre Lamfalussy, der dem „Ausschuss der Weisen" vorsaß. Dieser Ausschuss erstellte den sog. Lamfalussy-Bericht zur Verbesserung der Rahmenbedingungen für Finanzmärkte.[510] Das Verfahren selbst wurde zuerst bei der Wertpapier-Gesetzgebung angewendet. Jetzt wird es für S II auf den Versicherungssektor übertragen. Das Lamfalussy-Verfahren („New Multi-Pillar Regulatory Architecture") stellt das Gesetzgebungsverfahren von S II dar und beschreibt somit das Projektmanagement der EU-Kommission.[511] Es verfolgt die Ziele:[512]

- Verbesserung des komplexen und langwierigen regulären EU-Gesetzgebungsprozesses

- Steigerung der Effizienz der Gesetzgebung

- raschere Anpassung der rechtlichen Rahmenbedingungen an die aktuelle Entwicklung der Märkte

- Beschleunigung der Gesetzgebung durch Verlagerung auf nachgeordnete Entscheidungsebenen

- Transparenz gegenüber den Marktteilnehmern einschließlich ihrer Einbindung durch Anhörung und Beratung

---

[510] Wandt, M. (2007), S. 473. Der Bericht findet sich in dem Dokument: „Final Report of the Committee of wise men on the regulation of European Securities Markets" - Committee of wiese man (2003).
[511] Grießmann, G./Schubert, T. (2003), S. 1800.
[512] Wandt, M. (2007), S. 473; Grießmann, G./Schubert, T. (2003), S. 1800.

EU-Parlament und EU-Rat entscheiden beim Lamfalussy-Verfahren über grundsätzliche Bestimmungen und Richtlinien von S II. Die Regelung der technischen Durchführung (Entscheidungen über die technischen Details) wird auf die EU-Kommission übertragen. Damit werden EU-Parlament und EU-Rat entlastet, weil technische Details nicht mehr auf Parlamentsebene, sondern auf Kommissionsebene entschieden werden.[513]

Das Lamfalussy-Verfahren ist vierstufig aufgebaut. Auf Level 1 (Basisrecht) werden Gesetzgebungsakte (Rahmenrichtlinien) unter Federführung der EU-Kommission ausgearbeitet und im Mitentscheidungsverfahren von EU-Rat und EU-Parlament angenommen. CEIOPS unterstützt die EU-Kommission maßgeblich bei der Erstellung des Richtlinien-Vorschlags und nimmt Stellung zu gezielten Fragen der EU-Kommission im Rahmen der Calls for Advice. Die EU-Gesetzesorgane legen übergreifende Prinzipien für S II in der politischen Rahmengesetzgebung durch die Verabschiedung einer Rahmenrichtlinie fest. Weiterhin grenzen sie Art und Umfang der zu beschließenden Durchführungsbestimmungen ein.[514] Der Erlass technischer und detaillierter Durchführungsbestimmungen erfolgt durch EIOPC.[515] Sie entwickelt - nach Rücksprache mit CEIOPS - auf Level 2 Durchführungsbestimmungen, auch Durchführungsmaßnahmen genannt. Technische Details der Durchführungsbestimmungen werden auf Level 3 (Beratung durch Expertenausschüsse) von CEIOPS diskutiert. Auf dieser Stufe wird das Gesetz lediglich vorbereitet, es ist noch nicht verbindlich. Neben Beratung und Unterstützung der Kommission arbeiten Expertenausschüsse an einer konsistenten Umsetzung der europäischen Rechtsakte, der Angleichung der aufsichtsrechtlichen Praxis und einem grenzüber-

---

[513] Hartung, T. (2007), S. 307-308.
[514] Schanté, D./Caudet, L. (2005), S. 75.
[515] Weitere Fachausschüsse sind der Europäische Bankenausschuss (EBC), der Europäische Wertpapierausschuss (ESC) sowie der Finanzkonglomerateausschuss für Fragen der Beaufsichtigung Sektor-übergreifender Konzerne (EFCC).

schreitenden Informationsaustausch zwischen Aufsichtsbehörden.[516] Bei der Ausarbeitung der Auslegungsempfehlungen und Leitlinien kooperiert die CEIOPS eng mit den Marktteilnehmern (bspw. GC oder MPCP). Damit soll auf Level 3 des Lamfalussy-Verfahrens eine einheitliche Durchführung und Auslegung von S II gewährleistet werden.[517] Auf Level 3 werden unverbindliche Modellregelungen entwickelt. Dabei können die Mitgliedsstaaten - im Falle eines starken Abweichens nationaler Rechtsordnungen - jeweils eigenständige Abwandlungen des Mustermodells entwickeln und in die Diskussion einbringen. Durch Evaluierung im Rahmen der QIS-Studien kann so eine Standardformel entwickelt werden, die auf Level 2 (Durchführungsbestimmungen) und Level 1 (Basisrecht) in geltendes Recht umgesetzt wird.[518] Auf Level 4 (Beobachtung) überwacht die EU-Kommission Durchführung und Einhaltung der Richtlinien von S II in intensiver Zusammenarbeit mit den Mitgliedsstaaten, den Regulierungsbehörden aus Level 3 und dem privaten Sektor mit dem Ziel, eine einheitliche Anwendung des Gemeinschaftsrechts zu erreichen.[519] Das Lamfalussy-Verfahren lässt sich wie folgt darstellen:

Level 1: Rahmengesetzgebung (Rahmenrichtlinie)	EU-Rat, Parlament, Kommission
Level 2: Abstimmung der Durchführungsbestimmungen	EIOPC
Level 3: Entwicklung Leitlinien; nationale Umsetzung	CEIOPS; MPCP
Level 4: Überwachung der Einhaltung der EU-Rechtsvorschriften	EU-Kommission; CEIOPS

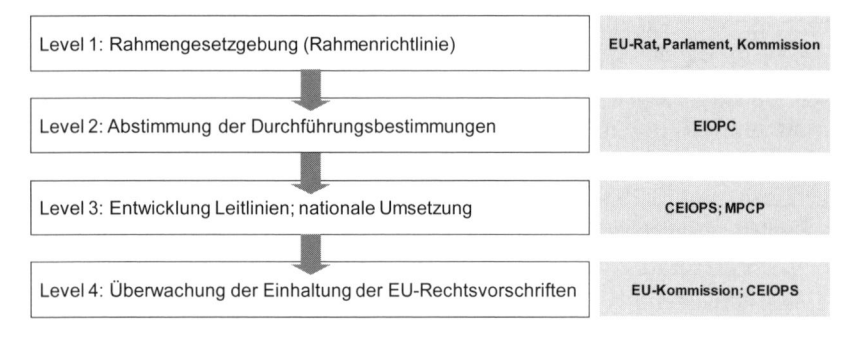

Abbildung 15 Das Lamfalussy-Verfahren

---

[516] Wandt, M. (2007), S. 473.
[517] Swiss Re (2006), S. 13; Schanté, D./Caudet, L. (2005), S. 75.
[518] Wandt, M. (2007), S. 473
[519] Wandt, M. (2007), S. 473.

Nach Verabschiedung der Rahmenrichtlinie durch EU-Rat und Parlament kann eine noch feinere Kalibrierung der Standardformel aus Säule I von S II im Rahmen der Durchführungsbestimmungen stattfinden. Bis 2012 soll zuletzt die Implementierung von S II in nationales Recht erfolgen. Der aktuelle Stand und die Inhalte des Drei-Säulen-Ansatzes werden im folgenden Abschnitt vorgestellt.

6.3.3 Drei-Säulen-Ansatz

Das zentrale Ziel von S II ist eine grundlegende Reform des Aufsichtssystems in der EU und dessen Eigenmittelanforderungen. In Analogie zu dem im Bankenbereich entwickelten Basel II (B II) wird ein Drei-Säulen-Ansatz vorgeschlagen,[520] vgl. folgende Abbildung:

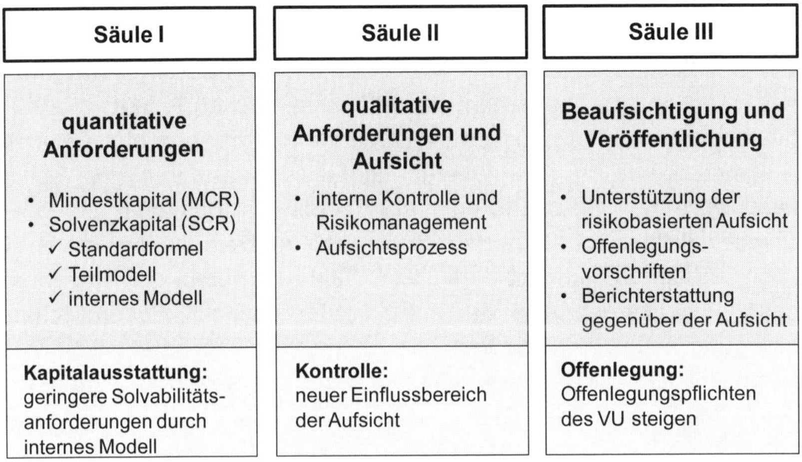

Säule I	Säule II	Säule III
quantitative Anforderungen	**qualitative Anforderungen und Aufsicht**	**Beaufsichtigung und Veröffentlichung**
• Mindestkapital (MCR) • Solvenzkapital (SCR) ✓ Standardformel ✓ Teilmodell ✓ internes Modell	• interne Kontrolle und Risikomanagement • Aufsichtsprozess	• Unterstützung der risikobasierten Aufsicht • Offenlegungsvorschriften • Berichterstattung gegenüber der Aufsicht
Kapitalausstattung: geringere Solvabilitätsanforderungen durch internes Modell	**Kontrolle:** neuer Einflussbereich der Aufsicht	**Offenlegung:** Offenlegungspflichten des VU steigen

Abbildung 16 Die drei Säulen von Solvency II[521]

---

[520] Wilkens, K. (2004), S. 1308.
[521] in Anlehnung an Rockel, W./Helten, E./Loy, H./Ott, P. (2007), S. 351 und Romeike, F./Müller-Reichart, M. (2008), S. 134.

Diese drei Säulen werden in den folgenden Abschnitten vorgestellt. Kapitel 6.4 stellt die momentan diskutierte Standardformel für die zukünftig vorgeschriebene Kapitalausstattung der Säule I vor. Sie wird z. Zt. in den QIS-Studien getestet.

6.3.3.1 Säule I: Quantitative Anforderungen

In Säule I wird die Risikolage eines VU quantitativ beurteilt. Dort werden Vorgaben für Solvenzkapitalanforderungen (SCR) und Mindestkapitalanforderungen (MCR) definiert[522] und Grundlagen (wie bspw. der Ansatz der versicherungstechnischen Rückstellungen und die Bestimmung der anrechnungsfähigen Eigenmittel) zur Aufstellung einer Solvenzbilanz gelegt. Weil diese Säule die Standardformel beinhaltet, wird sie derzeit am intensivsten diskutiert. Die Vorgaben zur Finanzausstattung eines VU haben das Ziel, alle Risiken aus der Geschäftätigkeit zu erfassen. Dies soll durch einen ganzheitlichen Ansatz geschehen, der alle wesentlichen Risiken der Aktiv- und Passivseite neu bewertet und zu einem integrierten Modell zusammenführt.[523] Voraussetzung dafür ist, dass sich das Risiko jedes einzelnen Geschäfts oder aber zumindest dasjenige entsprechender Teilbereiche ermitteln lässt. Eine zentrale Neuerung von S II gegenüber S I besteht darin, dass Säule I - neben der Aufnahme neuer Risikokategorien - durch die Forderung nach Eigenmittelunterlegung einen direkten Bezug zu seinen Risiken herstellt.[524] Dadurch soll ein aktives Risikomanagement als wesentliche Komponente des Insolvenzschutzes geschaffen werden.[525]

In Säule I können VU die aufsichtsrechtlichen Solvenzkapitalanforderungen auf dreierlei Arten erfüllen. Zum einen durch ein vom VU

---

[522] MCR und SCR werden in Kapitel 6.4 definiert.
[523] Grießmann, G./Schubert, T. (2004a), S. 1401.
[524] Pfeifer, U. (2005), S. 1558.
[525] Knauth, K. W./Schubert, T. (2003), S. 902.

selbst entwickeltes internes Modell, zum anderen durch ein Teilmodell, das bestimmte Risikoklassen innerhalb der Standardformel unternehmensspezifisch modelliert, oder auch durch eine Standardformel, die S II vorgibt. S II stellt an diese Modelle Grundanforderungen wie bspw. die Einbeziehung von Risikoklassen (versicherungstechnisches Risiko, Marktrisiko, Kreditrisiko, operationelles Risiko), die mit einem Value at Risk von 99,5 % modelliert werden. Weiter fordert es die unbedingte Einhaltung der Mindestkapitalanforderung (MCR) sowie die Ermittlung der Solvenzkapitalanforderungen (SCR). Das MCR stellt die Finanzmittel dar, die zur Aufrechterhaltung des Geschäftsbetriebs eines VU unbedingt notwendig sind. Wenn sich das SCR dem MCR annähert, löst dies aufsichtsrechtliche Sanktionen aus. Wird das MCR unterschritten, hat dies die Einstellung des Neugeschäfts eines VU oder den Entzug der Zulassung zum Geschäftsbetrieb zur Folge.[526] Das SCR bildet die aus ökonomischer Sicht erforderlichen Solvenzmittel für einen geregelten Geschäftsablauf ab.[527]

Interne Modelle können einen Wettbewerbsvorteil für VU darstellen, weil sie aufgrund der präziseren Kenntnis der Risikolage weniger konservativ kalibrieren als die Standardformel. Dies könnte zu einer geringeren Eigenmittelunterlegung und zu geringeren Eigenkapitalkosten führen. Folglich könnten VU ihr Geschäft erweitern.[528] Die aufsichtsrechtliche Steuerung der unternehmensindividuellen Risikomodelle dürfte das Zusammenwachsen von internem und externem Risikomanagement fördern.[529]

Die Zulassung eines Standardmodells soll vermeiden, dass kleine und mittlere VU (KMVU) durch die Komplexität interner Modelle und deren Kapitalanforderungen überfordert werden. Auf diese Weise

---

[526] Schubert, T. (2005), S. 38.
[527] Hartung, T. (2007), S. 311.
[528] Pfeifer, U. (2005), S. 1558.
[529] Knauth, K. W./Schubert, T. (2003), S. 902.

wird ihnen bester Insolvenzschutz ermöglicht.[530] Für die Standardformel gab es bereits richtungsweisende Vorschläge wie das Modell der IAA, das GDV-Modell und weitere Modelle aus den Niederlanden, Großbritannien und der Schweiz. Der CEIOPS-Ansatz berücksichtigte diese Modelle. CEIOPS entwickelte eine Standardformel, die im Rahmen der QIS-Studien getestet wird.

6.3.3.2 Säule II: Qualitative Anforderungen und Aufsicht

Die zweite Säule (aufsichtsrechtliche Überprüfungsverfahren oder qualitative Aufsichtsmittel) umfasst qualitative Vorgaben, etwa welche Standards VU bei ihrer Kapitalanlagepolitik oder in ihren Risikomanagementsystemen erfüllen müssen sowie Anforderungen an aufsichtsrechtliche Verfahren und Prozesse im Rahmen der Aufsicht.

Säule II[531] leitet sich von dem aufsichtsrechtlichen Überprüfungsverfahren (Supervisory Review Process) der überarbeiteten Rahmenvereinbarungen für die Eigenkapitalausstattung des Basler Ausschusses für Banken ab. Es handelte sich bei seiner Implementierung um ein Novum für Kreditinstitute (KI): Jetzt wird von KI eine stärkere Fokussierung auf qualitative Anforderungen erwartet. Sie sind neben den quantitativ geprägten Vorgaben zu erfüllen. Dabei versucht der Basler Ausschuss die Banken anzuregen, ihre internen Risikomess- und Managementverfahren weiterzuentwickeln.[532] Das Ziel der Harmonisierung des Aufsichtsprozesses, insbesondere eines koordinierten Ablaufs in Krisenzeiten (auch zwischen Finanzintermediären), wird ebenfalls in Säule II verfolgt. Darin soll ein harmonisiertes aufsichtsrechtliches Prüf- und Kontrollverfahren installiert werden, das VU dazu bewegt, die Grundsätze eines umfassenden

---

[530] Grießmann, G./Schubert, T. (2004a), S. 1401.
[531] Eine kritische Diskussion über Säule II findet sich bspw. in Hartung, T. (2005), S. 53-70.
[532] Hartung, T. (2005), S. 57.

Risikomanagements einzuhalten.[533] Die diskutierten Komponenten der aufsichtsrechtlichen Überprüfungsverfahren lassen sich nach HARTUNG in drei Kategorien einteilen:[534]

- Anforderungen an VU

- Überwachung der VU durch Aufsichtsinstanzen

- Anforderungen an Aufsichtsbehörden

Ihre Anforderungen an VU ermöglichen Aufsichtsbehörden, die Wirksamkeit der Risikomanagementsysteme und der internen Kontrollen abzuschätzen. Dabei werden auch Risiken, die in Säule I, nicht quantifizierbar sind, in Säule II qualitativ beurteilt,[535] indem die Aufsichtsbehörden sog. „weiche Faktoren" überprüfen. Daraus kann sich, in Abhängigkeit von den Ergebnissen aus Säule I, eine erhöhte oder verminderte Anerkennung der durch das interne Modell ermittelten Eigenkapitalausstattung eines VU ergeben. Durch die potenzielle Verminderung der Eigenkapitalanforderung sollen VU motiviert werden, eigene Risikomanagementmodelle einzusetzen. Aufgrund dieser Neuerung werden eigene interne Modelle für VU wettbewerbsrelevant, weil von der Höhe der Eigenmittelanforderungen auch erhöhte oder verminderte Eigenkapitalkosten abhängen.[536] Weiter initiiert Säule II eine individuelle Beurteilung der implementierten Prozesse für das Risikomanagement wie die Steuerung von Risiken oder Sicherheitsmechanismen (bspw. der Qualität der Risikominderung; einschließlich der Rückversicherung). Diese Prozesse lassen sich quantitativ und qualitativ bewerten. Bei der quantitativen Beurteilung liegt der wesentliche Aspekt auf der Umsetzung der Risikoquantifizierung, also auf einer Überprüfung des

---

[533] Hartung, T. (2007), S. 312.
[534] Hartung, T. (2005), S. 57-58.
[535] Swiss Re (2006), S. 11.
[536] Knauth, K. W./Schubert, T. (2003), S. 902.

internen Modells. Bei der qualitativen Überprüfung werden die operativen Prozesse, bspw. Governance-Prozesse oder „Fit and Proper"-Kriterien,[537] für das leitende Management bewertet. Weiter könnten Ausprägungen der Prozesse selbst, wie Kompetenzzuordnung und deren Dokumentation sowie Gründe, Auswirkungen und Nachverfolgbarkeit der Prozesse überwacht werden. Diese Aspekte wurden in Säule II im Bereich Corporate Governance aufgenommen, aufgrund vieler Anknüpfungspunkte an aktuelle Entwicklungen wie bspw. in den USA, wo basierend auf dem Sarbanes Oxley Act (SOX)[538] weitreichende Forderungen an Unternehmen gestellt werden.[539] In Deutschland schreibt das Gesetz zur Kontrolle und Transparenz in Unternehmen (KonTraG) eine Überprüfung des Risikomanagements durch Wirtschaftsprüfer vor.[540] Auch die Mindestanforderungen für das Risikomanagement bei VU (MaRisk VA) könnten als Vorgriff auf die Säule II von S II betrachtet werden (vgl. Kapitel 2.3).

Die Überwachung von VU durch Aufsichtsinstanzen beinhaltet die Gestaltung des regulatorischen Überwachungsprozesses sowie die Festlegung der quantitativen Vorgaben im Rahmen des Aufsichtsprozesses.[541] Aufsichtsrechtliche Überprüfungsverfahren regeln auch die Anforderungen an die Aufsichtsbehörden selbst. Ihr Ziel ist die Harmonisierung der (Überprüfungs-) Verfahren auf EU-Ebene.

---

[537] Die „Fit and Proper"-Kriterien sind Eignungskriterien, die sich auf die Geschäftsleitung eines VU beziehen. Dabei bedeutet „Fit" eine ausreichende Qualifikation, Erfahrung, fachliche Eignung und Ausbildung und „Proper" Unbescholtenheit des Managements. An diesen Kriterien werden die Vorstände von VU im Rahmen des Aufsichtsprozesses durch einen sog. „Fit and Proper"-Test gemessen. Im Hinblick auf die Kriterien für diesen Test wird ein Austausch zwischen den Behörden und die gegenseitige Anerkennung unter Mitgliedstaaten angestrebt. Offen bleibt bis dato die Frage, ob dieser Test auf die zweite Führungsebene ausgeweitet werden soll.
[538] Der Sarbanes Oxley Act (SOX) erweitert die Befugnisse der Aufsichtsbehörden in den USA und führt eine eigene Behörde zur Überwachung von Aktiengesellschaften vor. Dabei wird auch die Rechnungslegung der Gesellschaften überwacht. Die Vorschriften des SOX gelten für in- und ausländische Unternehmen, die an der US-amerikanischen Börse zugelassen sind. Das Gesetz ist 2002 in Kraft getreten.
[539] Pfeifer, U. (2005), S. 1559.
[540] Knauth, K. W./Schubert, T. (2003), S. 902.
[541] Hartung, T. (2005), S. 58.

Das Vorgehen der Aufsichtsbehörden soll transparenter werden unter den Aspekten[542]

- Koordination in Krisenzeiten

- Rechte und Pflichten der Aufsichtsbehörden

- Prinzipien aufsichtsrechtlicher Transparenz und Verantwortlichkeit

- Peer Review-Verfahren zwischen Aufsichtsbehörden

Ziel dieser Überlegungen ist, aufsichtsrechtliche Überprüfungsverfahren in allen EU-Ländern nach identischen Kriterien ablaufen zu lassen, um bspw. eine Aufsichtsarbitrage zu vermeiden. Die Aufsichtsbehörden streben im Rahmen von S II eine Peer Review-Praxis an, die eine Harmonisierung der Regelungen unterstützt.

6.3.3.3 Säule III: Beaufsichtigung und Veröffentlichung

Die dritte Säule[543] von S II beinhaltet die Marktdisziplin von VU. Sie umfasst im Wesentlichen Publizitätsvorschriften (Offenlegungs- und Transparenzvorschriften) für aufsichtsrechtliche Informationen, gibt Empfehlungen zur Darstellung und Transparenz des Aufsichtssystems und umfasst den Dialog mit dem International Accounting Standards Board (IASB).

Durch die Bündelung von Publizitätsvorschriften soll das Einholen von Informationen über VU nicht nur für Aufsichtsbehörden erleich-

---

[542] Swiss Re (2006), S. 11.
[543] Eine ausführliche Diskussion der Säule III findet sich bspw. in Hartung, T. (2005), S. 53-70 und Meyer, L. (2005), 99-118.

tert werden sondern auch für die interessierte Öffentlichkeit (bspw. Analysten, Aktionäre, Kunden, Rating-Agenturen oder interessierte Dritte).[544] Die Veröffentlichung von Informationen soll die Marktmechanismen der risikobasierten Aufsicht verstärken.[545] Ziel ist eine Erhöhung der Markttransparenz und damit auch der Marktdisziplin.[546] Damit wird die dritte Säule der Forderung gerecht, dass Marktakteure ein umfassendes Bild der jeweiligen Risikosituation eines VU erhalten. Trotz offengelegter Informationen bewerten die Akteure die wirtschaftliche Stabilität eines VU unterschiedlich. Das Ergebnis dieser Bewertung fließt unmittelbar - und somit wesentlich schneller als Aufsichtsbehörden handeln könnten - in entsprechende Aktivitäten ein.[547] Die Offenlegung von Informationen übt eine disziplinierende Wirkung auf VU aus und erhöht gleichzeitig der Druck auf das Management, risiko- und wertorientiert im Sinne der Betroffenen zu agieren.[548] Allerdings steht die Aufforderung zu einer aussagefähigen Offenlegung von Informationen im Gegensatz zur Wahrung rechtlich geschützter und somit vertraulicher Informationen.[549] Den VU sollen deshalb Empfehlungen und Vorschriften zur Darstellung und Transparenz an die Hand gegeben werden, die es Marktteilnehmern erleichtern, relevante Informationen (bspw. über Kapital, Risikoüberwachung oder Risikobewertungs- und Managementprozesse) auszuwerten.[550] Um einen zusätzlichen Berichtsaufwand für VU zu vermeiden, sind bei der Ausgestaltung der Säule III der Arbeiten der IASB an den IFRS zu beachten, die Ergebnisse, ähnliche Themen betreffen.[551]

---

[544] Pfeifer, U. (2005), S. 1560.
[545] Unter einer risikobasierten Aufsicht sind sämtliche Aufsichtsprozesse, die Risiken eines Verfehlens der Regulierungsziele mit Methoden des modernen Risikomanagements steuern und überwachen, zu verstehen. Ihr Ziel ist es, durch die Schaffung von Transparenz das Risiko zu minimieren (Keller, P./Luder, T./Stober, M. (2005), S. 570).
[546] Swiss Re (2006), S. 13.
[547] Hartung, T. (2007), S. 312-313.
[548] Pfeifer, U. (2005), S. 1560.
[549] Hartung, T. (2007), S. 312-313.
[550] Grävert, A./Stevens, A./Tadros, R. (2003), S. 394.
[551] Knauth, K. W./Schubert, T. (2003), S. 905.

Nachdem dieses Kapitel einen Überblick über die drei Säulen von S II gegeben hat, geht das nächste Kapitel auf das Standardmodell der Säule I ein, das z. Zt. in den QIS-Studien getestet wird.

6.4 Die Standardformel nach Solvency II (QIS IV)

Ausgangspunkt der quantitativen Auswirkungsstudien (Quantitative Impact Studies - QIS) waren die Ergebnisse der Diskussionen um den 2008 von der EU-Kommission veröffentlichten Vorschlag der Rahmenrichtlinie Solvabilität II (Directive Solvency II).[552] Dieser soll 2009 vom Europäischen Parlament und Rat ratifiziert werden. Die Solvabilitätsvorschriften des Vorschlags zu neuen Rahmenrichtlinie sind prinzipienbasiert. Das bedeutet, dass sie als Grundsätze zu verstehen sind, die in Durchführungsbestimmungen (Implementing Measures) spezifiziert werden. Aufgrund dieses neuen Verfahrens soll S II künftigen Entwicklungen in der Versicherungswirtschaft gerecht werden.[553] Diese Durchführungsbestimmungen werden voraussichtlich 2010 von EU-Parlament und Rat angenommen. Jetzt befinden sie sich in der Entwicklungsphase. CEIOPS[554] legt der EU-Kommission bis Oktober 2009 Vorschläge zu diesen Durchführungsbestimmungen vor. Um sie genauer zu spezifizieren und um sie unter Einbeziehung von VU zu erproben, testet CEIOPS z. Zt. in den QIS-Studien die Auswirkungen der Richtlinie auf die Versicherungswirtschaft.

Dabei müssen sich die VU fünf großen Herausforderungen stellen, nämlich der

---

[552] „Richtlinie des Europäischen Parlaments und des Rates - betreffend die Aufnahme und Ausübung der Versicherungs- und Rückversicherungstätigkeit (Solvabilität II)" vom 26.02.2008. Im Folgenden wird, wenn einzelne Artikel aus diesem Vorschlag für die Rahmenrichtlinie zitiert werden, vereinfachend von Rahmenrichtlinie gesprochen. Sie wird mit Europäische Kommission (2008) zitiert.
[553] Europäische Kommission (2008), S. 4.
[554] Committee of European Insurance and Occupational Pensions Supervisors.

- Bewertung ihrer Vermögenswerte (Assets)

- Bewertung ihrer Verpflichtungen (Liabilities) durch den besten Schätzwert (Best Estimate) und Risiko-Margen bei nicht absicherbaren Risiken (Non-hedgable Risks), bei absicherbaren Risiken (Hedgable Risks) mit Hilfe des Marktwerts

- Bestimmung, Klassifizierung und Ermittlung der Anrechnungsfähigkeit ihrer Eigenmittel (Own Funds)

- Überprüfung einer angemessenen Solvenzkapitalausstattung durch ein Modell (bspw. der Standardformel)

- Beaufsichtigung von Gruppen (Group Supervision)

Die weiteren Ausführungen konzentrieren sich auf die Standardformel, die z. Zt. in den QIS-Studien getestet wird, sowie auf den Vorschlag zur Rahmenrichtlinie. Deshalb erfolgt zunächst die Vorstellung der Schwerpunkte und Ergebnisse der vorangangenen Studien (QIS I-III). Anschließend wird QIS IV erläutert, die 2008 in der Versicherungswirtschaft erprobt wird. Die Ausführungen beschränken sich dabei auf die Standardformel. Implikationen für Teilmodelle oder interne Modelle sowie die Betrachtung von Versicherungskonzernen (Gruppenaspekte) finden sich zwar in den QIS-Studien, werden hier jedoch ausgeblendet.

6.4.1 Quantitative Impact Studies

Die quantitativen Auswirkungsstudien stellen einen wichtigen Schritt in der Entwicklung von S II dar, da sie die Auswirkungen der Rahmenbedingungen des zukünftigen Solvabilitätssystems auf VU betrachten und diese bewerten. QIS-Studien waren bereits ein wesentlicher Bestandteil der Konsultationen zwischen dem Basler Ausschuss für Bankenaufsicht und dem Bankensektor während der Entwicklung von Basel II. Die Europäische Kommission hat entsprechende Erfahrungen aus Basel II aufgegriffen und CEIOPS beauftragt, bei der Entwicklung von S II ebenfalls quantitative Auswirkungsstudien durchzuführen.[555]

Zentrales Ziel der Studien ist die Erprobung der aktuariellen und technischen Umsetzung der neuen Bewertungsprinzipien nach S II und der dazugehörigen Methodik. VU sollen gewisse Fertigkeiten erwerben und sich an einheitlichen Grundsätzen orientieren (prinzipienorientierte Vorgehensweise). Weiter dienen die QIS der Information für teilnehmende VU über aktuellen Planungen zu S II und deren unternehmensspezifische Auswirkungen. Weiter soll überprüft werden, ob die Durchführungsbestimmungen den Prinzipien und Kalibrierungsansätzen des Vorschlags der Richtlinie entsprechen.[556] Bisher wurden drei QIS-Studien durchgeführt, die vierte wurde 2008 abgeschlossen. QIS V wird für 2009 erwartet.

CEIOPS führt quantitative Auswirkungsstudien für VU durch, um die Standardformel der ersten Säule von S II zu testen und genauer zu kalibrieren. Dabei werden die in den Studien zu verwendenten Methoden von CEIOPS definiert und den VU vorgegeben. Zur Durchführung der Studien stellt die CEIOPS allen teilnehmenden VU ein europaweit identisches Berechnungsprogramm zur Verfügung, das die VU mit unternehmensspezifischen Daten füllen. Dieser Prozess soll bis 2009 andauern. Die Teilnahme der VU ist freiwillig, wobei zu beobachten war, dass sich eine immer größere Anzahl an VU beteiligte.[557] Die Durchführung der QIS obliegt auf nationaler Ebene der

---

[555] Brosezeit, T./Mayr, B. (2007a), S. 780.
[556] Stölting, R./Ehrlich, K. (2008), S. 2.
[557] in QIS I: 312 VU aus 19 Ländern, in QIS II: 514 VU aus 23 Ländern und in QIS III: 1.027 VU aus 28 Ländern. Dabei war bei QIS III zu beobachten, dass die Anzahl der teilnehmenden kleinen VU um 172 % angestiegen ist (CEIOPS (2007b), S. 24).

jeweiligen Aufsichtsbehörde (bspw. in Deutschland der BaFin). Die Ergebnisse sollen im Gesetzgebungsverfahren der europäischen Rahmenrichtlinie zu S II berücksichtigt werden. Adressaten dieser Ergebnisse sind politische Entscheidungsträger, nationale Aufsichtsbehörden und Anteilseigener von VU.

QIS I wurde im Herbst 2005 initiiert und fokussierte sich auf die Bewertung von versicherungstechnischen Rückstellungen. Dazu führte die CEIOPS einen Vergleich zwischen dem derzeitigen Niveau der versicherungstechnischen Rückstellungen nach S I und dem Niveau stochastisch definierter Rückstellungen durch.[558] Die Rückstellungen wurden durch den besten Schätzwert (Best Estimate) ermittelt. Weiter wurden auf der Passivseite nicht-absicherbare (Non-hedgeable) Risiken unter Verwendung eines Kapitalkostenansatzes (Cost of Capital) getestet (vgl. Kapitel 6.4.2). Die Ergebnisse der QIS I zeigten unter anderem, dass die Best Estimate-Reserven nach S II niedriger waren als die unter den bestehenden Anforderungen. Weiter zeigte der CEIOPS-Abschlussbericht, dass in verschiedenen Ländern unterschiedliche Methoden zur Bildung von Rückstellungen angewandt wurden.[559]

2006 stellte QIS II, aufbauend auf den Ergebnissen von QIS I, die Analyse der Solvenzbilanz in den Mittelpunkt. Dabei verfolgte sie das Ziel, nationale Bilanzgegebenheiten (bspw. HGB) und die Bilanz unter Anwendung von S I mit der nach den Richtlinien von S II aufzustellenden Bilanz (Solvenzbilanz) zu vergleichen. Auch wurden unterschiedliche Modellierungstechniken und Bewertungsprinzipien für versicherungstechnische Rückstellungen verglichen. Weiter hatte QIS II das Ziel, im Rahmen des Modells die Balance zwischen Risikosensitivität und Komplexität herzustellen. In QIS II wurde erstmalig ein Grundgerüst der Standardformel zur Berechnung der

---

[558] Dabei wurden die Quantilsreserven mit einem Sicherheitsniveau von 60 %, 75 % und 90 % berechnet.
[559] alle Ergebnisse der QIS I finden sich in CEIOPS (2006b).

Solvenzerfordernisse getestet. Der Fokus von QIS II lag nicht auf der Diskussion der Parameter der Standardformel, sondern auf dem Sammeln von Erfahrungen, die sich aus Methode und Design des Ansatzes ergeben. Dabei lag der Schwerpunkt auf der Betrachtung der Mindestkapitalanforderung (MCR) und der Solvenzkapitalanforderung (SCR) mit dem Ergebnis, dass die anrechnungsfähigen Eigenmittel der VU die Anforderungen durch das SCR nach S II in den meisten Ländern überstieg. Allerdings war auch zu beobachten, dass sich der Abstand zwischen SCR und vorhandenem Kapital verringerte.

Die Rückmeldungen aus der Versicherungswirtschaft führten bei QIS III - sie wurde in 2007 durchgeführt - zu einer weiteren Verfeinerung des Modells und einer Weiterentwicklung der Bewertungsmethoden und der Formeln der MCR und SCR. Weiter erfolgte ein erneuter Vergleich zwischen den Solvenzbilanzen von S I und S II. QIS III sah einen Test für eine neue Eigenmittelklassifikation (Einteilung in Tiers, die die Qualitätsstufen der Eigenmittel beschreiben) und die Einbeziehung einer Untersuchung auf Gruppenebene vor. Die MCR wurde von den meisten Teilnehmern erreicht. Allerdings benötigten 15,7 % der VU zusätzliches Kapital, um das SCR zu erfüllen.[560] Beim Vergleich der Standardformel mit internen Modellen stellte sich heraus, dass interne Modelle im Durchschnitt etwas geringere Kapitalanforderungen für das Marktrisiko errechneten. Allerdings waren die Kapitalanforderungen für das Kreditrisiko und für das operationelle Risiko (vor allem in Nicht-Leben) bei internen Modellen höher als bei der Standardformel. Insgesamt ist im Vergleich zu S I zu beobachten, dass sich die Solvabilitätsquote von VU durch den Ansatz der QIS III verringerte.[561]

---

[560] Dabei hatten große Lebensversicherer mehr Probleme als kleinere, die Anforderungen an das SCR zu erfüllen.
[561] Münchener Rück (2008b); S. 2-4. Alle Ergebnisse aus QIS III finden sich in CEIOPS (2007b).

2008 testete QIS IV erneut Bewertungsansätze, Formeln und Parameter für die Solvenzkapitalbestimmung. Dabei wurden die Ergebnisse der vorausgegangenen QIS-Studien berücksichtigt. Jetzt liegen die Untersuchungsschwerpunkte auf der Praktikabilität der unter S II geplanten Spezifikationen (z. B. einfachere Methoden oder Vorschläge für Approximationslösungen zur versicherungstechnischen Rückstellungsbildung oder die Verwendung von unternehmensindividuellen Parametern). Weiter soll eine bessere Vergleichbarkeit der Ergebnisse aus der Standardformel und den internen Modellen erreicht werden. Darüber hinaus überprüfte QIS IV Alternativen zur Berechnung der Mindestkapitalanforderungen und der Kapitalanforderungen auf Versicherungsgruppenebene.[562]

Der folgende Abschnitt stellt grundsätzliche Überlegungen der Rahmenrichtlinie zur Erstellung einer Solvenzbilanz vor. In ihr werden Vermögenswerte und Verbindlichkeiten nach neuen Anforderungen bewertet. Deshalb ist die Solvenzbilanz eine Bilanz, die unter neuen Bewertungsansätzen nach Solvency II zu erstellen ist. Daran schließt sich eine Betrachtung des Standardmodells der QIS IV an. Dieses wird an ausgewählten Stellen mit Vorschlägen aus QIS II und III unter der Vernachlässigung der Gruppenaufsicht verglichen.

6.4.2 Vermögenswerte und Verbindlichkeiten

Bis dato wird zur Erstellung einer Bilanz nach S I-Richtlinien ein pauschaler Bewertungsansatz verwendet, für den das Vorsichtsprinzip gilt. Bei S II findet ein Wechsel der Bilanzierungspraxis vom Vorsichtsprinzip zum beizulegenden Zeitwert (Marktwert) statt.[563]

---

[562] Stölting, R./Ehrlich, K. (2008), S. 2.
[563] Meyer, L. (2005), S. 108. Der beizulegende Zeitwert ist der Wert, der zwischen sachverständigen, vertragswilligen und voneinander unabhängigen Geschäftspartnern gehandelt würde. Bei einer Kapitalanlage wird für den beizulegenden Zeitwert

Die neuen Bewertungskriterien verlangen eine realistische und marktkonsistente Bewertung der Aktiv- und Passivseite einer Bilanz. Dabei steigt der (Markt-)Wert der Aktiva, verglichen mit dem Wert, der unter S I ermittelt wurde. Dies ist darauf zurückzuführen, dass der Wert der Aktivseite unter S II auch stille Reserven einschließt. Auf der Passivseite wird der Wert der Verbindlichkeiten (Liabilities) mit Hilfe von Schätzern (Best Estimate und Risikomarge) gemäß den „wahrscheinlichsten" Annahmen bestimmt.[564] Ausgangspunkt für den beizulegenden Zeitwert ist die IFRS-Definition; für die Ermittlung des Fair Value der Aktiva bestehen konkrete Regelungen (u. a. IAS 39). Allerdings wurde noch kein IFRS-Standard für die Bewertung der versicherungstechnischen Rückstellungen festgelegt. Deshalb finden sich in den Artikeln 74 bis 77 der Rahmenrichtlinie detaillierte Vorschriften zur Bewertung versicherungstechnischer Rückstellungen.[565] Diese Vorschriften werden in den QIS-Studien oder durch noch zu entwickelnde Durchführungsbestimmungen (vgl. Kapitel 6.4) genauer spezifiziert, um eine einheitliche Berechnung europaweit sicher zu stellen. Weiter berücksichtigt die Bewertung der Vermögenswerte (Assets) Kredit- und Liquiditätsmerkmale und somit auch die Bonität des Emittenten, während diese bei Verbindlichkeiten (Liabilities) unberücksichtigt bleibt.[566]

---

der Marktwert angesetzt, sofern dieser vorhanden ist. Ist dieser nicht vorhanden, kann er durch anerkannte Bewertungsmethoden bestimmt werden (Münchener Rück (2008a), S. 255). In der Rechnungslegung entspricht der Begriff des Fair Value dem beizulegenden Zeitwert.
[564] Klinge, U. (2007), S. 1146.
[565] Rockel, W./Helten, E./Loy, H./Ott, P. (2007), S. 361.
[566] Europäische Kommission (2008), S. 10. Dieser Gedanke verfolgt den Sicherheitsaspekt, der Versicherungsnehmer schützen soll. Da eine schlechte Bonität eines Emittenten seine Zahlungsunfähigkeit bedeuten und somit ein Wertverlust auf der Aktivseite entstehen kann, ist bei der Betrachtung der Aktivseite die Bonität eines Emittenten zu berücksichtigen. Auf der Passivseite ist es genau umgekehrt. Dort wird der „Empfänger" der Versicherungsleistungen dadurch geschützt, dass dort kein Abschlag für die Bonität des Versicherungsnehmers erfolgt. Ein Abschlag würde die Rückstellungen vermindern.

Bei der Bewertung der Risikolage auf der Passivseite werden die Risikodeckungsmassen in Form von freien Eigenmitteln (ergänzende und Basiseigenmittel) mit dem aus der Standardformel ermittelten Risikokapital verglichen. Dabei ist die Differenz zwischen Risikokapital und Risikodeckungsmassen das überschüssige oder Excess-Kapital. Dieses bildet zusammen mit den stillen Reserven der Passivseite die freien ökonomischen Eigenmittel. Folgende Abbildung fasst die wesentlichen Bestandteile einer Bilanz, die den Solvency II-Kriterien entspricht, zusammen und vergleicht sie mit den bisherigen Regelungen nach Solvency I:

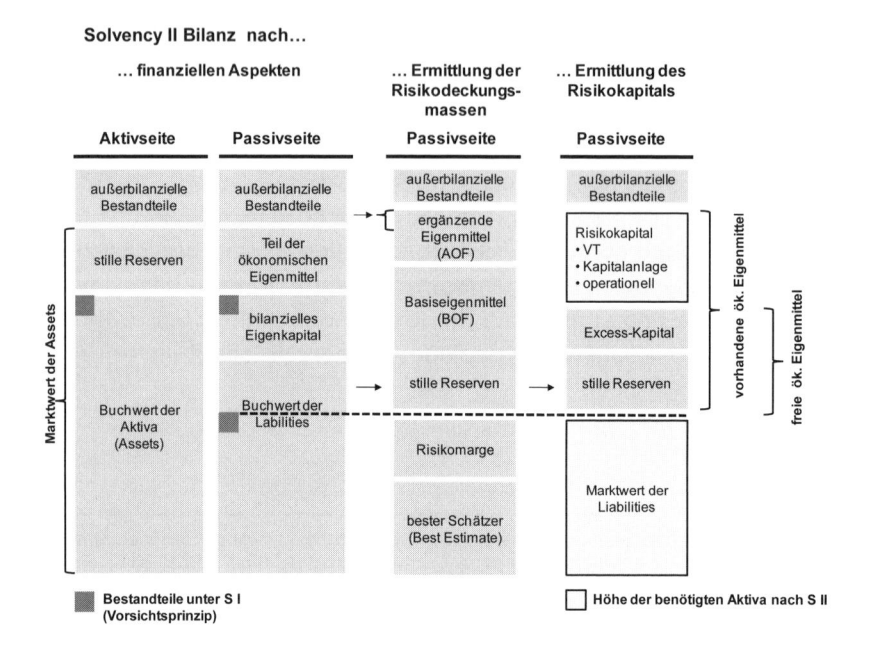

Abbildung 17 Die unterschiedlichen Bewertungsansätze nach S II

Das Vorgehen, das erlaubt, Bilanzpositionen unter S II möglichst realistisch[567] abzubilden, beruht auf zwei Ansätzen, nämlich dem Mark to Market- und der Mark to Model-Ansatz. Sind für die Positionen der Aktiv- oder Passivseite Marktpreise verfügbar, werden sie nach dem Mark to Market-Ansatz bewertet. Der Mark to Model-Ansatz berücksichtigt alle Bilanzpositionen, für die keine direkten Marktpreise bekannt oder verfügbar sind. Für sie gilt der Grundsatz, dass die Bilanzierung mit Hilfe vorhandener Marktinformationen unter Berücksichtigung des Kredit- und Liquiditätsrisikos zu erfolgen hat.

Während die Ermittlung von Vermögenswerten (Assets) i. d. R. auf Marktwerten basiert (Mark to Market), erfolgt die Berechnung der versicherungstechnischen Rückstellungen (Technical Provisions) meist gemäß dem Grundsatz der Marktkonsistenz (Market Consistency) nach dem Mark to Model-Ansatz. Dies bedeutet, dass die Berechnung der versicherungstechnischen Rückstellungen auf konsistente, vorsichtige, verlässliche und objektive Weise zu erfolgen hat.[568] Die Berechnung ist dabei auf der Basis des aktuellen Veräußerungswertes (Current Exit Value) durchzuführen. Unter diesem Wert ist der Betrag zu verstehen, den ein VU erwartungsgemäß zahlen müsste, wenn es seine vertraglichen Rechte und Pflichten unverzüglich auf ein anderes übertrüge. Versicherungstechnische

---

[567] In IAS 39.9 werden Vermögenswerte nach dem Prinzip „*in an arm's length transaction*" bewertet. Ein ähnliches Vorgehen findet sich auch in der Rahmenrichtlinie in Artikel 74 für Vermögenswerte und Verbindlichkeiten. Dort sollen Vermögenswerte mit einem Betrag bewertet werden, „*... zu dem sie zwischen sachverständigen, vertragswilligen und voneinander unabhängigen Geschäftspartnern getauscht ...* [und bei Verbindlichkeiten] *... zu dem sie zwischen sachverständigen, vertragswilligen und voneinander unabhängigen Geschäftspartnern übertragen oder abgerechnet werden können ...*" Europäische Kommission (2008), S. 109.

[568] Wörtlich heißt es in Artikel 75 Abs. 3 der Rahmenrichtlinie: *„Die Berechnung der versicherungstechnischen Rückstellungen erfolgt unter Berücksichtigung der von den Finanzmärkten gelieferten Informationen sowie allgemein verfügbarer Daten über technische Versicherungs- und Rückversicherungsrisiken und hat mit diesen konsistent zu sein (Marktkonsistenz)."* Nach Artikel 75 Abs. 4 hat die Berechnung der versicherungstechnischen Rückstellungen „*auf vorsichtige, verlässliche und objektive Art und Weise*" zu erfolgen (Europäische Kommission (2008), S. 110).

Rückstellungen müssen unter Verwendung möglichst realistischer Annahmen berechnet werden. So hat ihre Berechnung auf der Grundlage aktueller[569] und glaubwürdiger Informationen zu erfolgen. Dabei sollen angemessene versicherungsmathematische Methoden und statistische Techniken angewandt werden.[570] Bei der Bewertung der versicherungstechnischen Rückstellungen ist weiter grundsätzlich zwischen absicherbaren (Hedgeable) und nicht absicherbaren (Non-hedgeable) Risiken zu unterscheiden. Dabei gilt ein Risiko als absicherbar, wenn sich seine künftigen Zahlungsströme (Cash Flows) durch adäquate Finanzinstrumente nachbilden lassen, also der Erwerb oder die Veräußerung von Finanzinstrumenten neutralisiert werden kann.[571] Nicht absicherbare Risiken werden durch ein Rahmenwerk von Bewertungsprinzipien gemessen. Die Berechnung der nicht absicherbaren Risiken beruht auf zwei Bausteinen: dem besten Schätzwert und der Risikomarge. Diese sind in der folgenden Abbildung dargestellt:

---

[569] Dies bedeutet, dass relevante Auswirkungen von Entwicklungen bspw. rechtlicher, wirtschaftlicher oder medizinischer Natur in der Berechnung berücksichtigt werden müssen.
[570] Artikel 76 Abs. 2 Satz 2 der Rahmenrichtlinie (Europäische Kommission (2008), S. 110).
[571] Europäische Kommission (2008), S. 11.

Anforderungen der Aufsicht 183

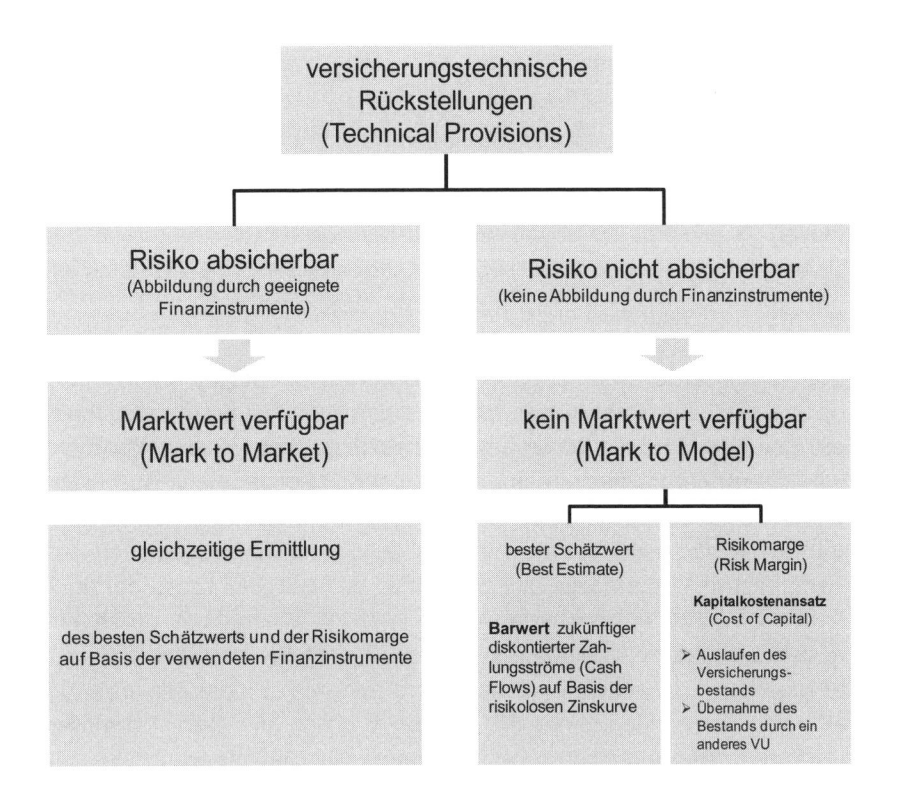

```
                    versicherungstechnische
                         Rückstellungen
                      (Technical Provisions)
                    ┌───────────┴───────────┐
            Risiko absicherbar          Risiko nicht absicherbar
         (Abbildung durch geeignete    (keine Abbildung durch Finanzinstrumente)
             Finanzinstrumente)
                    ↓                           ↓
            Marktwert verfügbar         kein Marktwert verfügbar
              (Mark to Market)              (Mark to Model)
                                        ┌───────────┴───────────┐
           gleichzeitige Ermittlung   bester Schätzwert    Risikomarge
                                      (Best Estimate)     (Risk Margin)

                                                        Kapitalkostenansatz
         des besten Schätzwerts und der  Barwert zukünftiger  (Cost of Capital)
         Risikomarge auf Basis der       diskontierter Zah-
         verwendeten Finanzinstrumente   lungsströme (Cash    ➢ Auslaufen des
                                         Flows) auf Basis der   Versicherungs-
                                         risikolosen Zinskurve  bestands
                                                              ➢ Übernahme des
                                                                Bestands durch ein
                                                                anderes VU
```

Abbildung 18 Die Bewertung der Rückstellungen in Solvency II

Da für versicherungstechnische Rückstellungen i. d. R. keine Marktwerte vorliegen, werden sie anhand des besten Schätzwerts und der Risikomarge ermittelt. Diese beiden Größen werden fast immer getrennt bewertet.[572] Der beste Schätzwert (Best Estimate), ist als Erwartungsreserve zu verstehen, die ein VU für mögliche

---

[572] Liegen jedoch Marktwerte vor (also absicherbare Risiken), erfolgt die Bestimmung der versicherungstechnischen Rückstellungen auf der Basis des Marktwerts. Dann ist keine getrennte Berechnung des Best Estimate und der Risikomarge erforderlich (Artikel 75 Absatz 3 der Rahmenrichtlinie). Dies ist bspw. bei den absicherbaren Verpflichtungen aus (Rück-)Versicherungsverträgen der Fall (Europäische Kommission (2008), S. 11).

künftige Verpflichtungen bereit hält. Dieser Erwartungswert wird mit einem Risikozuschlag (Risikomarge) für Schwankungen der Reserven versehen und ist ebenfalls Teil der Reserven. Technisch gesehen ist der Best Estimate der Barwert (wahrscheinlichkeitsgewichteter Durchschnitt) der zukünftigen Zahlungsströme (Cash Flows).[573] Wobei die Diskontierung der Zahlungsströme auf der risikolosen Zinskurve basiert. Die Kreditwürdigkeit des Versicherers hat jedoch keinen Einfluss auf die Bewertung der Reserven.[574]

Die Risikomarge (Risk Margin) ist als Puffer für mögliche Forderungen, die diesen Erwartungswert übersteigen, zu verstehen. Durch die Berechnung der Risikomarge soll sichergestellt werden, dass die versicherungstechnischen Rückstellungen (Gesamtwert aus dem besten Schätzwert und der Risikomarge) dem Betrag entsprechen, mit dem ein VU seine vertraglichen Verpflichtungen erfüllen kann.[575] Die Risikomarge soll zum einen sicherstellen, dass bei Auslaufen des Bestandes (bspw. im Falle einer Übernahme durch ein anderes VU) die entstandenen Kosten,[576] die über den Best Estimate hinausgehen, gedeckt werden. Zum anderen soll die Risikomarge alle Verpflichtungen eines VU, deren Umfang die Best Estimate-Rückstellungen übersteigt, bei laufendem Geschäft decken. Dies gilt auch für Forderungen, die über die Laufzeit eines Vertrages hinausgehen.[577]

---

[573] Dabei werden bei der Cash Flow-Projektion alle ein- und ausgehenden Zahlungsströme berücksichtigt, die zur Abrechnung der Brutto-Versicherungs- und Rückversicherungsverbindlichkeiten während der Laufzeit benötigt werden (Artikel 76 der Rahmenrichtlinie). Brutto bedeutet, dass noch kein Abzug von Rückversicherungsverträgen und von Beträgen, die von Zweckgesellschaften einzufordern sind, erfolgt ist. Diese werden nach Art. 79 der Rahmenrichtlinie getrennt berechnet. Europäische Kommission (2008), S. 110-111.
[574] Europäische Kommission (2008), S. 10.
[575] Artikel 75 Absatz 3 der Rahmenrichtlinie. Europäische Kommission (2008), S. 110.
[576] aus den nichtabsicherbaren Risiken.
[577] Wörtlich heißt es in der Rahmenrichtlinie: „... dass der Gesamtwert der versicherungstechnischen Rückstellungen dem Betrag entspricht, den Versicherungs- und Rückversicherungsunternehmen heute erwartungsgemäß zahlen müssten, wenn sie ihre vertraglichen Rechte und Pflichten unverzüglich an ein anderes Unternehmen übertragen würden; oder alternativ..." die „... den besten Schätzwert übersteigenden Zusatzkosten der Zurverfügungstellung von Kapital, das für die Unter-

Für nichtabsicherbare Risiken wird die Risikomarge anhand des Kapitalkostenansatzes (Cost of Capital - CoC) berechnet.[578] Der Kapitalkostenansatz beruht auf der Überlegung, dass ein VU unter der Annahme des Fortführungsprinzips (Going Concern)[579] ausreichend Solvenzkapital für die nächsten Geschäftsjahre bereitstellen muss, um weiterhin Geschäft zeichnen zu können. Die Bereitstellung von Kapital ist allerdings mit Kapitalkosten verbunden. So beträgt der Kapitalkostensatz bspw. 6 %[580] vor Steuern.[581] Die Berechnung des CoC-Ansatzes erfolgt in drei Schritten:

- Ermittlung der notwendigen Solvenzmittel (SCR) für jede Risikoklasse pro Jahr bis zum Auslaufen des Bestands

- Ermittlung der Kapitalkosten für die Bereitstellung des zukünftigen SCR durch Multiplikation des projizierten SCR mit dem Kapitalkostenfaktor

---

legung der Rückversicherungsverbindlichkeiten während ihrer Laufzeit erforderlich ist ..." (Europäische Kommission (2008), S. 11). Hier muss angemerkt werden, dass die englische Version der Rahmenrichtlinie deutlicher formuliert ist. Dort lautet der letzte Satz: *„... or alternatively, the additional cost, above the best estimate, of providing capital to support the (re)insurance obligations over the lifetime of the portfolio."*

[578] Artikel 76 Absatz 5 der Rahmenrichtlinie. Europäische Kommission (2008), S. 110.
[579] Das Fortführungsprinzip (Going Concern oder Grundsatz der Unternehmensfortführung) geht bei der Bewertung der Vermögensgegenstände und Verbindlichkeiten im Jahresabschluss davon aus, dass VU auch nach dem Abschlussstichtag fortgeführt werden. Dies bedeutet, dass weder die Absicht noch die Notwendigkeit besteht, VU zu liquidieren (die Geschäftstätigkeit zu beenden). Diese Annahme ist für die Bewertungsansätze in der Bilanz bedeutend, da im Falle einer Unternehmensfortführung andere Werte als im Falle einer Liquidation angesetzt werden können. Somit trägt dieses Prinzip zur Vergleichbarkeit der Jahresabschlüsse bei (Coenenberg, A. G. (2003), S. 49).
[580] Diese 6 % stellen einen Beispielswert dar. Zur Bestimmung des Prozentsatzes heißt es in der Rahmenrichtlinie *„Für nicht absicherbare Risiken wird die Risikomarge unter Verwendung der sogenannten Kapitalkostenmethode berechnet (siehe Artikel 76 Absatz 5). In diesem Fall wird für alle Unternehmen der gleiche Kapitalkostensatz (d. h. ein fester Prozentsatz) verwendet, der dem Spread oberhalb des risikofreien Zinssatzes entspricht, den ein Versicherungs- und Rückversicherungsunternehmen mit BBB-Rating bei der Aufnahme anrechnungsfreier Eigenmittel zahlen müsste ..."* (Europäische Kommission (2008), S. 11).
[581] Klinge, U. (2007), S. 1147.

- Bestimmung der Risikomarge durch Diversifikation der zukünftigen Kapitalkosten bei risikofreiem Zins (Zinssätze der risikolosen Zinsstrukturkurve)

Sind Vermögenswerte und Verbindlichkeiten ermittelt, müssen Risikodeckungsmassen und Risikokapital bestimmt werden. Diese beiden Schritte werden im nächsten Abschnitt anhand der Standardformel der QIS IV vorgestellt. Dabei werden die Anforderungen an Teilmodelle und interne Modelle sowie Aspekte der Versicherungsgruppen betreffen vernachlässigt.

6.4.3 Standardformel (Stand QIS IV)

Der Ansatz[582] der Säule I von S II beruht auf dem wirtschaftlichen Gesamtbilanzansatz. Dieser geht davon aus, dass sich die verfügbaren finanziellen Mittel eines VU mit seinem Risikokapital decken. Die anrechenbaren Eigenmittel (Available Own Funds) entsprechen den Risikodeckungsmassen. Risikokapital steht für die Solvenzkapitalanforderung (Solvency Capital Requirement - SCR).[583] Dabei werden die einzelnen Risikopotenziale unter Berücksichtigung von Verteilungsannahmen und deren Korrelation zu einem Gesamt-Risikokapital aggregiert.[584] Deshalb findet sich das Risikotragfähigkeitskalkül aus Kapitel 4 in folgendem Term wieder:

---

[582] Ein Vorläufer der QIS-Modelle war der Ansatz des Gesamtverbands der Deutschen Versicherungswirtschaft (GDV) neben weiteren international diskutierten Beiträgen. 1997 bezog der GDV eine Risiko-basierte Standardformel in seine Überlegungen ein. Dadurch sollte eine Neukonzeption der Versicherungsaufsicht herbeigeführt werden. Zahlreiche VU in Deutschland wendeten diesen Ansatz seit seiner Veröffentlichung im „GDV -Modell (2002)" an. Auch auf internationaler Ebene war die Resonanz positiv. Das Modell wurde als Standardmodell in die Diskussion um S II eingebracht, ab Frühjahr 2004 neu überarbeitet und im Dezember 2005 erneut veröffentlicht (Grießmann, G./Schubert, T. (2005), S. 1638).
[583] Rockel, W./Helten, E./Loy, H./Ott, P. (2007), S. 360.
[584] GDV (2005), S. 7.

$$(35) \quad \frac{Available\ Own\ Funds}{Solvency\ Capital\ Requirement} \geq 1 \ oder \ \frac{Risikodeckungsmasse}{Risikokapital} \geq 1$$

Das Risikokapital lässt sich entsprechend den Vorschriften von S II anhand von drei Methoden bestimmen:

- durch ein eigens vom VU entwickeltes internes Risikomodell (das allerdings von der Aufsicht genehmigt sein muss)

- durch ein Teilmodell (unternehmensindividuelle Teil-Module, die in die Standardformel integriert werden können)

- durch die Standardformel (z. Zt. QIS IV), die im Folgenden vorgestellt wird

Die Standardformel von S II die in den QIS-Studien getestet wird ist allgemein gehalten. Sie erlaubt die Verwendung unternehmensspezifischer Parameter,[585] geht aber nicht explizit auf die individuelle Risikolage eines VU ein. Durch sie soll ein ausgewogenes Verhältnis zwischen Risikosensitivität und praktischer Anwendbarkeit ermöglicht werden. Die Ziele, die Struktur, die Gesamtkalibrierung sowie die einzelnen zu berücksichtigenden Risiken der Standardformel finden sich in den Artikeln 103-109 der Rahmenrichtlinie sowie im Anhang IV der Richtlinie. Die Spezifikationen der Teil-Module, die die einzelnen Risikoklassen modellieren, sowie deren Sub-Module finden sich in den Durchführungsbestimmungen, da durch den Prozess der Entwicklung der Rahmenrichtlinie davon aus-

---

[585] Artikel 104 Absatz 7 der Rahmenrichtlinie. Europäische Kommission (2008), S. 123.

gegangen werden kann, dass sich deren Modellierung im Laufe der Zeit weiterentwickeln wird.[586]

Es ist zu erwarten, dass die Standardformel ein höheres Risikokapital als interne Modelle ermittelt. VU können die Höhe ihres Risikokapitals (SCR) durch ein eigenes internes Modell senken. Das interne Modell (und seine Teilmodelle) muss in einem Zulassungsverfahren von der jeweiligen Aufsicht genehmigt werden. Ihre Erstellung und Pflege ist mit Kosten verbunden, deshalb ist ihr Zusatznutzen gegen den Nutzen eines Standardmodells abzuwägen.[587]

Für alle drei Ansätze gilt: Wenn die Quote aus anrechenbaren Eigenmitteln und Risikokapital kleiner als eins ist, erfolgt ein Eingriff der Aufsichtsbehörde. Dieser wird umso nachhaltiger, je mehr sich das SCR den Mindestkapitalanforderungen nähert.

6.4.3.1 Anrechenbare Eigenmittel

Die verfügbaren Finanzmittel eines VU werden auf der Basis der anrechenbaren Eigenmittel (Available Own Funds) bewertet. Diese werden in QIS IV erstmals genauer definiert.[588] Sie bestehen aus zwei Teilen, den Basiseigenmitteln (Basic Own Funds - BOF)[589] und den ergänzenden Eigenmitteln (Ancillary Own Funds - AOF).[590] Die Basiseigenmittel sind direkt aus der Bilanz ersichtlich. Sie setzen sich aus dem Überschuss der Vermögenswerte über Verbindlichkei-

---

[586] Europäische Kommission (2008), S. 13.
[587] Brosemer, M./Berthold, G./Miehle, P. (2008), S. 912.
[588] Während QIS III in Bezug auf anrechenbare Eigenmittel noch von „High Level Principals" geprägt war, die sehr allgemein und auch ungenau gehalten waren, wird in QIS IV versucht, Merkmale und Klassifizierungen zu präzisieren.
[589] Diese finden sich im Artikel 87 der Rahmenrichtlinie. Europäische Kommission (2008), S. 115.
[590] Diese finden sich im Artikel 88 der Rahmenrichtlinie. Europäische Kommission (2008), S. 115.

ten (Net Asset Value – ökonomisches Kapital) und den nachrangigen Verbindlichkeiten (Subordinated Liabilities)[591] zusammen, die entsprechend Artikel 79 der Rahmenrichtlinie bewertet werden. Davon werden die Werte der vom VU direkt gehaltenen Aktien (Own Shares) abgezogen.[592]

Die ergänzenden Eigenmittel müssen von der Aufsicht genehmigt werden.[593] Sie finden sich nicht in der Bilanz und setzen sich aus Bestandteilen zusammen, die nicht zu den Basiseigenmitteln zählen und zum Auffangen von Verlusten herangezogen werden können. Dazu gehören bspw. noch nicht eingezahltes Grundkapital, Kreditbriefe oder sonstige Forderungen[594] wie Beitragszahlungen, die noch nicht erwirtschaftet wurden. Werden die AOF als Bestandteile der BOF eingezahlt oder abgerufen, sind sie wie Vermögenswerte zu behandeln und gelten nicht länger als Teil der ergänzenden Eigenmittel.

Folgende Abbildung ordnet die Basiseigenmittel und ergänzende Eigenmittel in die S II-Bilanz ein:

---

[591] Da diese bspw. im Falle einer Liquidation (Winding Up) als Kapital dienen können.
[592] Artikel 86 der Rahmenrichtlinie. Europäische Kommission (2008), S. 115.
[593] Die Bestimmungen zu seiner Genehmigung finden sich in Artikel 88 der Rahmenrichtlinie.
[594] Für sonstige Forderungen lautet der Text des Artikels 87 der Rahmenrichtlinie „alle sonstigen Verpflichtungen, die die Versicherungs- und Rückversicherungsunternehmen erhalten haben" Europäische Kommission (2008), S. 115.

Anforderungen der Aufsicht 190

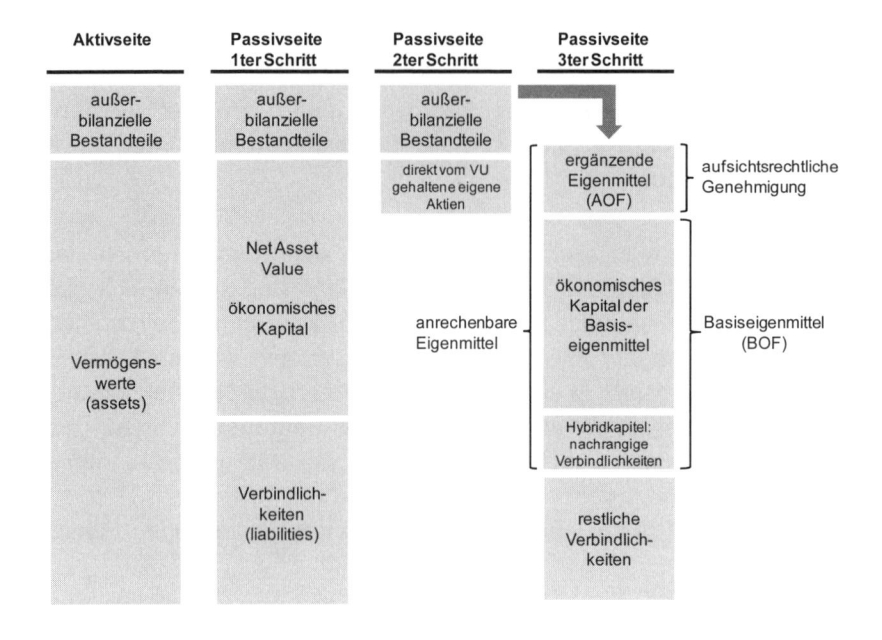

Aktivseite	Passivseite 1ter Schritt	Passivseite 2ter Schritt	Passivseite 3ter Schritt	
	außerbilanzielle Bestandteile	außerbilanzielle Bestandteile		
		direkt vom VU gehaltene eigene Aktien	ergänzende Eigenmittel (AOF)	aufsichtsrechtliche Genehmigung
Vermögenswerte (assets)	Net Asset Value ökonomisches Kapital	anrechenbare Eigenmittel	ökonomisches Kapital der Basiseigenmittel	Basiseigenmittel (BOF)
			Hybridkapital: nachrangige Verbindlichkeiten	
	Verbindlichkeiten (liabilities)		restliche Verbindlichkeiten	

Abbildung 19 Die Ermittlung der BOF und AOF

Die Einteilung der Eigenmittel in Basiseigenmittel und ergänzende Eigenmittel erfolgt in drei Qualitätsstufen (Tiers) anhand bestimmter Kriterien, in QIS IV erstmalig auf der List of Tiers vorgestellt wurden.[595] CEIOPS definiert dort sechs Merkmale,[596] die in der folgenden Tabelle zusammen mit dem entsprechenden Passus aus Artikel 93 der Rahmenrichtlinie aufgeführt werden:[597]

---

[595] CEIOPS (2008) - QIS IV, TS.V.K.
[596] Diese Kriterien/Merkmale finden sich im Artikel 93 der Rahmenrichtlinie. Europäische Kommission (2008), S. 117; wurde in CEIOPS (2008) - QIS IV durch Ergänzungen erweitert.
[597] FMA (2008), S. 5.

Tabelle 4 Merkmale der Eigenmittel[598]

Prinzip aus Artikel § 93	Wortlaut der Rahmenrichtlinie	Merkmal CEIOS (QIS IV)
Nachrangigkeit (Subordination)	Im Falle der Liquidation wird die Rückzahlung der Bestandteile an ihre Inhaber solange verweigert, bis alle anderen Verpflichtungen, einschließlich der Verpflichtungen der Versicherungs- und Rückversicherungsunternehmen gegenüber den Versicherungsnehmern und den Anspruchsberechtigten von Versicherungs- und Rückversicherungsverträgen erfüllt worden sind.	**Merkmal 1:** Nachrangigkeit des kompletten Betrags im Falle einer Liquidation (Winding Up)
Permanenz (Permanence)	Der Bestandteil ist auf Anfrage verfügbar oder abrufbar, um Verluste permanent und im Falle der Liquidation aufzufangen.	
Verlustausgleichsfähigkeit (Loss Absorbency)	Der Gesamtbetrag des Bestandteils und nicht nur ein Teil davon kann Verluste im Fall einer Liquidation auffangen.	**Merkmal 2:** Volle Verlustausgleichsfähigkeit bei Unternehmensfortführung (Going Concern)
Permanenz (Permanence)	s. o.	
keine festgelegte Laufzeit (Perpetuality)	Der Bestandteil ist nicht befristet oder hat eine Laufzeit, die ausreichend ist, um die Laufzeit der Versicherungs- und Rückversicherungsverpflichtungen des Unternehmens abzudecken.	**Merkmal 3:** Der Bestandteil ist nicht befristet und verfügt über eine ausreichende Laufzeit
keine obligatorischen finanziellen Kosten (Absence of Mandatory Servicing Costs)	Der Bestandteil ist frei von obligatorischen festen Kosten und Anforderungen sowie Anreizen zur Rückzahlung des Nominalbetrages und sonstigen Belastungen.	**Merkmal 4:** Der Bestandteil ist frei von Anreizen zur Rückzahlung des Nominalbetrags **Merkmal 5:** Der Bestandteil ist frei von obligatorischen festen Kosten **Merkmal 6:** Der Bestandteil ist frei von sonstigen Belastungen

---

[598] Artikel 93 der Rahmenrichtlinie. Europäische Kommission (2008), S. 117 und CEIOPS (2008) - QIS IV, TS.V.D.5.

Wenn ihre Merkmale bestimmt sind, werden die Eigenmittelbestandteile gemäß Artikel 93 der Rahmenrichtlinie im nächsten Schritt in drei Klassen (Tiers) anhand quantitativer Kriterien eingeteilt. Diese Kriterien sind in den Durchführungsbestimmungen[599] genauer zu spezifizieren.[600] Die Unterteilung nach Merkmalen und Klassen erfolgt deshalb, weil die einzelnen Eigenmittelbestandteile über unterschiedliche Eigenschaften verfügen und somit Verluste in unterschiedlichem Maße auffangen.[601] Folgende Tabelle fasst die drei Tiers zusammen:

Tabelle 5 Einteilung der Basiseigenmittel und ergänzenden Eigenmittel in drei Tiers[602]

Klasse	Qualität	Art der Eigenmittel	Merkmale	aus der Bilanz ablesbar	Beispiele
Tier 1	hoch	BOF	die alle Merkmale erfüllen	ja	eingezahltes Grundkapital, Gewinnrücklage, Kapitalrücklage, freie RfB, hybride Finanzinstrumente/nachrangige Verbindlichkeiten (z. B. Hybridkapitalanleihen, Ergänzungskapital)
Tier 2	mittel	BOF	mit Ausnahme Merkmal 2	ja	hybride Finanzinstrumente/nachrangige Verbindlichkeiten; Kreditzusagen und Garantien, die nicht unter Klasse 1 fallen
	hoch	AOF	die alle Merkmale erfüllen	nein	
Tier 3	niedrig	BOF	die nicht unter Tier 1 und 2 fallen	ja	hybride Finanzinstrumente/nachrangige Verbindlichkeiten; Kreditzusagen und Garantien, die nicht unter Klasse 1 und 2 fallen; weitere Garantien (Other Commitments)
	mittel	AOF	die nicht unter Tier 1 und 2 fallen	nein	

---

[599] Um diese Unterteilung zu erleichtern, wird in den Durchführungsbestimmungen eine Liste bereits eingestufter Bestandteile zur Verfügung gestellt. Diese findet sich in der CEIOPS (2008) - QIS IV unter TS.V.K.
[600] Artikel 97 der Rahmenrichtlinie.
[601] Europäische Kommission (2008), S. 12.
[602] in Anlehnung an FMA (2008), S. 5-6 und Europäische Kommission (2008), S. 12.

Die anrechenbaren Eigenmittel der Klassen 2 und 3 garantieren keinen vollständigen Verlustausgleich, deshalb erkennt sie die Aufsicht nur unter zwei Restriktionen an:[603]

- Der Anteil der anrechnungsfähigen Eigenmittel (nur BOF) muss mindestens ein Drittel der Solvenzkapitalanforderung betragen. Dabei darf der Anteil der dritten Klasse ein Drittel der gesamten anrechnungsfähigen Eigenmittel nicht übersteigen.

- Bei der Mindestkapitalanforderung sind die ergänzenden Eigenmittel (AOF) nicht anrechnungsfähig und der Anteil der anrechnungsfähigen Eigenmittel (BOF und AOF) der Klasse 2 muss halbiert werden.

Der folgende Abschnitt betrachtet die Ermittlung der Mindestkapitalanforderungen, ehe Abschnitt 6.4.3.3 die Standardformel der QIS IV zur Ermittlung des Risikokapitals vorstellt.

6.4.3.2 Mindestkapitalanforderungen (MCR)

Ein VU muss Eigenmittel in Höhe der Mindestkapitalanforderungen (Minimum Capital Requirement) vorweisen, um die Mindestkriterien der Aufsicht hinsichtlich seiner Solvenz zu erfüllen. Sollte das MCR unterschritten werden, kann die Aufsichtsbehörde eine ultimative Maßnahme (Ultimative Supervisory Action) einleiten. Dies bedeutet, dass das VU abgewickelt wird, falls es nicht in der Lage sein sollte, seine Eigenmittel kurzfristig zu erhöhen. Für die Berechnung des MCR ist anzumerken, dass die Modelle der Sub-Module einfacheren Modellierungsansätzen folgen als beim SCR. Bei QIS II und III hat

---

[603] Europäische Kommission (2008), S. 12-13.

die Modellierung des MCR mit der des SCR weitgehend[604] überein gestimmt. Zunächst werden dort Teil-MCR für Teil-Risiken (bspw. MCR_{mkt}) bestimmt und dann über eine Korrelationsmatrix zusammengeführt. Die Berechnung des SCR unterscheidet sich von derjenigen des MCR dadurch, dass das operationelle Risiko auch das Katastrophenrisiko im SCR berücksichtigt. QIS IV testet einen neuen Ansatz zur Berechnung des MCR. Dort lautet die Formel:[605]

$$(36)\ MCR_{combined} = \{\min[\max(MCR_{linear}; 0,2 \cdot SCR); 0,5 \cdot SCR]\}$$

Die Formel zeigt, dass die Mindestkapitalanforderung ($MCR_{combined}$) mindestens 20 % des SCR umfassen muss, im Höchstfall jedoch 50 % des SCR betragen darf. Innerhalb dieser Spanne definiert das MCR_{linear}, wie hoch die eigentliche Mindestkapitalanforderung ausfallen sollte. Dabei kann das Mindestkapital entweder für Leben und Nicht-Leben getrennt ermittelt werden oder auch von VU, die beide Sparten zeichnen, in einer aggregierten Formel.[606] Die Ermittlung der Mindestkapitalanforderungen in QIS IV, betrachtet Prämien und Reserven sowie den Value in Force[607] und konzentriert sich somit

---

[604] In QIS II wurde ebenso wie im Call for Advice 9 an die EU-Kommission vorgeschlagen, das MCR entsprechend den Regeln von S I zu berechnen. Allerdings handelte es sich bei diesem Test um eine Übergangslösung, in dem die versicherungstechnischen Rückstellungen nach den Vorgaben von S II berechnet werden sollten (CEIOPS (2006a), S. 60). Auch in QIS III wurden die RSM (Required Solvency Margin) und die Mindestgarantiefonds (Minimum Guarantee Fund) nach S II abgefragt (CEIOPS (2007a), S. 99). Weiter wurde in QIS III ein sehr einfacher Ansatz zur Berechnung des MCR von den teilnehmenden VU verlangt: jeweils 1/3 des SCR des Standardmodells oder (falls vorhanden) des internen Modells. Während in QIS II noch die Korrelationen auf dreierlei Arten getestet wurden (vorgegebene Korrelationen, ohne Korrelationen/vollkommene Unabhängigkeit und vollständige Korrelationen) unterblieben die Tests in QIS III (CEIOPS (2006a), S. 64). Weiter ist zur Korrelationsmatrix von QIS III anzumerken, dass das Modul Kreditrisiko - analog zur Berechnung des SCR aus QIS II – bereits im Marktmodul berücksichtigt wurde. Auch wurden die Korrelationen des MCRs in QIS III angepasst.
[605] CEIOPS (2008) - QIS IV, TS.XV.B.3.
[606] CEIOPS (2008) - QIS IV, TS.XV.B.3.
[607] Der Value in Force bildet zusammen mit dem Substanzwert den Embedded Value. Er entspricht dem Barwert des Bestands im Sinne der Diskontierung der aus dem

ausschließlich auf das versicherungstechnische Risiko. Dabei werden die in QIS III getesteten Kapitalanlagerisiken und zukünftige Gewinnbeteiligungen[608] vernachlässigt. Festzuhalten ist, dass QIS IV das $MCR_{combined}$ aus einem fest definierten Anteil (20 - 50%) ermittelt.

QIS IV konkretisierte[609] auch absolute Mindestkapitalanforderungen (Absolute Minimum Capital Requirement - AMCR). Beim AMCR handelt es sich um den absoluten „Minimum Floor" des MCR. Dieser Ansatz entspricht der Idee des Mindestgarantiefonds nach S I und beträgt:[610]

- 3 Mio. € für VU, die sowohl Leben als auch Nicht-Leben-Geschäft (Composite Undertakings) zeichnen

- 2 Mio. € für Leben Versicherungsunternehmen

- 1 Mio. € für Nicht-Leben und Rückversicherungsunternehmen

6.4.3.3 Solvenzkapitalanforderung (SCR)

Die notwendigen Solvenzmittel (Solvency Capital Requirement) entsprechen dem Risikokapital, das ein VU zur Deckung seiner Risiken aufbringen muss. Das Volumen der für das SCR zu hinterlegenden Eigenmittel soll VU in die Lage versetzen, mit einer hohen

---

Bestand zu erwartenden Zahlungsüberschüsse (Romeike, F./Müller-Reichart, M. (2008), S. 455).
[608] Zukünftigen Gewinnbeteiligungen (Reduction for Profit Sharing) (vgl. Kapitel 3).
[609] Das AMCR wurde in CEIOPS (2007a) - QIS III zum ersten Mal mit einem Betrag von 1 Mio. € unterlegt und getestet, ebenso wie mit einem Betrag von 2 oder 3 Mio. € in Kombination mit zwei Berechnungsalternativen für die Mindestkapitalanforderungen des Moduls MCR_{mkt}.
[610] CEIOPS (2008) - QIS IV, TS.XV.B.4.

Wahrscheinlichkeit alle Verluste, die im folgenden Jahr auftreten, auszugleichen. Dabei sind alle quantifizierbaren Risiken zu berücksichtigen. Als Risikomaß wird (analog QIS III) der einjährige Value at Risk (vgl. Kapitel 5.2) mit einem Sicherheitsniveau von 99,5 % verwendet. Das entspricht einem 200-Jahresschaden.[611] Formal betrachtet berechnet sich das SCR in QIS IV wie folgt:[612]

$$(37)\ SCR = BSCR - Adj + SCR_{op}$$

Die Berechnung des SCR erfolgt in drei Stufen. Die erste Stufe stellt die Ermittlung der Basissolvenzkapitalanforderung (Basic Solvency Capital Requirement - BSCR) dar. Auf der zweiten Stufe wird das BSCR durch risikomindernde Anpassungen (Adjustments - Adj) für zukünftige Gewinnerwartungen (Future Profit Sharing) und latente Steuern (Deferred Taxes) korrigiert. Auf der dritten Stufe wird das operationelle Risiko (SCR_{op}) zu dem durch die Adjustments bereinigten BSCR addiert.[613]

Das operationelle Risiko (SCR_{op}) setzt sich aus zwei Bestandteilen zusammen, nämlich aus 25 % der jährlichen Verwaltungskosten (brutto)[614] für fonds- und indexgebundenes Geschäft (Unit-linked Business) zuzüglich eines Terms, der sich aus dem Minimum von 30 % des BSCR sowie dem Risikokapital für das operationelle Basisrisiko (Basic Operational Risk Charge) berechnet. Dies bedeutet, dass das Gesamt-Risikokapital des operationellen Basisrisikos nie größer als 30 % des BSCR zuzüglich der anteiligen Verwaltungskosten sein darf. Der Basic Operational Risk Charge ist das Maximum aus der Summe der anteiligen Brutto-Prämien und der Summe der

---

[611] Brosemer, M./Berthold, G./Miehle, P. (2008), S. 912-913.
[612] CEIOPS (2008) - QIS IV, TS.VIII.A.4.
[613] Eine Addition erfolgt deshalb, da CEIOPS nicht annimmt, dass ein Zusammenhang zwischen operationellen Risiken und den Risiken anderer Module besteht.
[614] Davon werden die Verwaltungskosten für Akquisitionen abgezogen.

versicherungstechnischen Rückstellungen (brutto) aus Leben, Nicht-Leben und Gesundheit. Von diesen werden in Leben die Prämien und Rückstellungen für das fonds- und indexgebundene Geschäft abgezogen. Der Faktor für Prämien aus Leben beträgt 3 % und für Nicht-Leben und Gesundheit 2 %. Bei den versicherungstechnischen Rückstellungen ist er niedriger. Er beträgt 0,3 % für Leben und 2 % für Nicht-Leben sowie 0,2 % für Gesundheit.[615]

Die Anpassungen durch die beiden Korrekturterme (Adj) werden separat ermittelt und anschließend addiert. Sie berücksichtigen die risikomindernden Effekte der zukünftigen Überschussbeteiligung (Adj_{FDB}) und den Fall einer möglichen Neubewertung latenter Steuern (Adj_{DT}). Beide Terme reduzieren das BSCR, da diese Anpassungen risikomindernd wirken. Die Berechnung der Anpassungen für zukünftige Überschussbeteiligung (Adj_{FDB}) findet sich auf der Ebene der Submodule versicherungstechnisches Risiko Leben, Gesundheit, Marktrisiko sowie Ausfallrisiko.[616] Dazu werden jeweils zwei Kapitalanforderungen ermittelt: Eine, die die Anpassung der zukünftigen Überschussbeteiligung aufgrund des Eintritts des betrachteten Risikos berücksichtigt und eine, die diesen Aspekt außer Acht lässt. Beide Terme werden mit identischen Korrelationsmatrizen zum Risikokapital des Submoduls und anschließend zum Gesamt-Risikokapital aggregiert. Die Differenz beider Terme wird mit der zukünftigen Gewinnbeteiligung, die als Risikopuffer verwendet werden kann (Future Discretionary Bonus), verglichen. Der kleinere der beiden Werte ergibt den Korrekturterm Adj_{FDB}. Die Ermittlung des Korrekturterms für latente Steuern folgt einem Szenariobasierten Ansatz: Er betrachtet die Auswirkungen eines sofortigen Verlusts an Eigenmitteln in Höhe der Basissolvenzanforderungen (BSCR) und des operationellen Risikos (SCR_{op}) abzüglich den Anpassungen für zukünftige Überschussbeteiligungen (Adj_{FDB}). Aus der

---

[615] CEIOPS (2008) - QIS IV, TS.VIII.C.4.
[616] CEIOPS (2008) - QIS IV, TS.VIII.C.2.

Berechnung dieses Szenarios ergibt sich der Korrekturterm (Adj$_{DT}$), um den die latenten Steuern vermindert werden.

Die Berechnungen der Basissolvenzkapitalanforderungen und der Adjustments erfolgen mit Ausnahme des operationellen Risikos auf Netto-Basis nach Rückversicherung. Dadurch wird dem Risikotransfer auf die Rückversicherung prinzipiell Rechnung getragen und die Solvenzanforderung reduziert.[617] Im Nicht-Leben-Modul (SCR$_{nl}$) wird die Rückversicherung darüber hinaus durch eine explizite Modellierung in den LoB berücksichtigt.

Die Aggregation der Basissolvenzkapitalanforderungen erfolgt durch eine Korrelationsmatrix nach einem RBC-Ansatz aus Kapitel 5.4.2.[618] Die einzeln ermittelten Submodule werden unter einer Quadratwurzel mit einer Varianz-Kovarianzmatrix (Korrelationsmatrix - CorrSCR$_{r,c}$) aggregiert. Dabei stehen SCR$_r$ und SCR$_c$ für das jeweilige Risikokapital aus einem Submodul, das nach der Multiplikation mit der Matrix ermittelt wird. r (row) und c (collumn) stehen für die Zeile und die Spalte, die bei der Matrizenmultiplikation erforderlich sind. So berechnet sich das BSCR wie folgt:[619]

$$(38) \quad BSCR = \sqrt{\sum_{rxc} CorrSCR_{r,c} \cdot SCR_r \cdot SCR_c}$$

Die Berechnung des BSCR erfolgt in zwei Schritten: zunächst werden auf der Ebene der Submodule fünf große Risikomodule des BSCR (Marktrisiko - SCR$_{mkt}$, Forderungsausfallrisiko - SCR$_{def}$, Leben

---

[617] Brosemer, M./Berthold, G./Miehle, P. (2008), S. 913.
[618] In QIS II wurden drei weitere Ansätze für die Aggregation der Risiken getestet: vollständige Korrelation, völlige Unkorreliertheit und eine Korrelationsmatrix. In QIS III wie in QIS IV ging CEIOPS dazu über, lediglich eine Korrelationsmatrix zu testen.
[619] CEIOPS (2008) - QIS IV, TS.VIII.C4.

- SCR_{life}, Gesundheit - SCR_{health} und Nicht-Leben - SCR_{nl}) gebildet. Jedes der fünf großen Module enthält weitere Submodule. Die Module oder Submodule stehen für Risikokategorien (vgl. Kapitel 3) und ermitteln die Höhe des zu hinterlegenden Risikokapitals mit Hilfe von Szenario- oder Kennzahlen-basierten Ansätzen (vgl. Kapitel 5). Beim Kennzahlen-basierten Ansatz wird eine Bezugsgröße mit einem Faktor multipliziert und damit die Höhe des betrachteten (Teil-)Risikos oder der Risikokategorie bestimmt. Ein Beispiel dafür wäre das Kreditrisiko in QIS IV, da dort Kapitalanlagen nach Ratingklassen eingeteilt werden. Die Multiplikation der Marktwerte von Kapitalanlagen mit dem jeweiligen Faktor, der für eine bestimmte Ratingklasse steht, ermittelt das benötigte Solvenzkapital für das (Teil-)Risiko Kapitalanlagen. Der Szenario-basierte Ansatz betrachtet die Auswirkungen verschiedener Szenarien auf die Marktwertbilanz eines VU. Dort entspricht die Reduktion der freien Mittel dem erforderlichen Solvenzkapitalbedarf zur Deckung der betrachteten Risikokategorie. Ein Beispiel aus QIS IV wäre hierfür ein Szenario für die Veränderung der Zinsstrukturkurve zur Ermittlung des Zinsrisikos im Modul Marktrisiko.[620]

Die Aggregation der Sub-Risikoklassen innerhalb eines der fünf großen Module (mit Ausnahme des Forderungsausfallrisikos, das keine Submodule beinhaltet) erfolgt ebenfalls mit Hilfe von Korrelationsmatrizen, die in ein RBC-Modell einfließen, in dem die Aggregation unter einer Quadratwurzel erfolgt. Der zweite Aggregationsschritt fasst die fünf Module ebenfalls in einer Korrelationsmatrix[621] und unter einer Quadratwurzel zusammen. Die Risiko(Sub-)-Module sind in folgender Abbildung dargestellt:[622]

---

[620] Klinge, U. (2007), S. 1145.
[621] In QIS II war den Teilnehmern noch die Möglichkeit gegeben, die Korrelationen der Matrix unter den Vorgaben niedrige (L), mittelniedrige (ML), mittlere (M); mittelhohe (MH) und hohe (H) Korrelationen frei zwischen 0 und 1 zu wählen. In QIS III waren sie fest vorgegeben.
[622] in Anlehnung an CEIOPS (2007a), S. 31; FMA (2008), S. 9.

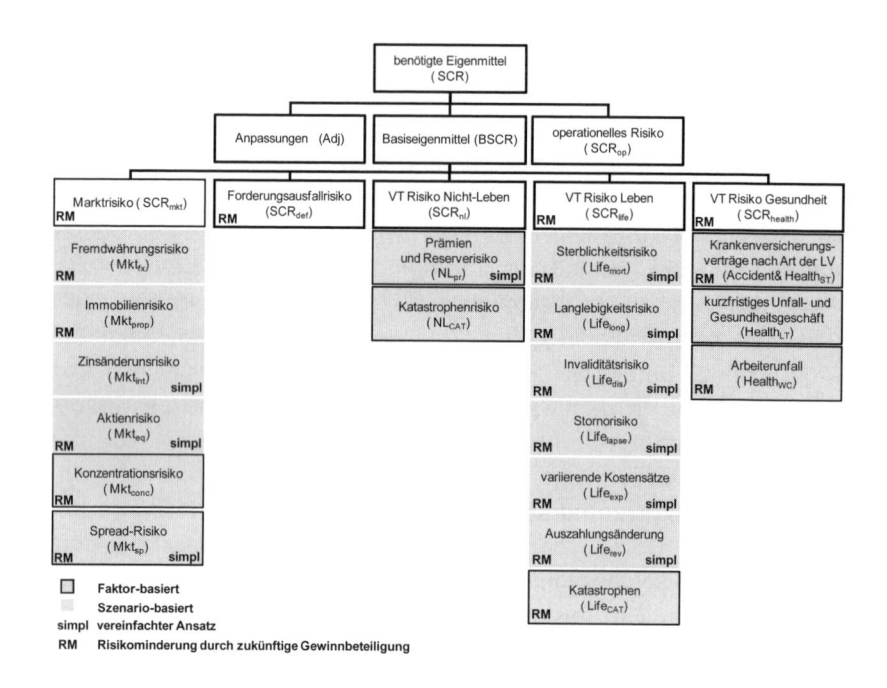

Abbildung 20 Die Risikomodule der QIS IV

Die folgenden Abschnitte beschreiben die wesentlichen Aspekte der fünf Submodule sowie die darin enthaltenen Unter-Risikokategorien, wie sie in Abbildung 20 dargestellt sind. Dabei wird auf eine Darstellung durch Formeln größtenteils verzichtet. Sie finden sich in den Technical Specifications zu QIS IV[623] der CEIOPS und werden deshalb nicht explizit aufgeführt. QIS IV stellt die in QIS III eingeführte Betrachtung von Gruppen (SCR_{ot}) detaillierter dar. Sie werden im Folgenden allerdings vernachlässigt. Weiter gehen die folgenden Abschnitte auch nicht auf vereinfachende Rechenschritte (Simplifications) ein, die die CEIOPS in den QIS-Studien bereitstellt. Die betroffenen Module sind in der Abbildung 20 mit „simpl" ge-

---

[623] CEIOPS (2008) - QIS IV.

kennzeichnet. Mit den Simplifications folgt CEIOPS Artikel 108 der Rahmenrichtlinie, der VU erlaubt, bei der Berechnung der Standardformel oder eines spezifischen Moduls eine vereinfachte Vorgehensweise anzuwenden, wenn „... *die Wesensart, der Umfang und die Komplexität der Risiken dies rechtfertigen und es unangemessen wäre, von allen Versicherungs- und Rückversicherungsunternehmen die Anwendung einer Standardberechnung zu fordern.*"[624] Diese Vereinfachungen sollen vor allem kleinen und mittelgroßen VU (KMVU) den Umgang mit Solvency II erleichtern. Der risikomindernde Effekt für zukünftige Gewinnbeteiligungen wird in den einzelnen Submodulen berechnet und hier ebenfalls ausgeklammert.[625]

6.4.3.4 Basissolvenzkapitalanforderung (BSCR)

Bei der Berechnung der einzelnen SCR-Module muss zunächst für Szenario-basierte Ansätze der Begriff des Delta Net Asset Value (ΔNAV) aus Kapitel 5.4.3 aufgegriffen werden. Bei Szenariobasierten Ansätzen wird ein Schockszenario auf Aktiv- und Passiv-Seite einer Solvenzbilanz simuliert. Die Differenz zwischen Aktiva und Passiva entspricht dem Net Asset Value (NAV). Zwei NAV-Werte werden ermittelt: ein NAV vor den Auswirkungen des simulierten Risikos auf relevante Positionen der Solvenzbilanz und ein Wert nach dem jeweiligen Szenario. Die Kapitalanforderung für das untersuchte Risiko, das ΔNAV, ergibt sich aus dem Betrag, um den sich das NAV vor dem Schock, verglichen mit dem NAV nach dem Schock, verringert. Solche Szenario-basierten Ansätze sind in den Modulen Leben (mit Ausnahme des Risikos aus Katastrophen) und Marktrisiko (mit Ausnahme des Spreadrisikos und des Konzentrationsrisikos) zu beobachten.

---

[624] Artikel 108 der Rahmenrichtlinie.
[625] Seine Berechnung findet sich in CEIOPS (2008) - QIS IV. Eine anschauliche Beschreibung erfolgt in FMA (2008).

Das Marktrisikomodul (SCR_{Mkt}) berücksichtigt die Höhe der Veränderung/Volatilität von Marktpreisen der zugrundeliegenden Finanzinstrumente. Dabei werden finanzielle Variable wie Aktienpreise, Zinssätze (Spreadrisiko, Zinsänderungsrisiko), Immobilienpreise, das Fremdwährungsrisiko sowie das Konzentrationsrisiko in den einzelnen Submodulen gemessen. Bei der Berechnung der Risiken werden Finanzinstrumente (bspw. Derivate), die der Absicherung von Kapitalmarktrisiken dienen, risikomindernd berücksichtigt. Allerdings müssen sie bestimmten Prinzipien-basierten Anforderungen genügen, wie bspw. der Liquidität oder der Rechtssicherheit.[626] Die Berechnung der Submodule des Marktrisikos erfolgt mit Ausnahme des Spread- und des Konzentrationsrisikos - sie verwenden teilweise Faktoransätze - rein Szenario-basiert. Die Aggregation der Submodule zum Marktrisikomodul erfolgt unter einer Quadratwurzel mit Hilfe einer Varianz-Kovarianz-Matrix, deren Korrelationen zwischen 0 und 0,75 liegen.[627]

Das Aktienrisiko (Mkt_{eq})[628] betrachtet die Auswirkungen eines Schockszenarios auf die Aktienpositionen einer Bilanz unter S II. Dabei gibt CEIOPS in QIS IV zwei Schockszenarien vor, die sich unterschiedlich auf das ökonomische Kapital (ΔNAV) auswirken. Diese sind das globale Aktienrisiko (Mkt_G) mit einem Wertverlust von 32 % für Aktien, die im EWR oder OECD-Raum[629] notieren und ein weiteres Aktienrisiko (Other Equities - Mkt_O) mit einem Wertverlust von 45 % für Aktien aus Schwellenländern (Emerging Mar-

---

[626] Brosemer, M./Berthold, G./Miehle, P. (2008), S. 916.
[627] CEIOPS (2008) - QIS IV, TS.IX.A.7.
[628] Beim Aktienrisiko wird zwischen einem systematischen und einem unsystematischen Risiko unterschieden (vgl. Kapitel 3.4). Dabei kann das unsystematische Risiko durch Diversifizierung reduziert werden und wird deshalb im Teilmodul Konzentrationsrisiko (Mkt_{conc}) erfasst. Da diese Reduzierung durch Diversifizierungen für das systematische Risiko nicht möglich ist, wird es im Modul (Mkt_{eq}) betrachtet.
[629] Der EWR ist der Europäische Wirtschaftsraum. Die Organization for Economic Cooperation and Development (OECD) ist eine Organisation von Industriestaaten.

kets),[630] die nicht in OECD-Staaten oder im EWR-Raum notieren. Zum weiteren Aktienrisiko gehören auch Aktien, die nicht gelistet sind, Hedge Funds und sonstige alternative Investments. Die Aggregation zum Gesamt-Risikokapital dieses Moduls erfolgt mit einer Varianz-Kovarianz-Matrix. Dabei sind globale und weitere Aktienrisiken (Other) mit 0,75 korreliert.[631]

Das Risiko sich ändernder Zinssätze wird im Zinsänderungsrisiko und im Spreadrisiko erfasst. Das Zinsänderungsrisiko (Mkt_{int}) betrachtet die Änderung der relevanten Aktiv- und Passivposten[632] der S II-Bilanz in einem Szenario-basierten Ansatz. Der Wert der zinssensitiven Bilanzpositionen wird unter Verwendung der vorgeschriebenen risikolosen Zinskurve (Zero Rate) berechnet. Die Kapitalanforderung ergibt sich aus dem Betrag, um den sich die zu Marktwerten berechneten zinssensitiven Aktiva abzüglich den dazugehörigen Passiva bei einer Neubewertung durch die von CEIOPS ermittelten vorgegebenen oder unternehmensspezifischen Zinssätze verändern.[633] Dabei wird die größte positive Veränderung aus dem Szenario-basierten Ansatz als Kapitalerfordernis für das Zinsänderungsrisiko herangezogen. Dieser Szenario-basierte Ansatz modelliert die Auswirkungen eines Zinsanstiegs und -rückgangs bezogen auf das ΔNAV.

---

[630] Ein Schwellenland ist ein Land, das noch als Entwicklungsland gilt, aber nicht mehr dessen typische Merkmale aufweist. Eine Liste der Schwellenländer erstellen bspw. die Weltbank, die OECD, der IWF oder die EG. Ein Emerging Market ist ein aufstrebender Markt. Er findet sich in Ländern, deren politische Stabilität noch nicht sicher gegeben ist und deren Finanzbereich eine rückständige Infrastruktur ausweist. Allerdings lässt sich in diesen Ländern ein längerfristiges ökonomisches Wachstumspotential feststellen. Emerging Markets finden sich i. d. R. in Staaten aus Schwellenländern (sog. zweite Welt). Dazu zählen bspw. große Staaten wie die Volksrepublik China oder Indien, aber auch kleinere Staaten in Osteuropa wie Bulgarien und Rumänien.
[631] CEIOPS (2008) - QIS IV, TS.IX.C.17.
[632] Dies sind Anleihen (Fixed Income Investments), versicherungstechnische Rückstellungen, Finanzinstrumente (Loan Capital) oder Zinsderivate. Auch passivseitige Cash Flows, die einem VU zukünftig zufließen, reagieren auf eine Änderung der Zinskurve, mit der sie diskontiert werden, und müssen deshalb ebenfalls berücksichtigt werden. (CEIOPS (2008) - QIS IV, TS.IX.B.1).
[633] Die Zinssätze finden sich in CEIOPS (2008) - QIS IV, TS.IX.A.8.

Das Spreadrisiko (Mk_{sp}) erfasst das Risiko, dass sich eine Änderung des Credit Spreads (verglichen mit dem risikolosen Zins) negativ auf den Marktwert der Vermögensgegenstände auswirkt (vgl. Kapitel 3). Dabei wird die Risikokapitalerfordernis getrennt nach Anleihen,[634] strukturierten Produkten[635] und Kreditderivaten berechnet. Das Kreditrisiko der Bonds und der strukturierten Produkte setzt sich aus einzelnen Marktwerten der potentiellen Verluste (Credit Risk Exposures) bei Ausfall zusammen, die mit der Duration des Credit Risk Exposure und einer Funktion der jeweiligen Ratingklasse multipliziert werden.[636] Bei Anleihen wird darüber hinaus der Gesamteinfluss der Passivposten der Versicherungsverträge in einem Stressszenario berücksichtigt. Auch das Risikokapital für Kreditderivate wird durch einen Szenarioansatz ermittelt. Es ergibt sich aus der Veränderung des Wertes eines Derivats aufgrund einer Erweiterung des Credit Spreads um 300 % oder seiner Verringerung um 75 %. Das höhere Ergebnis ergibt die Kapitalanforderung für Kreditderivate.[637]

Das Immobilienrisiko (Mkt_{prop}) entsteht aus der Veränderung oder Volatilität der Marktpreise für Immobilien. Es wird ebenfalls mit einem Schockszenario, bezogen auf das ΔNAV, modelliert. Es betrachtet die Auswirkungen auf die Eigenmittel eines VU bei einem 20%-tigen Preisverfall bei Immobilien.[638]

Einen Werteverlust oder Anstieg des ΔNAV aufgrund einer Änderung des Wechselkurses von 20 % gegenüber einer lokalen Währung

---

[634] mit Ausnahme der Staatsanleihen aus dem OECD-Raum oder den EWR-Staaten.
[635] Ein strukturiertes Finanzprodukt wird aus der Kombination mehrerer Basisfinanzprodukte erstellt. Dabei muss mindestens eines dieser Basisprodukte ein Derivat sein.
[636] Die einzelnen Faktoren, je nach Ratingklasse, finden sich in CEIOPS (2008) - QIS IV, TS.IX.F.12 und sind für Bonds und strukturierte Kreditprodukte unterschiedlich. Beide Finanzprodukte berücksichtigen einen Value at Risk von 99,5 %. In CEIOPS (2008) - QIS IV, TS.IX.F.13 und 14 finden sich die Funktionen für die Duration, die sich ebenfalls an den Ratingklassen orientieren.
[637] CEIOPS (2008) - QIS IV, TS.IX.F.16.
[638] CEIOPS (2008) - QIS IV, TS.IX.D.

untersucht das Währungsrisiko (Mkt_{fx}). Die Kapitalanforderung ergibt sich aus dem ungünstigeren Szenario.[639]

Das Konzentrationsrisiko (Mkt_{conc}) bildet das Risiko ab, das aufgrund vermehrter Anlagen bei ein und demselben Emittenten entsteht. Dabei sind Staatsanleihen im OECD-Raum oder der EWR-Staaten, die in der jeweiligen Währung emittiert werden, und Bankguthaben, die ein Mindestrating von AA aufweisen, 3 Mio. € unterschreiten und eine Laufzeit von weniger als 3 Monaten haben, ausgeschlossen.[640] Die Berechnung des Moduls erfolgt aus einer Kombination von Faktor- und Szenario-basierten Ansätzen. In diese fließen Ratings ein, die das Risikogewicht und den Schwellenwert des Emittenten bestimmen. Daraus können sich erhöhte Konzentrationen ergeben. Die Kapitalanforderungen für erhöhte Exponierungen werden unter einer Quadratwurzel zusammengefasst und ergeben das Risikokapital für das Konzentrationsrisiko.

Das Forderungsausfallrisiko (SCR_{def}) betrachtet das Ausfallrisiko oder die Verminderung der Kreditwürdigkeit eines Schuldners.[641] Eine Aggregation unter einer Quadratwurzel findet in diesem Risikomodul nicht statt. Bei seiner Berechnung wird zwischen Rückversicherungsverträgen, Finanzderivaten, Forderungen an Vermittler und anderen potentiellen Verlusten (Credit Risk Exposures) unterschieden und die Verlustquote (Loss Given Default) für die Rückversicherung und Finanzderivate errechnet. Die Kapitalanforderung des SCR_{def} ergibt sich aus der Summe der einzelnen Kapitalaufschläge für Rückversicherung, Finanzderivate, Forderungen an Vermittler und sonstigen Credit Risk Exposures.[642]

---

[639] CEIOPS (2008) - QIS IV, TS.IX.E.
[640] CEIOPS (2008) - QIS IV, TS.IX.G.4.
[641] CEIOPS (2008) - QIS IV, TS.X.A.1.
[642] CEIOPS (2008) - QIS IV, TS.X.A.17.

Das versicherungstechnische Risiko aus Nicht-Leben (SCR_{nl}) betrachtet das Prämien und Reserverisiko sowie das Katastrophenrisiko. Das Prämienrisiko bildet das Risiko ab, das entsteht, wenn die Versicherungsprämie nicht ausreicht, um kommende Schadenszahlungen und sonstige Kosten zu decken. Das Reserverisiko steht dafür, dass die versicherungstechnischen Rückstellungen nicht zur Deckung für die eingetretenen Schäden ausreichen. Das Katastrophenrisiko umfasst die Risiken aus extremen Ereignissen, die nicht durch das Prämien- und Reserverisiko gedeckt sind. Der Betrachtungshorizont für diese Risiken ist ein Zeitraum von einem Jahr.[643] Das SCR_{nl} berechnet sich aus zwei Submodulen, nämlich dem Modul für das Prämien- und das Reserverisiko (NL_{pr}) und dem Modul für Katastrophenschäden (NL_{CAT}). Beide Module werden unter einer Quadratwurzel aggregiert. Allerdings finden sich zwischen NL_{pr} und NL_{CAT} keine Korrelationen. Aufgrund der fehlenden Korrelationen ergibt sich folgender Zusammenhang:[644]

$$(39)\ SCR_{nl} = \sqrt{\sum\nolimits_{rxc} CorrNL^{rxc} \cdot NL_r \cdot NL_c}$$

$$= \sqrt{NL_{pr}^2 + 2 \cdot NL_{pr} \cdot NL_{CAT} + NL_{pr}^2}$$

Zunächst werden bei der Ermittlung des Prämien- und Reserverisikos Nicht-Leben (NL_{pr}) Branchen (LoB) und Regionen des gezeichneten Risikos bestimmt. Bei der Festlegung ihrer Prämien und Reserven stehen VU vor der Aufgabe, dass unterschiedliche Branchen (LoB) Risiken aus unterschiedlichen Geschäftsfeldern aufweisen und

---

[643] Stölting, R./Ehrlich, K. (2007), S. 1223.
[644] in Anlehnung an CEIOPS (2008) - QIS IV, TS.XIII.A.4.

dass in unterschiedlichen Regionen bei ein und demselben Risiko unterschiedlich hohe Schadenszahlen auftreten. Aufgrund dieser Fragestellung hat CEIOPS 14 Regionen und 12 LoB[645] bestimmt,[646] auf die die einzelnen Prämien und Reserven verteilt werden, wenn der Anteil an den betrachteten Prämien und Reserven kleiner als 95 % der gesamten Prämien und Reserven ist.

Nach der Klassifizierung in LoB und Region erfolgt die Ermittlung der Gesamtkapitalanforderung des Prämien- und Reserverisikos in vier Schritten:[647]

- erster Schritt: Bestimmung des Risikofaktors (Standardabweichung der Combined Ratio)[648] und des Volumenmaßes für das Prämien- und Reserverisiko Nicht-Leben pro LoB und Region

- zweiter Schritt: Berücksichtigung der geographischen Diversifikation pro LoB (neu in QIS IV)

- dritter Schritt: Aggregation der Standardabweichungen und Volumenmaße der einzelnen LoB zur Gesamt-Standardabweichung $\rho(\sigma)$ sowie zum Gesamtvolumenmaß V für Prämien und Reserverisiko

---

[645] Die Regelung, dass 12 LoB betrachtet werden ist neu, weil in QIS IV drei LoB (Workers Compensation, Health und Other Health) im Gesundheitsmodul integriert wurden. Von den 12 verbleibenden LoB betreffen drei das (aktive) Geschäft aus nicht proportionaler Rückversicherung.
[646] Die 12 LoB finden sich in CEIOPS (2008) - QIS IV, TS.XIII.B.6 und die 14 Regionen in CEIOPS (2008) - QIS IV, TS.XIII.B.9.
[647] CEIOPS (2008) - QIS IV, TS.XIII.B.20.
[648] Dabei werden zur Berechnung der Combined Ratio diskontierte versicherungstechnische Rückstellungen, die unter S II ermittelt worden sind, und nicht die „klassischen" versicherungstechnischen Rückstellungen ohne Diskontierung herangezogen.

- vierter Schritt: Bestimmung des NL_{pr} durch Multiplikation von $\rho(\sigma)$ und V

Im ersten Schritt unterscheiden sich die Vorgehensweisen zur Bestimmung der Volumenmaße für das Prämien- und Reserverisiko. Beim Prämienrisiko ist die geschätzte Netto-Prämie das Volumenmaß.[649] Im Falle des Reserverisikos entspricht das Volumenmaß der Höhe des Best Estimate der versicherungstechnischen Rückstellungen für noch nicht abgewickelte Versicherungsfälle jeder einzelnen LoB und Region nach Rückversicherung.[650] Weiter werden die Risikofaktoren der in Regionen eingeteilten LoB bestimmt. Dieser Faktor betrachtet die durch einen Glaubwürdigkeitsfaktor (Credibility Factor)[651] gewichtete Standardabweichung des Prämienrisikos pro LoB eines VU und diejenige des Versicherungsmarktes. Beide Größen werden unter einer Quadratwurzel zur Gesamtstandardabweichung für Prämien und Reserven der jeweiligen untersuchten LoB aggregiert. Bei der Betrachtung des Versicherungsmarktes liegt der Risikofaktor zwischen 0,17 % und 0,81 %.[652] Für die Ermittlung des unternehmensspezifischen Risikofaktors von Prämien werden im Wesentlichen Schwankungen der Netto-Schadensquote (Loss Ratio)

---

[649] Es berechnet sich aus dem Maximum der Netto-Prämien (gebuchte und verdiente Netto-Prämien) und den gebuchten Netto-Prämien des Vorjahres der jeweiligen Branche. Die Prämien des Vorjahres werden noch mit einem Aufschlag von 5 % belastet.

[650] Im Folgenden wird jedoch vereinfacht von Prämien und Reserven gesprochen.

[651] Die CEIOPS beschreibt den Credibility Factor wie folgt: „The standard deviation for premium risk in the individual LoB is derived as a credibility mix of an undertaking-specific estimate and a market-wide estimate." (CEIOPS (2008) - QIS IV, TS.XIII.B.26). Der Faktor ist von der CEIOPS ebenso wie die Standardabweichung zum Versicherungsmarkt vorgegeben. Die Gewichtung der Standardabweichung eines VU ergibt sich aus einer einfachen Multiplikation des Crediblity Factor mit der Standardabweichung. Die Gewichtung der Standardabweichung des Marktes erfolgt ebenfalls durch den Credibility Factor (der allerdings von eins subtrahiert wird).

[652] Der Wert ergibt sich aus der Multiplikation des Faktors aus der höchsten sowie niedrigsten quadrierten Standardabweichung (9 % oder 15 %) mit dem Faktor eins minus, den höchsten und niedrigsten Glaubwürdigkeitsfaktoren, die sich in CEIOPS (2008) - QIS IV, TS.XIII.B.27-28 finden. Also $0,09^2 \cdot (1-0,79) = 0,0017 \rightarrow 0,17\%$ und $0,15^2 \cdot (1-0,64) = 0,0081 \rightarrow 0,81\%$ für den besten und schlechtesten möglichen Fall pro LoB.

der jeweiligen Versicherungsbranche (LoB) von maximal 15 vergangenen Jahren berücksichtigt. Damit wird den unternehmensspezifischen Gegebenheiten einer Branche Rechnung getragen. So führt ein über Jahre hinweg ausgeglichenes Portfolio oder eine Glättung der Loss Ratio durch Rückversicherung zu einer geringeren Risikokapitalanforderung für die entsprechende LoB.[653] Der Risikofaktor für Reserven[654] wird von CEIOPS vorgegeben und liegt zwischen 7 % und 15 % je nach LoB. Die Gesamtrisikofaktoren für Prämien und Reserven pro LoB werden mit Volumenmaßen pro LoB gewichtet und zu einer Gesamtstandardabweichung pro LoB unter einer Quadratwurzel zusammengeführt.

Im dritten Schritt fließt die Gesamtstandardabweichung pro LoB in die Bestimmung der Gesamtstandardabweichung (Gesamtrisikofaktor) des Prämien- und Reserverisikos ein. Dabei erfolgt die Aggregation zum Prämien- und Reserverisiko über alle Versicherungszweige hinweg mit einer Korrelationsmatrix. In der Matrix werden ausschließlich positive Korrelationen (0,25 und 0,5) verwendet. Diese erhöhen die Risikokapitalanforderung (vgl. Kapitel 5.5.2). Der Gesamtrisikofaktor berücksichtigt auch die geographische Diversifikation (zweiter Schritt). Bei seiner Ermittlung werden je nach Höhe der Exponierung die Volumenmaße der Prämien und Reserven mit einem Faktor zwischen 75 % und 100 % gewichtet.[655] So steigt das Volumenmaß für Prämien und Reserven und somit die Risikokapitalunterlegung je höher die Exponierung eines Risikos in einer bestimmten Region und LoB ist.

Die Gesamtstandardabweichung des Prämien- und Reserverisikos wird in eine Funktion für die Standardabweichung des gesamten Portfolios eingesetzt. Diese Funktion berücksichtigt den Vorschlag

---

[653] Stölting, R./Ehrlich, K. (2007), S. 1223.
[654] Die Faktoren wurden im Vergleich zur QIS III leicht modifiziert.
[655] Dazu verwendet die CEIOPS als Kennzahl der Konzentrationsmessung den Herfindal-Index.

aus Artikel 101 der Rahmenrichtlinie, wonach die Anforderung an das Solvenzkapital einer Ruinwahrscheinlichkeit von 0,5 %[656] entsprechen soll. Da diese Überlegung in einer Standardformel nur annähernd realisiert werden kann, wird das 99,5 % Quantil (vgl. Kapitel 5.2) mit einer vorab definierten Wahrscheinlichkeitsverteilung für das Prämien- und Reserverisiko festgelegt. Das Ergebnis dieser Funktion wird mit dem durch die geographische Diversifikation gewichteten Gesamtvolumenmaß der Prämien und Reserven multipliziert und ergibt das NL_{pr}.

Zusammenfassend kann festgestellt werden, dass das SCR_{nl} das Risiko aus den Versicherungsverträgen betrachtet. Es berücksichtigt dabei die Unsicherheit über Höhe und über Zeitpunkt der möglichen Schadenszahlungen und ihr Verhältnis zu den versicherungstechnischen Rückstellungen, wie auch zu den Prämien, die diese Rückstellungen decken. Die geographische Differenzierung bewirkt Diversifikationseffekte. Allerdings wird durch positive Korrelationen zwischen den einzelnen LoB eine höhere Risikokapitalunterlegung von den VU gefordert.

Für das Risiko aus Katastrophen (NL_{CAT}) werden pro Land die wichtigsten Gefährdungen durch Naturkatastrophen (Hochwasser, Sturm, etc.) und andere Katastrophenschäden (bspw. von Menschenhand verursachte Katastrophen) durch die regionalen Aufsichtsbehörden festgelegt. Dabei wurden in QIS II und III für die Ermittlung dieses Risiko ausschließlich regionale Szenarien getestet. Diese Szenarien unterlagen wie auch in QIS IV der Prämisse, einem 200-Jahres-Ereignis (99,5 % Quantil) zu entsprechen. Die Werte der Kapitalanforderungen sind nicht korreliert, sie sind also als voneinander unabhängig anzusehen. Der Zeitraum für die Szenarien beträgt ein Jahr. Als zweite alternative Methode zur Ermittlung des Katastrophenrisikos stellt CEIOPS erstmalig in QIS IV einen Stan-

---

[656] ausgedrückt durch den Value at Risk mit 99,5 %.

dardansatz[657] für den Fall vor, dass die Aufsichtsbehörde keine regionalen Szenarien zur Ermittlung der Katastrophen vorgibt.[658] Dieser Szenarioansatz enthält die wichtigsten Gefahren aus Naturkatastrophen und anderen Katastrophenschäden für einzelne Länder. Falls die von der Aufsicht vorgegeben Szenarien oder der Standardansatz dem teilnehmenden VU nicht repräsentativ zu sein scheinen, kann es auch ein unternehmensspezifisches Szenario einreichen.[659]

Das versicherungstechnische Risiko Leben (SCR_{life}) quantifiziert die versicherungstechnischen Gefahren, die mit dem Lebensgeschäft verbunden sind. Bei der Berechnung des Risikokapitals werden die Kapitalanforderungen der Submodule mit einer Korrelationsmatrix unter einer Quadratwurzel aggregiert. Dabei liegen die Korrelationen zwischen -0,25 und 0,5.

Der Lebensansatz hat sich im Vergleich zu QIS III kaum verändert. Lediglich die Schockszenarien zur Berechnung des Stornorisikos[660] und des Katastrophenrisikos Leben[661] wurden etwas abgewandelt. Neu ist, dass die Korrelation für Sterblichkeit und Langlebigkeit von 0 auf -0,25 angepasst wurde. Alle Szenarien berücksichtigen bestehende Rückversicherungsdeckungen. Somit kann hier eine Rückversicherung, obwohl sie nicht explizit modelliert wird, risikomindernd wirken und Kapitalanforderungen für das versicherungstechnische Risiko reduzieren.

Alle Submodule des Lebensmoduls betrachten Trend-, Änderungs- oder Schwankungsrisiken, die hinsichtlich der korrespondierenden

---

[657] Der Ansatz findet sich in CEIOPS (2008) - QIS IV, TS.XIII.C.3.
[658] Für z. B. für Deutschland sind das Sturm, Erdbeben, Überschwemmung in der Sach- und KFZ-Kasko-Versicherung (Stölting, R./Ehrlich, K. (2007), S. 1224).
[659] CEIOPS (2008) - QIS IV, TS.XIII.C.18.
[660] Dabei sind die Anforderungen der Module $Lapse_{up}$, $Lapse_{down}$ gleich geblieben. Jetzt werden sie lediglich explizit in eigenen Modulen modelliert. Beim $Lapse_{mass}$ haben sich die Anforderungen verändert. Auch dieses Risiko wird jetzt in einem eigenen Modul modelliert. Alle drei Module werden im Folgenden vorgestellt.
[661] Dort wurde in QIS III noch ein Faktoransatz getestet.

Rechnungsgrundlagen bestehen. Dabei betrachtet das versicherungstechnische Risiko Leben die Unsicherheit biometrischer Erwartungen (Sterblichkeits-, Langlebigkeits- und Invaliditätsrisiko), Kostensätze, Ausübungsannahmen über Optionen von Versicherungsnehmern und Stornoerwartungen sowie das Auszahlungsänderungsrisiko. Das Katastrophenrisiko berücksichtigt extreme Schwankungen bezüglich Sterblichkeit und Invalidität, wie sie bspw. im Fall von Pandemien auftreten können. All diese Submodule werden, zum größten Teil[662] getrennt, in einem Szenario-basierten Ansatz modelliert. Die Kapitalanforderung besteht im Szenario-basierten Ansatz aus der Verringerung der Eigenmittel des NAV nach Eintritt des Szenarios im Vergleich zum NAV vor dem Szenario (ΔNAV).

Beim versicherungstechnischen Risiko stimmen i. d. R. die Beträge des ΔNAV mit der Veränderung der Best Estimate-Rückstellungen überein.[663] Dies bedeutet, dass die Risikomarge bei Risikomodulen nicht in die Berechnung der versicherungstechnischen Rückstellungen einbezogen wird. Deren Berechnung erfolgt durch den Zeitwert der zugrunde liegenden Verpflichtungen unter Berücksichtigung zukünftiger Zahlungsströme.[664] Fast alle Risikoklassen werden mit ein und demselben Ansatz eines Schockszenarios (vgl. Kapitel 5.4.3) berechnet.

Die biometrischen Risiken werden durch das Sterblichkeits-, Langlebigkeits- und Invaliditätsrisiko erfasst. Das Sterblichkeitsrisiko ($Life_{mort}$) betrachtet in einem Schockszenario eine dauerhafte Erhöhung der Sterblichkeitswahrscheinlichkeiten um 10 % für jedes Alter,[665] während das Langlebigkeitsrisiko ($Life_{long}$) eine dauerhafte Verringerung der Sterblichkeitswahrscheinlichkeiten um 25 % für

---

[662] mit Ausnahme der Aggregation zum Stornorisiko.
[663] Brosemer, M./Berthold, G./Miehle, P. (2008), S. 915.
[664] Allerdings sind die Vorgaben in QIS IV überwiegend Prinzipien-basiert, so dass VU bei der Auswahl der Methode für Schätzungen von Erwartungswerten weitgehend frei sind.
[665] CEIOPS (2008) - QIS IV, TS.XI.B.7.

jedes Alter vorsieht.[666] Das Invaliditätsrisiko ($Life_{dis}$) betrachtet eine Erhöhung der Invaliditätswahrscheinlichkeiten für jedes Alter um 35 % im kommenden Jahr und nimmt für die Folgejahre eine dauerhafte Erhöhung von 25 % an.[667]

Das Stornorisiko ($Life_{lapse}$) bildet das Maximum aus drei Szenarien (rückläufige, ansteigende oder überdurchschnittlich hohe Stornoquote). Der höchste Wert der drei Risikoszenarien ergibt die Kapitalanforderung für das Stornorisiko. Das Risiko einer rückläufigen Stornoquote ($Lapse_{down}$) betrachtet eine dauerhafte Senkung der Stornoraten um 50 % für alle Verträge, deren aktueller Rückkaufwert niedriger ist als deren aktuelle Best Estimate-Rückstellung. Das Risiko einer ansteigenden Stornoquote ($Lapse_{up}$) berücksichtigt eine dauerhafte Erhöhung von Verträgen mit einem positiven Rückkaufwert um 50 %. Das Risiko einer überdurchschnittlich hohen Stornoquote ($Lapse_{mass}$) trägt einem extremen Stornoereignis Rechnung und betrachtet alle Policen, deren Rückkaufwert die Best Estimate-Rückstellung der Police übersteigt und bewertet die Policen mit 30 % dieser Summe.[668]

Das Risiko von variierenden Kostensätzen ($Life_{exp}$) berücksichtigt Szenarios der Erhöhung der Best Estimate-Rückstellung für angenommene Kostensätze[669] um 10 %. Weiter wird angenommen, dass die (Kosten-)Inflation jährlich um einen Prozentpunkt höher ausfällt als erwartet. Dieses Risiko schließt auch Verträge mit veränderbaren Kostensätzen ein. Für sie wird angenommen, dass 75 % der zusätzlichen Aufwendungen nach einer Wartezeit von zwei Jahren durch eine Anpassung der Prämien ausgeglichen werden.[670] Dies bedeutet, dass 75 % der Kosten nach zwei Jahren an den Versiche-

---

[666] CEIOPS (2008) - QIS IV, TS.XI.C.6.
[667] CEIOPS (2008) - QIS IV, TS.XI.D.5.
[668] CEIOPS (2008) - QIS IV, TS.XI.E.
[669] Dies sind Verträge mit variablen Prämien.
[670] CEIOPS (2008) - QIS IV, TS.XI.H.3.

rungsnehmer weitergegeben werden können. Eine Steigerung von 3 % des zu zahlenden Betrags für jährliche (Versicherungs-)Leistungen modelliert das Szenario des Auszahlungsänderungsrisikos ($Life_{rev}$).[671] Das Katastrophenrisiko Leben ($Life_{CAT}$) berücksichtigt eine gleichzeitige Erhöhung der Sterblichkeit und der Invaliditätswahrscheinlichkeit um einen absoluten Betrag von 1,5 ‰.

Das Gesundheitsmodul (SCR_{health}) wurde in QIS IV modifiziert und um zwei Submodule erweitert. Jetzt berücksichtigt es zusätzlich das Risiko aus dem kurzfristigen Unfall- und Gesundheits-Geschäft (kurzfristiges Geschäft - $Accident\&Health_{ST}$) und das Risiko aus dem Arbeiterunfall (Workers Compensation - $Health_{WC}$). Diese Submodule waren in QIS III Teil des Nicht-Leben-Moduls. Zusammen mit dem Submodul für langfristiges Unfall- und Gesundheitsgeschäft (langfristiges Geschäft - $Health_{LT}$) bilden diese Module in QIS IV die Risikokapitalunterlegung für Gesundheit ab und werden unter einer Quadratwurzel aggregiert, wobei die Module kurzfristiges Geschäft und Arbeiterunfall mit 0,5 positiv korreliert sind.[672]

Die Ansätze zu Erfassung der Risiken aus dem langfristigen Geschäft ($Health_{LT}$) sind Faktor-basiert. In ihr werden Krankenversicherungsverträge nach Art der Lebensversicherung untersucht. Sie besteht wiederum aus drei Submodulen: dem Kostenrisiko ($Health_{exp}$), Risiko aus dem Risikoergebnis[673] ($Health_{cl}$) und dem Epidemierisiko ($Health_{ac}$), die ebenfalls unter einer Quadratwurzel aggregiert werden und in den Modulen $Health_{cl}$ und $Health_{exp}$ mit 0,5 positiv korreliert sind. Die Ansätze zur Messung des Risikos aus dem Risikoergebnis sowie des Stornorisikos sind identisch. Sie multipli-

---

[671] CEIOPS (2008) - QIS IV, TS.XI.G.
[672] CEIOPS (2008) - QIS IV, TS.XII.A.5.
[673] Dieses Modul stellt das Risiko dar, dass die versicherungstechnischen Rechungsgrundlagen nicht ausreichen. Allerdings sind Extremereignisse von dieser Modellierung ausgeschlossen.

zieren die gewichtete Standardabweichung der Kosten- oder Storno-Ergebnisse von Brutto-Prämien der letzten sechs bis zehn Jahre mit den Brutto-Prämien des aktuellen Geschäftsjahres. Zusätzlich werden beide Terme mit einem Risikofaktor i. H. v. 2,58 multipliziert. Die Höhe der Risikokapitalunterlegung ist abhängig von der Prämienhöhe und der Anzahl der historischen Jahre (zwischen 6 und 10), die in die Modellierung einfließen. Beim Ansatz für das Kumul- und Epidemierisiko Gesundheit (Health$_{ac}$)[674] beträgt der Risikofaktor 6,5 %. Ein zusätzlicher Risikofaktor multipliziert die Schadenserwartung des gesamten Gesundheitsmarktes mit den gewichteten Brutto-Prämien eines VU und des Marktes.[675] Dies bedeutet, dass bei steigenden Prämien auch die Risikokapitalunterlegung eines VU steigt.

Im Modul kurzfristiges Geschäft (Accident&Health$_{ST}$) erfolgt die Aggregation der Risiken ebenfalls unter einer Quadratwurzel. Auch hier sind, wie im Nicht-Leben-Ansatz die Module für das Prämien- und Reserverisiko (Accident&Health$_{STpr}$) und Katastrophenschäden (Accident&Health$_{CAT}$) nicht korreliert. Auch die Modellierung des Prämien- und Reserverisikos und des Katastrophenrisikos folgt dem Ansatz aus Nicht-Leben (NL$_{pr}$ und NL$_{CAT}$).[676]

Das Arbeiterunfallmodul (Workers Compensation - Health$_{WC}$) umfasst drei Submodule für das Prämienrisiko und Reserverisiko (WComp$_{General}$), für Renten (WComp$_{Annuities}$) sowie für Katastrophen (WComp$_{CAT}$). Dabei betrachtet das Rentenmodul (Annuity) die Risiken, die aus Zahlungen für medizinische Versorgungen und Rentenzahlungen für Versicherte sowie für Assistance-Dienstleistungen (Life Assistance), die dem Versicherten sofort und unmittelbar nach

---

[674] oder Akkumulationsrisiko.
[675] Dies entspricht dem nationalen Marktanteil eines VU, bezogen auf Brutto-Prämien.
[676] Dabei sind die Faktoren, die zur Berechnung benötigt werden, speziell für Gesundheit in CEIOPS (2008) - QIS IV, TS.XII.C.9-11 vorgegeben. Bei den Prämien und Reserven wird zwischen short-term health und accident+others unterschieden.

dem Schadensfall im alltäglichen Leben unterstützen. Die drei Risikomodule werden unter einer Quadratwurzel aggregiert. Dort sind die Submodule Renten und Prämien- und Reserverisiko mit 0,5 positiv korreliert. Im Submodul $WComp_{Annuities}$, das die Risikoklassen Langlebigkeitsrisiko ($Annuities_{long}$), Invaliditätsrisiko ($Annuities_{dis}$), Auszahlungsänderungsrisiko ($Annuities_{rev}$) und Kostenrisiko ($Annuities_{exp}$) beinhaltet, sind die modellierten Szenarien mit den Ansätzen aus Leben identisch. Eine Ausnahme bildet das Auszahlungsänderungsrisiko. Dort sind die Teilnehmer von CEIOPS gehalten, einen Schätzwert für dieses Risiko im Rahmen von QIS IV abzugeben. Die Ermittlung der Prämien- und Reserverisiken sowie das Katastrophenrisiko folgen den Ansätzen aus Nicht-Leben.[677]

Hier schließt die Betrachtung von Solvency II und des Ansatzes der QIS IV. Dabei muss nochmals darauf hingewiesen werden, dass diese Betrachtung lediglich den aktuellen Stand der Entwicklung von S II darstellt. Es bleibt abzuwarten, wie die endgültigen Anforderungen an die Solvenzkapitalausstattung eines VU aussehen werden. Weitere Hinweise dazu könnte die CEIPOS 2009 im QIS V geben. Im folgenden Abschnitt wird der Ansatz der NAIC als ein weiteres aufsichtsrechtliches Modell vorgestellt.

6.5 Risk Based Capital-Ansatz in den USA

In den USA wird, der föderalistischen Struktur des Staates entsprechend, die Versicherungsaufsicht von Aufsichtsämtern in den einzelnen Bundesstaaten ausgeübt. Die National Association of Insurance Commissioners (NAIC) ist ein Forum, in dem die Aufsichtsbeamten (Insurance Commissioners) der einzelnen Bundesstaaten über Fragen der Versicherungsaufsicht diskutieren. Allerdings besitzt die NAIC selbst keine eigene Regulierungsbefugnis oder forma-

---

[677] CEIOPS (2008) - QIS IV, TS.XII.D.

le Aufsichtskompetenz.[678] Dennoch ist ihr mit Hilfe ihres Risk Based Capital-Modells gelungen, eine Harmonisierung der bundesstaatlichen Aufsichts- und Regulierungspraxis herbeizuführen. Ihr Modell wird in allen US-Bundesstaaten angewandt. Das Modell, das als Vorläufer aller Kapitaladäquanzmodelle gilt, wird im Folgenden vorgestellt.

Gegen Ende der 80-er Jahre begann die NAIC ihr Risk Based Capital-Konzept, getrennt nach Leben und Nicht-Leben (Property/Casualty - P/C), zu entwickeln. Auslöser für die Überarbeitung der bis dato geltenden fixen Mindest-Eigenkapitalbeträge amerikanischer VU waren Insolvenzen einiger großer VU 3.1. Die US-Regierung forderte die amerikanischen Aufsichtsbehörden auf, ein neues Regelwerk für Eigenkapitalanforderungen zu erstellen.[679] Die NAIC stellte ihren RBC-Ansatz Anfang der 90-er Jahre vor. Das Modell für die Lebensversicherung trat in den USA zwischen 1992 und 1993 in Kraft, das für Schadensversicherung zwischen 1993 und 1994.[680]

Das RBC-Modell gilt, abgesehen von einigen Ausnahmen,[681] für alle größeren VU und auch für alle VU, die in mehr als einem US-Bundesstaat tätig sind.[682] Das US-Solvabilitätskonzept hat den Charakter eines Frühwarnsystems, das der Wahrung der Interessen von Versicherungsnehmern und anderen Betroffenen (geschädigten Dritten) dient.[683] Mit ihrem RBC-Konzept verfolgt die NAIC Ziele, die auch den Zielsetzungen von S II (vgl. Kapitel 6.3) ähnlich sind, nämlich:[684]

---

[678] Schradin, H. R. (1997), S.272.
[679] Hartung, T. (2007), S.226-227.
[680] Europäische Kommission (2001a), S. 3; Hartung, T. (2007), S. 227.
[681] ausgenommen sind bspw. reine Finanz- und Hypothekengarantieversicherungen oder VU in Liquidation.
[682] Müller, E./Reischel, M. (1994), S. 475.
[683] Schradin, H. R. (1997), S.275.
[684] Swiss Re (2000), S. 18.

Anforderungen der Aufsicht 218

- eine enge Beziehung zwischen der Kapitalanforderung eines VU und seinem vorhandenen Risiko

- eine Erhöhung der Kapitalanforderung zur Vermeidung von Insolvenzen bei VU

- eine Harmonisierung der bis dato uneinheitlichen US-Regulierungsvorschriften für die US-Bundesstaaten

- eine Definition klarer Eingriffsmöglichkeiten durch US-Regulierungsbehörden

Das RBC-Konzept basiert auf einer risikogerechten Überprüfung der Kapitalausstattung. Es legt Risikokategorien und die Zuordnung von (Mindest-)Kapitalmengen zur Absicherung festgestellter Risikomengen fest,[685] indem es die Risikodeckungsmassen (Total Adjusted Capital - TAC) mit dem Risikokapital (Risk Based Capital - RBC) vergleicht. Das TAC entspricht dabei dem vorhandenen Eigenkapital eines VU und das RBC der Höhe des ermittelten Risikokapitals, also dem aufgrund der aktuellen Risikolage eines VU als notwendig erachteten Sicherheitskapital.[686]

Beide Größen werden in der RBC-Ratio[687] zusammengeführt. Sie dient der Aufsicht als Indikator für die finanzielle Stabilität eines VU und wird durch folgende Formel ermittelt:

---

[685] Müller, E. (1995), S. 586.
[686] Müller, E./Reischel, M. (1994), S. 471.
[687] An dieser Stelle sei angemerkt, dass den von der NAIC bewerteten VU jegliche Werbung mit dem RBC oder der RBC-Quote zu Zwecken eines Rankings untersagt ist. Es ist allerdings nicht verboten, das Modell in nahezu identische Berechnungsvorschriften oder auch in eigene Bewertungssysteme einfließen zu lassen. So ist bei nur geringen Modifikationen doch eine Art RBC-Ranking, allerdings unter anderem Namen, möglich. (Müller, E./Reischel, M. (1994), S. 475). A.M. Best verwendet bspw. einen Modell-Ansatz, der dem der NAIC sehr ähnlich ist. A.M. Best (2003), S. 2.

Anforderungen der Aufsicht

$$(40) \quad RBC - Ratio = \frac{TAC}{RBC} = \frac{Total\ Adjusted\ Capital}{Risk\ Based\ Capital} \geq 1$$

Die RBC-Ratio lässt sich in das Risikotragfähigkeitskalkül aus Kapitel 4 einordnen. Dies kann wie folgt dargestellt werden:

$$(41) \quad RBC - Ratio = \frac{TAC}{RBC} = \frac{Risikodeckungsmasse}{Risikokapital} \geq 1$$

Solange das TAC größer ist als das RBC, sieht die NAIC keine Notwendigkeit, einzugreifen.[688] Ist die RBC-Quote kleiner eins, leitet die Aufsicht Maßnahmen ein. Die NAIC definiert dafür, dem Absinken der Quote entsprechend, vier Eingriffsstufen.[689] Diese Maßnahmen ähneln den in Deutschland geltenden Vorschriften des Versicherungsvertragsgesetzes (VAG), vgl. Kapitel 6.2.4.

Sowohl der Leben- als auch der Nicht-Leben-Ansatz des RBC-Modells berücksichtigen die drei großen Risikoklassen, nämlich das versicherungstechnische Risiko, das Kapitalanlagerisiko und das außerbilanzielle Risiko. Deren Berechnung erfolgt durch Werte, die oftmals direkt aus der Bilanz ersichtlich sind. Sie werden jedoch

---

[688] Müller, E./Reischel, M. (1994), S. 471. Eine Besonderheit gilt für Lebens- und Krankenversicherer, für die die NAIC einen Trendtest vorsieht. Das TAC muss 25 %, über dem RBC liegen. Liegt das Ergebnis aus Daten der letzten drei Jahre unter 25 %, wird von der Aufsichtsbehörde bereits die erste Eingriffsstufe, Company Action Level, eingeleitet (Müller, E./Reischel, M. (1994), S. 473).
[689] Müller, E./Reischel, M. (1994), S. 471. Dies können „weiche" Maßnahmen, wie das Company Action Level (Vorlegen eines Sanierungsplans) und das Regulatory Action Level (Vorlagepflicht von weiteren Analysen und Einleitung von Maßnahmen zur Wiederherstellung der Solvenz) oder auch „harte" Maßnahmen wie das Authorized Control Level (Eingriff in die Unternehmensführung durch die Aufsichtsbehörde) bis hin zum Mandatory Control Level (Einschreiten der Aufsichtsbehörde zur Sanierung oder Liquidation eines VU sein. Vgl. bspw. Swiss Re (2000), S. 14; Hartung, T. (2007), S.228 oder Müller, E./Reischel, M. (1994), S. 471-472).

nicht gemäß der externen Rechnungslegung, also entsprechend den Generally Accepted Accounting Principles (US-GAAP) ermittelt, sondern nach Vorschriften der Statutory Accounting Principles (SAP), die von den US-Aufsichtsbehörden vorgegeben werden und den Schutz der Versicherungsnehmer stärker berücksichtigen als US-GAAP.[690] Die Berichterstattung nach SAP stellt die Zahlungsfähigkeit (Solvenz) eines VU in den Vordergrund.[691] Ein Ausweis nach US-GAAP, der überwiegend für Aktionäre und die Börsenaufsicht[692] ermittelt wird, orientiert sich in erster Linie an der finanziellen Stabilität und Rentabilität eines VU.

6.5.1 Total Adjusted Capital

Der erste Schritt zur Ermittlung der Risk Based Capital-Ratio ist die Berechnung der Risikodeckungsmasse (Total Adjusted Capital). Diese ergibt sich wie folgt:[693]

---

[690] Hartung, T. (2007), S.228.
[691] Schradin, H. R. (1997), S.272.
[692] in den USA ist dies die Securities and Exchange Commission (SEC).
[693] NAIC (2006), S. 38; Schradin, H. R. (1997), S.273.

bilanzielles Eigenkapital (Capital)
+ *Jahresüberschuss (Surplus)*
+ *Töchter (Affiliates) nach Beteiligungsquote*
+ *Bewertungsrücklage[694] (Asset Valuation Reserve)*
+ *50 % der Dividenden Zahlungen (Dividend Liability) von Lebensversicherungstöchter an die Mutter*
− *außerbilanzielle Bestandteile (Non-tabular Discount)*
= **Total Adjusted Capital**

Bei der Ermittlung des TAC nehmen die Eigenmittelbestandteile und die Wertberichtigung für Wertänderungen (Asset Valuation Reserve - AVR) im Bereich Leben eine wichtige Stellung ein. Die AVR wird entsprechend den Vorschriften der internen Berichterstattung ausschließlich für Leben gebildet und dient der Deckung abschreibungsbedingter Vermögensverluste.[695] Sind die Risikodeckungsmassen (Total Adjusted Capital) eruiert, erfolgt im zweiten Schritt die Berechnung des Risikokapitals (Risk Based Capital) in einem von der NAIC vorgegebenen Modell.

Die NAIC entwickelte im Wesentlichen zwei Ansätze für ihr RBC-Modell, nämlich einen für Leben und einen für Nicht-Leben.[696] Das

---

[694] Wertberichtigung für Wertänderung.
[695] Schradin, H. R. (1997), S.273.
[696] Ein weiterer Ansatz für Gesundheit berechnet sich ebenfalls aus der Wurzelformel. Basel Committee on Banking Supervision (2001), S. 96-97. Er lautet: $H_0 = \sqrt{H_1^2 + H_2^2 + H_3^2 + H_4^2}$
mit
H_0 Risiken aus verbundenen Unternehmen (Affiliate Iinsurers & Other Off-balance Sheet (Non-derivative) Risk)
H_1 Risiken aus Vermögenswerten (Asset Risk) - incl. Fixed Income and Equity)
H_2 versicherungstechnisches Risiko (Insurance Risk)
H_3 Ausfall- bzw. Kreditrisiko (Credit Risk - inkl. Reinsurance und Health)
H_4 allgemeines Geschäftsrisiko (Business Risk)
Dieser Ansatz wird hier vernachlässigt, da er den beiden vorgestellten Ansätzen der NAIC sehr stark ähnelt.

formale Vorgehen beider Ansätze ist nahezu deckungsgleich.[697] Jeder Ansatz ermittelt eine eigene RBC-Bedarfsgröße pro Risikogruppe. Wobei eine „Kovarianzanpassung" mögliche gruppenweite Ausgleichseffekte berücksichtigt. Die RBC-Bedarfsgrößen selbst errechnen sich aus monetären Bezugsgrößen, die mit einem spezifischen Risikofaktor gewichtet werden. Diese Bezugsgrößen werden dem Jahresabschluss der Statutory-Bilanz entnommen.[698] Danach erfolgt eine Multiplikation der Basisgrößen - sie gelten als Indikatoren für wesentliche Risiken - mit einem von der NAIC definierten Faktor,[699] der mit der risikotragenden Position multipliziert wird. Dies entspricht dem RBC-Ansatz aus Kapitel 5.4.2.

Die NAIC bemüht sich, ihre Risikoklassen so zu definieren, dass ihr Modell trotz seiner Komplexität verständlich und anwendbar bleibt.[700] Sie werden in der folgenden Tabelle für Leben und Nicht-Leben aufgeführt.[701] Beim Leben-Ansatz ist anzumerken, dass die NAIC diese Risikoklassen 2001 aktualisiert hat.

---

[697] Mit Ausnahme eines Trendtests in Leben. Dieser prüft, ob das TAC 25 % über dem RBC liegt. Erweist sich der Test für die letzten drei Jahre als negativ, leitet die NAIC bereits die erste Eingriffsstufe ein. In Bezug auf den Nicht-Leben-Ansatz (P/C) ist zu bemerken, dass dieser eine deutlich komplexere Risikostruktur als der Leben-Ansatz aufweist. Dies ist auf unterschiedliche Branchen mit unterschiedlichen Abwicklungsarten und einer unterschiedlichen Anfälligkeit gegenüber gesellschaftlichen Entwicklungen (bspw. aus der Rechtssprechung) zurückzuführen (Müller, E./Reischel, M. (1994), S. 473).
[698] Schradin, H. R. (1997), S. 277.
[699] Dieser ist so definiert, dass Eigenkapitalanforderungen mit einem Sicherheitsniveau von 95 % bemessen werden (Hartung, T. (2007), S.229).
[700] Schradin, H. R./Telschow, I. (1995), S. 375.
[701] Müller, E./Reischel, M. (1994), S. 479; Wagner, F. (2000), S. 425.

Tabelle 6 Die Risikokategorien des RBC-Modells[702]

Risikoklassen (vor 2001)	Risikoklassen (ab 2001)	RBC-Leben	Risikoklassen	RBC–Nicht-Leben
C_0		das mit bilanzunwirksamen Verpflichtungen und Versicherungstöchtern verbundene Risiko (Affiliate Insurers & Other Off-balance Sheet (Non-derivative Risk)	R_0	das mit bilanzunwirksamen Verpflichtungen und Versicherungstöchtern verbundene Risiko (Affiliate Insurers & Other Off-balance Sheet (Non-derivative Risk)
C_1		Ausfallrisiko von Vermögensgegenständen (Asset Default Risk)	R_1	mit Anlagen von festen Erträgen verbundene Risiken (Fixed Income Bonds)
	C_{1o}	Risiken aus sonstigen Anlagen (inklusive Forderungen an Rückversicherer) (Other than Equity Risk incl. Reinsurance Credit Risk)		
	C_{1cs}	Risiken aus Aktienanlagen (Common Stock)	R_2	mit anderen Anlagen verbundenes Risiko (Stocks and Real Estate)
			R_3	Ausfall- bzw. Kreditrisiko + 50 % mit Forderungen verbundenes Risiko (Credit Risk)
C_2		Versicherungstechnisches Risiko (Insurance Risk)		
C_3		Zinsänderungsrisiko (Interest Rate Risk)	R_4	Reserverisiko: mit der Bildung von Rückstellungen verbundenes Risiko; + 50 % mit Forderungen verbundenes Risiko; inkl. Wachstumsrisiko (Reserve Risk)
	C_{3a}	Zinsänderungsrisiko (Interest Rate Risk)		
	C_{3b}	Health Prepaid Provider Credit Risk		
			R_5	Prämienrisiko: mit der Tarifbildung verbundenes Risiko inkl. Wachstumsrisiko (Premium Risk)
C_4		allgemeines Geschäftsrisiko (Business Risk)		
	C_{4a}	allgemeines Geschäftsrisiko (Business Risk)		
	C_{4b}	Verwaltungskosten aus dem Krankenversicherungszweig (Health Administrative Expenses)		

---

[702] in Anlehnung an Hartung, T. (2007), S. 229 und Schradin, H. R. (1997), S. 277.

Vor der Kovarinanzanpassung nimmt die NAIC Adjustierungen an einzelnen Risikokapitalbestandteilen bspw. bei folgenden Zusammenhängen vor:[703]

- erhöhte Konzentrationen oder herausragende Elemente innerhalb der betrachteten Risikokategorie (z. B. Wertpapierkonzentrationen oder stark exponierte LoB)

- Adjustierungen für Risiken, die aufgrund einer starken Abweichung vom Markt entstehen (z. B. Schadensquoten, Abwicklung oder Wachstum)

- Risikoreduktion durch teilweise Übertragung des versicherungstechnischen Risikos auf Versicherungsnehmer (z. B. schadenabhängige Zusatzprämien) oder durch bestimmte Vertragsformen (z. B. Policen mit meldepflichtigen Schäden - Claims Made-Policen[704])

Die Aggregation zum Risikokapital ergibt sich, wenn die zur Unterlegung eines jeden Risikos erforderlichen Kapitalbeträge unter der sog. „Wurzelformel" (Square Root Rule)[705] oder „Kovarianzanpassung"[706] zusammengefasst werden.[707] Gegen eine einfache Addition spricht,[708] dass aller Wahrscheinlichkeit nach nicht alle Risikosituationen dem Risikokapital zur selben Zeit belasten werden.[709]

---

[703] Müller, E./Reischel, M. (1994), S. 477-478.
[704] Claims Made-Policen haften nur für Schäden, die in der Policenperiode gemeldet werden. Deshalb entfällt für diese Policen das typische Nachhaftungsrisiko der sog. Occurance-Policen, bei denen die Haftung bereits bei Eintritt des Ereignisses in der Versicherungsperiode anfällt (Hartung, T. (2007), S. 239; Müller, E./Reischel, M. (1994), S. 485).
[705] NAIC (1993), S. 178.
[706] Müller, E./Reischel, M. (1994), S. 480; Wagner, F. (2000), S. 430.
[707] Europäische Kommission (2001a), S. 3.
[708] Als sich die Arbeitsgruppe der NAIC 1991 mit dem Konzept des RBC befasste, plante sie lediglich eine einfache Summierung der verschiedenen Risikoarten. Die Quadratwurzelformel stellte sie erst vor, nachdem die Hauptverantwortlichen der NAIC konsultiert wurden. Der Grund für die Einführung der Quadratwurzelformel

Anforderungen der Aufsicht 225

Die theoretische Basis des Risk Based Capital-Modells ist der versicherungsmathematische Ansatz des „Expected Policyholder Deficit" (vgl. Kapitel 5.2). Dort ist die Standardabweichung des globalen Verlustrisikos - sie entspricht der Summe der im RBC erfassten Risikoklassen - annähernd proportional zum Eigenmittelbedarf.[710] Die NAIC setzt dabei die statistische Unabhängigkeit der einzelnen Risikoarten voneinander voraus und schließt damit Korrelationen der Risiken untereinander aus.[711] Wenn die Summe der unabhängigen Risiken das globale Verlustrisiko eines VU erfasst, kann auch die Summe aus den Quadratzahlen der Standardabweichungen einzelner Risikoarten durch die Quadratwurzel berechnet werden.[712] Die Berechnung aus der Summe der Quadrate einzelner Risikowerte des Terms unter der Quadratwurzel wird im Dokument der NAIC als „Square Root Rule" eingeführt.[713] Nach dieser Regel müssten lediglich Standardabweichungen der vollständig unkorrelierten Risiken unter der Wurzel addiert werden.[714] Diesem Sachverhalt entspricht dem Risk Based Capital-Ansatz aus Kapitel 5, der um nicht vorhandene Kovarianzen bereinigt ist.[715] In der deutsch- und englischsprachigen Literatur findet sich häufig der Begriff Kovarianzansatz für das Modell der NAIC.[716] Dieser Begriff ist irreführend. Laut NAIC ergibt sich der Terminus „Covariance" lediglich daraus, dass die einzelnen Risikokapital-Werte bei diesem Ansatz zusammengeführt werden. Die NAIC bemerkt dazu: "Note that correlation is a meas-

---

war, dass die Gesamtsumme des RBC aufgrund der Diversifikation einzelner Risiken kleiner sein müsste als die Summe der einzelnen Risikowerte. Damit sollte den im Modell nicht berücksichtigten (positiven) Risikokorrelationen Rechnung getragen werden (Europäische Kommission (2001a), S. 22-23; NAIC (1993), S. 177).
[709] Schradin, H. R./Telschow, I. (1995), S. 377.
[710] Europäische Kommission (2001a), S. 23.
[711] NAIC (1993), S. 177.
[712] Entspricht laut NAIC einer gängigen mathematischen Methode bei der Annahme der statistischen Unabhängigkeit und ist in der Praxis weit verbreitet (NAIC (1993), S. 177).
[713] NAIC (1993), S. 177.
[714] Europäische Kommission (2001a), S. 23.
[715] Im RBC-Modell erfolgt keine Gewichtung der Risikoklassen durch Korrelationen.
[716] Müller, E./Reischel, M. (1994), S. 478; Wagner, F. (2000), S. 430.

ure of covariance, the ability of two variables to move together (i.e. "co-vary"). Hence the general technique for combining RBC amounts has become known as the „covariance" adjustment."[717]

6.5.2 Risk Based Capital Nicht-Leben

Im Nicht-Leben-Ansatz für Schaden- und Unfallversicherer[718] werden alle risikotragenden Positionen mit einem Faktor der NAIC multipliziert und in der RBC-Ratio mit der Risikodeckungsmasse (TAC) verglichen. Die RBC-Formel der NAIC für Nicht-Leben (P/C) lautet:

$$(42) \quad RBC_{P/C} = R_0 + \sqrt{R_1^2 + R_2^2 + R_3^2 + R_4^2 + R_5^2}$$

Die einzelnen Risikoklassen finden sich in Tabelle 6. Bei Betrachtung der Risikoklassen R_3 (mit Forderungen verbundenes Risiko) und R_4 (mit der Bildung von Rückstellungen verbundenes Risiko) muss eine Modifikation der RBC-Formel vorgenommen werden. Diese Modifikation ist deswegen erforderlich, weil die Abrechnungsforderungen gegenüber Rückversicherern im Nicht-Leben-Ansatz der NAIC doppelt erfasst werden, nämlich in Risikoklasse R_3 und Risikoklasse R_4. In die Risikoklasse R_3 gehen lediglich 50 % des Forderungsrisikos ein; die restlichen 50 % sind zuzüglich des Reserverisikos in Risikoklasse R_4 (mit der Bildung von Rückstellungen verbundenes Risiko) enthalten.[719]

MÜLLER/REISCHEL bezeichnen diese Lösung als einen „Kompromiss" der NAIC, die ursprünglich eine 100%ige Erfassung des Forderungs-

---

[717] NAIC (1993), S. 177.
[718] Property/Casualty - P/C.
[719] Wagner, F. (2000), S. 425.

risikos in Risikoklasse R_3 erreichen wollte, weil dem Forderungsrisiko so geringere Bedeutung zukäme.[720] Mit der jeweils hälftigen Erfassung der Forderungsausfallrisiken in den Risikoklassen R_3 und R_4 ergeben sich (unbeabsichtigte) Korrelationen und damit auch Kovarianzen. Durch die Anpassung in Formel (42) wird das Forderungsrisiko (R_F), das sich überwiegend aus Forderungen gegenüber Rückversicherern zusammensetzt, besser erkennbar und auch seine Auswirkungen auf den RBC-Bedarf.[721] Des Weiteren ist diese Notation näher am Modell von A.M. Best, das in Kapitel 7.3 vorgestellt wird. Die RBC-Formel lässt sich in die folgende Formel überleiten (vgl. Anhang 9.2):

$$(43)\ RBC_{P/C} = R_0 + \sqrt{R_1^2 + R_2^2 + (0{,}5 \cdot R_F)^2 + (0{,}5 \cdot R_F + \overline{R_4})^2 + R_5^2}$$

mit

R_0 *bilanzunwirksame Verpflichtungen und Versicherungstöchter*

R_1 *Risiken aus Anlagen mit festen Erträgen*

R_2 *Risiken aus anderen Anlagen*

R_5 *Prämienrisiko*

R_F *eliminierte Forderungsrisiken*

$\overline{R_4}$ *Reserverisiko R_4 ohne Forderungsrisiken*

Im Folgenden werden die einzelnen Risikoklassen aus Nicht-Leben vorgestellt.

Die Risikoklasse mit bilanzunwirksamen Verpflichtungen und Versicherungstöchtern verbundenes Risiko (Affiliate Insurers & Other Off-balance Sheet (Non-derivative) Risk – R_0) der NAIC berücksichtigt das außerbilanzielle Risiko und das Risiko, das durch verbunde-

---

[720] Müller, E./Reischel, M. (1994), S. 494.
[721] Müller, E./Reischel, M. (1994), S. 480.

ne Unternehmen entstehen kann.[722] Diese Risikoklasse befindet sich außerhalb der Wurzel. Dadurch soll ein Double Gearing (vgl. Kapitel 6.2) verhindert werden. Mit diesem Vorgehen ist allerdings nur eine sehr vorsichtige Annäherung an die Realität möglich, weil das Argument eines „Runs",[723] das der Argumentation der Aufsichtsmodelle für das Bankwesen entnommen ist, nicht auf VU übertragen werden kann.[724] Ausländische VU werden in dieser Betrachtung mit einem höheren[725] Risikokapital belegt als inländische.[726] Weiter berücksichtigt diese Risikoklasse außerbilanzielle Risiken; so werden bspw. die Werte der aufsichtsrechtlichen Bilanz (Statutory), also nicht frei verfügbare Aktiva, Bürgschaften für verbundene Unternehmen und Eventualverbindlichkeiten, mit einem einheitlichen RBC-Faktor gewichtet.[727]

Kapitalanlagerisiken oder Risiken aus Vermögenswerten (Asset Risk – R_1 und R_2) finden sich im Bereich Nicht-Leben in den Risikoklassen R_1 und R_2. Die Grundformel für beide Risikoklassen folgt einem Kennzahlen-basierten Ansatz, der die risikotragende Position mit einem Faktor multipliziert.[728] Allerdings enthalten Kapitalanlagerisi-

---

[722] Dabei unterscheidet die NAIC zwischen inländischen Unternehmen (Affiliated US P/C Insurers (directly/indirectly owned)), ausländischen Unternehmen (Affiliated Alien Insurers) und verbundenen Unternehmen anderer Branchen. Diese werden mit einem Faktor von 22,5 % belegt, unabhängig davon, ob sie im In- oder Ausland ansässig sind (Hartung, T. (2007), S. 231 und Schradin, H. R. (1997), S.278). Dabei trifft die NAIC eine Unterscheidung in amerikanische Nicht-Leben (P/C) und Leben (L/H)-VU, ausländische VU, Investment-Tochtergesellschaften und Nicht-Versicherungsmuttergesellschaften der VU.
[723] Unter einem Bank Run versteht man, dass viele oder alle Anleger einer Bank ihre gesamten Einlagen (bspw. Guthaben) zeitnah abheben wollen. Da die Bank für diesen Fall nicht über genügend Bargeld verfügt, des Geld wurde ebenfalls investiert, kann die Bank insolvent werden. Tritt dieses Phänomen bei mehreren Banken gleichzeitig auf, kann dies zu einer Rezession führen.
[724] Schradin, H. R. (1997), S.278.
[725] Die Risikobemessung der inländischen VU erfolgt durch eine Beteiligungsrate entsprechend der Anrechnung des Company Action Levels. Bei ausländischen VU werden pauschal 50% der Bilanzwerte von Aktien und Anleihen hinterlegt.
[726] Schradin, H. R./Telschow, I. (1995), S. 385.
[727] Schradin, H. R./Telschow, I. (1995), S. 390.
[728] Die einzelnen Faktoren werden in Anlehnung an das Leben (L/H)-Modell abgeleitet. Dort wurden Faktoren vergleichbarer Bond-Risikoklassen übernommen, andere Faktoren halbiert. Allerdings sind bei der Übertragbarkeit auf P/C-Sparten spar-

ken Adjustierungen bei festverzinslichen Wertpapieren (R_1) und bei Aktien, Immobilien und den übrigen Investitionen (R_2). Dabei verwendet die NAIC zwei Adjustierungen: Den Größenfaktor für Anleihen (Bond Size Factor) und den Faktor für das Konzentrationsrisiko der Vermögenswerte (Asset Concentration Factor). Der Größenfaktor für Anleihen (Bond Size Factor) berücksichtigt das Ausmaß der Diversifikation innerhalb der festverzinslichen Wertpapiere.[729] Er folgt dabei der Überlegung, dass das Gesamtrisiko bei einer zunehmenden Streuung von Wertpapieren sinkt. Deshalb nimmt die NAIC eine Adjustierung der Risikofaktoren nach der Anzahl der Emittenten vor.[730] Die Adjustierung errechnet sich aus einer abschnittweise definierten Funktion, in der die NAIC die Anzahl der Emittenten in verschiedene Größenstufen einteilt, mit verschiedenen Faktoren belegt und durch die Gesamtzahl der Emittenten dividiert. Dabei werden die Wertpapiere der ersten 50 Emittenten mit einem Zuschlag von 150 % belegt, die folgenden mit einem Zuschlag von 30 %. Ab dem 401ten Emittenten gewährt die NAIC einen Abschlag von 10 %.[731] Dies bedeutet, dass die NAIC ausreichend diversifizierte VU mit einem niedrigeren Risikofaktor „belohnt". Ausreichende Diversifikation wird also honoriert.[732] Die Berechnung in Anhang 9.1.1 zeigt, dass ein VU über mindestens 1.300 Emittenten verfügen muss, um einen Abschlag auf das zu hinterlegende Risikokapital zu erhalten. Ist die Zahl der Emittenten niedriger als 1.300, muss das VU sein Risikokapital erhöhen.

Der Faktor für das Konzentrationsrisiko (Asset Concentration Factor) soll VU dazu motivieren, ihre Kapitalanlagen besser zu streu-

---

tenspezifische Unterschiede zu berücksichtigen. So ergibt sich bspw. aufgrund der längerfristigen Reservebildung im L/H-Geschäft eine abweichende Aufteilung der Investments (Schradin, H. R./Telschow, I. (1995), S. 389).
[729] Schradin, H. R./Telschow, I. (1995), S. 385-386.
[730] Ausgeschlossen sind Emittenten der sog. „Highest Quality Bonds". Das sind Wertpapiere, die die NAIC der höchsten Qualitätsstufe zuordnet.
[731] Müller, E./Reischel, M. (1994), S. 492.
[732] Schradin, H. R./Telschow, I. (1995), S. 386.

en.[733] Aus der Summe aller Anlageformen,[734] z. B. verschiedener Anleihen oder Hypotheken des selben Emittenten,[735] werden die Anlagebeträge der zehn größten Emittenten bei der Berechnung des Risikokapitals zweimal mit Faktor für das Risikokapital belastet, also verdoppelt. Der Maximalfaktor ist auf 30 % beschränkt, der RBC-Faktor muss größer als 0,01 sein. Dies bedeutet, dass risikoarme Papiere wie bspw. Staatsanleihen von der Betrachtung ausgeschlossen werden, da deren Risikofaktor kleiner als 0,01 ist.

Das Ausfall- oder Kreditrisiko, also das mit Forderungen verbundene Risiko (Credit Risk - R_3 und R_4), lässt sich in zwei Gruppen unterteilen, nämlich in das Risiko aus Forderungen gegenüber Rückversicherern und das Risiko aus sonstigen Forderungen. Beide Gruppen werden mit einem Kennzahlen-basierten Ansatz berechnet. Der Faktor für sonstige Forderungen liegt zwischen 5 % und 10 %. Der Faktor für Forderungen aus Rückversicherungen[736] beträgt pauschal 10 % der Höhe des zedierten Geschäfts. Hierzu ist anzumerken, dass aufgrund des pauschalen Faktors keine Differenzierung nach Solvabilität des Rückversicherers, nach Abwicklungsdauer, Vertragsarten, Besicherungssystemen (wie z. B. Bardepot oder Letter of Credit)[737] oder anderen spezifischen Einflussfaktoren (wie bspw. der Realisierbarkeit der RV-Forderungen) getroffen wird. Die auf diese Weise berechnete Risikokapital-Unterlegung geht zur Hälfte an die Risikoklassen R_3 und R_4, kann aber auch einzeln dargestellt werden.

---

[733] Schradin, H. R./Telschow, I. (1995), S. 386.
[734] Allerdings gibt es auch Ausnahmen: Nicht betrachtet werden bspw. Staatsanleihen oder Highest Quality Bonds (Müller, E./Reischel, M. (1994), S. 492).
[735] Schradin, H. R./Telschow, I. (1995), S. 386.
[736] Mit Ausnahme der konzerninternen Retrozession (Rückversicherungsverträge, die innerhalb eines Konzerns geschlossen werden, wenn bspw. das Mutterunternehmen Risiken der Tochter übernimmt bzw. rückversichert).
[737] Ein Letter of Credit ist ein Akkreditiv. Dabei handelt es sich um Bescheinigungen von Personen oder Körperschaften gegenüber anderen, meist in Form eines Dokumenten-Akkreditivs, hier also um ein Zahlungsversprechen des Rückversicherers gegenüber dem Erstversicherer.

Mit dem versicherungstechnischen Risiko (Insurance Risk – R_4 und R_5) erfasst die NAIC das Schadensreservierungsrisiko (R_4) und das Prämienrisiko (R_5). Das Schadensreservierungsrisiko steht für die Gefahr einer unzureichenden Bemessung von Reserven für noch zu begleichende Schäden und auch für Schadensregulierungskosten, während das Tarifierungsrisiko das Risiko einer inadäquaten Prämienkalkulation hinsichtlich der Kostendeckung darstellt.[738] Darüber hinaus wird auch ein Teil[739] der außerbilanziellen Risiken bei der Betrachtung des versicherungstechnischen Risikos erfasst, nämlich das Risiko des übermäßigen (Brutto-)Prämienwachstums. Auch hier ist der mathematische Grundansatz analog zu dem in Kapitel 5.4 vorgestellten Kennzahlen-basierten Ansatz zuzüglich Adjustierungen (ebenso wie bei den Risikoklassen R_4 und R_5):[740]

$$(44)\ R = \left[\sum_{i=1}^{n} f_{(x,i)} \cdot BP_{(x,i)}\right] \cdot f_d + \left[\sum_{i=1}^{n} BP_{(x,i)}\right] \cdot f_p$$

---

[738] Schradin, H. R./Telschow, I. (1995), S. 378.
[739] Das außerbilanzielle Risiko besteht im Modell der NAIC für Nicht-Leben (P/C) aus zwei wesentlichen Risikoklassen: dem Wachstumsrisiko und dem Sammelposten für weitere außerbilanzielle Aspekte. Das Wachstumsrisiko wird in der Risikoklassen R_4 und R_5 erfasst. In die bereits vorgestellte Risikoklasse R_0 gehen Risikokapital-Beträge für „Sammelposten" von nicht freiverfügbaren Aktiva, Bürgschaften, verbundenen Unternehmen und Eventualverbindlichkeiten ein.
[740] in Anlehnung an Schradin, H. R./Telschow, I. (1995), S. 380.

mit

R   Reserverisiko (R_4) oder Prämienrisiko (R_5)
x   Index für Reserven (R) und Prämien (P)
i   relevante LoB für Prämien und Reserven
f_d Konzentrationsfaktor für Verluste (Loss Concentration Factor)
f_p Wachstumszuschlag (Exessive Growth Factor)
$f_{(x,i)}$ Faktor für die Messung der Unternehmens- und Markterfahrung[741]
$BP_{(x,i)}$ relevante Prämien (Net Written Premiums) oder versicherungstechnische Reserveposition

Die vorgenommenen Adjustierungen veranschaulicht folgende Abildung:

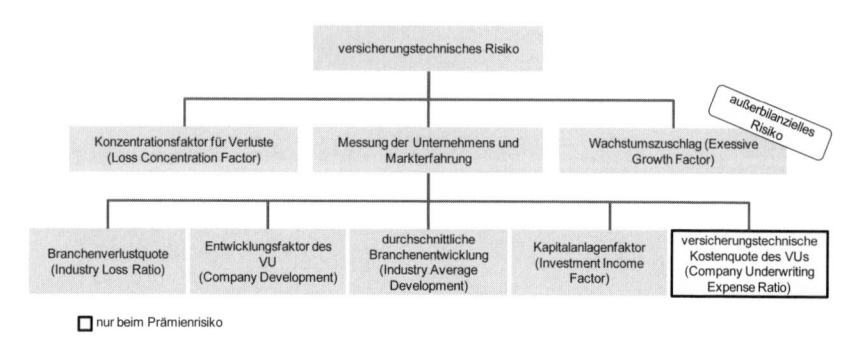

Abbildung 21 Adjustierungen der NAIC-Risikoklassen R_4 und R_5

---

[741] Die Bestandteile dieses Faktors ändern sich, je nachdem, ob er bei der Berechnung von Prämien oder Reservefaktoren eingesetzt wird. Außerdem lassen sich bei der Ermittlung der Prämien-und Reservefaktoren weitere Adjustierungen für Loss Sensitive Contracts (schadensabhängige Verträge) und Medical Malpractice Insurance (im Wesentlichen das Berufshaftpflichtrisiko von Ärzten und medizinischen Institutionen (z.B. Hospitälern) feststellen. Eine genaue Beschreibung dieser Adjustierungen findet sich in Müller, E./Reischel, M. (1994), S. 485.

Das mathematische Vorgehen zur Ermittlung der einzelnen Adjustierungen des Prämienrisikos ähnelt denen des Reserverisikos. Im Folgenden werden Unterschiede und Gemeinsamkeiten betrachtet.

Der Konzentrationsfaktor für Verluste (Loss Concentration Factor) erfasst das Konzentrationsrisiko. Dabei handelt es sich um eine Adjustierung der Hauptsparte.[742] VU mit breit gestreutem Portfolio werden für eine ausgeglichene Diversifikation durch eine niedrigere Risikokapitalunterlegung belohnt, indem das Volumen der größten Branche im Portfolio (Hauptsparte) durch die Summe der Volumina aller Branchen, in denen das VU tätig ist dividiert wird.[743]

Der Wachstumszuschlag (Excessive Growth Factor) stellt ein außerbilanzielles Risiko dar. Er misst dabei den Risikozuschlag für ein überproportionales Prämienwachstum eines VU und belastet VU, die ein durchschnittliches Prämienwachstum erzielt haben, das größer als 10 % ist. Dieses Wachstum wird mit einem Faktor von 0,9 gewichtet, das Ergebnis bei den Prämien mit einem Faktor von 0,25 und bei Reserven mit 0,5 belegt.[744] Diese zusätzliche Risikokapitalunterlegung folgt der Annahme, dass stark wachsende VU größere Reservedefizite ausweisen als normal wachsende.[745]

Die Messung der Unternehmens- und Markterfahrung beinhaltet das für VU relevante Unternehmens- und Branchenrisiko.[746] Auch hier lässt sich feststellen, dass das mathematische Vorgehen bei der Ermittlung des Faktors für Prämien und für Reserven annähernd identisch ist. Eine Besonderheit bei der Kalkulation des Prämienfak-

---

[742] prämien- bzw. reserveintensivste Sparte eines VU.
[743] Dies bedeutet etwa bei 15 Sparten, dass bei Annahme von völlig gleichen Anteilen in allen Sparten der Gewichtungsfaktor „nur" 72 % (0,7+0,3·1/15) beträgt. Bei einem reinen Mono Liner (ist ein VU, das sich auf eine einzige Sparte spezialisiert hat) wäre dieser Faktor 100 % (0,7+0,3·1) (Müller, E./Reischel, M. (1994), S. 486).
[744] Feldblum, S. (1996) S. 354-355.
[745] NAIC (2006), S. 15.
[746] Schradin, H. R./Telschow, I. (1995), S. 379.

tors stellt die Aufnahme der aktuellen versicherungstechnischen Kostenquote (Company Underwriting Expense Ratio - $CE_{(x,i)}$) dar,[747] weil auch alle neben Schadenszahlungen auftretenden Kosten durch Prämieneinnahmen gedeckt werden sollen. Der Faktor zur Messung der Unternehmens- und Markterfahrung lässt sich wie folgt darstellen:[748]

$$(45) \quad f_{(x,i)} = \max\left\{0, \left[\left(\tilde{f}_{(x,i)} \cdot \left(0{,}5 \cdot \frac{C_i}{I_i} + 0{,}5\right) + a\right) \cdot PV_{(x,i)} + CE_{(x,i)} - 1\right]\right\}$$

mit

i	betrachtete Sparte
x	Index für Reserven (R) oder Prämien (P)
$\tilde{f}_{(x,i)}$	Branchenverlustquote[749]
C_i	Entwicklungsfaktor des VU (CD bei Reserven; CL bei Prämien)
I_i	durchschnittliche Branchenentwicklung (ID bei Reserven; IL bei Prämien)
$PV_{(x,i)}$	Kapitalanlagefaktor (Investment Income Factor)
$CE_{(x,i)}$	Versicherungstechnische Kostenquote (bei Reserven = 0)
a	bei Reserven a = 1 bei Prämien a = 0

Im Zusammenhang mit der Unternehmens- und Markterfahrung eines VU ist zunächst die Branchenverlustquote (Industry Loss Ratio - $\tilde{f}_{(x,i)}$) zu nennen. Sie bestimmt den Faktor, der notwendig ist, um die in den letzten Jahren beobachtete höchste Abwicklungsverschlechterung des Marktes in Sparte i zu begleichen und bestimmt somit das höchste Schadensreservierungsdefizit der Branche.[750]

---

[747] Müller, E./Reischel, M. (1994), S. 488.
[748] Die Entwicklung der allgemeinen Formel findet sich im Anhang 9.1.3. in Anlehnung an Müller, E./Reischel, M. (1994), S. 483 und S. 487.
[749] Bei Reserven sollen die höchste Abwicklungsverschlechterung der letzten 10 Jahre und bei Prämien die Maximalschadenquote des Marktes durch Risikokapital abgedeckt werden (Müller, E./Reischel, M. (1994), S. 483 und S. 487).
[750] Schradin, H. R./Telschow, I. (1995), S. 379.

Dabei werden Entwicklungsfaktoren[751] aller VU einer Sparte verglichen, um durch ein einfaches Worst Case-Szenario Schwankungen des Marktes während der letzten Jahre zu bestimmen. Gemessen werden die Entwicklungsfaktoren der Reserven durch das Verhältnis des höchsten Ist-Abwicklungsverlustes der betrachteten Geschäftsjahre ein Bezug auf seinen Plan-Wert (Anfangsschätzung des Abwicklungsverlusts - Initial Evaluation of Losses). Dabei ist der Abwicklungsverlust ist als die Summe der eingetretenen Schäden (Incurred Losses) und der Schadensregulierungskosten (Loss Adjustment Expenses) des betrachteten Geschäftsjahres definiert.[752] Der Betrachtungszeitraum erstreckt sich über zehn Jahre.[753] Der Wert des Faktors der Branchenverlustquote liegt zwischen 0 und 1. Bei den Prämien ist das Vorgehen analog dort wird die höchste Schadensquote[754] der letzten zehn Jahre betrachtet.

Das Unternehmensrisiko wird durch den Entwicklungsfaktor des VU für die durchschnittliche Branchenentwicklung (Company Development Factor - C_i) und das Branchenrisiko durch den Faktor für die durchschnittliche Branchenentwicklung (Industry Average Development Factor - I_i) gemessen.[755] Der Vergleich beider Faktoren in ihrem Verhältnis zueinander setzt die Entwicklung eines VU in Relation zu derjenigen seines Versicherungszweiges. Die Faktoren für die Branchenentwicklung (wie auch die Branchenverlustquote) werden von der NAIC vorgegeben. Beide Faktoren betrachten die spartenspezifische durchschnittliche Entwicklung aller VU (Industry Development Factor) und des einzelnen Unternehmens (Company

---

[751] Dies sind eingetretene Schäden, Schadensregulierungskosten und geschätzte bzw. prognostizierte Schäden.
[752] Wagner, F. (2000), S. 426.
[753] Europäische Kommission (2001a); S. 6.
[754] Die Schadenquote (Loss Ratio) berechnet sich aus der Summe der Schadensleistungen, die durch die Summe der verdienten Beiträge geteilt wird. Sie beschreibt also das Verhältnis der Schadensleistungen zu den verdienten Beiträgen (Rockel, W./Helten, E./Loy, H./Ott, P. (2007), S. 326).
[755] Schradin, H. R./Telschow, I. (1995), S. 379.

Development Factor).[756] Sie bilden das arithmetische Mittel aus Quoten der Ist-Werte und der geplanten Wert der letzten betrachtenden Jahre.

Bei Reserven stellen beide Faktoren einen Indikator für die Qualität der Schadensreservestellung eines VU und eines Marktes dar. Bei Prämien betrachten sie das Risiko, inwieweit Prämieneinnahmen - die entsprechend der Rückversicherungsforderungen korrigiert werden - zur Deckung der Reserven einzelner VU oder der gesamten Branche ausreichen. Dabei berücksichtigt der Company Development Faktor (CL_i) bei Prämien die mittlere Schadensquote eines VU (Company Average Loss and Loss Adjustment Expense Ratio) und der Industry Factor (IL_i) die mittleren Schadensquoten des Marktes (Industry Average Loss and Loss Adjustment Expense Ratio) der letzten zehn Jahre.[757] Bei Reserven werden die Quoten aus eingetretenen Schäden (Incurred Losses) und Schadensregulierungskosten (Loss Adjustment Expenses) der letzten neun Jahre auf prognostizierte Schäden und Schadensregulierungskosten aller VU (Industry Average Development – ID_i) und des individuellen VU (Company Development - CD_i) bezogen.[758]

Der Kapitalanlagefaktor (Investment Income Factor – $PV_{(x,i)}$) stellt einen Barwertfaktor dar, der im Mittel eine mögliche Diskontierung von 5 % erlaubt. Er wird von der NAIC vorgegeben und verringert die Risikokapitalanforderung der jeweiligen Sparte i. Dabei erfasst dieser die spartenspezifische Abweichung der Prämieneinnahmen oder Reservestellungen bei Ausgaben für Schadenszahlungen. Er betrachtet auch die Entlastung, die aus zukünftigen Investmenterträgen erwartet wird. Zukünftige Kapitalerträge ergeben sich voraussichtlich aus spartenspezifisch zeitlich gedehnten Auszahlungen. Im Fall der Risikoklasse R_5 berücksichtigt er die nach Kosten vor-

---

[756] Schradin, H. R./Telschow, I. (1995), S. 378.
[757] Müller, E./Reischel, M. (1994), S. 488.
[758] Schradin, H. R./Telschow, I. (1995), S. 378.

handenen, verdienten Netto-Prämien ($PV_{(P,i)}$) und bei Risikoklasse R_4 die im Markt vorhandenen Reserven ($PV_{(R,i)}$).[759]

6.5.3 Risk Based Capital Leben

Im RBC-Ansatz Leben werden das versicherungstechnische Risiko Leben, das Kapitalanlagerisiko, das Zinsänderungsrisiko und das allgemeine Geschäftsrisiko mit Risikokapital unterlegt. Weiter berücksichtigt der Ansatz der NAIC das Risiko, das mit bilanzunwirksamen Verpflichtungen und Versicherungstöchtern verbunden ist. Es wird analog zu dem Ansatz aus Nicht-Leben gebildet und deshalb hier nicht weiter vorgestellt.[760]

2001 überarbeitete die NAIC ihren ursprünglichen RBC-Ansatz.[761] Dabei änderte sie den Aufbau der Formel und führte einen Steuerbereinigungsfaktor (Tax Adjustement Factor) ein, der sich auf die Berechnung bestimmter Bestandteile der Risikoklassen C_1, C_2, C_3 und C_4 auswirkt.[762] Die neue Berechnungsweise lautet wie folgt. Die einzelnen Risikoklassen finden sich in Tabelle 6:[763]

$$(46)\quad RBC_{Leben} = C_0 + C_{4a} + \sqrt{(C_{1o} + C_{3a})^2 + C_{1cs}^2 + C_2^2 + C_{3b}^2 + C_{4b}^2}$$

Alle Anforderungen an das Risikokapital-Leben (RBC-Leben) werden mit einem Kennzahlen-basierten Ansatz berechnet. Es erfolgen lediglich Adjustierungen beim Kapitalanlagerisiko durch den Größen-

---

[759] Müller, E./Reischel, M. (1994), S. 484 bzw. 488.
[760] Europäische Kommission (2001a), S. 8.
[761] Die ursprünglich vorgestellte Formel der NAIC lautete:
$RBC_{Leben} = C_0 + \sqrt{(C_1 + C_3)^2 + C_2^2}$ (Müller, E. (1995), S. 586).
[762] Hartung, T. (2007), S. 231; Europäische Kommission (2001a), S. 8.
[763] Europäische Kommission, (2001a), S. 8.

faktor für Anleihen (Bond Size Factor) und den Faktor für Konzentrationsrisiken der Vermögenswerte (Asset Concentration Factor), deren Ermittlung derjenigen des Nicht-Leben Ansatzes ähnelt.[764] Auch befinden sich die Risikoklassen der außerbilanziellen Risiken (C_0 bzw. R_0) wie im Nicht-Leben-Ansatz vor der Quadratwurzel, ebenso wie die Risikoklasse allgemeines Geschäftsrisiko (C_{4a}). Dies stellt eine Abweichung zum Nicht-Leben-Ansatz dar. Risiken aus sonstigen Anlagen (C_{1o}) und Aktienanlagen (C_{3a}) werden zuerst addiert und dann quadriert. Damit misst die NAIC der Risikokapitalunterlegung dieser beiden Positionen größere Bedeutung zu als den Risikoklassen unter der Wurzel.

Das Kapitalanlagerisiko (Asset Default Risk - C_1) erfasst die Gefahr von Zinsausfällen oder Verlusten bei investiertem Kapital. Die NAIC definierte dafür je nach Anlageart und Emittenten oder Schuldnerbonität einen Faktor für die Risikokapitalunterlegung zwischen 0 und 30 %.[765] Analog zum Nicht-Leben-Ansatz wird die Summe der Risikokapitalbestandteile je nach der Streuungsqualität des Portfolios durch den Bond Size Factor und den Asset Concentration Factor angepasst.[766] Die Komponente C_1 wurde 2001 in zwei Gruppen aufgeteilt: in das Risikokapital für Aktien ($C1_{cs}$) und das Risikokapital für sonstige Anlagen und Forderungen gegenüber Rückversicherungsunternehmen (C_{1o}). Dadurch erreicht die NAIC eine Anpassung an die Risikoklassen aus Nicht-Leben.[767] Ein Lebens-VU mit Krankenversicherungszweig hat auf Grund des Kapitalanlagerisikos zusätzlich weiteres Risikokapital für „Health Prepaid Provider Credit

---

[764] Mit Ausnahme der zu unterlegenden Risikofaktoren, die sich in Leben und Nicht-Leben unterschiedlich gestalten.
[765] Hier unterscheiden sich die Faktoren bei Leben und Nicht-Leben. In der Nicht-Lebensversicherung beträgt dieser Faktor „nur" 15 %, nicht wie ursprünglich vorgesehen 30 %. Die NAIC senkte ihn für Schadensversicherer, weil diese i. d. R. wesentlich mehr Aktien halten als Lebensversicherer und für diesen Umstand nicht „bestraft" werden sollten (Europäische Kommission, (2001a), S. 8).
[766] Schradin, H. R. (1997), S. 278.
[767] Risikoklasse R_2 ähnelt Risikoklasse $C1_{cs}$, die Risikoklassen R_3 und R_4 der Risikoklasse C_{1o}.

Risks"[768] zu hinterlegen. Dieser Umstand wird durch Komponente C_{3b} erfasst.[769]

Das versicherungstechnische Risiko Leben (Insurance Risk - C_2) bezieht sich auf das riskierte Kapital (Net Amount at Risk), also auf das Kapital, das über das Deckungskapital hinausgeht. Es steht für die Gefahr, dass kalkulierte und reservierte Deckungsmittel nicht ausreichen, um tatsächliche Auszahlungen auszugleichen.[770] Abhängig vom Versicherungsbestand variieren die Gewichtungssätze bei Einzellebensversicherungen zwischen 1,5 ‰ und 0,6 ‰ und bei Gruppen-Lebensversicherern zwischen 1,2 ‰ und 0,5 ‰.[771] Dabei muss ein VU für größere Bestände weniger Risikokapital hinterlegen. Bei der Ableitung der Risikogewichte werden für unterschiedliche Bestandsgrößen[772] unterschiedliche Schadensentwicklungen simuliert und daraus der Faktor für die Risikokapitalunterlegung errechnet.[773]

Das Zinsänderungsrisiko (Interest Rate Risk - C_3) erfasst das Risiko eines vorzeitigen Abgangs von Versicherungspolicen, der durch eine Änderung der Marktzinssätze entstehen kann.[774] Somit fokussiert sich diese Risikoklasse auf das Asset Liability Mismatch-Risiko. Unterschiedliche Risikokapitalfaktoren werden zwischen 0,75 % und 3 % in Abhängigkeit von Produktmerkmalen, insbesondere der Formulierung der Rückkaufgarantie und der daraus abgeleiteten Stornoneigung errechnet.[775] Diese Berechnung erfolgt unter Einbeziehung von Rückstellungen, die die Rückkaufrechte der Policen darstellen. 2000 hat die NAIC sog. Cash Flow Tests zur Berechnung

---

[768] Diese Form kann mit dem Managed Care-Modell (vgl. Kapitel 7.4.3) verglichen werden.
[769] Hartung, T. (2007), S. 232; Europäische Kommission (2001a), S. 8.
[770] Schradin, H. R. (1997), S.279.
[771] Hartung, T. (2007), S. 231.
[772] sind 10.000, 100.000 oder 1.000.000.
[773] Schradin, H. R. (1997), S.279.
[774] Hartung, T. (2007), S. 231.
[775] Schradin, H. R. (1997), S.279.

der Risikoklasse C_3 eingeführt. Dabei werden Zinsspannen und deren mögliche Auswirkungen in einem Szenario-basierten Ansatz modelliert.[776] Teilnehmenden VU liefert die NAIC 12 bzw. 50 Szenarien für Zinskurven.[777] Die Komponente C_3 ergibt sich aus der Gewichtung der Ergebnisse aus unterschiedlichen Szenarien.[778]

Das allgemeine Geschäftsrisiko (Business Risk - C_4) ist der Sammel- und Auffangtatbestand für Risiken, die in den vorangegangenen Risikoklassen nicht genannt sind, wie bspw. das Betriebskostenrisiko. Die Risikokapitalunterlegung lässt sich nicht empirisch begründen und stützt sich auf Praktikabilitätserwägungen bei Prämieneinnahmen.[779] Betreibt ein VU auch Krankenversicherung, werden die Verwaltungskosten dieses Versicherungszweiges unter Komponente C_{4b} berücksichtigt.[780]

---

[776] Hartung, T. (2007), S. 232.
[777] VU, die sich dem Cash Flow-Test nicht unterziehen, werden durch eine pauschale Anhebung der Risikofaktoren „bestraft" (Europäische Kommission (2001a), S. 9).
[778] Europäische Kommission (2001a), S. 9.
[779] Schradin, H. R. (1997), S. 279. So beläuft sich der hinterlegte Risikofaktor für die Risikoklasse C_{4a} pauschal auf 2 % der Lebensversicherungsprämien (Europäische Kommission (2001a), S. 9).
[780] Hartung, T. (2007), S. 232.

7 Anforderungen der Rating-Agenturen

Die Rating-Kultur steht in der EU und auch in Deutschland erst am Anfang ihrer Entwicklung. Dennoch stellen sich vor allem große VU dem Urteil der Rating-Agenturen. Der europäische Markt ist für Rating-Agenturen oligopolistisch strukturiert, weil seine Eintrittsbarrieren sehr hoch liegen. Weltweit nehmen die Agenturen Standard & Poor´s (S&P) und A.M. Best eine bedeutende Stellung ein.[781] Auch die Agenturen Moody´s und Fitch üben nennenswerten Einfluss aus.

Weltweit erzielte die Branche 2002 in allen gerateten Industrien einen Gesamtumsatz von 2,6 Mrd. US $. Davon erwirtschafteten die Agenturen S&P und Moody's jeweils 40 % der Umsätze, gefolgt von Fitch (14 %) und A.M. Best (4 %).[782] In der Versicherungswirtschaft weisen die beiden ältesten Agenturen A.M. Best (gegründet 1897) und S&P (gegründet 1868) Marktanteile von 44 % bzw. 30 % auf. A.M. Best bewertet seit seiner Gründung ausschließlich VU und führte 1906 erste alphabetische Ratings ein.[783] Moody's (gegründet 1900) mit einem Marktanteil von 17 % und S&P begannen erst in den 70ern, VU zu beurteilen. Als letzte größere Agentur mit einem Marktanteil von 7 % begann Fitch (gegründet 1913) nach der Übernahme von Duff & Phleps in den 80ern Ratings von Versicherungsunternehmen zu erstellen.[784]

In den folgenden Abschnitten werden zunächst die Grundlagen, auf denen Ratings basieren, dargestellt, dann die Abgrenzung zu Rankings vollzogen, der Begriff Rating definiert und verschiedene Ratingkonzeptionen vorgestellt (bspw. die Ratingverfahren Pi-Rating

---

[781] Radtke, M. (2004), S. 138.
[782] Die verwendeten Zahlen aus dem Jahr 2002 gehen auf eine Studie der Swiss Re (2003), S. 9 zurück.
[783] Reder, D. (2004), S. 168.
[784] Swiss Re (2003), S. 10.

und interaktives Rating). Weiter geht dieses Kapitel auf Anforderungen der Agenturen in Bezug auf die Eigenmittel eines VU ein.

7.1 Grundlagen

Bei Verfahren zur Beurteilung eines VU durch Dritte (bspw. Rating-Agenturen, Zeitschriften, Verlage, Finanzanalysten) haben Rating- und Ranking-Systeme in den letzten Jahren eine zunehmende Bedeutung erlangt.[785] Der Begriff Rating stammt aus dem Englischen und kann mit „Einschätzung" oder „Bewertung" übersetzt werden.[786] Allerdings ist der Begriff Rating in der wissenschaftlichen Literatur nicht klar abgegrenzt.[787] Folgende Punkte sollten jedoch in eine Definition von Rating aufgenommen werden.

- Ein Rating ist das Ergebnis einer systematisch ermittelten Information zur Bewertung wirtschaftlicher Sachverhalte (auf dem Versicherungsmarkt),[788] die einer Änderungsdynamik (bspw. wirtschaftlichen Entwicklungen) unterliegen.[789]

- Ausdruck dieser Änderungsdynamik ist die Klassifikation der betrachteten Sachverhalte in Klassen oder Rankings in Rangfolgen nicht-numerischer Form nach einem Buchstabencode[790] auf der Basis standardisierter qualitativer und quantitativer Kriterien.[791]

---

[785] Farny, D. (2006), S. 670.
[786] Romeike, F. (2004), S. 13.
[787] Heermann, L. (2007), S.9.
[788] Farny, D. (2006), S. 669.
[789] Heermann, L. (2007), S. 9.
[790] Heermann, L. (2007), S. 9.
[791] Romeike, F. (2004), S. 13.

- Ein Rating prüft das Erreichen oder Einhalten bestimmter vorab festgelegter Kriterien.[792]

- Es untersucht einzelne Teilaspekte (bspw. Risikomanagement oder Kapitalausstattung), bildet daraus eine Gesamtnote[793] und ordnet diese in ein ordinales Skalenniveau ein.[794]

- Dabei sind auch numerische Bewertungsergebnisse auf ordinalen Skalen möglich. Ihre Ermittlung ist jedoch in der Praxis sehr schwierig.[795]

Zusammenfassend kann Rating wie folgt definiert werden:

Ein Rating ist eine systematisch ermittelte Information, die auf der Basis (standardisierter) qualitativer und quantitativer Kriterien ausgewählte wirtschaftliche Sachverhalte (welche einer Änderungsdynamik unterliegen) einschätzt und diese in komprimierter Form durch einen ordinal skalierten Buchstabencode einem interessierten Dritten zugänglich macht.

Ein Ranking bildet im Unterschied zum Rating eine vollständige Rangfolge der bewerteten Objekte ab. Es ist vom ersten bis zum letzten Platz als kardinal skalierte Ergebnisdarstellung zu verstehen, wobei die Unterschiede zwischen den einzelnen Rangplätzen sehr

---

[792] Franke, M. (2005), S. 116.
[793] Romeike, F. (2004), S. 13.
[794] Bei einer Ordinalskala handelt es sich um ein Skalenniveau aus der Statistik. Dabei wird jede Merkmalsausprägung der Untersuchungseinheit genau einer Kategorie zugeordnet. Die Kategorien ermöglichen eine Rangfolge der untersuchten Merkmale bspw. durch Namen oder Zahlen. Die Abstände zwischen den einzelnen Kategorien müssen nicht zwingend gleich sein. Die Messung mit Zahlen wird in der Statistik Kardinalskala genannt. Dort werden die Ergebnisse vom ersten bis zum letzten Platz dargestellt.
[795] Farny, D. (2006), S. 669.

groß oder auch sehr klein sein können.[796] Deshalb täuscht das kardinale Skalenniveau der Rangfolge aller Ranking-Objekte eine Genauigkeit vor, die in der Praxis oftmals nicht gegeben ist.[797] Rankings bieten sich vor allem bei Produktvergleichen an, unter der Voraussetzung, dass sie auf der Basis einer standardisierten Datengrundlage und eines einheitlichen Bewertungskatalogs erstellt werden. Besonderheiten einzelner VU oder Produkte können jedoch nur in Anmerkungen berücksichtigt werden.[798] Bekannte Beispiele für Versicherungsrankings sind der Map-Report, die Rankings von Morgen & Morgen und von Franke & Bornberg.

Im Gegensatz dazu verzichtet ein Rating auf eine explizite Rangfolge.[799] Es bewertet ausschließlich ausgewählte wirtschaftliche Sachverhalte und ordnet diese bestimmten Qualitätsklassen zu.[800] Deshalb ist bei Interpretation und Vergleich der einzelnen Rating-Objekte (Unternehmen oder Produkt) zu beachten, dass die „Rating-Note" keine Interpretation der Abstände zwischen den unterschiedlichen Ratings ermöglicht. Im Vergleich zum Ranking erfüllen Ratings eine absolute Informationsfunktion: So kann der Ranking-Beste bspw. eine schlechte Bonität nach Rating-Kriterien aufweisen oder auch umgekehrt der Ranking-Schlechteste eine hervorragende Qualität nach den Rating-Kriterien bescheinigt bekommen.[801] Allerdings erlaubt der Buchstabencode des Ratings die Einteilung der Untersuchungsergebnisse in Gruppen von annähernd gleicher Qualität.[802] Deshalb repräsentieren Rating-Klassen an sich[803] eine be-

---

[796] Meister, D. (2005), S. 448.
[797] Schulz, J. (2005), S. 4.
[798] Beutelmann, J./Groß, M./Lamfuß, F. (2005), S. 141.
[799] Schulz, J./Glissmann, M. (2005), S. 330.
[800] Meister, D. (2005), S. 448.
[801] Romeike, F. (2004), S. 31.
[802] Schulz, J. (2005), S. 3.
[803] Dies ist auf die eng beieinander liegenden Kategorien des Investment Grades zurückzuführen. Allerdings sind die Kategorien des Non-investment Grades etwas weiter gestreut.

stimmte Qualität. Die einzelnen Klassen erlauben auch absolute Qualitätsaussagen.[804]

Die Bewertungsergebnisse eines Ratings stellen jedoch keine Kauf- oder Verkaufsempfehlung für ein bestimmtes Produkt oder Unternehmen dar und geben auch keine Erklärungen zu Marktpreisen oder der Substanz oder zur Sicherheit eines bestimmten Investments.[805] Es handelt sich bei einem Rating lediglich um eine fundierte Meinungsäußerung einer Rating-Agentur über ein bestimmtes Unternehmen oder Produkt.[806] Ratings dienen allerdings einer Komplexitätsreduktion für Dritte und komprimieren die Analyseergebnisse in Ratingklassen (Grades), die eine konkrete Bewertung oder Einschätzung des Rating-Objekts widerspiegeln. Dabei bewegt sich der Notenbereich üblicherweise zwischen dem besten Grad, dem Investment Grade (bspw. bei Fitch: AAA-BBB) bis hin zum schlechtesten Grad, dem Speculative oder Non-Investment Grade (bspw. bei Fitch: D). Ein Vergleich der Rating-Notationen der weltweit führenden Rating-Agenturen findet sich im Anhang 9.4. Auch innerhalb des Grades können Notches (Zwischenschritte)[807] weitere Abstufungen durch ein Plus- oder Minuszeichen anzeigen.[808]

Viele Ratings werden zu einer weiteren Validierung auf eine Beobachtungsliste, dem Credit Watch, gesetzt. Dies geschieht dann, wenn sich kurz- oder langfristig eine Wahrscheinlichkeit für eine Änderung des Ratings - aufgrund bestimmter Ereignisse oder kurzfristiger Trends - abzeichnet. Dabei bedeutet ein „Watch Positiv" eine mögliche höhere Einstufung des Ratings und ein „Watch Negative" eine evtl. niedrigere Einstufung. Ein „Watch Developing" kann eine höhere, niedrigere oder gleichbleibende Einstufung bedeu-

---

[804] Schulz, J./Glissmann, M. (2005), S. 330.
[805] Rief, W. (2005), S. 160.
[806] Rief, W. (2004), S. 52.
[807] Notches können auch durch einen Stern oder Zahlen ausgedrückt werden.
[808] Heermann, L. (2007), S. 9-10.

ten.[809] Faktoren, die einen Credit Watch auslösen, wären bspw. Unternehmenszusammenschlüsse, signifikante Veränderungen in der Kapitalausstattung, eine deutliche Anhebung der Nachreservierung oder staatliche Eingriffe. Dabei wird der Einfluss dieser Ereignisse auf das Rating von der Agentur überprüft. Auch behält sie sich das Recht vor, eine Änderung des Ratings vorzunehmen, ohne ein VU vorher auf Credit Watch gesetzt zu haben.[810]

Viele Rating-Agenturen bewerten in ihrem Outlook die zukünftige Entwicklung des Rating-Objekts „positive", „negative" oder „stable". Er gilt als Indiz für die von der Rating-Agentur erwartete Entwicklung des Ratings im nächsten Rating-Verfahren. Auch erstellen viele Rating-Agenturen einen Global Outlook für den Industriezweig des gerateten Unternehmens zusätzlich zu den Ratings der einzelnen Rating-Objekte. Der Global Outlook ist wiederum in die Kategorien „Positive", „Negative" oder „Stable" unterteilt und kann ebenfalls als Indikator für eine generelle Verbesserung oder Verschlechterung der Situation der jeweiligen Branche im In- und Ausland gewertet werden. Die folgende Abbildung fasst die von den meisten Rating-Agenturen verwendeten Notationen zusammen:

---

[809] Romeike, F. (2004), S. 31-32.
[810] Rief, W. (2004), S. 54-55.

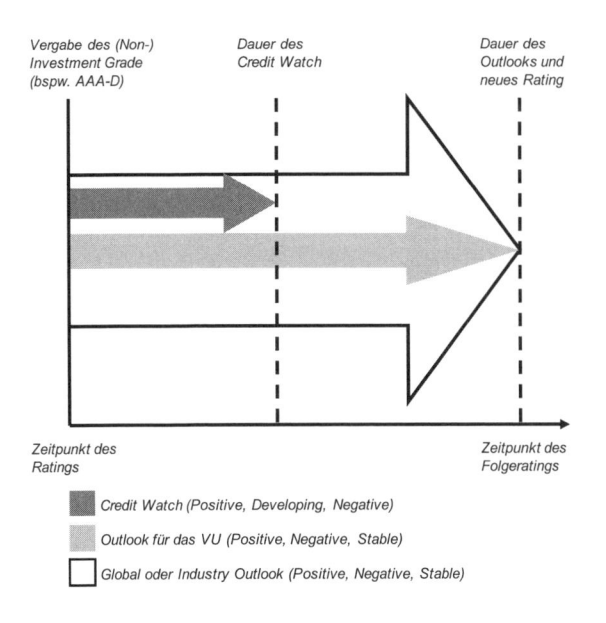

Abbildung 22 Einstufungen durch Rating-Agenturen

7.2 Ratingkonzeptionen

Ratings lassen sich unter vier Aspekten betrachten. Der erste, das Ratingobjekt, beantwortet die Frage, wer oder was geratet wird. Die Ratingverfahren geben Aufschluss darüber, wie geratet wird. Auch die Fragen „Wer nützt das Rating?" (Ratingempfänger) und „Wer erstellt das Rating?" (Ratingersteller) haben Einfluss auf die Konzeption eines Ratings.[811] Folgende Abbildung fasst die vier Fragestellungen zusammen:

---

[811] Meister, D. (2005), S. 449.

```
                        Rating-Konzeptionen
         ┌──────────────┬──────────────┬──────────────┐
   Rating-Objekt   Rating-Verfahren  Rating-Ersteller  Rating-Empfänger
-> Produkt-Ratings    -> Pi-Rating      -> Zeitschriften       -> Versicherungsnehmer
-> Unternehmens-Ratings z.B. -> interaktives Rating -> Rating-Agenturen  -> Versicherungsvermittler
   - Insurer Financial Strengh                   -> Softwarehersteller   -> Investoren
   - Debt Rating                                 -> Verbraucherschützer  -> weitere interessierte Dritte
-> Verbraucherratings
```

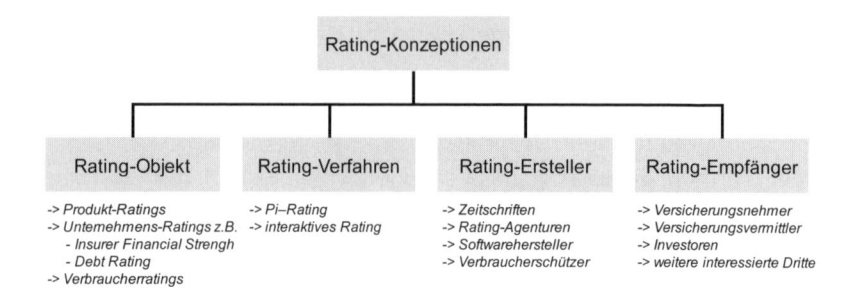

Abbildung 23 Die Ratingkonzeptionen[812]

7.2.1 Ratingobjekte

Die Beurteilung von Ratingobjekten aus der Versicherungsbranche unterscheidet zwischen Produkt-Ratings und dem Rating von Unternehmen in ihrer Ganzheit.

Produktratings umfassen lediglich die Analyse einzelner angebotener Versicherungsprodukte und bewerten diese nach (qualitativen) Kriterien wie bspw. Preis-Leistungs-Relationen oder Produktrisiko.[813] Diese Ratings erlauben keine Rückschlüsse auf die Qualität eines VU.[814] Unternehmensratings bewerten ein VU als Ganzes nach bestimmten Merkmalen und Methoden. Beispiele hierfür sind Ratings über Unternehmenssicherheit, Kapitalausstattung, Wachstum, Gewinn oder Verlust, versicherungstechnische und betriebstechnische Verfahren im Versicherungsgeschäft, Kundenzufriedenheit

---

[812] ähnlich in Beutelmann, J./Groß, M./Lamfuß, F. (2005), S.141 und Romeike, F. (2004), S. 26.
[813] Farny, D. (2006), S. 670.
[814] Schulz, J./Glissmann, M. (2005), S. 330.

sowie Merkmale des Kapitalgeschäfts.[815] Dabei erlauben diese Ratings keinen Rückschluss auf die Qualität der Produkte eines VU.[816]

Auch sind Mischformen (Verbraucherratings) oder eine Kombination beider Formen denkbar.[817] Sie sind jedoch aufgrund der Vermengung der Teilaspekte Unternehmen und Produkt kritisch zu betrachten. Der Verbraucher erhält zwar durch die Vermischung beider Formen eine einfache Entscheidungshilfe, die Qualitätsaspekte - Produkt und Unternehmen - können sich jedoch überlagern. So wäre es denkbar, dass ein „gutes" VU, das eine schlechte Produktpalette aufweist, aufgrund dieser Ratingform ein relativ gutes Rating erhält. Der Verbraucher würde hier zu einer falschen Kaufentscheidung verleitet.[818]

Als Unternehmensratings, sind die Ratings der Kapitalausstattung, das Insurance Financial Strength Rating, und die Ratings über die Merkmale des Kapitalanlagengeschäfts, das Debt Rating, besonders hervorzuheben.

Ein Insurance Financial Strength Rating (Finanzkraftrating) beurteilt die grundsätzliche Leistungsfähigkeit (finanzielle Stabilität) eines VU im Zusammenhang mit allen eingegangenen Zahlungsverpflichtungen.[819] Anders ausgedrückt ist ein Insurance Financial Strength Rating die Beurteilung der Finanzkraft eines VU aus Sicht der Versicherungsnehmer.[820] Es misst unter Berücksichtigung der finanziellen und organisatorischen Stärke eines VU den Grad der Wahrscheinlichkeit, mit dem ein Unternehmen seinen vertraglichen Ver-

---

[815] Farny, D. (2006), S. 669.
[816] Schulz, J./Glissmann, M. (2005), S. 330.
[817] Der Map-Report und die Stiftung Warentest wählen eine Kombination aus beiden Formen, das sog. Verbraucherrating (Romeike, F. (2004), S.26). Allerdings könnte diese Form auch der Kategorie der Rating-Empfänger zugeordnet werden.
[818] Schulz, J./Glissmann, M. (2005), S. 330.
[819] A.M. Best (2004b), S.153; Heermann, L. (2007), S. 10.
[820] Harris, S./Braun, B./Naumann, A. (2004), S. 73.

pflichtungen fristgerecht nachkommen kann.[821] Geratet werden nur VU, die das Versicherungsgeschäft aktiv betreiben, nicht aber Holdinggesellschaften, weil diese keine Policen zeichnen.[822]

Größere VU,[823] die auch Schuldtitel emittieren, unterziehen sich i. d. R. einem Debt Rating (Emissionsrating). Dieses Rating basiert auf der Einschätzung der Rating-Agentur über die Kreditwürdigkeit eines Schuldners für einen kurz- bzw. langfristigen Schuldtitel.[824] Dies können bspw. Bonds (Anleihen), Vorzugsaktien, Commercial Papers oder Asset Backed Securities (ABS) sein.[825] Dabei hängt die Rendite des Schuldtitels von der Höhe des enthaltenen Kreditrisikos ab. Je höher das Rating-Urteil, desto geringer ist das Kreditrisiko und somit der Zins für das Produkt.[826] Das Emissionsrating wird für Wertpapiere von VU erteilt, die das Versicherungsgeschäft für deren Holdinggesellschaften, für deren Töchter und für deren eigens für besondere Zwecke gegründeten Körperschaften aktiv betreiben.[827] Die Notation der Emissionsratings kann von derjenigen des Insurance Financial Strength Ratings abweichen,[828] weil Emissionsratings weltweit ein und dieselbe Skala für Emittenten und (Nichtversicherungs-)Branchen verwenden, um ihre Rating-Ergebnisse weltweit vergleichbarer zu machen.[829]

Der Zusammenhang zwischen Insurance Financial Strength- und Debt Rating ergibt sich aus dem Forderungsrang, der einem Versicherungsnehmer oder einem Schuldtitelinhaber zukommt. In Euro-

---

[821] Heermann, L. (2007), S. 10.
[822] Harris, S./Braun, B./Naumann, A. (2004), S. 73.
[823] Emissionsratings sind vor allem für (Rück-)Versicherungsunternehmen mit der Rechtsform AG von Bedeutung, weil sie aufgrund der Internationalität des betriebenen Geschäfts auf den weltweiten Kapitalmärkten als Emittent unterschiedlicher Arten von Finanzierungstiteln auftreten (Heermann, L. (2007), S. 10).
[824] Heermann, L. (2007), S. 10.
[825] A.M. Best (2004b), S. 152.
[826] Heermann, L. (2007), S. 10.
[827] Harris, S./Braun, B./Naumann, A. (2004), S. 73.
[828] A.M. Best (2004b), S. 152.
[829] Harris, S./Braun, B./Naumann, A. (2004), S. 73.

pa genießen Versicherungsnehmer bspw. einen umfassenderen Schutz als Schuldtitelinhaber. So werden im Liquidationsfall zuerst die Ansprüche der Versicherungsnehmer befriedigt, dann die Ansprüche der Schuldtitelinhaber der Betriebsgesellschaft und zuletzt diejenigen der Holdinggesellschaft. Der Grund dafür ist, dass Holdinggesellschaften „nur" Anteile an Betriebsgesellschaften besitzen und deswegen auf deren Dividendenzahlungen angewiesen sind. Auch werden nachrangige Schuldtitel i. d. R. schlechter bewertet als vorrangige.[830] Deshalb ist das Finanzkraftrating stets der Ausgangspunkt einer Analyse von VU.[831]

Das Insurance Financial Strength Rating ist von größerer Bedeutung als das Debt Rating, weil dort die Ergebnisse des Emissionsratings einfließen, da innerhalb des Insurance Financial Strength Ratings auch die Aspekte Solvabilität, Kapitalisierung oder Kapitalausstattung und Fremdkapitalfinanzierung untersucht werden und somit das Debt Rating ein Teil des Insurance Financial Strength Ratings ist.

7.2.2 Ratingverfahren

Rating-Agenturen bemühen sich um aussagekräftige Beurteilungen von Unternehmen und bewerten diese anhand von Ratingkriterien. Jedes Ratingkriterium steht für einen spezifischen Analysebereich und unterscheidet sich in Art und Umfang von den übrigen.

Es gibt zwei Arten von Rating, nämlich Public Information Ratings[832] (Pi-Ratings) und interaktive Ratings.

---

[830] Harris, S./Braun, B./Naumann, A. (2004), S. 73-74.
[831] Metzler, M. (2004), S. 92.
[832] Auch hier kann der Name der Rating-Art variieren; Pi-Rating ist der Begriff von S&P. A.M. Best bezeichnet bspw. diese Rating-Art als pd = Public Data Rating und Fitch als Q-IFS-Rating. Ansatz und Vorgehensweise sind jedoch identisch.

Pi-Ratings sind Ratings, deren Ergebnisse auf den veröffentlichten Finanzkennzahlen der Unternehmen selbst und weiteren öffentlich zugänglichen Informationen (insbesondere Geschäftsberichten, anderen Veröffentlichungen der VU, Zeitungsartikeln etc.) basieren. Deshalb liegt hier der Analyseschwerpunkt auf überwiegend vergangenheitsorientierten Daten und auf quantitativen Merkmalen.[833] Somit „... bleibt, was die Zukunftsperspektiven ..." eines Pi-Ratings „... betrifft, lediglich „educated guesswork" ..."[834]

Pi-Ratings sind für das geratete VU gebührenfrei und werden nicht aufgrund eines Mandats durch das VU erstellt, sondern auf Initiative der Rating-Agentur oder eines interessierten Dritten.[835] Auch haben VU nur geringe Möglichkeiten, Einwände gegen ein aus ihrer Sicht inkorrektes Ratingergebnis vorzubringen.

Diese Form des Ratings wird in Wissenschaft und Praxis häufig kritisiert. So schreibt MEISTER z. B.: *„Man kann jedoch häufig feststellen, dass Unternehmen, die im Anschluss an ein Pi-Rating interaktiv geratet werden, ein besseres Ratingergebnis erhalten. Inwieweit dann noch die Ergebnisse eines Pi-Ratings objektiv und vertrauenswürdig sind, wäre kritisch zu analysieren. Außerdem drängt sich die Frage auf, ob tendenziell schlechte Pi-Ratings die Unternehmen zu einem interaktiven Rating verleiten sollen."*[836]

SCHULZ/GLISSMANN kritisieren am Pi-Produktrating, dass aufgrund der (noch) unterentwickelten Rating-Kultur in Deutschland oftmals Beraterleistungen und Rating aus einer Hand angeboten werden. Sie schreiben: Man kann *„... sich in Deutschland nicht des Eindrucks erwehren, dass vor allem im Bereich der Produktentwicklung Bera-*

---

[833] Meister, D. (2005), S. 449.
[834] Heermann, L. (2007), S. 12.
[835] Heermann, L. (2007), S. 12.
[836] Meister, D. (2005), S. 450, Fußnote 2; ähnliche Kritik findet sich auch in Schulz, J. (2005), S. 15.

terleistungen zusammen mit der Aussicht auf ein gutes Rating verkauft werden. Dies ist z. B. dann der Fall, wenn das für die Beratung erforderliche Know-how bei den gleichen Personen vorhanden ist, die anschließend - gegen Honorar - das Rating durchführen."[837]

Die Aussagekraft der interaktiven oder internen Ratings ist deutlich höher als die der Pi-Ratings. Diese Ratings sind im Gegensatz zu Pi-Ratings kostenpflichtig und werden in intensiver Zusammenarbeit zwischen dem zu ratenden VU und der Rating-Agentur erstellt.[838] Dabei gehen umfassendere Informationen in die Ratingkriterien ein, etwa durch Verwendung nicht öffentlich zugänglicher Quellen, bspw. interner Dokumente, oder durch Managementinterviews (Befragung der Geschäftsleitung zum Geschäftsmodell und zur Unternehmensstrategie). Somit erfolgt - im Vergleich zum Pi-Rating - eine Ergänzung der quantitativen Kriterien durch qualitative. Diese qualitativen Kriterien ermöglichen Rating-Analysten eine fundiertere Einschätzung ihres Rating-Objekts.[839]

Eine Übersicht über mögliche Rating-Arten und deren Gebühren-Erhebung findet sich in der folgenden Abbildung:

---

[837] Schulz, J./Glissmann, M. (2005), S. 330.
[838] Meister, D. (2005), S. 450.
[839] Heermann, L. (2007), S. 12-13.

Anforderungen der Rating-Agenturen 254

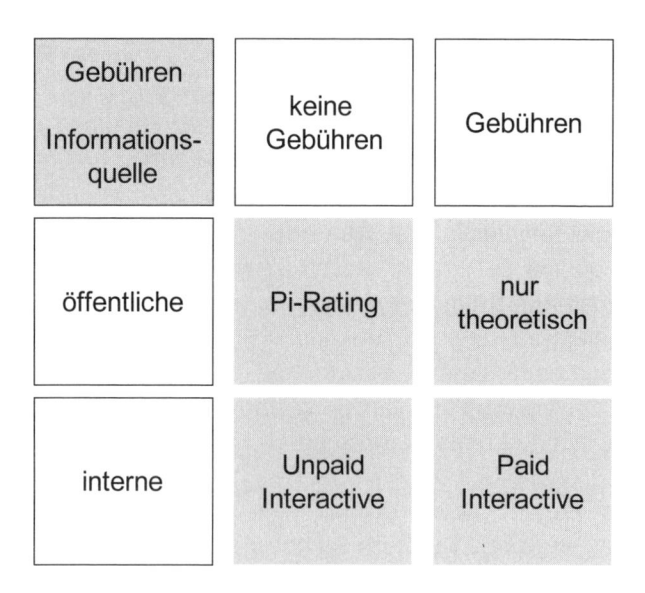

	keine Gebühren	Gebühren
Gebühren Informationsquelle		
öffentliche	Pi-Rating	nur theoretisch
interne	Unpaid Interactive	Paid Interactive

Abbildung 24 Vertragsbeziehungen im Rating

Bei den wesentlichen quantitativen und qualitativen Rating-Kriterien der Insurance Financial Strength Ratings unterscheiden sich die Anbieter im Detail. Allerdings lässt sich eine grundsätzliche Struktur der Bewertungskriterien nach ROMEIKE skizzieren. Er unterteilt die Bewertungskriterien eines interaktiven Insurance Financial Strength Rating-Verfahrens in folgende Abschnitte:[840]

- Analyse des Länderrisikos

- Branchenanalyse (global, national)

- Rechtliche Rahmenbedingungen (global, national)

---

[840] Romeike, F. (2004), S. 34.

- Wettbewerbstrends (global, national)

- Marktposition

- quantitative Analyse (Geschäftsberichte, Ergebnisplanung, Finanzplanung)

- qualitative Analyse (Management, Strategie, finanzielle Flexibilität)

Das Rating-Verfahren beginnt in der Regel mit der Bewertung des Länderrisikos eines Unternehmens. Dabei stellt das Länder-Rating gleichzeitig die Obergrenze[841] aller Ratings für Emissionen oder Emittenten dar. Die Rating-Agentur beurteilt das gesamtwirtschaftliche Umfeld des Sitz-Landes[842] eines zu ratenden VU im „Sovereign Ceiling". Danach betrachtet sie globale und nationale Gegebenheiten und deren Auswirkungen auf die jeweilige Branche (Erfassung der branchenspezifischen Risiken), sowie globale und nationale rechtliche und aufsichtsrechtliche Rahmenbedingungen. Um einen Einblick in die Strategie eines VU zu gewinnen, analysieren die Agenturen seine Marktposition (bspw. seine Risikodiversifizierung in den verschiedenen Sparten) sowie globale und nationale Wettbewerbstrends, damit sie einen eventuellen Unternehmenserfolg langfristig abschätzen können.[843]

In der quantitativen Analyse untersucht die Rating-Agentur vor allem die Ertragskraft eines VU und die Frage, ob es über ausreichende Liquidität verfügt. Bei der Untersuchung der Ertragskraft analysieren die Agenturen unter Berücksichtigung der unterschiedli-

---

[841] Länderrating bedeutet, dass bspw. ein VU, dessen Land lediglich mit B geratet ist, nie über ein B im Gesamt-Rating hinauskommen kann, auch wenn alle übrigen untersuchten Rating-Kriterien bspw. AAA wären.
[842] Das ist das Land, in dem das Unternehmen seinen Haupt- oder Stammsitz hat.
[843] Romeike, F. (2004), S. 33-34.

chen Rechnungslegungsmethoden oder einer erfolgsbeeinflussenden Bilanzpolitik das versicherungstechnische und nichtversicherungstechnische Ergebnis.[844] Gerade bei Finanzdienstleistungsunternehmen wie VU spielt die Qualität von Kapitalanlagen eine wesentliche Rolle. Deshalb überprüfen Rating-Agenturen bspw. Kapitalanlagestrategien und die Mischung und Streuung der einzelnen Vermögenswerte. Sie beurteilen den Einsatz von Derivaten und anderen Kapitalmarktinstrumenten und bewerten das Asset Liability Management eines VU.[845] Innerhalb einer Versicherungsgruppe untersuchen die Agenturen auch die Kapitalisierung der einzelnen Unternehmen.[846] Kapitaladäquanzmodelle stellen dabei einen wesentlichen Faktor für die Analyse ihrer Ertragskraft dar.

Darüber hinaus untersuchen Rating-Agenturen im Rahmen der quantitativen Analyse, ob ein VU über ausreichende Liquidität verfügt. Dies ist der Fall, wenn ein VU seinen fälligen Zahlungsverpflichtungen zu jedem Zeitpunkt nachkommen kann, also Geldbestände zuzüglich Einzahlungen stets größer sind als die Summe der Auszahlungen. Die Rating-Agentur untersucht Liquidität im Rahmen einer Analyse der Zahlungsströme (Cash Flow-Analyse),[847] wobei Lebensversicherungsunternehmen i. d. R. einen sehr stabilen Cash Flow aufweisen, während er bei Schaden- und Unfallversicherern aufgrund der Volatilität des Geschäfts stark schwanken kann.[848]

---

[844] Dabei werden i. d. R. die letzten fünf Geschäftsjahre und die Planwerte der nächsten zwei bis drei Jahre berücksichtigt.
[845] Romeike, F. (2004), S. 34-35.
[846] Gerade bei großen Rating-Agenturen spielt die Analyse der Versicherungsgruppe eine wesentliche Rolle im interaktiven Rating-Prozess. Manche Agenturen haben dafür eigene Ansätze entwickelt. Vgl. bspw. Rief, W. (2005), S.173ff. für S&P; oder Kühner, C. (2005), 213ff. für Fitch.
[847] Oftmals getrennt nach Underwriting Cash Flow aus dem versicherungstechnischen Geschäft und dem Total Operating Cash Flow. Dieser berücksichtigt neben dem versicherungstechnischen Ergebnis auch das Ergebnis aus dem Kapitalanlagebereich und das sonstige Ergebnis.
[848] Romeike, F. (2004), S. 35.

Bei der qualitativen Analyse untersuchen Rating-Agenturen u. a. die Fähigkeit des Managements, auf Marktgegebenheiten flexibel und rechtzeitig zu reagieren und Marktpotentiale zu erkennen. Dabei werden auch Unternehmensstrategie und unternehmerische Flexibilität sowie Erfolgsbilanz und Risikobereitschaft des Managements untersucht.[849]

Ein Rating kann sich allein auf qualitative statistische Informationen (Pi-Rating) oder auch auf eine Mischung aus qualitativen und quantitativen Informationen stützen (interaktives Rating). Alle bedeutenden Rating-Agenturen bieten bei ihren Analysen gegen Entgelt ein interaktives Rating an und unterscheiden sich dadurch von - meist kleineren - Agenturen, die Pi-Ratings anbieten, in Bezug auf Genauigkeit, Kosten, Schnelligkeit und der Art des Ergebnisses.[850]

Ein interaktives Rating, in das auch qualitative Analysen einfließen, setzt gut ausgebildete Analysten voraus, ist sehr arbeitsintensiv und damit auch teuer. Rein quantitative Ansätze auf der Basis eines Modells bewirken genaue und schnelle Ergebnisse. So kann eine geringe Anzahl an Analysten eine große Anzahl an Unternehmen bewerten. Ein VU sollte sich jedoch einem interaktiven Rating unterziehen, weil sich der Analyst dort im Verlauf der quantitativen Analyse bei der Schätzung des Ausfallrisikos nicht nur auf ein Modell („harte Faktoren"), sondern auch auf branchenweite und „weiche Faktoren" (wie bspw. die Unternehmensstrategie) beziehen kann, die neben der qualitativen Analyse (wie bspw. durch Kapitaladäquanzmodelle) in das Rating einfließen.

Auch ist festzustellen, dass die Beschäftigung eines teuren, gut ausgebildeten Analystenteams oftmals für die kleineren Agenturen -

---

[849] Romeike, F. (2004), S. 34-35.
[850] Swiss Re (2003), S. 12.

die „nur" quantitativ arbeiten - eine Markt-Eintrittsbarriere darstellt.[851]

7.2.3 Ratingersteller und Ratingempfänger

Ratings werden von Verlagen, Zeitschriften, Finanzanalysten, Softwareherstellern, Verbraucherschützern und Rating-Agenturen erstellt. In den letzten Jahren hielten professionelle Rating-Agenturen mit ihren Rating- und Ranking-Systemen den größten Marktanteil.[852]

Als letztes Glied in der Kette ist der Ratingempfänger selbst zu nennen. Dies können bspw. private oder industrielle Versicherungsnehmer, Versicherungsvermittler, Investoren oder Konkurrenzunternehmen eines gerateten VU sein. Ratings können auch für Analysten, für Arbeitnehmer, für Rückversicherer, für übrige Gläubiger und Lieferanten sowie die Öffentlichkeit von Bedeutung sein. Deshalb reicht die Tragweite der Ergebnisse von Ratings oftmals weit über die jeweiligen Absatzmärkte hinaus.[853] In den beiden folgenden Abschnitten werden die Kapitaladäquanzmodelle der Agenturen A.M. Best und S&P als Vertreter der Insurance Financial Strength Ratings vorgestellt.

7.3 Ratingansätze von A.M. Best und Standard and Poor´s

Ausgelöst durch den 11. September und den darauf folgenden Zusammenbruch der Aktienmärkte ist seit 2001 weltweit ein drastischer Kapitalrückgang in der Versicherungsbranche zu beobachten.

---

[851] Swiss Re (2003), S. 13.
[852] Farny, D. (2006), S. 670.
[853] Farny, D. (2006), S. 670.

Aus diesem Grund haben Rating-Agenturen Kapitaladäquanzmodelle zur Unterstützung des Analysebereichs Kapitalausstattung entwickelt. Dabei orientiert sich das Modell von A.M. Best deutlich an dem von der NAIC entwickelten Modell.[854]

Bei vielen VU steht die regulatorische Solvenz - sie basiert auf aufsichtsrechtlichen Regeln - im Vordergrund der Kapitalsteuerung. Da die Anforderungen von Solvency I in Europa bis dato relativ einfach sind,[855] steuern nur wenige VU ihr Unternehmen mit Hilfe einer ökonomischen Kapitalmessung, die mit einer entsprechenden Kapitalallokation verbunden ist. Dabei ist gerade die hinreichend genaue Abschätzung der ökonomischen Solvenz von zentraler Bedeutung für ein Rating. Rating-Agenturen „befüllen" die von ihnen entwickelten Kapitaladäquanzmodelle zusammen mit dem VU im Verlauf eines interaktiven Prozesses.[856] Bei diesen Modellen wird - analog zum Risk Based Capital-Modell der NAIC - das Gesamtrisiko auf verschiedene Risikoklassen verteilt und entsprechend ihres ökonomischen Risikogehaltes bewertet.

Die Agenturen A.M. Best und S&P haben ihre Modelle aufgrund der sich ändernden Rahmenbedingungen in der Versicherungswirtschaft (vgl. Kapitel 1) überarbeitet. So stellte S&P seinen neuen Ansatz 2007 vor, und bei A.M. Best ließen sich Updates beobachten. Die Modelle beider Agenturen unterscheiden sich durch die unterschiedliche Anzahl der Stufen ihres Ratingprozesses. Die untersuchten Aspekte sind jedoch identisch. Beide Agenturen gliedern ihre Analysen in qualitative und quantitative Teilbereiche, jedoch mit unterschiedlichen Detaillierungsgraden: A.M. Best unterteilt sein Rating

---

[854] Swiss Re (2003), S. 40.
[855] Nach Einführung von S II sind VU gehalten, wahlweise ein eigenes internes Kapitaladäquanzmodell zu entwickeln oder auf eine Standardformel aus S II zurückzugreifen. Deshalb kann davon ausgegangen werden, dass das Argument, die Modelle der Rating-Agenturen seien komplexer als diejenigen der Aufsicht, langfristig im europäischen Raum nicht mehr greift.
[856] Daenert, T./Heidegger, H./Ollmann, M./Stegmann, U. (2005), S. 251.

in Bilanzkraft (Balance Sheet Strength), Ertragskraft (Operating Performance) und Geschäftsprofil (Business Profile),[857] während S&P seinen Analysebereich in Branche, Geschäftsprofil, Management und Unternehmensstrategie, Ertragskraft, Kapitalanlagen, Kapitalausstattung, Liquidität und finanzielle Flexibilität aufteilt.[858]

Aus der Annahme, dass beide Agenturen einen qualitativ gleichwertigen Analyse-Prozess durchführen, der jedoch methodische Unterschiede bei der Untersuchung identischer Aspekte aufweist, folgt, dass auch deren Kapitaladäquanzmodelle selbst dann zu unterschiedlichen Ergebnissen führen können, wenn sie ein und dasselbe VU bewerten. Dieser Umstand lässt sich auf die unterschiedlichen Ansätze der Modelle und auf die Analyst Adjustments dieser Rating-Agenturen zurückführen. Analyst Adjustments sind Anpassungen, die der Rating Analyst im Rahmen des Rating-Prozesses individuell an fast jeder Stelle des Ratings und des Kapitaladäquanzmodells durchführen kann. Da sie für jedes einzelne VU individuell kalibriert werden, sind diese Modelle wegen der Adjustments für Außenstehende undurchsichtig. Beide Agenturen verwenden Adjustments sowohl bei der Berechnung des ökonomischen Eigenkapitals (Risikodeckungsmassen) als auch bei der Ermittlung des Risikokapitals.

Eines der wesentlichen Kriterien für die Bewertung eines VU ist dessen Eigenmittelausstattung. Die Rating-Agenturen bewerten diese durch die Insurer Financial Strength Ratings (Finanzkraftratings), mit denen sie die finanzielle Leistungskraft eines VU untersuchen. Das verwendete Risikomodell beruht auf quantitativen Überlegungen, während das Finanzkraftrating darüber hinaus auf qualitativen Einschätzungen fußt. Der zentrale Bestandteil dieses Ratings ist die Beurteilung der Kapitalausstattung durch Kapitaladäquanzmodelle. Die einzelnen Modelle vergleichen den Umfang des

---

[857] Radtke, M. (2005), S. 281-284.
[858] Radtke, M. (2005), S. 284.

zur Verfügung stehenden Eigenkapitals mit dem Umfang der zu quantifizierenden Risiken.[859]

Im Folgenden werden das Risk Based Insurance Capital-Modell (RBIC-Modell) von S&P und das Best's Capital Adequacy Ratio-Modell (BCAR-Modell) von A.M. Best stellvertretend für die Kapitaladäquanzmodelle der Rating-Agenturen vorgestellt. Das RBC-Modell der NAIC, das von den amerikanischen Versicherungsaufsichtsbehörden eingesetzt wird, gilt als Vorläufer der Kapitaladäquanzmodelle.[860] Eine weitere Gemeinsamkeit des RBIC-Modells mit dem BCAR-Modell ist, analog zu den in Kapitel 6 vorgestellten Modellen der Aufsichtsbehörden, dass sich beide in das Risikotragfähigkeitskalkül einordnen lassen und dass sie dem RBC-Konzept folgen (vgl. Kapitel 5.4.2). Sie bewerten die Finanzkraft eines VU anhand seines adjustierten Kapitals (Risikodeckungsmasse) und des zur Unterlegung der finanziellen Risiken benötigten Kapitals (Risikokapital). Dieser Zusammenhang lässt sich wie folgt formalisieren:[861]

$$(47) \quad Finanzkraft\ eines\ VU = \frac{adjustiertes\ Eigenkapital}{Eigenkapitalbedarf} = \frac{IST\ Kapital}{SOLL\ Kapital}$$

Dabei bedeutet der Begriff adjustiertes Eigenkapital, dass das bilanzielle Eigenkapital[862] bspw. durch Analyst Adjustments auf die Teile reduziert wird, die tatsächlich Risiko tragen (vgl. Kapitel 4.1). Der Abzug oder die Hinzurenung bestimmter Teile des bilanziellen Eigenkapitals und des Hybridkapitals entspricht der wichtigsten Vorgabe der Kapitaladäquanzmodelle, nämlich derjenigen, dass Risiko ausschließlich durch die Risikodeckungsmasse abgesichert wird.

---

[859] Radtke, M. (2004), S. 138; Sauer, R. (2004), S. 11-13.
[860] Radtke, M. (2004), S. 138.
[861] Zboron, M. (2005), S. 190.
[862] Dazu gehören auch die von den Rating-Agenturen anerkannten Teile des Hybridkapitals.

Also werden die Anteile, die kein Risiko tragen, nicht in das Modell eingerechnet. In der Praxis ist zu beobachten, dass die Anforderungen der Rating-Agenturen an die Kapitalunterlegung stets höher sind als diejenigen der internen Modelle der VU selbst oder der Modelle von Aufsichtsbehörden.[863] Dies lässt sich darauf zurückführen, dass die Kunden der Rating-Agenturen, nämlich Banken und andere Kunden der (Rück-)Versicherungsunternehmen, von den Agenturen eine sichere Einschätzung der finanziellen Lage eines VU fordern. Rating-Agenturen würden an Ansehen verlieren, wenn sie diesen Sicherheitsaspekt vernachlässigten. Sie fordern deshalb eine eher zu hohe als eine zu niedrige Eigenkapitalunterlegung. Dies führt zu einer größeren Belastung durch zusätzliche Eigenkapitalkosten. Dieser Zielkonflikt im Zusammenhang mit unterschiedlichen Kapitalanforderungen ist in der folgenden Abbildung dargestellt:

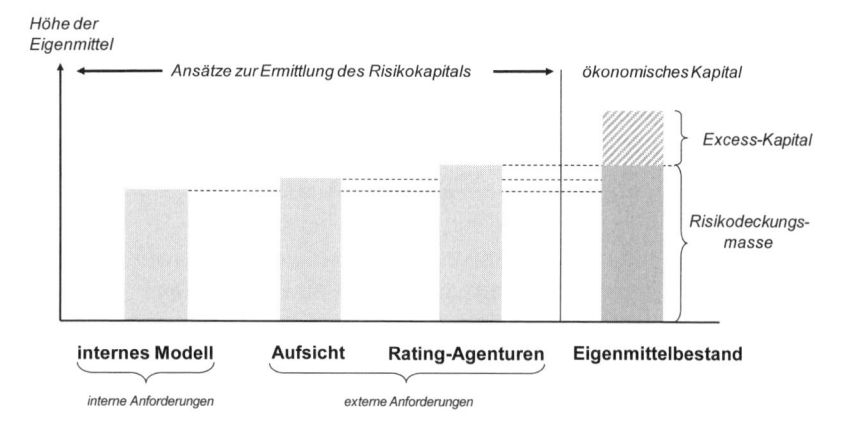

Abbildung 25 Die unterschiedlichen Anforderungen an die Höhe der Eigenmittel

---

[863] Es bleibt allerdings abzuwarten, ob dies auch nach der Einführung von Solvency II so bleibt.

Aus der Abbildung wird ersichtlich, dass die Höhe des Excess-Kapitals durch unterschiedliche Anforderungen an das Risikokapital und somit an die Risikodeckungsmasse variieren kann. Die Praxis betrachtet Kapitaladäquanzmodelle von Rating-Agenturen mitunter kritisch. Dies lässt sich darauf zurückführen, dass ein globales VU aufgrund seines weltweiten Geschäfts Diversifikationseffekte realisieren kann. Diese geographisch bedingten Diversifikationseffekte werden jedoch nicht von den Kapitaladäquanzmodellen der Rating-Agenturen abgedeckt. Deshalb vertreten manche VU die These, dass diese komplexen Zusammenhänge von hoch entwickelten internen Risikomodellen präziser erfasst werden als von den externen der Rating-Agenturen.[864]

7.4 A.M. Best

Das Insurer Financial Strength Rating, von A.M. Best gliedert sich in die drei großen Analyse-Bereiche Bilanzkraft, Ertragskraft und Geschäftsprofil. Die Analyse der Ertragskraft und des Geschäftsprofils sind qualitativ, die Analyse der Bilanzkraft erfolgt größtenteils quantitativ.[865] Diese quantitative Analyse basiert hauptsächlich auf einer von mehr als 100 Testverfahren gestützten Ermittlung der Kapitaladäquanzkennzahl (BCAR-Ratio) durch A.M. Best. Diese Tests ermöglichen der Agentur eine Vorstellung von der Bilanzstärke und der Ertragskraft eines VU. Dabei variiert die Bedeutung des jeweiligen Tests entsprechend dem Charakter des betrachteten VU.[866]

Die Agentur beginnt ihre Analyse damit, dass sie den letzten Jahresabschluss auf bilanzieller oder Statutory Basis (vgl. Kapitel

---

[864] Sauer, R./Wimmer, A. (2004), S. 6.
[865] Es ist zu beobachten, dass auch qualitatitive Aspekte durch Analyst Adjustments quantifiziert werden.
[866] A.M. Best (2003), S. 1.

6.5)[867] betrachtet und dabei die Analyse der historischen Ertragskraft ebenso berücksichtigt wie quantitative und qualitative Aspekte.[868] Qualitative Gesichtspunkte wie Ertragskraft und Geschäftsprofil sind Indikatoren für die Entwicklung der zukünftigen Bilanzkraft, deren Umfang im Finanzkraftrating prognostiziert werden soll.[869]

Der Analyse der Bilanzkraft kommt innerhalb des Ratingprozesses von A.M. Best besondere Bedeutung zu.[870] Sie wird danach bewertet, ob ein VU in der Lage ist, nach Erfüllung seiner laufenden und auch zukünftigen Verpflichtungen weiter zu bestehen.[871] Die Analyse der Gesamtbilanzbilanzkraft fokussiert die Bereiche[872]

- Zeichnungspolitik (Underwriting Leverage)

- Fremdkapital (Financial Leverage)

- Kapitalanlagestrategie (Asset Leverage)

Der Bereich Zeichnungspolitik umfasst im Wesentlichen die Analyse des versicherungstechnischen Risikos. Dabei berücksichtigt der A.M. Best-Ansatz auch Diversifikationseffekte, z. B. innerhalb der einzelnen LoB, ebenso wie Diversifikationseffekte geographischer Art oder der Kombination verschiedener Vertriebsarten durch Vermittler (Agency Business) oder direktes Geschäft (Direct Business).[873] Gut

---
[867] A.M. Best (2004a), S. 1; A.M. Best (2003), S. 1.
[868] Dies können rein qualitative Aspekte sein wie bspw. eine Befragung des Managements oder quantitative Aspekte des BCAR-Modells wie bspw. Analyst Adjustments.
[869] Zboron, M. (2005), S. 186-187.
[870] Deckert, M./Radtke, M. (2004), S. 138.
[871] A.M. Best (2003), S. 1.
[872] A.M. Best (2004b), S. 155; Zboron, M. (2005), S. 187. Weitere untersuchte Bereiche sind Rückversicherung, Angemessenheit der Schadensrückstellungen, Liquidität, finanzielle Flexibilität, Garantien und Stop Loss-Rückversicherung (Zboron, M. (2005), S. 187-190).
[873] A.M. Best (2007a), S. 2-3.

diversifizierte VU erhalten einen Bonus. Allerdings fällt der Diversifikationsbonus für kleinere VU, die einen hohen Diversifikationsgrad innerhalb ihrer einzelnen LoB aufweisen, eher gering aus, da A.M. Best ihnen aufgrund ihres geringeren Geschäftsumfangs niedrigere Erfahrungswerte unterstellt.[874]

Bei der Analyse der Bilanzkraft betrachtet A.M. Best die Fremdkapitalausstattung (Financial Leverage). Dabei bewertet die Agentur die Fremdkapitalaufnahme einschließlich seiner Finanzrückversicherung. Die Fremdkapitalaufnahme kann Zahlungsströme (Cash Flows), also zukünftige Ertragskraft, beeinflussen und damit finanzielle Instabilität verursachen,[875] weil die Fremdkapitalaufnahme bei Holdingunternehmen von Versicherungsgruppen i. d. R. die Bilanzstruktur und den zukünftigen Zahlungsstrom eines VU durch Fälligkeiten von Zinsen oder die Rückzahlung von Anleihen zu einem vereinbarten Termin verändert. Der Financial Leverage misst den Anteil des Fremdkapitals am Gesamtkapital.[876] Illiquide oder spekulative Anlageformen mit einer schlechten Portfoliodiversifikation, vor allem in Kombination[877] mit der Zeichnung von volatilen Risiken (wie bspw. bei einer Industrieversicherung), können die Zahlungsfähigkeit eines VU stark gefährden. Deshalb untersucht die Analyse der Kapitalanlagestrategie (Asset Leverage) Qualität, Mischung und Streuung von Kapitalanlagen. Die Bewertung des Anlageportfolios umfasst dessen Ausfallwahrscheinlichkeit und potentiellen Werteverlust bei einem Notverkauf. A.M. Best betrachtet hier Brancheneinteilung und geographische Streuung und berücksichtigt die Exponierung der Einzelrisiken ab 10 % des Gesamtkapitals.[878]

---

[874] A.M. Best (2007a), S. 3.
[875] A.M. Best (2004b), S. 156.
[876] A.M. Best (2007a), S. 2; Zboron, M. (2005), S. 190.
[877] Dadurch berücksichtigt A.M. Best den ALM-Gedanken.
[878] Zboron, M. (2005), S. 189.

Die Agentur wendet Risikokategorien des BCAR-Modells auf die oben genannten Analysebereiche an.[879] Diese Kategorien decken sich im Wesentlichen mit den in Kapitel 3 vorgestellten Risikoklassen und werden deshalb nicht explizit erläutert. Das BCAR-Modell beinhaltet - wie alle Rating-Modelle – Analyst-Adjustments, weil Bilanzstärke und Ertragskraft entsprechend der Charakteristika des jeweiligen VU unterschiedlich ausfallen können. Untersuchte VU werden im Verlauf des Analyseprozesses in verschiedene Peer Groups[880] eingeteilt. Innerhalb dieser Gruppen können sie durch Analyst Adjustments unterschiedlich eingestuft werden.[881]

7.4.1 Best's Capital Adequacy Ratio-Modell

Die Kapitaladäquanzkennzahl (Best's Capital Adequacy Ratio-Modell - BCAR) ist Bestandteil des interaktiven Ratingprozesses von A.M. Best zur Messung der Kapitaladäquanz und somit Teil der Analyse der Bilanzkraft.[882] Die Agentur betont (analog zu S&P), dass ihr BCAR-Modell nur ein Teil des Finanzkraftratings (Insurer Financial Strength Rating) ist und deshalb den Mindestanspruch der Rating-Agentur an die Kapitalausstattung eines VU darstellt.[883] Diese Kennzahl allein reicht nicht aus, um die tatsächliche Finanzstärke zu messen, weil bspw. die Einbeziehung der Ertragskraft und des Geschäftsprofils bei identisch kapitalisierten VU zu unterschiedlichen Rating-Ergebnissen führen kann.[884]

---

[879] A.M. Best (2007a), S. 2.
[880] In einer Peer Group werden VU betrachtet, die über ein vergleichbares Risiko- und Ertragsprofil verfügen.
[881] A.M. Best (2007a), S. 1.
[882] A.M. Best (2004b), S. 154.
[883] A.M. Best (2007a), S. 2.
[884] A.M. Best (2003), S. 5.

Die Agentur entwickelte verschiedene Kapitaladäquanzmodelle,[885] die sich alle mit dem in Kapitel 6.5 vorgestellten Modell der NAIC vergleichen lassen. Allerdings wählt die Agentur konservativere Risikofaktoren. Das A.M. Best Modell enthält darüber hinaus zusätzliche Faktoren, die die NAIC nicht berücksichtigt.[886]

A.M. Best verwendet seine Modelle für Nicht-Leben seit 2003, für Leben seit 2004 und aktualisiert sie regelmäßig.[887] Bei diesen Aktualisierungen lassen sich „kleinere" Anpassungen bei den verwendeten Faktoren beobachten. Darüber hinaus entwickelte die Agentur auch das Universal BCAR-Modell,[888] in dem sie die Module Leben und Nicht-Leben zusammenführt.

In den Modellen Leben und Nicht-Leben wird das Risikokapital, das Net Capital Required mit der Risikodeckungsmasse, dem Adjusted Capital, verglichen. Somit folgt auch das A.M. Best-Modell dem Risikotragfähigkeitskalkül aus Kapitel 4:

$$(48) \quad BCAR = \frac{Adjusted\ Capital}{Net\ Capital\ Required} = \frac{Risikodeckungsmasse}{Risikokapital} \geq 1$$

---

[885] bspw. Takaful (Shari'a Compliant) Insurance Companies (2008); BCAR For Title Insurance Companies (2008); A.M. Best's Title Insurance Rating Methodology (2007); Understanding Universal BCAR - A.M. Best's Capital Adequacy Ratio for Insurers (2007); Understanding BCAR for Canadian Property/Casualty Insurers (2005); Understanding BCAR for Life/Health (2004); Understanding BCAR (2003). Alle Modelle finden sich unter www.ambest.com.
[886] bspw. ein zusätzlicher Stresstest beim Total Investment Risk (Risikoklassen: B1; B2; B3), wobei das Investment Portfolio unter steigenden Zinsen betrachtet wird oder Stresstests für eine überdimensionale Katastrophenentwicklung, bei der ein Fall der Aktienmärkte und ein Anstieg der Zinsstrukturkurven unterstellt wird (A.M. Best (2003), S. 2).
[887] bspw. waren Updates des Leben-Modells von A.M. Best in 2006 und 2008 zu beobachten.
[888] Eine detaillierte Beschreibung der einzelnen Bestandteile findet sich auf der A.M. Best-Homepage. Allerdings geht diese nicht auf die genaue Modellierung des Universal BCAR-Modells ein. Deshalb wird dieser Ansatz im Folgenden vernachlässigt. Er ist in dem Dokument Understanding Universal BCAR - A.M. Best's Capital Adequacy Ratio for Insurers (2007) – A.M. Best (2007a) beschrieben.

Eine Kapitaladäquanzkennzahl (BCAR) größer als 100 % deutet auf eine gute Finanzausstattung hin; ist sie kleiner als 100 %, spricht A.M. Best von einer schlechten Finanzausstattung. Das Ergebnis wird den einzelnen Ratingklassen zugeordnet. Ein Wert ≥ 100 %, ergibt die Rating-Klassen A++ bis B, ein Wert < 100 % ergibt ein Rating von B- oder schlechter.[889] Die Agentur vergleicht das Ergebnis dieser Bewertung mit Durchschnitten, die sie für die gesamte Branche ermittelt hat. Anschließend bildet sie Peer Groups aus vergleichbaren VU.[890] Die folgenden Abschnitte stellen die Anforderungen an das Adjusted Capital sowie das Net Required Capital aus Leben und Nicht-Leben vor.

7.4.2 Adjusted Capital

Für A.M. Best ist die Höhe des verfügbaren Kapitals das Adjusted Capital[891] in den untersuchten Bereichen ein wesentlicher Indikator für die Bilanzkraft eines VU. Auch hier wählt die Agentur bewusst einen äußerst konservativen Ansatz, weil die finanzielle Stabilität, die einem VU ermöglicht, Risiken der Aktiv- und Passivseite abzusichern, auf einem konservativen Kapitalausstattungsgrad und somit auch auf einem konservativen Verschuldungsgrad basiert.[892]

Im A.M. Best Modell erfolgt die Ermittlung des Adjusted Capitals für Leben und Nicht-Leben in annähernd gleicher Weise. Dabei besteht das Adjusted Capital aus dem bilanziellen Eigenkapital auf Statutory Basis zum Bilanzstichtag, inklusive möglicher Gutschriften und Ab-

---

[889] Die einzelnen Ausprägungen und Einteilungen der Rating-Klassen von A.M. Best finden sich im Anhang 9.4.
[890] A.M. Best (2004a), S. 1.
[891] A.M. Best verwendet für das verfügbare Eigenkapital in seinen Modellen unterschiedliche Begriffe wie Adjusted Capital, Available Capital, Adjusted Capital & Surplus oder Adjusted Policyholder Surplus (APHS). Deshalb soll im Folgenden der Einfachheit halber für diese Begriffe Adjusted Capital verwendet werden.
[892] A.M. Best (2004b), S. 155.

züge.[893] Dieses verfügbare Eigenkapital enthält - ähnlich wie bei S&P - Adjustierungen auf das bilanzielle Eigenkapital. Diese Adjustierungen erlauben A.M. Best - ebenso wie S&P - eine ökonomischere Betrachtung der VU. Sie können dadurch eine vergleichbare Basis für die Berechnung der Kapitaladäquanz herstellen,[894] und es ist möglich, ökonomische Sachverhalte einzubeziehen, die nicht in den Statutory Accounting Principles enthalten sind.[895] Somit ermöglichen sie der Agentur einen weltweiten Vergleich zwischen einzelnen VU und berücksichtigen regionale Besonderheiten[896] verschiedener Rechnungslegungsvorschriften. A.M. Best begründet die Adjustierungen auch damit, dass manche Aufsichtsbehörden überhöhte Rückstellungen fordern. Die Agentur zieht diese ebenso wie den Goodwill und andere immaterielle Vermögensgegenstände vom verfügbaren Kapital ab.[897]

Beim verfügbaren Kapital führt A.M. Best für außerbilanzielle Risiken zwei Adjustments durch: eines bei Naturkatastrophen und eines beim Schuldendienst (Debt Service).[898] In der Modellierung von Katastrophenschäden unterscheiden sich die Modelle von A.M. Best und S&P. A.M. Best betrachtet Stressszenarios (bspw. Naturkatastrophen), und subtrahiert deren Auswirkungen vom bilanziellen Eigenkapital.[899] Bei S&P werden Naturkatastrophen in die Ermittlung des Risikokapitals einbezogen. A.M. Best berücksichtigt auch den Schuldendienst und die Höhe der Zins- und Tilgungsleistungen, die ein VU zahlen muss, durch Adjustments. Somit berechnet A.M. Best das Adjusted Capital wie folgt:[900]

---

[893] Zboron, M. (2005), S. 190.
[894] A.M. Best (2007b), S. 3.
[895] A.M. Best (2007a), S. 12.
[896] Deckert, M./Radtke, M. (2004), S. 139.
[897] A.M. Best (2007a), S. 3; A.M. Best (2007b), S. 1.
[898] Der Schuldendienst (Debt Service Requirements) sind Zahlungsverpflichtungen (Zins- und Tilgungsleistungen), die an Kreditgeber zu zahlen sind.
[899] A.M. Best (2007b), S. 3. Weiter ist zu beobachten, dass Katastrophen zusätzlich in der Risikoklasse Credit Risk (B3) berücksichtigt werden.
[900] A.M. Best (2007a), S. 3.; A.M. Best (2003), S. 1

+ bilanzielles Eigenkapital (Reported Capital)

± Anpassungen an das bilanzielle Eigenkapital (Equity Adjust- (1)
ments)

± Anpassungen für Schuldtitel (Dept Adjustments) (2)

weitere Anpassungen (Other Adjustments) für (3)

- Verluste aus möglichen Großschäden durch Katastrophen und Terrorismus

- Zukünftige Verluste und Dividendenzahlungen

- Goodwill

- andere immaterielle Vermögensgegenstände

± Analyst Adjustments (bspw. durch Stresstests) (4)

± Steuerliche Anpassungen für alle relevanten Positionen[901] (5)

= **Adjusted Capital**

A.M. Best rechnet zu den Anpassungen an das bilanzielle Eigenkapital (Equity Adjustments)[902] nicht verdiente Prämieneinnahmen, Schadensreserven, verzinsliche Wertpapiere und die Rückversicherung. Bei dem Adjustment für nicht verdiente Prämieneinnahmen (Unearned Premium Equity) rechnet die Agentur einen Abschlag für aktivierte Abschlusskosten (Deferred Acquisition Costs - DAC)[903]

---

[901] Zur Ermittlung der Risikodeckungsmassen wird im Tax Adjustment mit dem durchschnittlichen Steuersatz der letzten drei Jahre gerechnet (A.M. Best (2003), S. 13). Es werden jedoch nicht alle Positionen adjustiert, bspw. erfolgt kein Adjustment für Intangible Assets oder den Goodwill.
[902] vgl. Punkt (1), S. 270.
[903] Die aktivierten Abschlusskosten sind ein immaterieller Vermögensgegenstand, der in der Bilanzierung nach US-GAAP berücksichtigt wird. Diese Kosten, sofern sie einen mittelbaren Bezug zum Neugeschäft oder einer Vertragsverlängerung aufwei-

und einen Abschlag für das Risiko, das im Pricing entstehen kann.[904] Durch die Berücksichtigung der DAC sollen neue und wachsende VU mit hohen Akquisitionskosten und etablierte Unternehmen, die i. d. R. niedrige Akquisitionskosten aufweisen, einander gleichgestellt werden. Allerdings gewährt A.M. Best den anteiligen Bonus für aktivierte Abschlusskosten nur, wenn die Schadensquote (Loss Ratio)[905] kleiner ist als 100 % und gleichzeitig höher als die vorausgezahlten Akquisitionskosten (Underwriting Expense Structure). Das Pricing-Risiko (Quotierungsrisiko) wird berücksichtigt, indem die Summe der gebuchten Prämien von der Summe der gesamten Prämien[906] abgezogen wird. Daraus ergibt sich die Summe der noch nicht verdienten Prämien (Unearned Premiums). Dieser Abschlag auf die Risikodeckungsmassen repräsentiert für A.M. Best das Risiko, das in den Pricing-Raten des kommenden Jahres enthalten ist. Das Eigenkapital-Adjustment für Netto-Schadensreserven (Loss Reserve Equity) bildet sich aus der Differenz zwischen den Summen der ökonomischen Reserven und den bilanzierten Reserven. Dabei betrachtet die Agentur die abgezinsten ökonomischen Reserven per ultimo. A.M. Best vergleicht gut reservierte VU mit unterreservierten und gesteht ausreichend reservierten mehr Eigenkapital per Ultimo-Betrachtung zu. Davon werden Reserven abgezogen, die aus Rückversicherungstransaktionen

---

sen und es sich dabei um variable Kosten handelt, sind nach US-GAAP aktivierungsfähig. Dabei können sowohl interne (also Verwaltungskosten, die bspw. aus Underwriting-Prozessen entstehen) als auch externe Kosten wie Provisionen und Courtagen (Commissions) angesetzt werden (Rockel, W./Helten, E./Loy, H./Ott, P. (2007), S. 361.). Diese Kosten werden aktiviert und über die Laufzeit der Verträge verteilt.

[904] Dieses Pricing-Risiko ist allerdings nicht mit dem Pricing-Risiko, das in dem Prämienmodul von A.M. Best bei der Ermittlung des Net Required Capital (NRC) modelliert wird, zu verwechseln. Das Pricing-Risiko des NRC beinhaltet das Risiko, das im Geschäft des Folgejahres enthalten ist und nicht das hier zu deckende Quotierungsrisiko (A.M. Best (2003), S. 13).

[905] A.M. Best spricht hier von den beiden Ratios, die sich aus diskontierten eingetretenen Schäden (discounted accident year loss ratio) und Schadensregulierungskosten (Loss Adjusted Expense Ratio) zusammensetzen. Diese werden hier vereinfacht als Loss Ratio bezeichnet.

[906] Das sind alle Prämien eines VU, auch diejenigen, die zwar im letzten Jahr verdient, jedoch im laufenden Jahr noch nicht an das VU überwiesen worden sind.

kommen.[907] Bei festverzinslichen Wertpapieren nimmt A.M. Best ebenfalls ein Adjustment[908] auf das bilanzielle Eigenkapital vor. Es berücksichtigt den aktuellen Marktwert der festverzinslichen Wertpapiere.

Die Summe der Anpassungen für Schuldtitel (Debt Adjustments)[909] wird vom bilanziellen Eigenkapital abgezogen. Sie bestehen aus den (Contingent) Surplus Notes[910] und dem Schuldendienst für verbundene Unternehmen (Debt Service Requirements). Dabei hängt der Abzug vom Grad der Verschuldung eines VU ab. Dieser wird an quantitativen und qualitativen Faktoren gemessen. Bei der quantitativen Analyse verwendet A.M. Best ein eigenes Modell,[911] um den Umfang der Verschuldung festzustellen. Bei der qualitativen Analyse beurteilt die Agentur, in welchem Verhältnis bspw. die Gesamt-Verschuldung eines VU zu seinem Eigenkapital steht oder welche Finanzierungsquellen für die Kapitalkosten der Verschuldung zur Verfügung stehen.[912]

Unter weiteren Anpassungen (Other Adjustments)[913] finden sich mögliche Verluste aus Katastrophen und Terrorismus, weitere zukünftige Verluste, zukünftige Dividendenzahlungen sowie Zu- bzw. Abschläge für Goodwill und andere immaterielle Vermögensgegenstände. Da Katastrophenschäden aufgrund ihres Ausmaßes und ihres

---

[907] A.M. Best (2003), S. 13.
[908] Der Zu- bzw. Abschlag durch das Tax Adjustment ist auf 10 % bis -15 % festgelegt (A.M. Best (2003), S. 13).
[909] vgl. Punkt (2), Seite 270.
[910] Bei den (Contingent) Surplus Notes handelt es sich um die Ausgabe neuer Genussscheine oder die bedingte Umwandlung von Fremdkapital in Genussscheine (Liebwein, P. (2000), S. 427). Da es sich bei Genussscheinen um Genussrechtskapital (vgl. Kapitel 4.1.4) und somit um Hybridkapital handelt, nimmt A.M. Best sie in die ökonomische Betrachtung des Eigenkapitals auf (A.M. Best (2003), S. 14).
[911] In diesem Modell wird die Rückzahlungsdauer einer Verpflichtung gemessen. Deshalb gibt es für langfristige Verbindlichkeiten einen höheren Abschlag als für kurzfristige. Weiter fließt die Höhe der vereinbarten Zinszahlungen in das Modell ein (A.M. Best (2003), S. 13-14).
[912] A.M. Best (2003), S. 14.
[913] vgl. Punkt (3), Seite 270.

nicht vorhersehbaren Eintretens die größte Gefahrenquelle für VU darstellen, subtrahiert A.M. Best für diese Gefahren den höheren Wert des angepassten größtmöglichen Schadens (Netto Probable Maximum Loss - PML), vgl. Kapitel 5.2.2.2, eines 100-Jahres-Sturm-Ereignisses oder eines 250-Jahres-Erdbeben-Ereignisses. Auch hier fließen qualitative Elemente in die Bewertung des angepassten PML mit ein: A.M. Best behält sich vor, den Abschlag auf den PML zu vergrößern bspw. aufgrund zusätzlicher Informationen aus der Management-Befragung oder zusätzlicher Angaben während des Rating-Prozesses.[914] Erkennt die Agentur, dass ein VU seine Schätzungen sehr vorsichtig durchgeführt hat, honoriert sie dies mit einem geringeren Abzug bei Katastrophenschäden.[915] Für das Risiko aus Terrorismus trifft A.M. Best ebenfalls eine zusätzliche quantitative Abschätzung.[916]

A. M. Best betrachtet in den Analyst Adjustments auch, wie sich Stresstests und Sensitivitätsanalysen[917] auf die Höhe des erforderlichen bilanziellen Eigenkapitals auswirken.[918] Ziel dieser Tests - die die Agentur nicht veröffentlicht - ist es, die Finanzstärke eines VU unter sich ändernden Rahmenbedingungen einzuschätzen.[919] Die Agentur versucht auf diese Weise die Höhe des Eigenkapitalpuffers oder auch den Fehlbetrag zum aktuellen Rating-Level zu ermitteln. Dabei erfolgt eine Reduzierung des Eigenkapitals aufgrund von Szenarien (z. B. für außerbilanzielle Risiken), für Verpflichtungen oder Garantien für Töchter oder für Katastrophenverluste, die nicht

---

[914] A.M. Best stützt sich dabei auf Informationen aus einem ergänzenden Fragebogen (Supplemental Rating Questionnaire), der von den VU im Rahmen des Rating-Prozesses auszufüllen ist. Weitere Angaben zur Bewertung von Katastrophen macht A.M. Best in A.M. Best (2006).
[915] A.M. Best (2003), S. 14.
[916] A.M. Best (2003), S. 14.
[917] vgl. Punkt (4), Seite 270.
[918] Innerhalb dieser Tests betrachtet A.M. Best, ob eine Reduzierung des Eigenkapitals tragbar ist. Wenn sich die Höhe des Eigenkapitals nach Stresstests verringert und hier eine Herabstufung um eine volle Rating-Klasse erfolgt oder wenn sich ein Rating der Klasse B oder schlechter ergibt, kann die Agentur das Gesamtrating herabstufen (A.M. Best (2003), S. 5).
[919] A.M. Best (2003), S. 13.

durch Rückversicherung gedeckt sind). Weiter modelliert sie Szenarien für Katastrophenrisiken von VU, die zwar hohe Brutto-, jedoch niedrige Netto-Schäden aufweisen und untersucht Auswirkungen von Rückversicherungsforderungen aufgrund eines Katastrophenschadens. Die Differenz zwischen Brutto- und Netto-Schäden wird den Forderungen an Rückversicherungsunternehmen zugerechnet, da sich die Abhängigkeit eines VU gegenüber seinen Rückversicherern in diesem Szenario verstärkt. In diesem Fall rechnet A.M. Best zusätzlich damit, dass das Rating des Rückversicherers aufgrund eines Großschadens um zwei Rating-Klassen sinkt. Ein weiterer Test vergleicht den größtmöglichen Verlust (Net PML) mit den Schadensreserven.[920]

Die Addition oder Subtraktion aller genannten Adjustments, inklusive der Analyst Adjustments und des Tax Adjustments,[921] ergibt in Verbindung mit dem adjustierten bilanziellen Eigenkapital das Adjusted Capital. Dieses wird in ein Verhältnis zum Net Required Capital gesetzt, das im folgenden Abschnitt für Leben und Nicht-Leben vorgestellt wird.

7.4.3 Net Required Capital

Das mathematische Vorgehen des BCAR-Modells von A.M. Best ist deckungsgleich mit dem des RBC-Ansatzes der NAIC (vgl. Anhang 9.2). Beide Modelle folgen dem Ansatz des Expected Policyholder Deficit (erwarteter Verlust des Versicherungsnehmers) aus Kapitel 5.

Bei der Ermittlung des Risikokapitals unterscheidet A.M. Best zunächst drei übergeordnete Risikokategorien, nämlich das versiche-

---

[920] A.M. Best (2003), S. 14.
[921] vgl. Punkt (5), Seite 270.

rungstechnische Risiko, das Kapitalanlagerisiko und außerbilanzielle Risiken, die in die Risikoklassen B1-B7 (für Nicht-Leben) und C1-C4 (für Leben) einfließen. Dabei entspricht die Summe aller Einzelkomponenten innerhalb einer Risikoklasse[922] dem Risikokapital vor Diversifikation (Gross Required Capital - GRC).[923] Vor der Aggregation wird der entsprechende Eigenkapitalbedarf durch Multiplikation der jeweiligen Basisgröße mit einem A.M. Best-Faktor in einem Kennzahlen-basierten Ansatz. Die Faktoren der einzelnen Risikoklassen leitet die Agentur aus separaten Untersuchungen über die Höhe und die Wahrscheinlichkeit von Verlusten ab, die aus betrachteten Einzelrisiken entstehen können. Dabei achtet A.M. Best bei der Kapitalausstattung auf ein möglichst einheitliches Konfidenzniveau.[924]

Innerhalb des RBC-Ansatzes nimmt A.M. Best Anpassungen vor, die oftmals denen der NAIC ähneln. Allerdings sind bei A.M. Best auch Adjustierungen zu beobachten, die sich im Modell der NAIC nicht finden, bspw. bei Managed Care[925]-Versicherungen. Anpassungen durch Analyst-Adjustments finden sich, wie in allen Rating-Modellen, auch in jedem Risikomodul von A.M. Best.

Das Modell nimmt - analog dem Ansatz der NAIC - die statistische Unabhängigkeit der einzelnen GRC an und aggregiert sie unter einer

---

[922] Da die einzelnen risikotragenden Bilanzpositionen i. d. R. mit einem Faktor multipliziert und dann zum Brutto-Risikokapitalbedarf addiert werden.
[923] A.M. Best verwendet den Begriff Gross Required Capital für das gesamte aggregierte Risikokapital vor Diversifikation (also vor der Aggregation durch die Quadratwurzel). Das aggregierte Risikokapital nach Diversifikation bezeichnet die Agentur als Net Required Capital.
[924] Deckert, M./Radke, M. (2004), S. 138. Dies bedeutet, dass alle Faktoren ein identisches Sicherheitsniveau für unterschiedliche Einzelrisiken aufweisen.
[925] Die Idee von Managed Care beruht auf der Forderung, dass Leistungserbringer im Gesundheitswesen (z. B. Ärzte) dem Gesundheitszustand ihrer Leistungsnehmer entsprechend entlohnt werden und nicht wie in „klassischen" Gesundheitssystemen (Fee For Service) entsprechend dem Ausmaß der behandelten Krankheit. Dafür stellt die Gemeinschaft der Leistungsnehmer (z. B. Patienten) ein bestimmtes Budget zur Verfügung. Da der Leistungserbringer den Rest des Budgets für sich in Anspruch nehmen darf, wird somit ein Sparanreiz für den Leistungserbringer geschaffen. Das Risiko wird für VU kalkulierbar. Mehr zur Begriffsbestimmung Managed Care findet sich in Amelung, V.-E./Amelung, A. (2007).

Quadratwurzel im RBC-Ansatz zum Risikokapital nach Diversifikation (Net Required Capital).[926] Das BCAR-Modell reduziert das errechnete Risikokapital um Diversifikationseffekte. Das Risikokapital nach Diversifikation soll ebenso wie bei der NAIC der Annahme entsprechen, *„dass die Risiken teilweise unabhängig voneinander sind und es deshalb sehr unwahrscheinlich ist, dass alle Risikoereignisse zur gleichen Zeit eintreffen."*[927] Außerbilanzielle Risiken befinden sich außerhalb der Wurzel. Dies erklärt sich zum einen damit, dass A.M. Best die statistische Unabhängigkeit dieser Risikoklasse von allen übrigen annimmt und zum anderen, dass bspw. im Nicht-Leben-Bereich 99 % der untersuchten Risiken aus dem versicherungstechnischen und dem Kapitalanlage-Bereich stammen.[928] Das Nicht-Leben-Modell von A.M. Best unterscheidet sich hier von demjenigen der NAIC. Dort werden außerbilanzielle Risiken in die Risikoklassen des Prämien- und Reserverisikos sowie den „Sammelposten" für außerbilanzielle Risiken integriert, während A.M. Best eine eigene Risikoklasse für außerbilanzielle Risiken (B7) modelliert. Insgesamt können sich bei der Modellierung des NRC Verzerrungen innerhalb des Kovarianz-Adjustments ergeben, weil kapitalintensivere Risiken betont und weniger kapitalintensive abgeschwächt werden[929] (vgl. Kapitel 5.5.3).

7.4.3.1 Nicht-Leben

Das Risikokapital nach Diversifikation (Net Required Capital - NRC) unterlegt die finanziellen Risiken bei Nicht-Leben. A.M. Best aggregiert die einzelnen Risikomodule unter einer Quadratwurzel und verwendet dabei ähnliche Risikoklassen wie die NAIC:[930]

---

[926] Deckert, M./Radke, M. (2004), S. 138.
[927] A.M. Best (2004), S. 157.
[928] A.M. Best (2007a), S. 3.
[929] A.M. Best (2007a), S. 3.
[930] A.M. Best (2004b), S. 156.

Anforderungen der Rating-Agenturen 277

(49) $NCR_{Nicht-Leben} = \sqrt{(B1)^2 + (B2)^2 + (B3)^2 + [(0{,}5 \cdot B4) + B5]^2 + (B6)^2} + B7$

Die einzelnen Risikokategorien lauten wie folgt:[931]

Tabelle 7 Die Risikokategorien des A.M. Best-Modells Nicht-Leben

Notation	Risikoklasse
B1	Ausfallrisiko für festverzinsliche Wertpapiere – Fixed Income Securities
B2	Volatilitätsrisiko für Aktion – Equity Market Risk
B3	Zinsänderungsrisiko – Interest Rate Risk
B4	Kreditausfallsrisiko – Credit Risk
B5	Schadensrückstellungsrisiko – Loss & LAE[932] Reserve Risk
B6	Beitragsrisiko – Premium oder Pricing Risk
B7	außerbilanzielle Risiken – Off-balance Sheet oder Buisness Risk

In den Risikoklassen B1 und B2 betrachtet A.M. Best das Investment Risiko, das aus Kapitalanlagen entstehen kann. Es unterteilt sich dabei in das Ausfallrisiko für festverzinsliche Wertpapiere (Fixed Income Securities – B1) und in das Volatilitätsrisiko für Aktien (Equity Market Risk – B2). Die Agentur unterscheidet - ähnlich wie die NAIC - zwischen Wertpapieren, die von Dritten stammen und Kapitalanlagen, die innerhalb einer Versicherungsgruppe gehalten werden. Diese Werte werden mit einem von A.M. Best ermittelten

---

[931] A.M. Best (2004b), S. 157.
[932] LAE = Loss Adjusted Expense Reserve Risk

Faktor multipliziert.[933] Dabei nimmt A.M. Best Adjustierungen vor, die im Folgenden vorgestellt werden.

Bei Wertpapieren Dritter betrachtet A.M. Best Anleihen, Stamm- und Vorzugsaktien,[934] Barbestände, Grundstücke und Bauten sowie weitere Anlagen. Bei Kapitalanlagen innerhalb der Versicherungsgruppe unterscheidet die Agentur zwischen Anlagen in Leben, Nicht-Leben, Nicht-Versicherungstöchtern sowie Zweckgesellschaften der Gruppe.[935] Bei (inländischen) Nicht-Leben-Töchtern wählt A.M. Best im Gegensatz zur NAIC einen konsolidierten Ansatz. Während die NAIC jede Tochter einzeln betrachtet, fasst A.M. Best diese Gruppe zusammen und eliminiert bspw. konzerninterne Retrozessionen.[936] Bei Leben-Töchtern fließt das Kapital der Töchter in das Rating ein. Auch das Kapital der Zweckgesellschaften wird der Mutter zugerechnet.[937] Bei Nicht-Versicherungs-Töchtern erkennt die Agentur den vollen Statutory-Wert der Tochter an und rechnet ihn der Mutter zu. Allerdings unterscheidet A.M. Best bei der Unterlegung des Risikofaktors zwischen öffentlich (Public) und nicht öffentlich (Private) gehandelten Wertpapieren der Töchter. Letztere ge-

---

[933] Dabei ist zu beobachten, dass A.M. Best bspw. bei Anleihen konservativere Faktoren als die NAIC wählt. Analog zur NAIC verlangt A.M. Best keine Risikokapitalunterlegung für US-Staatsanleihen.

[934] Bei Vorzugsaktien (Preferred Stock) handelt es sich um Aktien, deren Inhaber keine Stimmrechte in der Hauptversammlung besitzt. Als Ausgleich für das fehlende Stimmrecht werden dem Aktionär i. d. R. Vorrechte bei der Gewinnverteilung (z. B. eine höhere Dividende) oder einem Insolvenzfall (Abwicklung der Gesellschaft) gewährt. Ihr Gegenstück sind Stammaktien (Common Stock), deren Inhaber Stimmrechte in der Hauptversammlung ausübt.

[935] Eine Zweckgesellschaft (Single oder Special Purpose Vehicle – SPV) dient der Isolierung finanzieller Risiken innerhalb eines Unternehmens (bspw. die Finanzierung eines großen Projektes, um nicht das Unternehmen in seiner Gesamtheit zu gefährden oder spezielle Verbriefungstransaktionen). Deshalb beschränken sich die Operationen der SPV auf Erwerb und Finanzierung bestimmter Vermögenswerte. Bei den SPV handelt es sich i. d. R. um eine Tochtergesellschaft mit rechtlichem Status. Dieser dient der Sicherung von Verpflichtungen für den Fall eines Konkurses der Mutter. An SPV wird oftmals kritisiert, dass sie aufgrund von Schlupflöchern in der Rechnungslegung zur Verschleierung der tatsächlichen finanziellen Lage eines Unternehmens benützt werden.

[936] A.M. Best (2003), S. 6.

[937] Wobei die Immobilien der SPVs „nur" mit einem Faktor von 20 % belastet werden und die restlichen mit einem Faktor von 100 % (A.M. Best (2003), S. 6).

lten als weniger liquide und können im Falle eines Verkaufs an Wert verlieren, da über ihren Verkaufspreis erst verhandelt werden muss. Deshalb wird bei nicht öffentlich gehandelten Nicht-VU eine deutlich höhere Risikokapitalunterlegung gefordert als bei öffentlich gehandelten.[938] Bei der Anpassung von Risikofaktoren wendet A.M. Best unterschiedliche Methoden an. Zum einen erfolgt die Anpassung ausgewählter Risikofaktoren durch den Konzentrationsfaktor (Asset Concentration Factor) und den Größenfaktor des Wertpapierportfolios (High Investment Leverage) und zum anderen durch eine pauschale Anpassung relevanter Risikoklassen durch den Risikostreuungsfaktor (Spread of Risk Factor). Prinzipiell orientieren sich alle Risikofaktoren des Investment Risikos - wenn sie von keiner Adjustierung betroffen sind - nach dem jeweiligen Emissionsrating des Wertpapiers. Je besser ein Rating ist, desto geringer wird der durch den Risikofaktor geforderte Umfang des zu unterlegenden Risikokapitals der betreffenden Wertpapierklasse. Der Risikostreuungsfaktor stellt eine zusätzliche Kapitalanforderung für eine nicht ausreichende Portfoliodiversifikation über alle größeren Wertpapierklassen dar. Allerdings beschränkt sich die Adjustierung auf VU, die weniger als 500 Mio. US $ investiert haben. Kleinere VU können bei einer Portfoliohöhe von bspw. 5 Mio. US $ mit einem Aufschlag von mehr als 50 % belastet werden.[939]

Der Größenfaktor des Wertpapierportfolios (High Investment Leverage) fordert eine höhere Risikokapitalunterlegung von VU, die größere Anteile an Stammaktien[940] halten, weil deren Kapital einer stärkeren Volatilität ausgesetzt ist. A.M. Best führt dazu einen Stresstest mit höheren Risikofaktoren durch. Der Faktor wird von 15 % auf 20 % bzw. 30 % erhöht, wenn ein VU 50 % bzw. 100 %

---

[938] A.M. Best (2003), S. 6.
[939] A.M. Best (2003), S. 7.
[940] Die Agentur spezifiziert in ihren Ausführungen nicht, ob es sich um eigene oder fremde Stammaktien handelt.

des Jahresüberschusses (Surplus) in Stammaktien angelegt hat.[941] Der Konzentrationsfaktor (Asset Concentration Factor) verdoppelt die Risikofaktoren für einzelne Investments, die größer als 10 % des Surplus sind und berücksichtigt damit die Höhe der Exponierung der größeren Investments[942]

Das Zinsänderungsrisiko (Interest Rate Risk - B3) erfasst das Liquiditätsrisiko. Da sich Marktzinsänderungen i. d. R. erst am Ende eines Geschäftsjahres auf das Eigenkapital auswirken, vertritt A.M. Best den Standpunkt, dass Liquiditätsengpässe, die innerhalb des nächsten Geschäftsjahres auftreten können, im Zinsänderungsrisiko zu berücksichtigen sind. Liquiditätsengpässe können dann auftreten, wenn VU wegen eines Schadensfalls innerhalb kurzer Zeit hohe Geldbeträge aufbringen müssen. Da Geldbeträge zur Deckung der kurzfristigen Schadensreserven meist in kurzfristigen Anleihen investiert sind, unterliegen sie dem Zinsrisiko.[943] A.M. Best sieht darin das wesentliche Risiko einer hohen Naturkatastrophenexponierung, da das VU durch diese Gefahren kurzfristig sehr hohe Zahlungen leisten muss.[944] Die Agentur unterwirft deshalb kurzfristige Anleihen einen Zinsstresstest mit 120 Basispunkten[945] auf den Marktwert. Dabei verwendet A.M. Best für die Berechnung des Zinsrisikos „größtmöglicher Schaden brutto" (Probable Maximum Loss) als Volumenmaß für Katastrophenschäden und setzt diese in Bezug zu seinen liquiden Mitteln (Liquid Assets).[946]

Das Forderungsausfallrisiko (Credit Risk - B4) betrachtet im Wesentlichen das Ausfallrisiko aus Forderungen von Rückversicherern innerhalb einer Gruppe und der Rückversicherung bei fremden Un-

---

[941] A.M. Best (2003), S. 7.
[942] A.M. Best (2003), S. 7.
[943] A.M. Best (2003), S. 7.
[944] Deckert, M./Radtke, M. (2004), S. 139.
[945] Ein Basispunkt entspricht einem Hundertstel eines Prozentpunkts, also entsprechen 120 Basispunkte 1,2 %.
[946] A.M. Best (2003), S. 7.

ternehmen. Darüber hinaus umfasst es weitere Forderungspositionen, die Einfluss auf diese Risikokategorie haben. Diese Risiken entstehen bei Pools & Associations,[947] Guthaben bei Versicherungsvermittlern[948] und weiteren Außenständen. Bei Betrachtung von Rückversicherungsforderungen berechnet A.M. Best einen Aufschlag für VU, die sehr viel Geschäft an konzernfremde Rückversicherungsunternehmen abgegeben haben, d. h. zediert haben. Die Agentur sieht dabei die Risiken, die durch eine große Abhängigkeit von Rückversicherern aufgrund von Cash Flow-Problemen oder Streitigkeiten mit Rückversicherungsunternehmen entstehen können. Bei diesen VU berechnet A.M. Best einen zusätzlichen Risikofaktor auf anrechenbare Guthaben bei Rückversicherern, ungeachtet ihrer Kreditwürdigkeit.[949]

Das versicherungstechnische Risiko (B5 und B6) ermittelt A.M. Best unter Einbeziehung des verdienten Netto-Prämienrisikos (Net Premium Written Risk - B6) und versicherungstechnischen Reserve Risikos (Loss and Loss Adjustment Expense Reserve Risk - B5). Dazu verwendet die Agentur zwei ähnliche Ansätze,[950] die sich an das Vorgehen der NAIC anlehnen. Rückversicherungen werden ebenfalls im versicherungstechnischen Risiko berücksichtigt.[951] Für die Risikokapitalunterlegung der Prämien und des Reserverisikos

---

[947] Ein (Rückversicherungs-)Pool ist ein Zusammenschluss aus mehreren VU mit dem Ziel, ein großes Risiko gemeinsam in Form einer Risikoaufteilungsgemeinschaft (Association) zu tragen. Durch die Aufteilung von Risiken auf mehrere Gesellschaften wird das Haftungs- bzw. Schadenspotential für einzelne VU geringer. Aus diesem Zusammenschluss kann eine finanzstarke Risikotragungsgemeinschaft mit einer sehr großen Zeichnungskapazität entstehen (Liebwein, P. (2000), S. 108). A.M. Best wählt seine Risikofaktoren je nach der Beurteilung der Kreditwürdigkeit eines Pools und seines aufsichtsrechtlichen Umfelds. Keine Risikofaktoren werden für das zedierte Rückversicherungsgeschäft, das dem risikofreien Dienstleistungsgeschäft zuzuordnen ist (Risk Free Servicing Carrier Business), unterlegt.
[948] Da ein Versicherungsvermittler aufgrund von (Abschluss-)Provisionen oder Courtagen entlohnt wird, können Guthaben für Provisionen (Agents' Balances) entstehen, die im Voraus bezahlt wurden.
[949] A.M. Best (2003), S. 8.
[950] Radtke, M. (2004), S. 282-283.
[951] Mehr zur unterschiedlichen Betrachtung von Vertragsarten findet sich in A.M. Best (2003), S. 9 bzw. S. 11.

werden verschiedene Risikofaktoren errechnet, die mit der jeweiligen risikotragenden Bilanzposition multipliziert werden.

Bei der Ermittlung des Risikokapitals für das Prämienrisiko bezieht A.M. Best die Faktoren von 20 verschiedenen LoB auf die Netto-Prämien der jeweiligen LoB.[952] Die Agentur vertritt die Ansicht, dass Profitabilität und Pricing Levels (je nach Marktzyklus) der Branche gute Indikatoren für die Höhe des zu erwartenden eingegangenen Risikos sind. Deshalb unterlegt die Agentur bei VU, die bereits in der Vergangenheit profitabel gearbeitet haben, geringere Risikofaktoren.[953] Das Prämienrisiko wird von Faktoren beeinflusst, die sich aus dem spezifischen Risiko jeder einzelnen LoB, der Profitabilität und Größe eines VU ableiten lassen.[954] Um die Größe eines VU berücksichtigen zu können, nimmt A.M. Best auch hier einen Vergleich innerhalb der Branche vor, ebenso wie die Agentur die Profitabilität eines VU mit dem Branchendurchschnitt vergleicht.

Das benötigte Risikokapital für das Reserverisiko wird ebenfalls auf der Basis der Reserven (Carried Reserves) von 20 LoB berechnet. Dabei bestimmt A.M. Best im ersten Schritt die Angemessenheit und den Zeitwert der Reserven und fordert eine hohe Risikokapitalunterlegung für unterreservierte VU. In einem zweiten Schritt werden - um die Stabilität der Schadensentwicklungspattern zu ermitteln - spezifische Risiken jeder einzelnen LoB und ihrer Größe betrachtet und mit Industrie-Benchmarks verglichen. Bei der Betrachtung der Reserven berücksichtigt die Agentur viele Faktoren, bspw. auch Adjustments, den Umfang der Reserven, die Größe der betrachteten LoB oder die Anzahl der Jahre für eine erwartete oder unerwartete negative Entwicklung der Reserven.[955] Auch unterscheidet die Agentur zwischen bereits am Markt etablierten VU und

---
[952] sind in den Statutory Accounting Principles die „Schedule P" –LoB.
[953] A.M. Best (2003), S. 12.
[954] A.M. Best (2003), S. 11.
[955] A.M. Best (2003), S. 10.

solchen, die weniger als fünf Jahre Schadenserfahrung aufweisen.[956] Dabei bildet das A.M. Best-Modell nicht das Risiko einer Unterreservierung ab, sondern die Schwankung der Reservehöhe.[957]

Um die Betrachtung der Reserven auf eine ökonomischere Basis zu stellen, nimmt A.M. Best Adjustierungen bei Reserven vor.[958] Diese finden sich nicht bei den Prämien. Dazu verwendet A.M. Best zwei Faktoren, nämlich den Reservedefizitfaktor und den Abschlagsfaktor (Discount Factor). Der Reservedefizitfaktor (Reserve Defiency Factor) ergibt sich aus einem Anteil der bilanziellen Reserven plus eins. Dieser Anteil an bilanziellen Reserven wird durch akturielle Methoden ermittelt, die in ein nicht öffentlich zugängliches Modell einfließen. Darüber hinaus unterzieht die Agentur die Reserven einer qualitativen Analyse,[959] deren Anpassungen die Höhe der Reserven zusätzlich beeinflussen kann.[960] Der Abschlagsfaktor basiert auf den Auszahlungs-Pattern (Abwicklungsdreiecken) eines VU bei einem Diskontierungssatz von 5 % auf die geschätzten Schadensreserven per ultimo.[961] Durch ihn lässt sich der Zeitwert der Reserven bestimmen.[962] Diese finden sich in der folgenden Abbildung:

---

[956] „Erfahrene" VU werden gemäß ihrer eigenen historischen Schadenserfahrung beurteilt und „unerfahrene" mit dem Branchendurchschnitt verglichen.
[957] Radtke, M. (2004), S. 282-283.
[958] A.M. Best (2003), S. 9.
[959] In diese fließen qualitative Faktoren wie bspw. die historische Entwicklung der Reserven, das Geschäftsumfeld eines VU, Ergebnisse aus Diskussionen mit dem Management, ein Benchmark mit anderen VU oder eine Ground Up-Analyse ein.
[960] A.M. Best (2003), S. 10.
[961] A.M. Best (2003), S. 10.
[962] A.M. Best (2003), S. 9.

```
                    Versicherungstechnisches Risiko
                       Schaden – Unfall (P/C)
        ┌──────────────────────┼──────────────────────┐
  Adjustierungen bei Reserven   Kapitalfaktoren        weitere Adjustierungen
                                (Capital Factors)
        │                       │                      │
   Reserve Defizit-Faktor       Basisfaktor           Wachstumsfaktor
   (Reserve Deficiency Factor)  (Prämien/Reserven)*   (Growth Factor)
        │                       │                      │
   Abschlagsfaktor              Größenfaktor des VU   Diversifikationsfaktor
   (Discount Factor)            (Company Size Factor) (Diversification Factor)
                                │
                                Adäquanzfaktoren
                                (Prämien/Reserven)**
```

☐ nur beim Reserverisiko

* Prämienpasisfaktor (Premium Basline Capital Factor) oder Reservebasisfaktor (Reserve Basline Capital Factor)

**Prämienadäquanzfaktor (Company Profit Factor) oder Reserveadäquanzfaktor (Company Stability Factor)

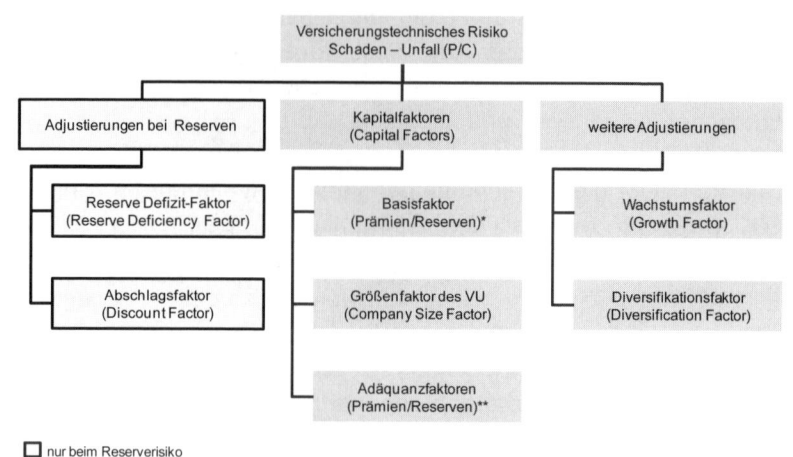

Abbildung 26 Die Faktoren des versicherungstechnischen Risikos (P/C) bei A.M. Best

Die Abbildung zeigt, dass A.M. Best neben den zwei zusätzlichen Adjustierungen für die Reserven - den Reserve Defizit Faktor (Reserve Deficit Factor) und den Abschlagsfaktor (Discount Factor) – weitere Faktoren berechnet. Die Risikofaktoren sind bei den Prämien und Reserven die Kapitalfaktoren (Capital Factors) sowie weitere Adjustierungen. Diese werden im Folgenden vorgestellt.

Die Basisfaktoren (Baseline Capital Factors) für Prämien und Reserven basieren auf internen Studien von A.M. Best. Dabei erfassen die Reservebasisfaktoren (Reserve Capital Baseline Factors) die Volatilität der Schäden pro LoB eines VU auf zweierlei Weise, indem sie nämlich die Abweichung der Schadensentwicklung während der Anfalljahre betrachten und auch Abweichungen zwischen einzelnen VU. Der Prämienbasisfaktor (Premium Baseline Capital Factor) betrachtet den diskontierten Ertrag aus dem versicherungstechnischen Geschäft (Underwriting Profit). Dieser errechnet sich aus den Netto-Prämien (Net Earned Premiums), von denen die Betriebskosten (Company Expenses) und die diskontierten Schäden (Discounted Losses) abgezogen werden.[963] In die Berechnung der Prämienbasisfaktoren fließt die Betrachtung der Versicherungsmarktphasen (harter, stagnierender oder weicher Markt) ein. Dabei untersucht A.M. Best den Einfluss der aktuellen Marktphase auf die Prämienkalkulation (Pricing) des VU.

A.M. Best stellte in seinen Analysen fest, dass Prämien und Reserven - Reserven in einem höheren Maß als Prämien - kleiner VU einer größeren Volatilität ausgesetzt sind. Deshalb verwendet die Agentur einen VU-spezifischen Größenfaktor (Company Size Factor), der die Größe eines VU in Beziehung zum Umfang seiner Prämien und Reserven setzt.[964] Die Reduzierung des Risikokapitals durch den VU-spezifischen Faktor (Company Size Factor) „belohnt" gut diversifizierte VU mit einer geringeren Risikokapitalunterlegung, wobei größere VU ihre Reservestellung und Pricing-Programme i. d. R. besser monitoren können.[965]

Zusätzlich vergleicht die Agentur - ähnlich der NAIC - Adäquanzfaktoren[966] mit Basisfaktoren aus der Industrie (Industry Baseline Factors).[967] Dies sind der Prämienadäquanzfaktor (Company Profit Factor) und der Reserveadäquanzfaktor (Company Stability Factor).

Reserveadäquanzfaktoren (Company Stability Factor) berücksichtigen die Volatilität der Schadensreserven. Dabei ermitteln sie pro LoB einen Faktor zwischen 0,7 und 1,3, der das Schadensentwick-

---

[963] A.M. Best (2003), S. 8-9.
[964] A.M. Best (2003), S. 8-9.
[965] A.M. Best (2003), S. 9.
[966] Dies sind der Prämienadäquanzfaktor (Company Profit Factor) bzw. Reserveadäquanzfaktor (Company Stability Factor)
[967] A.M. Best (2003), S. 10.

lungspattern eines VU mit Branchendurchschnitten vergleicht. In diesen Patterns sieht A.M. Best einen bedeutenden Indikator für die Fähigkeit eines VU, angemessene Reserven zu bilden.[968] Auch ist die Entwicklung der spezifischen Schadensentwicklungsraten[969] für die Agentur ein wichtiger Indikator über das Verlustrisiko bei Schadensreserven und die Fähigkeit, tatsächliche (zukünftige) Verluste (Ultimative Losses) angemessen zu projizieren.[970]

Nach der Berechnung des versicherungstechnischen Risikos nimmt A.M. Best weitere Adjustierungen durch den Wachstumsfaktor und den Diversifikationsfaktor vor. Die Ermittlung des Wachstumsfaktors (Growth Factor) ist für Prämien und Reserven identisch. Er wird auf der Basis von Netto-Prämien errechnet und berücksichtigt das zusätzliche Risiko aus der Exponierung eines VU bei Prämien und Reserven,[971] das aus einem überproportionalen Wachstum entsteht.[972] Der Wachstumsfaktor ist nicht direkt aus Bilanzwerten ersichtlich, obwohl er auf Prämienwachstum aufbaut. Seine Berechnung basiert auf dem größeren Wert des Prämienwachstums des letzten Jahres und dem durchschnittlichen Prämienwachstum der letzten drei Jahre. A.M. Best definiert dabei Schwellenwerte. Diese Schwellen werden aufgrund von Marktzyklen (weicher, stagnierender oder harter Markt) und aufgrund einer von der Agentur angenommenen Wachstumsrate definiert. Darüber hinaus bezieht die Agentur auch die Anzahl der abgeschlossenen Verträge in ihre Berechnungen ein, indem sie die höhere der beiden Wachstumsraten –

---

[968] A.M. Best (2003), S. 10.
[969] Die Stabilität einer LoB wird durch den Koeffizienten der Variation von Schadensentwicklungsfaktoren in jeder Entwicklungsphase der letzten 72 Monate (6 Jahre) gemessen. VU mit weniger als achtjähriger Schadenserfahrung werden für ihre mangelnde Erfahrung „bestraft".
[970] A.M. Best (2003), S. 10.
[971] A.M. Best (2003), S. 11.
[972] Der Wachstumsfaktor greift, wenn das Wachstum eines VU eine von A.M. Best definierte Schwelle (8 %) überschreitet. Diese Schwelle wird unter der Berücksichtigung des Wachstums eines VU im letzten bzw. in den letzten drei Jahren berechnet (A.M. Best (2003), S. 11).

entweder die eines Jahres oder diejenigen von drei Jahren - verwendet.[973]

Der Diversifikationsfaktor (Diversification Factor) fordert für ein gut diversifiziertes Portfolio eine geringere Kapitalunterlegung. Diesen Faktor berechnet A.M. Best ähnlich dem Konzentrationsrisiko für Verluste (Loss Concentration Factor) der NAIC. Auch hier zeigt sich, ob VU hinsichtlich ihrer Prämien und Reserven ausreichend diversifiziert sind. Gut diversifizierte VU werden mit weniger Risikokapital belastet, ihre Diversifikation somit honoriert.

Die letzte betrachtete Risikokasse des A.M. Best-Ansatzes ist das außerbilanzielle Risiko (Off-balance Sheet oder Business Risk - B7). Es umfasst alle Risiken, deren Ursprung nicht in bestimmten Bilanzpositionen enthalten ist, wie z. B. Eventualverbindlichkeiten. Deshalb muss der Eigenkapitalbedarf hier von Analysten individuell bestimmt werden.[974] A.M. Best weist allerdings darauf hin, dass der Anteil des Business Risks i. d. R. nicht größer als 1 % des gesamten zu unterlegenden Risikokapitals sein kann.[975] Seine Berechnung erfolgt durch einen Kennzahlen-basierten Ansatz. Die risikotragenden Positionen sind in diesem Fall nicht aus der Bilanz ersichtlich und werden mit einem Faktor multipliziert. Anschließend werden die Analyst Adjustments für diese Risikoklasse hinzuaddiert. Bei der Aggregation zum Gesamt-Risikokapital befindet sich die Risikoklasse des außerbilanziellen Risikos außerhalb der Wurzel. Dies ist auf die Annahme zurückzuführen, dass diese Risikoklasse von den übrigen Risikoklassen statistisch unabhängig ist, da es unwahrscheinlich ist, dass sich alle sieben Risikokomponenten zur gleichen Zeit negativ entwickeln.[976]

---

[973] A.M. Best (2003), S. 11.
[974] Deckert, M./Radtke, M. (2004), S. 139.
[975] A.M. Best (2003), S. 3.
[976] A.M. Best (2003), S. 3.

7.4.3.2 Leben

Der Leben-Ansatz wurde von A.M. Best häufig überarbeitet. Seine letzte Anpassung erfolgte 2008.[977] Die mathematische Ermittlung des Risikokapitals Leben entspricht dem Ansatz der NAIC (vgl. Kapitel 6.5) vor dem Update 2001. Analog zum Nicht-Leben-Ansatz von A.M. Best werden einzelne Risikoklassen unter einer Quadratwurzel in einem RBC-Ansatz aggregiert. Auch hier befindet sich das außerbilanzielle Risiko (C4) außerhalb der Wurzel. Die einzelnen Risikokategorien werden mit folgender Formel zum Gesamt-Risikokapital (NCR_{Leben}) aggregiert:[978]

$$(50)\ NCR_{Leben} = \sqrt{(C1+C3)^2 + C2^2} + C4$$

Die einzelnen Risikoklassen lauten wie folgt:

Tabelle 8 Die Risikoklassen des A.M. Best-Modells-Leben

Notation	Risikoklasse
C1	Kapitalanlagerisiko – Asset Risk
C2	Versicherungstechnisches Risiko Leben - Insurance Risk, Life
C3	Zinsänderungsrisiko – Interest Rate Risk
C4	außerbilanzielle Risiken – Off-balance Sheet/Business Risk

---

[977] 2007 war ein Update zu beobachten. Dort wurden die Risikofaktoren (Charges) der einzelnen Risikoklassen überarbeitet (A.M. Best (2007c)). Ein weiteres Update veröffentlichte A.M. Best 2008. Darin wurden ebenfalls Risikofaktoren angepasst. Weiter führte die Agentur einen Faktor für die Abhängigkeit eines VU von Rückversicherern (Reinsurance Leverage Ratio) ein und überarbeitete Abhängigkeiten der Risikoklassen C1 und C3 innerhalb der „Wurzelformel" (A.M. Best (2008)).
[978] A.M. Best (2004a), S. 10.

Die Betrachtung der Formel zeigt, dass die beiden Risikoklassen des Kapitalanlagerisikos (C1 und C3) unter der Wurzel stärker gewichtet werden als das versicherungstechnische Risiko C2. Die einzelnen Risikokategorien des Leben-Ansatzes werden zunächst mit einem Kennzahlen-basierten Ansatz bestimmt und in einem RBC-Ansatz zum Gesamt-Risikokapital aggregiert. Der RBC-Ansatz enthält dabei Adjustierungen im Kapitalanlagerisiko- und im versicherungstechnischen Modul. Die Ermittlung der außerbilanziellen Risiken ist identisch mit derjenigen der Risikoklasse B7 aus Nicht-Leben.

Das Modul Kapitalanlagerisiko (Asset Risk - C1) wird ähnlich[979] wie die Risikoklassen für festverzinsliche Wertpapiere (B1) und Aktien (B2) in Nicht-Leben berechnet. Dabei beeinflusst das Kapitalanlagerisiko die Höhe des benötigten Risikokapitals, das als Absicherung vor einem Ausfall bei Kapitalanlagen oder vor signifikanten Verlusten bereitgehalten wird. Das Anlageportfolio wird in die Klassen Anleihen, Vorzugsaktien, Stammaktien, Hypothekendarlehen, Immobilien, weitere Wertpapiere und Rückversicherung (Forderungsausfallrisiko) eingeteilt. Innerhalb dieser Klassen werden Risikofaktoren[980] auf unterschiedlichen Levels je nach Kreditqualität, Liquidität und Volatilität definiert und entsprechend dem Rating der Wertpapiere - sofern vorhanden - bewertet. Beteiligungen der Mutter an Tochterunternehmen (Affiliated Investments) rechnet A.M. Best der Muttergesellschaft zu, um einen Double Leverage oder Double Gearing und so eine verminderte Liquidität zu vermeiden.[981]

---

[979] Seine „Grundformel" ist risikotragende Position mal Risikofaktor (Kennzahlenbasierter Ansatz). Auch verwendet A.M. Best wie in Nicht-Leben den Spread of Risik-Faktor und den Asset Concentration Factor).
[980] Risikofaktoren ermittelt A.M. Best aufgrund von Industriedaten, Ausfallstatistiken und nicht öffentlich zugänglichen empirischen Daten (A.M. Best (2004a), S. 3).
[981] A.M. Best (2004a), S. 4.

A.M. Best arbeitet auch im Leben-Modul mit dem Risikostreuungsfaktor (Spread of Risk Factor)[982] und dem Konzentrationsfaktor (Asset Concentration Factor). Wie in Nicht-Leben basiert der Risikostreuungsfaktor auf der relativen Größe des anlagefähigen Portfolios. Dieser Faktor wird auf die Gesamtgröße der Kapitalanlagen,[983] die nicht aus Beteiligungen stammen (Non-affiliated Investments), angewandt. Auch hier honoriert A.M. Best eine ausreichende Diversifikation. Wenn das Portfolio der relevanten Wertpapiere steigt, verkleinert sich der Faktor, weil größere VU ihre Anlagerisiken durch eine größere Anzahl von Wertpapierklassen besser streuen und überwachen können.[984] Der Konzentrationsfaktor erfasst ebenfalls analog zu Nicht-Leben das Konzentrationsrisiko bei Wertpapierkonzentrationen, die größer als 10 % des benötigten Eigenkapitals (Adjusted Capital) sind.[985] Zur Bestimmung des Gesamt-Risikokapitals der Vermögenswerte (Asset Risk) erfolgt die Aggregation der Risiken zum Brutto-Risikokapital unter Berücksichtigung des Spread of Risk Factors, Asset Concentration Factors, derivativer Wertpapiere und den Analyst Adjustments.

Das versicherungstechnische Risiko Leben (Insurance Risk - C2) erfasst das versicherungstechnische Risiko der betrachteten LoB und berücksichtigt dabei auch die Größe des VU.[986] Es unterteilt sich in zwei Klassen, nämlich in Sterblichkeitsrisiken (Mortality) und in Krankheitsrisiken (Morbidity). In die Berechnung des Sterblichkeitsrisikos fließen die Höhe der Versicherungssumme, der Netto-

---

[982] Diesen verwendet A.M. Best seit dem Update von 2008 nicht mehr bei Ausfallrisiken gegenüber Rückversicherern. Die Agentur hat deshalb einen Faktor für die Abhängigkeit eines VU von Rückversicherern (reinsurance leverage ratio) eingeführt. Er berechnet sich aus der Summe der an den Rückversicherer zedierten Reserven und Forderungen aus der Rückversicherung. Dieser Wert wird durch die Summe aus Eigenkapital und Jahresüberschuss geteilt. Ist diese Ratio höher als 500 %, wird der Faktor (Counterparty Risk Charge) sukzessive erhöht (A.M. Best (2008)).
[983] Diese sind bspw. Anleihen, Stammaktien, Hypotheken, Immobilien, Bargeld, kurzfristige Einlagen oder weitere Kapitalanlagen (A.M. Best (2004a), S. 4).
[984] A.M. Best (2004a), S. 4.
[985] A.M. Best (2004a), S. 4.
[986] A.M. Best (2004a), S. 4.

Reserven und die Rückversicherung ein. Diese risikotragenden Positionen werden mit relevanten Faktoren multipliziert. Die Faktoren spiegeln denjenigen Betrag des zu unterlegenden Risikokapitals, der benötigt wird, um Schwankungen durch Schäden, durch Ungenauigkeiten im Pricing oder der Reservestellung auszugleichen.[987] Krankheitsrisiken (Morbility) untersuchen Risiken aus den LoB für Schaden und Gesundheit (Accident und Health), Risiken aus der Qualität der Reserven und aus einem möglichen starken Prämienanstieg (Premium Inflation). A.M. Best nimmt an, dass die Gesundheitsversicherung für einzelne Personen (Individual Morbility) die VU einem größeren Risikopotential aussetzt als Versicherungen von Personen-Gruppen (Group Morbility).[988] Die Agentur unterlegt unterschiedliche Risikofaktoren für Risiken aus der Krankenversicherung (Hospital and Major Medical), aus der Krankenversicherung für ältere Menschen (Medicare), aus Gesundheitsdiensten für Bedürftige (Medicaid) und der traditionellen Krankenversicherung (Fee For Service). Obwohl sich das Krankheitsrisiko nicht so sehr in Prämieneinnahmen reflektiert, verwendet die Agentur Risikofaktoren für Prämien, weil diese das Kapital wiederspiegeln, das aus Investitionen in Technologien und Systeme des auf Verwaltungszuschlägen basierenden Geschäfts (Administrative Fee-based Business) herrührt.[989] Der Betrachtung der Reserven bei Schaden- und Gesundheitsprodukten misst A.M. Best größte Bedeutung zu. Um einer eventuell negativen Schadensentwicklung vorzubeugen, nimmt die Agentur einen pauschalen Risikofaktor i. H. v. 5 % der gesamten Schadensreserven an. Auch fließen weitere Analysen in die Bewertung der Reserven ein, wie bspw. die Betrachtung historischer und aktueller Schadensreserven.[990]

---

[987] A.M. Best (2004a), S. 4-5.
[988] Ein Unternehmen versichert bspw. seine Arbeitnehmer.
[989] A.M. Best (2004a), S. 5.
[990] A.M. Best (2004a), S. 5.

A.M. Best vergibt einen Bonus auf das zu hinterlegende Risikokapital für Managed Care-Versicherungen. Allerdings besteht hier das Risiko, dass Anbieter nicht alle vereinbarten Leistungen für ihre Kunden erbringen können und deshalb zusätzliche Kosten für (alternative) Dienstleistungen an Versicherten tragen müssen. Deshalb berechnet die Agentur einen Abschlag auf den „Managed Care Bonus", nämlich den „Credit Risk for Provider Contract Arrangements".[991] Das Brutto-Risikokapital errechnet sich nach dem Ansatz risikotragende Position mal Risikofaktor. Zur Summe aller Risiken (inklusive Managed Care Bonus) werden die Analyst Adjustments addiert oder subtrahiert.

Das Zinsänderungsrisiko (Interest Rate Risk - C3) erfasst im Wesentlichen das Risiko durch Zinsänderungen und das Asset Liability Mismatch-Risiko (ALM). Diese Risikofaktoren werden auf Reserven für Renten und Lebensversicherungsprodukte angewandt. Der Umfang der Risikokapitalunterlegung ergibt sich aus Stornoquoten während der Laufzeit der Verträge und entspricht der Fähigkeit eines VU, auf Zinsänderungen und dadurch entstehende Marktgegebenheiten zu reagieren. Weiter betrachtet A.M. Best die Laufzeit der einzelnen Produkte und die Ausschüttungsmodalitäten eines Produkts.[992]

Das außerbilanzielle Risiko (Off-balance Sheet oder Business Risk - C_4) berechnet sich analog zum Nicht-Leben-Ansatz.

Hier schließt die Betrachtung des Kapitaladäquanzmodells von A.M. Best. Der Ansatz von S&P weicht davon ab. Dieser wird im folgenden Abschnitt vorgestellt.

---

[991] A.M. Best (2004a), S. 5 und S. 10.
[992] A.M. Best (2003), S. 6.

7.5 Standard & Poor´s

Standard & Poor´s (S&P) verwendet seit 1998 Kapitaladäquanzmodelle und hat sie bis 2003 regelmäßig aktualisiert.[993] 2007 erfolgte eine vollständige Überarbeitung des Modells. Das neue Modell wird im Folgenden vorgestellt.[994]

S&P verwendet zur Analyse der Kapitalausstattung eines VU das Risk Based Insurance Capital-Modell. Mit Hilfe dieses Modells lassen sich VU weltweit in den Bereichen Nicht-Leben, Leben und Gesundheit miteinander vergleichen. Dabei stand S&P bei der Modellierung des RBIC-Modells vor der Herausforderung, unterschiedliche Bilanzierungsstandards und Kapitalisierungen, die den nationalen aufsichtsrechtlichen Anforderungen entsprechen, zu harmonisieren.[995] Dies geschieht bspw. durch Einbeziehung von Analyst Adjustments oder die optionale Aufnahme von regionalen Besonderheiten (bspw. UK with Profits) in das Modell.[996] Weiter stellt sich die Frage, ob (Bilanz-)Positionen des Modells gemäß der lokalen Rechnungslegung oder gemäß der Statutory Basis verwendet werden sollen, da VU in einigen Ländern (bspw. den USA - vgl. Kapitel 6.5) eine eigene Bilanz gemäß den Anforderungen der nationalen Aufsichtsbehörden (Statutory Basis) erstellen müssen, die oftmals von den Anforderungen lokaler Bilanzen abweichen. Im S&P-Modell werden

---

[993] Eine knappe Beschreibung des Modells vor dem Update findet sich im Anhang 9.6.
[994] Ausgangspunkt der Analyse ist die Beschreibung des Modells von S&P sowie deren „Excel Tool". Beides kann unter www2.standardandpoors.com heruntergeladen werden.
[995] S&P (2007), S. 1.
[996] S&P (2007), S. 3. Die Britischen Lebensversicherungen mit Gewinnbeteiligung (UK with Profits) stellen eine Besonderheit auf dem europäischen Versicherungsmarkt dar. Während europäische Lebensversicherungen dem Versicherungsnehmer hohe garantierte Ablaufleistungen (Maximum aus Fondguthaben und der Höhe der Ablaufleistung, die sich aus dem Garantiezins berechnet) noch während der Vertragslaufzeit bieten, gewähren die UK with Profits relativ geringe Ablaufgarantien (wenn überhaupt). Dies ermöglicht britischen Lebensversicherern größere Flexibilität bei der Kapitalanlage. Sie investieren in volatilere Papiere. Dieses Investment birgt deutlich höhere Kapitalanlagerisiken.

i. d. R. Bilanzpositionen allgemein anerkannter Bilanzierungsrichtlinien wie bspw. US-GAAP oder IFRS verwendet. Sollte allerdings die aufsichtsrechtliche Bilanz (Statutory Basis) die finanzielle Situation eines VU präziser beleuchten, behält sich S&P vor, diese in seine Ratings einzubeziehen. Weiter stellt sich bei der Bewertung von Versicherungsgruppen die Frage, ob konsolidierte oder unkonsolidierte Bilanzpositionen in das Modell einfließen dürfen.[997] In das RBIC-Modell fließen ausschließlich konsolidierte Bilanzpositionen ein, um bspw. eine Mehrfachbelegung des Eigenkapitals (Double Gearing), Retrozessionen oder andere Transaktionen innerhalb der Gruppe auszuschließen.[998] S&P verwendet einen eigenen Rating-Ansatz für Gruppen, indem es die Unternehmen einer Gruppe in drei Kategorien einteilt, nämlich Core Unternehmen -, strategisch und nicht-strategisch bedeutsame Unternehmen einteilt.[999]

S&P betont, dass das RBIC-Modell nur ein Faktor von vielen ist, der in das Finanzkraftrating (Insurance Financial Strength Rating) einfließt. Auch Faktoren wie bspw. Stärken und Schwächen der Marktposition, Management und Strategie oder das Risikomanagement beeinflussen das Ergebnis des Ratingprozesses (vgl. Kapitel 7.4). Das RBIC-Modell vermittelt dem Analysten lediglich ein erstes Bild von der finanziellen Situation eines VU. Deshalb sind seine Ergebnisse eher Indikatoren und kein absoluter Maßstab für Kapitaladäquanz eines VU zu verstehen.[1000] Auch aus diesem Grund beinhaltet das Rating von S&P Analyst Adjustments, wie bspw. die Betrachtung einer Gruppe oder Qualität des Asset Liability Managements. Damit wird das RBIC-Modell dem Charakter des VU entsprechend kalibriert.

---

[997] S&P (2007), S. 4.
[998] S&P (2007), S. 4.
[999] Dieser Ansatz findet sich bspw. in Rief, W. (2005). Er wird jedoch hier vernachlässigt.
[1000] S&P (2007), S. 2.

S&P verwendet eine Kapitaladäquanzkennzahl, die Diversified Redundancy (Deficiency) % (DRD), die sich in das Risikotragfähigkeitskalkül aus Kapitel 4 einordnen lässt. Dabei ermittelt die Agentur die Kapitaladäquanz jeder Risikoklasse (also das Risikokapital) unter Berücksichtigung von Analyst Adjustments. Bei der Ermittlung des Risikokapitals werden die einzelnen Risikoklassen in einem Kennzahlen-basierten Ansatz zusammengeführt. Jede Risikoklasse wird mit Hilfe der von S&P ermittelten Risikofaktoren für das kommende Jahr berechnet. Diese Faktoren basieren auf den Ausfallwahrscheinlichkeiten der letzten fünf Jahre, die die Agentur ermittelt hat.[1001] Die Kennzahl wiederum berücksichtigt die von S&P errechnete Volatilität der Märkte während der letzten 15 Jahre[1002] ebenso wie Diversifikationseffekte. Allerdings sind die in den Korrelationsmatrizen von S&P verwendeten Korrelationen zur Ermittlung des Diversifikations-Bonus deutlich konservativer gehalten als diejenigen in den Modellen der Aufsichtsbehörden.[1003]

Die DRD-Kennzahl vergleicht Risikodeckungsmassen (Total Adjusted Capital - TAC) mit dem Risikokapital (Diversified Target Capital - DTC). Das Rating errechnet sich aus der Kapitaladäquanzkennzahl (DRD-Ratio):[1004]

$$(51) \quad DRD - Ratio = \frac{TAC}{DTC} = \frac{Risikodeckungsmasse}{Risikokapital}$$

[1001] S&P (2007), S. 1.
[1002] S&P (2007), S. 3.
[1003] S&P (2007), S. 1.
[1004] Die Kennzahl DRD-Ratio wird von S&P nicht veröffentlicht. Bei ihr handelt es sich um eine Annahme um diese in das Risikotragfähigkeitskalkül einzuordnen. Allerdings verwendet S&P im „Excel Tool" die DRD-Kennzahl, um absolute Größen in relative Größen zu transformieren und dann VU untereinander vergleichen zu können. Diese Herleitung ist im Anhang 9.5.1 dargestellt. Die Annahme stützt sich u. a. auf das CAR-Modell von S&P vor dem Update 2007. Dieses Modell verwendete ebenfalls eine Kapitaladäquanzkennzahl (CAR-Ratio) und findet sich im Anhang 9.6.

Das Ergebnis der DRD-Ratio ordnet S&P einzelnen Ratingklassen zu.[1005] Ein Wert größer 100 % ergibt die Rating-Klassen AAA-BBB, ein Wert kleiner 100 % ein Rating BB oder schlechter.[1006]

7.5.1 Total Adjusted Capital

Die Bestandteile der Risikodeckungsmassen (Total Adjusted Capital) ermittelt S&P weltweit auf identische Weise. Sie stehen für den Umfang des wirtschaftlich verfügbaren Kapitals. Dabei verfolgt die Agentur das Ziel, die lokale Rechnungslegung eines VU auf eine global vergleichbare Basis zu stellen. Ausgangspunkt der Berechnungen ist das bilanzielle Eigenkapital. In einem ersten Schritt werden „harte" Kapitalbestandteile[1007] für das ökonomisch verfügbare Kapital (Economic Capital Available - ECA) ermittelt. Im ECA spiegelt sich der Aspekt einer langfristigen Werterhaltung und Wertschaffung des Kapitals wieder.[1008] Es berücksichtigt bspw. eine langfristige Realisierung des Geschäftswerts (Goodwill) oder erhöhte Gewinne in den Folgejahren. Im zweiten Schritt werden „weiche" Kapitalbestandteile und Hybridkapital vom ökonomisch verfügbaren Kapital abgezogen oder hinzugefügt. Weiche Kapitalbestandteile sind kurzfristig verwertbare Kapitalbestandteile wie bspw. die Einbeziehung außerbilanzieller Werte oder noch nicht eingezahltes Kapital. Zuletzt werden das Hybridkapital und andere eigenkapitalähnliche Bilanzpositionen zum ECA addiert. Daraus ergeben sich die Risikodeckungsmassen, also das Total Adjusted Capital.[1009] Die

---

[1005] S&P (2007), S. 1.
[1006] Die einzelnen Rating-Klassen finden sich im Anhang 9.4.
[1007] Die Unterscheidung zwischen „Hard" und „Soft" Capital findet sich bei Meister, D. (2005), S. 459-460.
[1008] S&P (2007), S. 4.
[1009] S&P (2007), S. 3-4.

einzelnen Schritte zur Ermittlung des TAC finden sich in folgender Aufstellung:[1010]

+	bilanzielles Eigenkapital
±	Hard Capital (bspw. stille Reserven)[1011]
±	Analyst Adjustments
=	**Economic Capital Available**
±	Soft Capital (bspw. Wert des Versicherungportfolios)[1012]
±	Analyst Adjustments
=	**Total Adjusted Capital vor Hybridkapital-Anpassungen**
±	Hybridkapital
=	**Total Adjusted Capital**

Sind die Risikodeckungsmassen (Total Adjusted Capital) bestimmt werden diese mit dem Risikokapital (Diversified Target Capital) ins Verhältnis gesetzt. Die Ermittlung des Risikokapitals wird im folgenden Abschnitt vorgestellt.

[1010] Die einzelnen Faktoren und deren Beschreibung finden sich bei S&P (2007), S. 4-10.
[1011] Dies sind bspw. Minderheitenanteile, Schwankungsrückstellungen, Bewertungsreserven, freie und latente Rückstellungen für Beitragsrückerstattung (RfB) oder der Geschäfts- bzw. Firmenwert (Goodwill) (Meister, D. (2005), S. 459-460).
[1012] Dabei handelt es sich um Barwerte der Abwicklungszinserträge, der Über- bzw. Unterreservierung von Schadensreserven, dem Value in Force (Wert des Versicherungsportfolios), Abschlusskosten oder nicht eingezahltes Kapital (Meister, D. (2005), S. 459-460).

7.5.2 Diversified Target Capital

Ziel der Ermittlung des Risikokapitals ist es, die Zusammenhänge zwischen der Aktiv- und Passivseite einer Bilanz risikogerecht darzustellen.[1013]

Abweichend von den Ansätzen A.M. Best und der NAIC errechnet S&P das Risikokapital in vier Schritten: Im ersten und zweiten Schritt werden die beiden Risikokapitalanordnungen für wesentliche Risiken der Aktivseite (Total Target Capital for Asset Risks) und der Passivseite (Total Target Capital for Liability Risks) einer Bilanz ermittelt. Dabei beinhalten die Risiken der Aktivseite im Wesentlichen Kapitalanlagerisiken, während sich die Risiken der Passivseite auf versicherungstechnische Risiken konzentrieren. Der dritte Schritt berücksichtigt in den zusätzlichen Anforderungen (Additional Requirements - AR) regionale Besonderheiten (z. B. UK with Profits), also Sachverhalte, die noch nicht im ersten und zweiten Schritt enthalten waren. Bis dahin wurden noch keine Diversifikationseffekte berücksichtigt, deshalb errechnet der vierte Schritt einen Diversifikations-Bonus (Diversification Benefit) für das Risikokapital. Die folgende Abbildung veranschaulicht die vier wesentlichen Schritte zur Ermittlung des Risikokapitals im S&P-Modell:

[1013] Zielke, C. (2005), S. 86.

Anforderungen der Rating-Agenturen 299

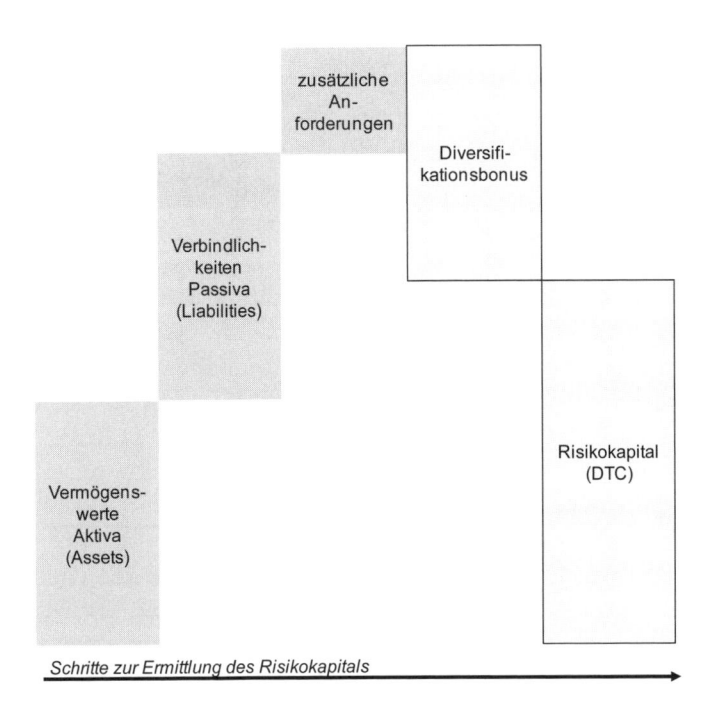

Abbildung 27 Bestandteile des S&P-Modells

Aus Abbildung 27 geht hervor, dass die einzelnen Risikobestandteile, die in den vorgestellten vier Schritten ermittelt werden, zum Gesamt-Risikokapital (Diversified Target Capital) aggregiert werden. Dies ist eine Besonderheit des S&P-Modells. Dort erfolgt die Aggregation der einzelnen Risikomodule nicht wie bei den bereits vorgestellten Modellen durch einen RBC-Konzept, sondern durch den Abzug des durch ein RBC-Konzept ermittelten Diversifikations-Bonus von dem ermittelten Risikokapital der beiden „großen" Risikoklassen Kapitalanlagerisiko und versicherungstechnisches Risiko (Kennzahlen-basiertes Konzept). Der Diversifikationsbonus errechnet sich nach folgendem Schema:

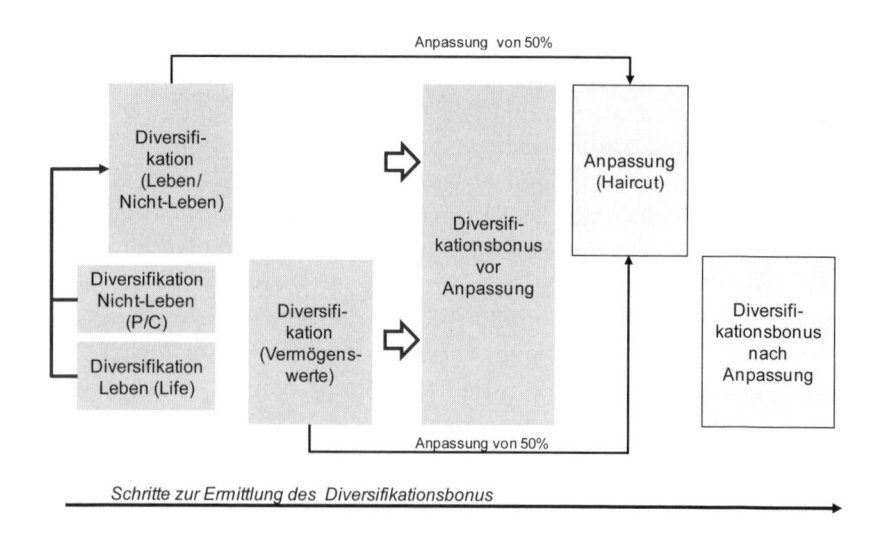

Abbildung 28 Der Diversifikations Bonus im S&P-Modell

Aus Abbildung 28 ist ersichtlich, dass S&P zunächst die Diversifikationen innerhalb der LoB aus Leben und Nicht-Leben berücksichtigt.[1014] Dazu werden Teilergebnisse der zuvor ermittelten versicherungstechnischen Risiken der Passivseite (Total Target Capital for Liability Risks) für Leben und Nicht-Leben mit Hilfe einer Korrelationsmatrix diversifiziert und unter einer Quadratwurzel aggregiert (RBC-Konzept). Diese beiden Teilergebnisse für Leben und Nicht-Leben werden wiederum in einer zweiten Korrelationsmatrix, die die Risikoausgleichseffekte zwischen Leben und Nicht-Leben berücksichtigt und unter einer Quadratwurzel aggregiert. Ein identisches Vorgehen wendet S&P auch für Diversifikationseffekte der Kapitalanlagerisiken an.[1015] Auch deren Submodule (Aktien, Anleihen und

---

[1014] Das versicherungstechnische Risiko Nicht-Leben und Leben erfasst alle Prämien und Reserven aller LoB.
[1015] Dort werden Aktien, Anleihen und Immobilien erfasst, allerdings ohne den Konzentrationsfaktor (Concentration Factor) und den Größenfaktor des Wertpapierportfolios (Size Factor).

Immobilen) werden mit Hilfe einer Korrelationsmatrix diversifiziert und unter einer Quadratwurzel zum Gesamt-Risikokapital für Kapitalanlagen aggregiert. Sind diese beiden Resultate aus der Diversifikation der versicherungstechnischen und Kapitalanlagerisiken ermittelt, werden sie um einen Abschlag (Haircut) i. H. v. 50 % vermindert, um damit - laut S&P - Unsicherheiten der Korrelationen zu beseitigen.[1016] Nach der Bereinigung durch den Haircut ergibt sich der Diversifikationsbonus (Diversification Benefit) des S&P-Modells.[1017] Dieser wird von der Summe der vorab ermittelten Risikokapitalia für Kapitalanlagen, versicherungstechnisches Risiko und zusätzliche Anforderungen (Additional Requirements) abgezogen, da diese noch nicht diversifiziert sind. Formal lässt sich die Ermittlung des Risikokapitals (Diversified Target Capital) bei S&P folgendermaßen darstellen, wobei zu beachten ist, dass jedes Modul Analyst-Adjustments beinhalten kann:

$$(52) \quad DTC = TTC_{asset} + TTC_{liability} + AR - DB$$

mit

TTC_{asset} Risikokapital für Vermögensgenswerte vor Diversifikation (Total Target Capital for Asset Risks)

$TTC_{liability}$ Risikokapital für Verbindlichkeiten vor Diversifikation (Total Target Capital for Liability Risks)

AR   zusätzliche Anforderungen (Additional Requirements)

DB   Diversifikationsbonus (Diversification Benefit)

Die einzelnen Risikokapitalpositionen ermitteln sich alle (mit Ausnahme des Diversifikationsbonus) durch einen Kennzahlenbasierten Ansatz. Dabei werden die risikotragenden Positionen mit

---

[1016] S&P (2007), S. 11.
[1017] Der Diversifikationsbonus beinhaltet vier Korrelationsmatrizen für die Module Leben, Nicht-Leben, Aggregation von Nicht-Leben und Leben sowie Asset Risk. Diese sowie die Berechnung des Diversifikationsbonus findet sich in Anhang 9.5.3.

einem von S&P ermittelten Faktor multipliziert. Bestimmte Risikomodule weisen darüber hinaus Anpassungen (Adjustments) auf. Diese sind: bspw. der Größenfaktor des Wertpapierportfolios (Size Factor Adjustment), das Konzentrationsrisiko (Concentration Charge) sowie Analyst Adjustments. Im Folgenden werden die wesentlichen Risikoklassen der einzelnen Module Kapitalanlage- und versicherungstechnische Risiken vor Diversifikation behandelt.

7.5.2.1 Vermögenswerte vor Diversifikation

S&P berücksichtigt unter dem Risiko der Vermögenswerte (Asset Risk) die Risikoklassen Kreditrisiko, Marktrisiko und weitere Anlagerisiken,[1018] sowie das Konzentrationsrisiko. Darüber hinaus enthält das Asset Risk zusätzliche Risiken (Additional Risk Charges),[1019] einen Größenfaktor des Wertpapierportfolios (Size Factor Adjustment) und Analyst Adjustments für Kredit-, und Marktrisiken sowie weitere Anlagen. Die wesentlichen Teile des TTC_{asset} werden im Folgenden vorgestellt.

Das Kreditrisiko (Credit Risk) wird immer nach dem Schema - Bilanzposition multipliziert mit einem S&P-Risikofaktor – ermittelt. Es setzt sich aus Risiken für Anleihen (Bonds),[1020] für die Rückversicherungsdeckung (Reinsurance Recoverable) und für andere Wertpapiere zusammen.

[1018] Das Other Asset Risk-Modul multipliziert die Steuerabgrenzungsposten (Deferred Tax Assets) und die Sachanlagen (Fixed Assets) ebenfalls mit einem S&P-Faktor. Davon ausgenommen sind Immobilien, die in einem eigenen Modul berechnet werden.

[1019] Die zusätzlichen Anforderungen für Kapitalanlagerisiken berücksichtigen neben den Analyst Adjustments die UK with Profits für den Fall, dass das geratete VU ein Versicherungsverein auf Gegenseitigkeit (Mutual Company) ist.

[1020] In dieser Risikoklasse werden neben Anleihen zusätzlich Vorzugsaktien und Derivate berücksichtigt.

Das Kreditrisiko für Anleihen (Credit Risk Bonds) soll der Anfälligkeit von Anleihen für Zinsschwankungen Rechnung tragen. Je höher die Duration einer Anleihe ist, desto stärker ist sie Zinsschwankungen unterworfen.[1021] S&P multipliziert deshalb alle betrachteten Wertpapiere mit einem Risikofaktor. Bei der Ermittlung des Faktors ordnet die Agentur die Anleihen - je nach Laufzeit[1022] und Rating-Klasse - bestimmten von S&P ermittelten Risikofaktoren zu. Die Ergebnisse dieser Multiplikationen werden zu den Risikokapitalanteilen der Vorzugsaktien und Derivate addiert, die ebenfalls mit einem von S&P vorgegebenen Faktor multipliziert wurden. Das Kreditrisiko für Rückversicherungsdeckungen (Reinsurance Recoverable Default Risk) folgt dem Prinzip, dass schlecht geratete Rückversicherungsunternehmen ein Risiko für das geratete VU darstellen.[1023] Es berücksichtigt Abrechnungsforderungen gegenüber Rückversicherungsunternehmen (Reinsurance Recoverabeles). Von diesen werden die Letters of Credit und die Summe der Sicherheiten oder Kautionen für Rückversicherungsdeckungen abgezogen. Dabei werden alle Bestandteile wie beim Kreditrisiko für Anleihen den jeweiligen Rating-Klassen zugeordnet, aus denen der Faktor zur Berechnung des Risikokapitals durch Multiplikation mit der relevanten risikotragenden Position ermittelt wird. Die Berechnung der weiteren Kreditrisiken (Other Credit Risk Assets) schließt Hypotheken (Mortages), Depoteinlagen/Sicherungen der Zedenten (Deposits with Cedents) und weitere Vermögenswerte mit ein. Sie werden ebenfalls mit einem S&P-Faktor multipliziert und sind Teil des zu unterlegenden Risikokapitals.

Das Marktrisiko (Market Risk) beschreibt mögliche Kurschwankungen von festverzinslichen Wertpapieren (Bonds), Aktienkapital (Equitys) und Immobilien (Properties). Dazu wird das zu unterle-

---

[1021] Zielke, C. (2005), S. 88.
[1022] Die Laufzeiten betragen: <1 Jahr; 1-5 Jahre; 5-10 Jahre; 10-20 Jahre und > 20 Jahre.
[1023] Zielke, C. (2005), S. 89.

gende Risikokapital je nach Kategorie der risikotragenden Position einem Faktor zugeordnet und mit diesem multipliziert. Da das Risikokapital für Anleihen bereits im Kreditrisiko berücksichtigt ist, fließen die Risikokapitalia von Anleihen nur in die Berechnung des Market Risk-Moduls ein, wenn die Duration der betrachteten Wertpapiere auf der Aktivseite von der ihnen gegenüberstehenden Positionen auf der Passivseite abweicht. Dazu werden Anleihen in drei Kategorien eingeteilt: Nicht-Leben, Leben und Anleihen der Anteilseigner (Shareholder). Dieses Vorgehen soll dem ALM-Risiko Rechnung tragen.

Der Größenfaktor des Wertpapierportfolios (Size Factor Adjustment) berücksichtigt das Risiko festverzinslicher Wertpapiere und Aktien, das mit der Größe des Anlagenportfolios eines VU verbunden ist.[1024] Der Umstand, dass Kapitalanlagen kleinerer VU stärker risikobehaftet sind als diejenigen großer VU, lässt sich u. a. auf Diversifikationseffekte zurückführen.[1025] Je größer das Anlageportfolio eines VU ist, desto höher ist die Wahrscheinlichkeit, dass es ausreichend diversifiziert ist und damit - weltweit auftretenden - Risiken widersteht.[1026] S&P gewährt durch das Size Factor Adjustment VU einen Diversifikations-Bonus ab einer Investitionssumme von 200 Mio. US $ und belegt die Summe aller Investitionen, die höher als dieser Wert sind, mit einem Risikofaktor von 0,8. Betrachtet man allerdings die Summe der Risikokapitalunterlegung aller Investitionen, erhält das VU erst ab einer gesamten Investitionshöhe von 1,2 Mrd. US $[1027] einen Abschlag auf das Risikokapital. Dies ist auf die Wahl der Risikofaktoren durch S&P zurückzuführen, da sich erst ab dieser Höhe die Zuschläge auf das Risikokapital - bedingt durch Faktor 2,5 (bis 100 Mio. US $) und Faktor von 1,5 (von 100 bis 200 Mio. US $)

[1024] S&P (2007), S. 17.
[1025] Meister, D. (2005), S. 460.
[1026] S&P (2007), S. 17.
[1027] Die Zahl ist im Anhang 9.5.2 hergeleitet.

- mit dem Abschlag durch Faktor 0,8 - ab 200 Mio. US $ - ausgleichen.

Wertpapierpositionen eines Emittenten, die 10 % der Risikodeckungsmassen also das Total Adjusted Capital übersteigen, werden von S&P mit einem Konzentrationsfaktor (Concentration Charge) belegt. Das Konzentrationsrisiko folgt den Gedanken, dass VU mit einem höheren Anteil an konzernfremden Wertpapieren einem höherem Risiko ausgesetzt sind. S&P erfasst also den absoluten Wert der Wertpapiere eines Emittenten oder fremde Unternehmen und nicht die Anzahl der Emittenten wie die NAIC. Staatspapiere und Staatsanleihen sind vom Konzentrationsrisiko ausgeschlossen.[1028]

7.5.2.2 Verbindlichkeiten vor Diversifikation

Das Risiko der Verbindlichkeiten (Liability Risk) beinhaltet im Wesentlichen das versicherungstechnische Risiko Leben und Nicht-Leben. Es enthält im Bereich Nicht-Leben die Risikoklassen Prämienrisiko, Reserverisiko und Katastrophenrisiko für europäische und amerikanische LoB. Im Bereich Leben berücksichtigt das $TTC_{liability}$ auch das versicherungstechnische Risiko und das Risiko aus verwaltetem Vermögen (Asset Management Risk),[1029] ebenso wie zusätzliche Risiken (Additional Risk Charges)[1030] sowie Analyst-Adjustments in jeder Risikoklasse.

[1028] Zielke, C. (2005), S. 88.
[1029] Das Asset Management Risk erfasst weitere Fonds (Other Fonds Under Mangement), die sich nicht in der Bilanz befinden. Die relevante Position wird je nach Kategorie (< 2,5 Mrd. US $; 2,5-10 Mrd. US $; 10-25 Mrd. US $ und > 25 Mrd. US $) mit einem S&P-Faktor multipliziert. Daraus ergibt sich die Höhe des zu hinterlegenden Risikokapitals.
[1030] Die zusätzlichen Risiken (Additional Liability Risk Charges) umfassen UK with Profits (im Falle von Genossenschaften) und das Krankenversicherungsgeschäft in Deutschland. Beide Positionen werden mit einem S&P-Faktor multipliziert und ergeben das zu hinterlegende Risikokapital.

Für die Risikokapitalunterlegung der versicherungstechnischen Risiken aus Nicht-Leben werden - mit Ausnahme des US-Reserve Risikos und des Katastrophenrisikos für Sachversicherungen (Property) - alle Risikoklassen mit der Formel relevante Bilanzposition mal S&P-Faktor ermittelt (Kennzahlen-basiertes Konzept). Die Risiken europäischer und amerikanischer LoB unterscheiden sich hauptsächlich in ihrer Kategorisierung, weil S&P die in den USA platzierten Risiken nach den aufsichtsrechtlichen Vorschriften der USA kategorisiert. Risiken, die nicht in den USA exponiert sind, gliedert S&P nach europäischen Rechnungslegungsvorschriften.[1031]

Das Katastrophenrisiko wird im S&P-Modell sowohl in den Risikodeckungsmassen als auch im Risikokapital berücksichtigt. In US-GAAP oder IFRS finden sich keine Vorschriften für die Bildung von Schwankungsrückstellungen (Equalization) und von Reserven für Katastrophen, da sie sich auf unerwartete künftige Ereignisse beziehen.[1032] Schwankungsrückstellungen sind allerdings in aufsichtsrechtlichen Bilanzen (Statutory Basis) vorhanden. Deshalb betrachtet sie S&P als Eigenkapital und berücksichtigt sie bei der Berechnung der Risikodeckungsmassen.[1033] Mit der Hinzurechnung dieser Puffer zum TAC ist das originäre Risiko aus Katastrophen jedoch noch nicht im Risikokapital erfasst. Die Agentur modelliert deshalb das Katastrophenrisiko in einem speziellen Modul mit einem netto 250-Jahres-Probable Maximum Loss (PML) nach Steuern und führt zwei Adjustments auf die gesamten Prämien durch. Dabei zieht S&P zunächst die Bestandteile der Prämien ab, die schon bei der Preiskalkulation für Katastrophenschäden berücksichtigt wurden. Auf diese Weise soll eine Doppelerfassung bei der Risikokapitalunterlegung des Prämienrisikos vermieden werden.[1034] Es werden nur

---

[1031] S&P (2007), S. 19.
[1032] Rockel, W./Helten, E./Loy, H./Ott, P. (2007), S. 225.
[1033] S&P (2007), S. 5.
[1034] Ist dieser Preisbestandteil (Loading) nicht vorhanden, nimmt S&P ein pauschales Adjustment i. H. v. 5 % vor (S&P (2007), S. 5).

Prämienbestandteile, die Katastrophen-[1035] und Großschadenrisiken[1036] enthalten, mit dem 250-Jahres-PML modelliert, wobei S&P einen Verlust i. H. v. 70 % einrechnet, um den Short Tail[1037]- Charakter dieser Risiken zu berücksichtigen. Weiter bezieht S&P die Steuern in dieses Szenario ein, da im Falle eines Schadenseintritts der Jahresüberschuss durch Schadenszahlungen gemindert würde und ein VU deshalb eine geringere Steuerlast zu tragen hätte.[1038]

Das versicherungstechnische Risiko Leben berechnet sich aus den Risikoklassen Sterblichkeitsrisiko, Krankheits- und Langlebigkeits-Risiko sowie Reserverisiko. Zur Aggregation des Risikokapitals werden alle relevanten Risikoklassen mit einem S&P-Faktor multipliziert (Kennzahlen-basiertes Konzept). Beim Sterblichkeits- und Krankheitsrisiko unterscheidet S&P zwischen hoch, mittel und unterentwickelten Märkten und der Höhe des Engagements in diesen Märkten.[1039] Folgende Abbildung fasst das versicherungstechnische Risiko Leben zusammen:

[1035] Die Katastrophenszenarien sind für S&P weltweit identisch. Sie berücksichtigen die Risiken Hurrikan, Flut, Erdbeben und Hagel (S&P (2007), S. 20).
[1036] Diese werden bspw. für Feuer in Folge von Erdbeben, von Wasserschäden oder von Stürmen modelliert (S&P (2007), S. 19).
[1037] Man unterscheidet in Nicht-Leben zwischen einem Short Tail- und einem Long Tail-Geschäft. Das Short Tail-Geschäft bezieht sich auf Schäden mit einer kurzen Abwicklungsdauer wie bspw. bei Sach- und Transportversicherungen oder Naturkatastrophen. Das Long Tail-Geschäft bezieht sich auf Schäden, die aus einem Geschäft mit langer Abwicklungsdauer kommen. Als Beispiel hierfür ist die Haftpflichtversicherung zu nennen.
[1038] S&P (2007), S. 20.
[1039] Es wird dabei zwischen <1 Mrd.US $; 1-5 Mrd. US $; 5-10 Mrd. US $; 10-50 Mrd. US $; 50-100 Mrd. US $ und 100 Mrd. US $ unterschieden.
[1039] Haucap, J. (2007), S.10.

Anforderungen der Rating-Agenturen 308

```
                        Risikoklassen Leben
   ┌─────────────────┬──────────────────┬────────────────┬─────────────────┐
Sterblichkeitsrisiko  Krankheitsrisiko  Langlebigkeitsrisiko  Reserverisiko
   (Mortality)         (Morbidty)        (Longevity)         (Life Reserve)
     hoch                noch
   entwickelter       entwickelter
      Markt              Markt
    normal              normal
   entwickelter       entwickelter
      Markt              Markt
    niedrig             niedrig
   entwickelter       entwickelter
      Markt              Markt
```

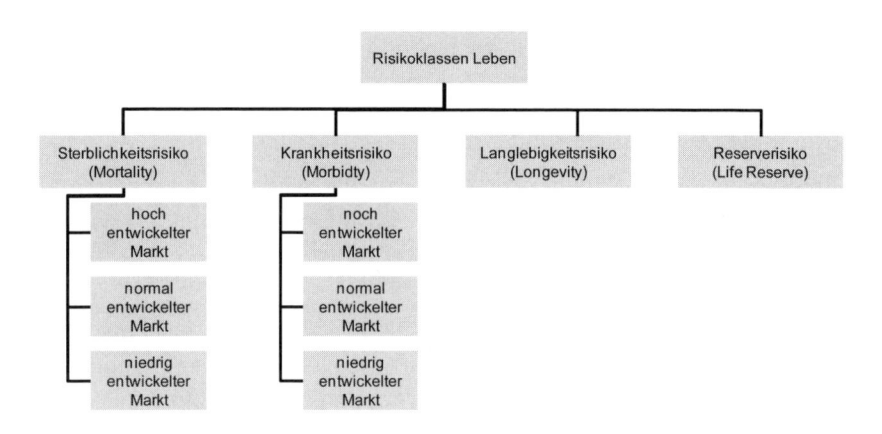

Abbildung 29 S&P: Risikoklassen Leben/Gesundheit

Von diesen beiden so ermittelten Risikokapitalbestandteilen vor Diversifikation (TTC_{asset} und $TTC_{liability}$) wird der Diversifikationsbonus abgezogen. Das Ergebnis ist das Risikokapital (Deversified Target Capital), das in das Risikotragfähigkeitskalkül eingeordnet und somit einer Rating-Kategorie zugeordnet wird. Diese Zuordnung ist ein Bestandteil des Insurer Financial Strength Rating von S&P.

8 Fazit

Die finanzielle Absicherung von Risiken ist die zentrale Aufgabe eines VU. Die Erfüllung dieser Aufgabe ist ihm nur möglich, wenn es über ein adäquates Risikomanagement und eine hinreichende Kapitalausstattung verfügt. Ein VU hat festzulegen, welches Kapital es zur Finanzierung seiner vertraglich zugesicherten Pflichten als unbedingt notwendig erachtet. Damit die erforderlichen finanziellen Mittel tatsächlich zur Verfügung stehen, müssen im Rahmen des Risikomanagements alle potentiellen Risiken identifiziert, analysiert und bewertet werden. Ausgelöst durch die Deregulierung des europäischen Versicherungsmarktes Mitte der 90er Jahre ist die Versicherungswirtschaft gezwungen, ihr Risikomanagement grundlegend zu überdenken. Das kommende Aufsichtssystem Solvency II fördert diese Entwicklung. Es strebt eine Verbesserung des Solvenz- und Risikomanagementsystems in der europäischen Versicherungswirtschaft an mit dem Hauptziel, Versicherungsnehmer zu schützen. VU sind nicht nur durch diese Entwicklungen gezwungen, ihr Risikomanagement stetig zu verbessern. Auch Rating-Agenturen berücksichtigen die sich ändernden Rahmenbedingungen in der Versicherungsbranche und passen ihre Anforderungen an das Risikomanagement und die Kapitalausstattung von VU daran an. Deshalb werden diese beiden Interessensgruppen im Folgenden miteinander verglichen, ehe eine Zusammenfassung und ein Ausblick die Ausführungen abschließt.

8.1 Rating-Agenturen vs. Versicherungsaufsicht

„Ein Manager eines kleinen Versicherers hat einmal gesagt, sein Ratinganalyst kläre in drei Stunden mehr wichtige Fragen als seine

Aufsichtsbehörde in drei Monaten"[1040] (SWISSRE). JOCHEN SANJO (Präsident der BaFin) bezeichnet Rating-Agenturen als die *„größte unkontrollierte Machtstruktur im Weltfinanzsystem."*[1041] Aus diesen beiden Aussagen lässt sich ersehen, dass beide Institutionen in einer angespannten Beziehung zueinander stehen. Beide haben das gemeinsame Ziel, die Wirtschaftlichkeit eines VU zu überwachen,[1042] allerdings aus unterschiedlichen Motivationen heraus. Im Folgenden sollen Gemeinsamkeiten und Unterschiede beider Institutionen umrissen werden.[1043]

Sowohl Rating-Agenturen, die sich in den letzten Jahren aus einer gefestigten Marktstellung in den USA heraus erfolgreich auf dem europäischen Versicherungsmarkt positioniert haben, als auch Aufsichtsbehörden nehmen eine starke Stellung auf dem (Versicherungs-)Markt ein. Gerade die Stellung der Aufsicht dürfte sich hierbei - neben der traditionellen gesetzlichen Verankerung - durch die angedachte EU-weite Harmonisierung des Aufsichtssystems Solvency II weiter festigen.[1044] Beide Institutionen weisen (fast) identische Ziele auf: Die Aufsicht untersucht Sicherheitsgesichtspunkte und Solvenzanforderungen mit dem Ziel, unterkapitalisierte VU frühzeitig zu identifizieren. Rating-Agenturen haben das primäre Ziel, eine fundierte Einschätzung und Bewertung der Risikotragfähigkeit eines VU zu gewinnen. Folglich ist die Identifikation unterkapitalisierter VU einer der wesentlichen Untersuchungs-Aspekte beider Gruppen. Allerdings unterscheiden sich die beiden Institutionen in ihren Ansätzen: Rating-Agenturen wollen Dritten ein Entscheidungsinstrument an die Hand geben, wohingegen das Hauptanliegen der Aufsichtsbehörden der Schutz der Versicherungsnehmer ist. So sollen

---

[1040] vgl. Swiss Re (2003), S. 19.
[1041] vgl. Haucap, J. (2007), S.10.
[1042] Heermann, L. (2007), S. 19.
[1043] Eine ausführliche Diskussion der Frage, ob Rating und Aufsicht eine substitutive bzw. komplementäre Beziehung haben, findet sich in Heermann, L. (2007), S. 18ff.
[1044] Heermann, L. (2007), S. 21.

Insolvenzen auf dem Versicherungsmarkt vermieden werden. Auch die Folgen der Überprüfungsverfahren oder Ratings sind unterschiedlich: Während ein unterkapitalisiertes VU sicher mit aufsichtsrechtlichen Maßnahmen zu seiner Sanierung zur rechnen hat, hängt es von der Einschätzung des Rating-Ergebnisses durch Dritte ab, welche Folgen es nach sich zieht.[1045]

Der Vergleich der regional agierenden Aufsichtsbehörden mit den großen weltweit agierenden Rating-Agenturen zeigt, dass private Rating-Agenturen die Unternehmen häufig aufgrund eines einheitlichen Rating-Systems bewerten, während in unterschiedlichen Ländern die regionalen Aufsichtsbehörden unterschiedliche Modelle verwenden.[1046] Dies ist der Grund dafür, dass in einigen Ländern auch Versicherungsratings einen Teil der aufsichtsrechtlichen Rahmenbedingungen darstellen. Prominente Beispiele hierfür sind die Bestimmungen der Emissionsratings mit der Verleihung des NRSRO Status (National Recognized Statistical Rating Organisation) der SEC (Securities and Exchange Commission) der US-Wertpapier- und Börsenaufsichtsbehörde oder die Tatsache, dass elf der zwölf Mitglieder des Basler Ausschusses für Bankenaufsicht die Eigenkapital-Anforderungen für Marktrisiken anhand von Ratings beurteilen.[1047]

Durch die Integration der Ratings großer Agenturen in Aufsichtsmodelle wurden Markteintrittsbarrieren für kleinere Agenturen geschaffen.[1048] Auch wurde zunehmend - nicht zuletzt aufgrund der jüngsten Subprime-Krise oder dem Enron-Skandal - die Forderung nach einer stärkeren Kontrolle für Rating-Agenturen erhoben.[1049] Aufsichtsrechtliche Vorschriften dieser Art würden die Agenturen hin-

---

[1045] Radtke, M. (2005), S. 280.
[1046] Heermann, L. (2007), S. 21. Eine Übersicht über die wichtigsten Modelle findet sich bspw. in Swiss Re (2006), S. 14.
[1047] Swiss Re (2003), S. 26-27. Weitere Fälle hierfür finden sich in Heermann, L. (2007), S. 18.
[1048] Heermann, L. (2007), S. 18.
[1049] Wolgast, M. (2006), S. 368.

sichtlich ihrer Rating-Methoden uniformieren und diese somit zum verlängerten Arm der Aufsicht machen. Auch würde eine Anpassung der Kriterien die *„subjektiv geprägten Interpretationen"*[1050] der Rating-Analysten stark einschränken. Darüber hinaus eignen sich staatliche Eingriffe angesichts der Komplexität, der unüberschaubaren Anzahl an Finanztiteln und dem Innovationstempo der Finanzmärkte sicherlich nicht zur Lösung des Problems.[1051] Rating-Agenturen leisten vielmehr einen wichtigen Beitrag zur Entscheidungsfindung der Ratingempfänger und tragen somit zu einer Erhöhung der Transparenz und Markteffizienz in der Versicherungsbranche bei.[1052]

Als ein Ergebnis der Diskussion um die Regulierung und Beaufsichtigung der Rating-Agenturen aufgrund des gestiegenen Interesses an deren Qualität, Integrität und Transparenz ist der Verhaltenskodex der internationalen Organisation der Wertpapieraufsichtsbehörden - der IOSCO (International Organization of Securities Commissions) - zu nennen. Der Konsens der IOSCO fordert internationale Mindeststandards für die Tätigkeit der Rating-Agenturen. Dabei enthält der Verhaltenskodex u. a. eine klarere Kennzeichnung der Pi-Ratings, Vorschriften, wie Rating-Agenturen mit internen Interessenskonflikten umgehen sollten und zur Transparenz von Rating-Modellen. Weiter fordert der Kodex spezielle Verhaltensweisen im Umgang mit gerateten VU, wie bspw. eine Vorabinformationen über beabsichtigte Ratings. Der im Dezember 2004 eingeführte Kodex besitzt keine gesetzliche Verbindlichkeit. Allerdings haben die beteiligten Aufsichtsbehörden unmissverständlich zum Ausdruck gebracht, dass sie von Rating-Agenturen eine vollständige Einhaltung des Kodexes erwarten. Sollte dies nicht der Fall sein, haben die

---

[1050] Heermann, L. (2007), S. 18.
[1051] Haucap, J. (2007), S.10.
[1052] Radtke, M. (2005), S. 279

Fazit 313

Behörden weitere Regulierungsschritte in Bezug auf Rating-Agenturen angekündigt.[1053]

8.2 Zusammenfassung und Ausblick

Kapitel 2 stellt das den Kapitaladäquanzmodellen zugrunde liegende Risikoverständnis vor. Dazu wurde der Begriff Risiko abgegrenzt und in das Risikomanagement eingeordnet. Seine Wirkungsweise verdeutlichte das Beispiel der MaRisk (VA). Die für VU typischen Risikokategorien und deren Unterkategorien führt Kapitel 3 ein. Sie spielen innerhalb der Kapitaladäquanzmodelle von Rating-Agenturen und Aufsichtsbehörden eine tragende Rolle. Kapitel 4 gibt Aufschluss über den virtuellen Kapitalbedarf, das Risikokapital. Auch wurde erläutert, welche ökonomischen Eigenmittel in Form von Risikodeckungsmassen dem Kapitalbedarf tatsächlich gegenüberzustellen sind und welche Abhängigkeit zwischen „realen" ökonomischen Eigenmitteln und virtuellem Kapitalbedarf besteht. Sowohl in der Wissenschaft als auch in der Praxis finden sich viele Definitionen für die in Kapitel 4 eingeführten Risikodeckungsmassen und das Risikokapital. Einige davon sind in der folgenden Tabelle zusammengestellt:

[1053] Wolgast, M. (2006), S. 368.

Fazit 314

Tabelle 9 Die Begriffsvielfalt rund um die Eigenmittel eines VU

Begriffsherkunft	Eigenmittel: IST-Kapital (real)	Kapitalbedarf: SOLL-Kapital (virtuell)
Schierenbeck	Risikodeckungsmasse	Risikokapital
Praxis (interne Modelle)	bilanzielles oder ökonomisches Kapital	Risikokapital
Rating-Agenturen	adjustiertes Eigenkapital	Kapitaladäquanz
Solvency II (EU)	anrechenbare Eigenmittel	Solvenzkapitalanforderung
NAIC	Total Adjusted Capital	Risk Based Capital

Der Begriff Risikokapital definiert den Kapitalbedarf eines VU zur Besicherung seiner Risiken. Er resultiert aus zu erfüllenden Angemessenheit (Adäquanz) der von einer Institution (bspw. Aufsicht, Rating-Agentur) oder dem Management gewünschten/geforderten Höhe des SOLL-Kapitals. Eigenmittel werden hingegen als Kapital oder Mittel bezeichnet und stellen den IST-Zustand (etwa in einer Bilanz) des Kapitals dar. Der Grund für diese Begriffsvielfalt sind die unterschiedlichen Ansätze von Aufsichtsbehörden und Rating-Agenturen zur Ermittlung des SOLL- und IST-Kapitals. Dennoch lassen sich diese Ansätze auf einer hoch aggregierten Ebene vergleichen.

Kapitel 6 ermöglicht einen Überblick über Solvency I und den aktuellen Stand von Solvency II. Dabei ist zu beachten, dass in diesem Abschnitt lediglich Entwicklungen bis April 2008 auf Basis der QIS IV berücksichtigt werden konnten. Bis dato ist die harmonisierte Regelung, nämlich Solvency I in der Europäischen Union maßgebend. Der Ansatz von S I gilt als weit weniger kompliziert als die Ansätze der NAIC, von S II und der Rating-Agenturen. Er soll im Jahr 2012 nach Abschluss des Projekts S II von diesem abgelöst werden. S I ermittelt eine einfache Solvabilitätsspanne. Deshalb sehen Fachkreise das errechnete Solvabilitätskapital als zu niedrig an. Es gewährleistet aus ihrer Sicht keinen ausreichenden Versicherungsschutz.[1054]

Solvency II löst eine „Revolution" in der europäischen Versicherungsaufsicht aus, indem es VU auffordert, sich aufgrund der von der Aufsicht geforderten Regeln zur Kapitalausstattung (vor allem in Säule I) noch intensiver mit ihren Risikopotentialen auf der Aktiv- und Passivseite ihrer Bilanz auseinanderzusetzen. Wie im Bankenbereich fließen dann erstmalig auch operationelle Risiken in die Analyse ein. Durch die Entwicklung eines europaweiten Solvabilitätssystems soll ein neues Risikobewusstsein bei den VU wachsen. Dies dient dem Hauptziel von S II dem Schutz der Versicherungsnehmer. Weitere (Neben-)Ziele von S II sind die Harmonisierung der bisherigen nationalen Systeme und seine universelle Anwendbarkeit unter Berücksichtigung länderspezifischer Marktbedingungen und der individuellen Risikosituation eines VU.[1055]

Die NAIC verwendet in den USA ein weiteres aufsichtsrechtliches Modell. Das RBC-Modell (vgl. Kapitel 6.5) kann zwar nicht ohne weiteres auf europäische oder deutsche Verhältnisse angewendet werden, es bietet jedoch viele Anregungen im Hinblick auf die Risikopolitik eines VU, weil es über Ziele, Daten und Variablen, die auch in Europa relevant sind, Auskunft gibt.[1056] Das RBC-Modell dient ebenso wie die neueren europäischen Modelle nach S II einer differenzierteren Erfassung der Risikolage und folgt dem Risikotragfähigkeitskalkül.

Jedoch stellen nicht nur Aufsichtsbehörden Anforderungen an die Kapitalausstattung von VU, sondern auch Rating-Agenturen. Die

---

[1054] Kriele, M./Lim, G./Reich, H. (2004), S. 1048.
[1055] Radtke, M. (2004), S. 44.
[1056] Farny, D. (2000), S. 768.

Rating-Kultur steht in der EU und auch in Deutschland erst am Anfang ihrer Entwicklung. Dennoch unterziehen sich vor allem große VU dem Urteil der Rating-Agenturen. Deshalb wurden in Kapitel 7 die Modelle der Rating-Agenturen A.M. Best und S&P vorgestellt und ein Einblick in die allgemeinen Anforderungen von Rating-Agenturen gegeben. Gerade die hinreichend genaue Abschätzung der ökonomischen Solvenz durch ein Rating ist von zentraler Bedeutung. Die Agenturen setzen dazu ihre eigenen Kapitaladäquanzmodelle ein, die in den interaktiven Rating-Prozess einfließen. A.M. Best und S&P haben ihre Modelle aufgrund der sich ändernden Rahmenbedingungen in der Versicherungswirtschaft überarbeitet. Beide Agenturen gliedern ihre Analysen in qualitative und quantitative Teilbereiche, jedoch mit unterschiedlichen Detaillierungsgraden.

Die betrachteten Kapitaladäquanzmodelle der Rating-Agenturen (A.M. Best und S&P) sowie die Solvabilitätskonzeptionen der Aufsichtsbehörden (NAIC und S II) weisen zwar methodische Unterschiede auf, sind aber dennoch auf einer aggregierten Ebene vergleichbar. Folgende Gemeinsamkeiten lassen sich feststellen:

- Alle vorgestellten Modelle verfolgen das Ziel, die Angemessenheit der Kapitalausstattung eines VU zu überprüfen. Dazu verwenden die Rating-Agenturen Kapitaladäquanzmodelle, die Bestandteil ihres Ratings sind und einen Indikator für die finanzielle Stabilität eines VU darstellen. Die Aufsichten arbeiten mit Solvabilitätskonzepten und messen die Kapitalausstattung entweder rein quantitativ (NAIC, S I und Säule I von S II) oder berücksichtigen auch qualitative Elemente (Säule II und III von S II).

- Alle Modelle folgen dem Risikotragfähigkeitskalkül durch die Ermittlung von Kapitaladäquanzkennzahlen. Das Risikotragfähigkeitskalkül besteht aus zwei Komponenten, den Risikodeckungsmassen und dem Risikokapital. Dabei entsprechen die Risikodeckungsmassen den adjustierten (bilanziellen) Eigenmitteln. Risikokapital wird bei allen vorgestellten Kapitaladäquanzmodellen durch ein Risk Based Capital-Konzept in Verbindung mit Kennzahlen- und Szenario-basierten Konzepten ermittelt. Das Risikotragfähigkeitskalkül vergleicht den Umfang der Risikodeckungsmassen mit dem Risikokapital.

- Die Kapitaladäquanzkennzahl beschreibt das Verhältnis der beiden Größen zueinander. Sie ermöglicht durch die Bildung einer (relativen) Verhältnis-Zahl den Vergleich von VU mit unterschiedlichen Größen.

- Ist die Kapitaladäquanzkennzahl kleiner eins bedeutet dies, dass für das zur Besicherung der Risiken benötigte Risikokapital keine ausreichend verfügbaren Eigenmittel (Risikodeckungsmassen) vorhanden sind. Dies bewirkt aufsichtsrechtliche Maßnahmen, die zur Liquidation eines VU führen können oder zur Herabstufung des Ratings.

- Das Risikokapital der Modelle wird anhand bilanzieller Größen ermittelt und folgt somit der Kalenderjahrbetrachtung.

- Alle Modelle betrachten die drei großen Risikoklassen versicherungstechnisches Risiko, Kapitalanlagerisiko und operationelles Risiko sowie die für ein VU wesentlichen Sub-Risikoklassen.

- Alle Modelle berücksichtigen Diversifikationseffekte.

- Alle vorgestellten externen Modelle sind bewusst konservativ gewählt und erfordern somit eine höhere Risikokapitalunterlegung als interne Modelle der VU. Diese externen Modelle verringern das Excess-Kapital.

- In allen Modellen finden sich Anpassungen (Adjustments) hinsichtlich der originären Risikoklassen, die bspw. Effekte aus Konzentrationen von Risiken berücksichtigen.

- Mit Ausnahme des Modells der NAIC verfolgen alle Modelle einen Ansatz, der weltweit (Rating) oder europaweit (Solvency) anwendbar ist.

Die externen Anforderungen an die Risikokapitalunterlegung nehmen zu. Gründe hierfür sind konservative Annahmen bei der Modellierung von Risiken und zunehmend komplexere Modelle. Daraus entwickelt sich möglicherweise ein neues Geschäftsfeld für Rückversicherungsunternehmen. Sie bieten durch Rückversicherungsverträge vor allem kleineren Erstversicherungsunternehmen die Möglichkeit, Risiken zu minimieren und damit zu erreichen, dass Aufsicht und Rating-Agenturen eine niedrigere Risikokapitalunterlegung als bisher fordern. Dies hätte zur Folge, dass ein Risikotransfer innerhalb der Versicherungswirtschaft stattfände. Dabei würde das Risiko der kleineren VU auf größere übertragen, die aufgrund ihrer eigenen, von der Aufsicht genehmigten internen Modelle, eine geringere Risikokapitalunterlegung aufwiesen, aber dennoch größere Risiken eingehen und somit mehr Geschäft zeichnen könnten.

Die Ermittlung des Risikokapitals ist nicht nur im Zusammenhang mit Kapitaladäquanzmodellen von Bedeutung. Bisher war zu beobachten, dass die Steuerung vieler VU getrennt vom Risikomanagement und somit vom Risikokapital erfolgte. Eine aggregierte Analyse von Risiko- und Ertragsgrößen auf Portfolioebene findet sich selten im Rahmen einer strategischen Unternehmenssteuerung, da Modelle, die ein verknüpftes Risiko- und Ertragsmanagement auf Portfolioebene zulassen, fehlen.[1057] Auch hier wäre eine genaue Kenntnis des erforderlichen Risikokapitals von entscheidender Bedeutung. Die MÜNCHENER RÜCKVERSICHERUNGS-GESELLSCHAFT knüpft bspw. an diese Problemstellung an. Sie stellte 2006 eine Steuerungsgröße vor, die es ermöglicht, das interne Risikokapital mit externen Konzernzielen zu verknüpfen. Diese Steuerungsgröße wird RoRaC (Return on Risk Adjusted Capital) genannt. Die Kennzahl dividiert ein bereinigtes Konzernergebnis durch das interne Risikokapital. Sie führt zu einer stärkeren Konvergenz zwischen interner Steuerung und externer Zielkommunikation und ermöglicht es der MÜNCHENER RÜCKVERSICHERUNGS-GESELLSCHAFT, sich Risiko-basierten Standards besser anzupassen und sich gleichzeitig an den aktuellen und auch zukünftigen Anforderungen der Aufsichtsbehörden zu orientieren.[1058]

Abschließend kann festgestellt werden, dass sich die gesamte Versicherungswirtschaft im Hinblick auf das Risikomanagement im Umbruch befindet. Modelle zur Ermittlung des Risikokapitals nehmen dabei eine Schlüsselstellung ein. Die hier gemachten Ausführungen wollen um mehr Verständnis für diese Modelle werben und Möglichkeiten aufzeigen, die Höhe der Risikokapitalia zu steuern. Denn in der Zukunft werden Fragestellungen rund um Risikokapital und Kapitalunterlegung - im Spannungsfeld zwischen Solvenz und Eigenkapitalrendite - die Managemententscheidungen in VU nachhaltig beeinflussen.

[1057] Rings, C./Vedova, D. (2002), S. 896.
[1058] Münchener Rück (2006b), S. 49.

9 Anhang

9.1 Mathematische Betrachtungen zum RBC-Modell

Basis der mathematischen Betrachtungen des Modells der NAIC (2006) sind Müller, E./Reischel, M. (1994), Schradin, H. R./Telschow, I. (1995), Wagner, F. (2000) und Hartung, T. (2007). Die folgenden Darstellungen zeigen ausgewählte mathematische Operationen des NAIC-Modells und erheben keinen Anspruch auf Vollständigkeit.

9.1.1 Größenfaktor für Anleihen (Bond Size Factor)

Der Bond Size Factor lässt sich formal in einer abschnittsweise definierten Funktion darstellen. Dabei ist der Zuschlagsfaktor f(x$_i$), mit dem die risikotragenden Positionen multipliziert werden, wie folgt definiert:

$$(53)\ f(x) = \frac{f(x_i)}{x_i}$$

mit:

$$(54)\ f(x_i) = \begin{cases} x_i \cdot 2{,}5 & \text{für } x_i < 50 \\ 125 + (50 - x_i) \cdot 1{,}3 & \text{für } 50 < x_i < 100 \\ 190 + (100 - x_i) & \text{für } 100 < x_i < 400 \\ 490 + (400 - x_i) \cdot 0{,}9 & \text{für } x_i > 400 \end{cases} \quad \text{für } x_i \in Z$$

mit

x_i Anzahl der Emittenten

$f(x_i)$ Funktion für die Gewichtung der Emittenten

Ein Ausmultiplizieren von Formel (54) zeigt, dass erst ab einer Zahl von 1.300 Emittenten das VU einen Abschlag auf das Risikokapital erhält. Dazu wir die Annahme getroffen, dass der Faktor zur Ermittlung des Risikokapitals 1 ist. Die dazugehörige Anzahl der Emittenten wird im Fall $x_i > 400$ betrachtet.[1059]

$$(55)\ f(x_i) = \frac{490 + (x_i - 400) \cdot 0{,}9}{x_i} = 1 \Leftrightarrow 1.300 = x_i$$

Bleibt die Frage offen, wie die ersten 50 Emittenten gewichtet werden. Wären etwa die Wertpapiere der ersten 50 Emittenten 100 Mio. US $ wert, alle restlichen aber „nur" 1 Mio. US $, ergäbe sich trotz des Abschlags für eine große Emittentenzahl, ein Aufschlag auf das Risikokapital. Da die ersten 50 Emittenten mit dem Faktor 2,5 multipliziert werden, haben sie mehr Gewicht (hier 100 Mio. $ vs. 1 Mio. US $).

9.1.2 Unternehmens- und Markterfahrung in Nicht-Leben

Der Faktor errechnet sich für Reserven wie folgt:[1060]

$$(56)\ f_{R_i} = \max\left\{0, \left[\left(\tilde{f}_{R_i} \cdot \left(0{,}5 \cdot \frac{CD_i}{ID_i} + 0{,}5\right) + 1\right) \cdot PV_{P_i} + CE_{P_i} - 1\right]\right\}$$

[1059] Müller, E./Reischel, M. (1994), S. 493.
[1060] Müller, E./Reischel, M. (1994), S. 483.

Für die Prämien ermittelt sich der Faktor folgendermaßen:[1061]

$$(57)\ f_{P_i} = \max\left\{0, \left[\tilde{f}_{P_i} \cdot \left(0{,}5 \cdot \frac{CL_i}{IL_i} + 0{,}5\right) \cdot PV_{P_i} + CE_{P_i} - 1\right]\right\}$$

Aus diesen beiden Formeln kann folgende allgemeine Formel entwickelt werden:

$$(58)\ f_{(x,i)} = \max\left\{0, \left[\left(\tilde{f}_{(x,i)} \cdot \left(0{,}5 \cdot \frac{C_i}{I_i} + 0{,}5\right) + a\right) \cdot PV_{(x,i)} + CE_{(x,i)} - 1\right]\right\}$$

mit

i	betrachtete Sparte
x	Index für Reserven (R) oder Prämien (P)
$\tilde{f}_{(x,i)}$	Branchenverlustquote
C_i	Entwicklungsfaktor des VU (CD bei Reserven; CL bei Prämien)
I_i	durchschnittliche Branchenentwicklung (ID bei Reserven; IL bei Prämien)
$PV_{(x,i)}$	Kapitalanlagefaktor (Investment Income Factor)
$CE_{(x,i)}$	Versicherungstechnische Kostenquote (bei Reserven = 0)
a	bei Reserven a = 1 bei Prämien a = 0

[1061] Müller, E./Reischel, M. (1994), S. 487.

9.2 Überführung des RBC-Modells in das BCAR-Modell

In beiden Modellen gilt die Annahme, dass keinerlei Korrelationen verwendet werden. Damit stellt sich das RBC-Modell in der Matrizenschreibweise wie folgt dar:

$$(59)\ RBC_{P/C} = R_0 + \sqrt{(R_1, R_2, R_3, R_4, R_5) \begin{pmatrix} 1 & 0 & 0 & 0 & 0 \\ 0 & 1 & 0 & 0 & 0 \\ 0 & 0 & 1 & 0 & 0 \\ 0 & 0 & 0 & 1 & 0 \\ 0 & 0 & 0 & 0 & 1 \end{pmatrix} \begin{pmatrix} R_1 \\ R_2 \\ R_3 \\ R_4 \\ R_5 \end{pmatrix}}$$

Die Substitution $R_3 = 0{,}5 \cdot R_F$ mit R_F als vollständiges Forderungsrisiko und $\overline{R_4} = R_4 - R_3$ als forderungsbereinigtes Reservierungsrisiko ergibt folgende RBC-Formel:

$$(60)\ RBC_{P/C} = R_0 + \sqrt{R_1^2 + R_2^2 + (0{,}5 \cdot R_F)^2 + (0{,}5 \cdot R_F + \overline{R_4})^2 + R_5^2}$$

Durch einen Koeffizientenvergleich lässt sich die Darstellung in der Matrizenschreibweise ermitteln. Als ersten Schritt werden die relevanten Terme unter der Wurzel ausmultipliziert:

$$(61)\ (0{,}5 \cdot R_F)^2 + (0{,}5 \cdot R_F + \overline{R_4})^2$$

$$= 0{,}25 \cdot R_F^2 + 0{,}25 \cdot R_F^2 + 2 \cdot 0{,}5 \cdot R_F \cdot \overline{R_4} + \overline{R_4}^2$$

$$= 0{,}5 \cdot R_F^2 + R_F \cdot \overline{R_2} + \overline{R_4}^2$$

Als zweiten Schritt werden die in Frage kommenden Terme der Matrix ausmultipliziert:

$$(62) \ (R_F, \overline{R_4}) \begin{pmatrix} a & b \\ c & d \end{pmatrix} \begin{pmatrix} R_F \\ \overline{R_4} \end{pmatrix} = (a \cdot R_F + b \cdot \overline{R_4}, c \cdot R_F + d \cdot \overline{R_4}) \begin{pmatrix} R_F \\ \overline{R_4} \end{pmatrix}$$

$$= a \cdot R_F^2 + b \cdot R_F \cdot \overline{R_4} + c \cdot R_F \cdot \overline{R_4} + d \cdot \overline{R_4}^2$$

Da es sich bei der betrachteten Matrix um eine symmetrische Matrix handelt, kann b und c gleichgesetzt werden. Durch den Koeffizientenvergleich zwischen (1) und (2) mit a = 0,5, b = 0,5, c = 0,5 und d = 1 ergibt sich folgende Matrix:

$$(63) \ \begin{pmatrix} 0{,}5 & 0{,}5 \\ 0{,}5 & 1 \end{pmatrix}$$

Wird diese in die Ausgangsmatrix eingesetzt, entsteht folgendes Bild:

$$(64) \ RBC_{P/C} = R_0 + \sqrt{(R_1, R_2, R_F, \overline{R_4}, R_5) \begin{pmatrix} 1 & 0 & 0 & 0 & 0 \\ 0 & 1 & 0 & 0 & 0 \\ 0 & 0 & 0{,}5 & 0{,}5 & 0 \\ 0 & 0 & 0{,}5 & 1 & 0 \\ 0 & 0 & 0 & 0 & 1 \end{pmatrix} \begin{pmatrix} R_1 \\ R_2 \\ R_F \\ \overline{R_4} \\ R_5 \end{pmatrix}}$$

Daraus ergibt sich die Formel des RBC-Modells:

$$(65) \ RBC_{P/C} = R_0 + \sqrt{R_1^2 + R_2^2 + (0{,}5 \cdot R_F)^2 + (0{,}5 \cdot R_F + \overline{R_4})^2 + R_5^2}$$

mit

R_0 bilanzunwirksame Verpflichtungen und Versicherungstöchter
R_1 Risiken aus Anlagen mit festen Erträgen
R_2 Risiken aus anderen Anlagen
R_5 Prämienrisiko
R_F eliminierte Forderungsrisiken
$\overline{R_4}$ Reserverisiko R_4 ohne Forderungsrisiken

Diese Formel entspricht der mathematischen Darstellungsweise des Modells von A.M. Best, das sich, abgeleitet vom Ausgangsmodell, in Matrizenform darstellen lässt. Dabei ist zu beachten, dass das A.M. Best-Modell im Vergleich zum RBC-Modell eine weitere Risikoklasse enthält, wie Formel (66) dargestellt:

$$(66)\ NCR_{Nicht-Leben} = B7 + \sqrt{(B1,B2,B3,B4,B5,B6) \begin{pmatrix} 1 & 0 & 0 & 0 & 0 & 0 \\ 0 & 1 & 0 & 0 & 0 & 0 \\ 0 & 0 & 1 & 0 & 0 & 0 \\ 0 & 0 & 0 & 0,5 & 0,5 & 0 \\ 0 & 0 & 0 & 0,5 & 1 & 0 \\ 0 & 0 & 0 & 0 & 0 & 1 \end{pmatrix} \begin{pmatrix} B1 \\ B2 \\ B3 \\ B4 \\ B5 \\ B6 \end{pmatrix}}$$

Daraus ergibt sich die Formel des Modells von A.M. Best Nicht-Leben:

$$(67)\ NCR_{Nicht-Leben} = \sqrt{(B1)^2 + (B2)^2 + (B3)^2 + [(0,5 \cdot B4) + B5]^2 + (B6)^2} + B7$$

Die einzelnen Risikokategorien lauten wie folgt:[1062]

[1062] A.M. Best (2004b), S. 157.

Tabelle 10 Die Risikokategorien des A.M. Best-Modells Nicht-Leben

Notation	Risikoklasse
B1	Ausfallrisiko für festverzinsliche Wertpapiere – Fixed Income Securities
B2	Volatilitätsrisiko für Aktien – Equity Market Risk
B3	Zinsänderungsrisiko – Interest Rate Risk
B4	Kreditausfallsrisiko – Credit Risk
B5	Schadensrückstellungsrisiko – Loss & LAE[1063] Reserve Risk
B6	Beitragsrisiko – Premium oder Pricing Risk
B7	außerbilanzielle Risiken – Off-balance Sheet oder Buisness Risk

---

[1063] LAE = Loss Adjusted Expense Reserve Risk

Anhang 327

9.4 Ratingkategorien der führenden Rating-Agenturen

Tabelle 11 Ratingkategorien

	S&P	A.M. Best	Fitch	Moody's	Erklärung
investmentwürdig	AAA	A++	AAA	Aaa	zuverlässige und stabile Schuldner höchster Qualität
	AA	A+	AA	Aa	gute Schuldner, etwas höheres Risiko als AAA
	A	A	A	A	wirtschaftliche Gesamtlage ist zu beachten
	BBB	B++	BBB	Baa	Schuldner mittlerer Güte, die momentan zufriedenstellend agieren
nicht als Investment geeignet	BB	B	BB	Ba	sehr abhängig von wirtschaftlicher Gesamtlage
	B	B-	B	B	finanzielle Situation ist notorisch wechselhaft
	CCC	C++	CCC	Caa	spekulative Bonds, niedrige Einnahmen des Schuldners
	CC	C+	CC	---	spekulative Bonds, niedrige Einnahmen des Schuldners
	C	C-	C	---	spekulative Bonds, niedrige Einnahmen des Schuldners
	CI	D	CI	Ca	ausstehende Zinszahlungen
	---	E	---	---	unter staatlicher Aufsicht
	D	F	D	C	in Zahlungsverzug
	NR	S	NR	NR	keine Bewertung (NR = Non-rated)

9.5 Mathematische Betrachtungen zum RBIC-Modell

Ausgangspunkt der Analyse ist die Beschreibung des Modells von S&P mit dazugehörigem „Excel Tool" (www2.standardandpoors.com). Folgende Darstellungen besitzen keinen Anspruch auf Vollständigkeit. Sie stellen nur ausgewählte mathematische Operationen des RIBC-Modells formal dar.

9.5.1 Risikotragfähigkeitskalkül im RBIC-Modell

Diese Herleitung zeigt, dass sich die DRD-Kennzahl in das Risikotragfähigkeitskalkül einordnen lässt. Die Kennzahl wird von S&P nicht veröffentlicht. Sie ist allerdings notwendig, um absolute in relative Größen zu transformieren und so die einzelnen bewerteten VU untereinander vergleichen zu können. Aus dem „Excel-Tool" lässt sich folgende Ausgangsformel bestimmen:

$$(68)\ DRD = \frac{TAC - DTC}{TAC}$$

mit

DRD Kapitaladäquanzkennzahl (Diversified Redundancy (Defiency) %)
TAC Risikodeckungsmasse (Total Adjusted Capital)
DTC Risikokapital (Diversified Target Capital)

Multipliziert man das DRD mit TAC/TAC, zeigt sich folgender Zusammenhang:

$$(69)\ DRD = \frac{TAC - DTC}{TAC} = \frac{TAC}{TAC} - \frac{DC}{TAG} = 1 - \frac{DTC}{TAG}$$

Unter der Berücksichtigung der Bedingung, dass Formel (69) < 0 ist, ergibt sich Folgendes:

$$(70)\ DRD = 1 - \frac{DTC}{TAC} \leq 0 \Leftrightarrow \frac{DTC}{TAC} \geq 1$$

Durch eine Umstellung der obigen Gleichung, lässt sich das Modell in das Risikotragfähigkeitskalkül einordnen:

$$(71)\ DRD = \frac{TAC}{DTC} \leq 1\ oder\ \frac{TAC}{DTC} = \frac{Risikodeckungsmassen}{Risikokapital} \leq 1$$

9.5.2 Size Factor Adjustment

Das für das Size Factor Adjustment zu hinterlegende Risikokapital wird mit einem Size Factor (s) gewichtet. Er wird wie der Bond Size Factor der NAIC mit einer abschnittsweisen definierten Funktion ermittelt und berechnet sich wie folgt:

$$(72)\ s = \frac{f(x_i)}{x_i} = \frac{Adjusted\ Invested\ Assets}{total\ Invested\ Assets}$$

mit:

$$(73)\ f_{(x_i)} = \begin{cases} x_i \cdot 2{,}5 & für\ x_i < 100 \\ 250 + (x_i - 100) \cdot 1{,}5 & für\ 100 < x_i < 200\ \ für\ x_i \\ 400 + (x_i - 200) \cdot 0{,}8 & für\ x_i > 200 \end{cases}$$

Aus dem dem Fall x_i > 200 wird ersichtlich, dass für Investments > 200 Mio. US $ ein Diversifikationsbonus erteilt wird. Dieser greift allerdings erst ab einer Investmenthöhe von 1,2 Mrd. US $, wie folgende Berechnungen zeigen. Dazu werden die Zuschläge mit den Abschlägen des Diversifikationsbonuses verglichen. Dazu wird von den Faktoren 2,5 und 1,5 der Wert 1 subtrahiert, da erst ab einem Wert von >1 mehr Risikokapital von dem VU gefordert wird. Diese beiden Faktoren werden mit dem Bonus (1-0,8) verglichen und so die Investmenthöhe ermittelt, ab dem das VU durch eine geringere Risikokapitalunterlegung „belohnt" wird.

$$(74)\ \begin{aligned}1{,}5\cdot 100+100\cdot 0{,}5 &= x_i\cdot 0{,}2\\ x_i &= 1.000\end{aligned}$$

Daraus folgt, dass bei einem Investment i. H. v. 1 Mrd. US $ der Diversifikationsbonus gleich Null ist. Eingesetzt in f(x_i) ergeben sich dann jene 1,2 Mrd. US $.

$$(75)\ f(x_i) = 400 + 1.000\cdot 0{,}8 = 1.200\ \text{für } x_i > 200$$

9.5.3 Diversifikationsbonus im S&P-Modell

Das S&P-Modell berücksichtigt auch Korrelationen. Dabei berechnet sich der Diversifikationsbonus (Diversification Benefit - DB) nach folgender Formel:

$$(76)\ DB = \left[T_x - \left(D_{N/L,L} + D_{Assets}\right)\right] h$$

mit

T_X ermitteltes Risikokapital vor Diversifikation für Nicht-Leben, Leben und die Vermögenswerte (Assets)

D_{Assets} Risikokapital für die Diversifikation der Vermögenswerte

$D_{N/L,L}$ Risikokapital für die Diversifikation aus Leben und Nicht-Leben

h Haircut i. H. v. 0,5

Der Diversikationsfaktor für Vermögenswerte (D_{Assets}) berechnet sich wie folgt:

Anhang

$$(77)\ D_{Assets} = \sqrt{\sum\nolimits_{rxc} CorrAssets^{rxc} \cdot D_r \cdot D_c}$$

mit

D_r risikotragende Position für Vermögenswerte (r = Zeilenindex für die Matrizenmultiplikation)

D_c risikotragende Position für Vermögenswerte (c = Spaltenindex für die Matrizenmultiplikation)

Tabelle 12 Korrelationsmatrix der Assets[1064]

CorrAssets^{rxc}	Equities	Real Estate	Bonds
Equities	1	0,75	0,75
Real Estate	0,75	1	0,75
Bonds	0,75	0,75	1

Die Aggregation von Nicht-Leben und Leben erfolgt nach folgender Formel:

$$(78)\ D_{N/L,L} = \sqrt{\sum\nolimits_{rxc} CorrNonLife\_Life^{rxc} \cdot D_r \cdot D_c}$$

mit

D_r risikotragende Position für Nicht-Leben und Leben (r = Zeilenindex für die Matrizenmultiplikation)

D_c risikotragende Position für Nicht-Leben und Leben (c = Spaltenindex für die Matrizenmultiplikation)

[1064] S&P (2007), S. 11.

Tabelle 13 Korrelationsmatrix Nicht-Leben zu Leben[1065]

CorrNonLife_Life^{rxc}	Life	P/C
Life	1	0,25
P/C	0,25	1

Dabei berechnen sich D_L und $D_{N/L}$ wie folgt:

$$(79)\ D_{N/L} = D_{Lob_{N/L}} + AA_{prem} + AA_{res}$$

$$(80)\ D_L = D_{Lob_L} + AA_{prem} + AA_{res}$$

mit

D_{Lob} Risikokapitel nach Diversifikation innerhalb der Lebens (L) und Nicht-Lebens (N/L) LoB

AA mit AA_{prem} und AA_{res} für die Analyst Adjustments für Prämien (prem) und Reserven (res) für Leben und Nicht-Leben

Das Risikokapital nach Diversifikation für Nicht-Leben berechnet sich wie folgt:

$$(81)\ D_{Lob_{N/L}} = \sqrt{\sum_{rxc} CorrNonLife^{rxc} \cdot D_r \cdot D_c}$$

[1065] S&P (2007), S. 11.

mit

D_r *risikotragende Position für Nicht-Leben (r = Zeilenindex für die Matrizenmultiplikation)*

D_c *risikotragende Position für Nicht-Leben (c = Spaltenindex für die Matrizenmultiplikation)*

Tabelle 14 Korrelationsmatrix Nicht-Leben[1066]

$CorrNonLife^{rxc}$	A&H	Motor	MAT	Property	Liability	Credit
Accident and Health (A&H)	1	0,5	0,5	0,25	0,5	0,75
Motor	0,5	1	0,75	0,75	0,5	0,5
Marine, Aviation and Transportation (MAT)	0,5	0,75	1	0,75	0,75	0,5
Property	0,25	0,75	0,75	1	0,5	0,25
Liability	0,5	0,5	0,75	0,5	1	0,75
Credit	0,75	0,5	0,5	0,25	0,75	1

Das Risikokapital nach Diversifikation für Leben berechnet sich nach folgender Formel:

$$(82)\ D_{Lob_L} = \sqrt{\sum_{rxc} CorrLife^{rxc} \cdot D_r \cdot D_c}$$

mit

D_r *risikotragende Position für Leben (r = Zeilenindex für die Matrizenmultiplikation)*

D_c *risikotragende Position für Leben (c = Spaltenindex für die Matrizenmultiplikation)*

[1066] S&P (2007), S. 11.

Anhang 334

Tabelle 15 Korrelationsmatrix für Leben[1067]

CorrLife^{rxc}	Mortality	Morbidity	Longevity	Other life Risks
Mortality	1	0,5	0,25	0,75
Morbidity	0,5	1	0,25	0,75
Longevity	0,25	0,25	1	0,75
Other life Risks	0,75	0,75	0,75	1

9.6 S&P-Modell vor dem Update 2007

Ausgangspunkt der CAR-Formel war das um die Analyst Adjustments bereinigte bilanzielle Eigenkapital. Es wird als Total Adjusted Capital (TAC) oder adjustiertes Eigenkapital bezeichnet und steht für die Risikodeckungsmasse. Gleichzeitig werden Abschläge vom TAC für potentielle Verluste beim Anlage- und Kreditgeschäft (C1 und C2) sowie bei allgemeinen Versicherungsrisiken (C3) im Zähler getätigt und ergeben das Risk Adjusted Capital (RAC). Es wird durch den Kapitalbedarf der Risikokategorien aus dem Versicherungsgeschäft (Risikokategorien C4 bis C9), dem Total Capital Required (TCR), dividiert:[1068]

$$(83) \quad CAR = \frac{RAC}{TCR} = \frac{TAC - C1 - C2 - C3}{C4 + C5 + C6 + C7 + C8 + C9}$$

Mit folgenden Risikoklassen:

[1067] S&P (2007), S. 11.
[1068] Radtke, M. (2005), S. 284-285.

Tabelle 16 Die Risikoklassen des S&P-Modells vor dem Update 2007

Notation	Risikoklasse von S&P
C1	Anlagerisiko (Nicht-Leben & Shareholder)
C2	Kreditrisiko
C3	allgemeine Geschäftsrisiken
C4	Prämienrisiko
C5	Reserverisiko
C6	Rückversicherungsausfallrisiko Leben
C7	Versicherungstechnischesrisiko Leben
C8	Reserve- und Geschäftsrisiko Leben
C9	Kapitalanlagerisiken Leben

Das CAR-Modell war in einigen Punkten anders aufgebaut als die Modelle von A.M. Best, der NAIC und der QIS-Studien. Durch einen Vergleich der Quotienten untereinander lässt sich feststellen, dass S&P auf „Kovarianzbereinigung" verzichtet hat und damit auf die Möglichkeit, den Kapitalbedarf durch Ausgleich und Diversifikation mit Hilfe der einer Quadratwurzel zu reduzieren.[1069] Auch ist die Formel anders strukturiert. Am S&P-Modell wurde kritisiert, dass sich die Risikokategorien für Prämien und Reserven im Devisor befinden. Diese Kategorien dienen dem Schutz der Versicherungsnehmer. Werden die Risikokategorien allerdings erhöht, sinkt die Kennzahl und somit das Rating. Dieser Ansatz sorgte in der Praxis oftmals für Verwirrung.

[1069] Deckert, M./Radtke, M. (2004), S. 138.

10 Literaturverzeichnis

ACERBI, C./TASCHE, D. (2002): On the Coherence of Expected Shortfall; in: Journal of Banking and Finance; Heft 26/2002; Amsterdam, 2002; S. 1478-1503.

ALBRECHT, P. (2004): Zur Messung von Finanzrisiken – Erweiterte deutsche Version eines Beitrags für: Encyclopedia of Actuarial Sciene; Mannheim, 2004.

ALBRECHT, P./LIPPE, S. (1988): Prämie, mathematische und wirtschaftliche Fragen; in: Farny, D./Helten, E./Koch, P./Schmidt, R. (Hrsg.): Handwörterbuch der Versicherung (HdV); Karlsruhe, 1988; S. 525-532.

ALBRECHT, P./SCHWAKE, E. (1988): Risiko, versicherungstechnisches; in Farny, D./Helten, E./Koch, P./Schmidt, R. (Hrsg.): Handwörterbuch der Versicherung (HdV); Karlsruhe, 1988; S. 651-657.

ALONSO, I./BRÜGGENTISCH, C./GILGENBERG, B. (2005): Neue Chancen nutzen durch Hybridkapital - Die VAG-Novelle 2005 gibt den Genussrechten und nachrangigen Verbindlichkeiten als Eigenkapital-Surrogate deutlich mehr Gewicht; in: Versicherungswirtschaft; Heft 14/2005; Karlsruhe, 2005; S. 1056-1060.

A.M. BEST (HRSG.) (2008): Update BCAR for Life and Health Insurers; Oldwick, New Jersey, 2007.

A.M. BEST (HRSG.) (2007a): Understanding Universal BCAR - A.M. Best's Capital Adequacy Ratio for Insurers and its Implications for Ratings; Oldwick, New Jersey, 2007.

A.M. BEST (HRSG.) (2007b): BCAR for Title Insurance Companies; Oldwick, New Jersey, 2007.

A.M. BEST (HRSG.) (2007C): BCAR for for Life and Health Insurers - Model Update; Oldwick, New Jersey, 2007.

A.M. BEST (HRSG.) (2006): Catastrophe Analysis in A.M. Best Ratings; Oldwick, New Jersey, 2006.

A.M. BEST (HRSG.) (2004a): Understanding BCAR for Life and Health Insurers - A.M. Best's Capital Adequacy Ratio for Life/Health Insurers and its Implications for Ratings; Oldwick, New Jersey, 2004.

A.M. BEST (HRSG.) (2004b): Historie und Rating-Ansatz; in: Hirschmann, S./Romeike, F. (Hrsg.): Rating von Versicherungsunternehmen; Köln, 2004; S. 148-166.

A.M. BEST (HRSG.) (2003): Understanding BCAR - A.M. Best's Capital Adequacy Ratio for Property/Casualty Insurers and its Implications for Ratings; Oldwick, New Jersey, 2003.

AMELUNG, V.-E./AMELUNG, A. (2007): Managed Care: Neue Wege im Gesundheitsmanagement; 4. Aufl.; Wiesbaden, 2007.

AMELY, T. (1994): Allfinanz-Konzerne als Problem der Bank- und Versicherungsaufsicht - Vorschläge zu einer integrativen Behandlung der Erfolgsrisiken; Köln, 1994.

AON RÜCK (HRSG.) (2005): Solvency II - Anforderungen der Finanzaufsicht an die Versicherungswirtschaft; Feldmeilen, 2005.

ARNOLDUSSEN, L./POHNKE, C. (2004): Erst- und Rückversicherer im Stresstest - Kernpunkte des Beziehungsgeflechts; in: Versicherungswirtschaft; Heft 11/2004; Karlsruhe, 2004; S. 810-814.

ARTZNER, P./DELBAEN, F./ EBER, J.-M./HEATH, D. (1998): Coherent Measures of Risk; Strasbourg/Zürich/Paris/Pittsburgh, Pennsylvania, 1998.

BAFIN (HRSG.) (2008): Konsultation 8/2008 - Entwurf eines Rundschreibens „Aufsichtsrechtliche Mindestanforderungen an das Risikomanagemetn"; Bonn/Frankfurt, 2008.

BAFIN (HRSG.) (2002): Geschäftsbericht 2001 des Bundesaufsichtsamtes für das Versicherungswesen, Teil A; Bonn/Frankfurt, 2002.

BAMBERG, G./BAUER, F. (2002): Statistik; 12. Aufl.; München, 2002.

BASEL COMMITTEE ON BANKING SUPERVISION (2001): The Joint Forum Risk Management Practices and Regulatory Capital Cross-Sectoral Comarison; Basel 2001.

BEUTELMANN, J./GROß, M./LAMFUß, F. (2005): Rating privater Krankenversicherungen - Besonderheiten und Umsetzung; in Achleitner, A.K./Everling, O. (Hrsg.): Versicherungsrating: Hintergrund - Strukturen - Prozesse; Wiesbaden, 2005; S. 139-156.

BITTERMANN, L./LUTZ, A. (2003): Parallelen im Risikomanagement von Banken und Versicherungen - Ein Vergleich der aufsichtsrechtlichen Mindeststandards; in: Versicherungswirtschaft; Heft 6/2003; Karlsruhe, 2003; S. 391-393.

BOLLER, H. P./HUMMEL, C. (2005): Prinzipien und Methoden zur Quantifizierung der Solvabilität - Empfehlungen der IAA; in: Gründl, H./Perlet, H. (Hrsg.): Solvency II & Risikomanagement - Umbruch in der Versicherungswirtschaft; Wiesbaden, 2005; S. 283-295.

BOHLEY, J. (1991): Einführendes Lehrbuch für Wirtschafts- und Sozialwissenschaftler; 4. Aufl.; München, 1991.

BORTZ, J. (2005): Statistik für Human- und Sozialwissenschaftler; 6. Aufl.; Heidelberg, 2005.

BOSCH, K. (2002): Statistik - Wahrheit und Lüge; München, 2002.

BRINK, G.J./ROMEIKE, F. (2005): Corporate Governance und Risikomanagement im Finanzdienstleistungsbereich - Grundlagen, Methoden, Gestaltungsmöglichkeiten; Stuttgart, 2005.

BROSEMER, M./BERTHOLD, G./MIEHLE, P. (2008): Standardmodell oder internes Modell? – Solvency II: Darstellung des Standardansatzes für Lebensversicherer nach QIS 4; in: Versicherungswirtschaft; Heft 11/2008; Karlsruhe, 2008; S. 912-917.

BROSZEIT, T./MAYR, B. (2007a): QIS3 - Mehr als nur eine Fortsetzung; in: Versicherungswirtschaft; Heft 10/2007; Karlsruhe, 2007; S. 780-783.

BROSZEIT, T./MAYR, B. (2007b): Gruppenaspekte in der Standardformel von Solvency II; in: Versicherungswirtschaft; Heft 11/2007; Karlsruhe, 2007; S. 866-870.

BÜSCHKEN, E. (1998): Bankbetriebslehre – Bankgeschäfte und Bankmanagement; 5. Aufl.; Wiesbaden, 2003.

BUSSON, M./RUSS, J./STRASSER, W./ZWIESLER, H. J. (1999): Asset Liability Managenent und Alternative Risk Transfer; in: Zeitschrift für Versicherungswesen; Heft 21/1999; Hamburg, 1999; S. 628-642.

BUSSON, M./RUSS, J./ZWIESLER, H.J. (2000): Modernes Asset Liability Management; in: Versicherungswirtschaft; Heft 2/2000; Karlsruhe, 2000; S. 104-109.

CAPGEMINI (HRSG.) (2004): Studie - Risikomanagement in Versicherungen und Solvency II; Berlin, 2004.

CEIOPS (HRSG.) (2008): QIS4 Technical Specifications (MARKT/2505/08); Frankfurt am Main, 2007.

CEIOPS (HRSG.) (2007a): QIS3 Technical Specifications Part I - Instructions; Frankfurt am Main, 2007.

CEIOPS (HRSG.) (2007b): CEIOPS' Report on its third Quantitative Impact Study (QIS3) for Solvency II; Frankfurt am Main, 2007.

CEIOPS (HRSG.) (2006a): Quantitative Impact Study 2 - Technical Specification; Frankfurt am Main, 2006

CEIOPS (HRSG.) (2006b): QIS1 – Summary Report; Frankfurt am Main, 2006.

CHERUBINI, U. (2004): Copula Methods in Finance; Hoboken, 2004.

CRO (HRSG.) (2005): A framework for Incorporating Diversification in the Solvency Assessment of Insurers; Amsterdam, 2005.

COENENBERG, A. G. (2003): Jahresabschluss und Jahresabschlussanalyse - Betriebswirtschaftliche, handelsrechtliche und internationale Grundsätze - HGB, IAS/IFRS, US-GAAP, DRS; 19. Aufl.; Stuttgart, 2003.

COMMITTEE OF WISE MAN (2003): Final Report of the Committee of wise men on the regulation of European Securities Markets; Brüssel 2003.

DAENERT, T./HEIDEGGER, H./OLLMANN, M./STEGMANN, U. (2005): Erfolgreiches Ratingmanagement; in Achleitner, A. K./Everling, O. (Hrsg.): Versicherungsrating: Hintergrund - Strukturen - Prozesse; Wiesbaden, 2005; S. 245-260.

DAL SANTO, D. (2001): Fair Value Accounting für Finanzkonglomerate - Auswirkungen auf die staatliche Aufsicht; in: Der Schweizer Treuhänder; Heft 10/2001; St. Gallen/Zürich, 2001; S. 931-938.

DAL SANTO, D. (2002): Kapitalmanagement bei Allfinanzkonglomeraten - Ausgestaltung im Spannungsfeld zwischen staatlichen Eigenmittelvorschriften und Marktdisziplin; Bern/Stuttgart/Wien, 2002.

DECKERT, M./RADTKE, M. (2004): Schadenversicherung: Aufsicht nutzt mehr und mehr Financial Strength Rating - Die großen Rating-Agenturen setzen zunehmend Kapitaladäquanzmodelle ein; in: Versicherungswirtschaft; Heft 3/2004; Karlsruhe, 2004; S. 138-140.

EISELE, B. (2004): Value-at-Risk-basiertes Risikomanagement in Banken - Portfolioentscheidungen, Risikokapitalallokation und Risikolimitierung unter Berücksichtigung des Bankenaufsichtsrechts; Wiesbaden, 2004.

EUROPÄISCHE KOMMISSION (HRSG.) (2008): Richtlinie des Europäischen Parlaments und des Rates betreffend die Aufnahme und Ausübung der Versicherungs- und der Rückversicherungstätigkeit (Solvabilität II); Brüssel 2008.

EUROPÄISCHE KOMMISSION (HRSG.) (2007): Begleitdokument zum Vorschlag für die Richtlinie des Europäischen Parlaments und des Rates betreffend die Aufnahme und Ausübung der Versicherungs- und der Rückversicherungstätigkeit (Solvabilität II) - Zusammenfassung der Folgenabschätzung; Brüssel 2007.

EUROPÄISCHE KOMMISSION (HRSG.) (2004): MARKT/2543/03 Solvency II - Organisation of Work, Discussion on Pillar I Work Areas and Suggestions of further Work on Pillar II for CEIOPS Issues Paper for the Meeting of the IC Solvency Subcommittee on 12th of March 2004; Brüssel 2004.

EUROPÄISCHE KOMMISSION (HRSG.) (2003a): MARKT/2540/03 Discussion paper by United Kingdom Effective implementation and enforcement of legislation affecting the insurance sector on 11th of November 2003; Brüssel 2003.

EUROPÄISCHE KOMMISSION (HRSG.) (2003b): MARKT/2539/03 Solvency II – Reflections on the general outline of a framework directive and mandates for further technical work on 19th of September 2003; Brüssel 2003.

EUROPÄISCHE KOMMISSION (HRSG.) (2001a): MARKT/2085/01 Vermerk für die Untergruppe „Solvabilität" Betrifft: Solvabilitätssysteme nach dem „Risk-based capital" (RBC)-Muster; Brüssel, 2001.

EUROPÄISCHE KOMMISSION (HRSG.) (2001b): MARKT/2027/01 Solvabilität - Vorstellung der geplanten Arbeiten; Brüssel 2001.

EMBRECHTS, P./KLÜPPELBERG, C./MIKOSCH, T. (2003): Modelling Extremal Events for Insurance and Finance; 3. Aufl.; Berlin, 2003.

FABER-GRAW, P. (2007): Solvency II und die Mindestanforderungenan des Risikomanagement; BaFin Journal; Heft 6/2007; Frankfurt, 2007.

FARNY, D. (2006): Versicherungsbetriebslehre; 4. Aufl.; Karlsruhe, 2006.

FARNY, D. (2000): Versicherungsbetriebslehre; 3. Aufl.; Karlsruhe, 2000.

FARNY, D. (1983): Unternehmerische Risikopolitik; in: Zeitschrift für die gesamte Versicherungswissenschaft; Heft 72/1983; Berlin/Heidelberg/Karlruhe, 1983; S. 575-588.

FELDBLUM, S. (1996): NAIC Property/Casualty Insurance Company Risk-Based Capital Requirements; in: Proceedings of the Casualty Actuarial Society Casualty Actuarial Society; Arlington, Virginia 1996; S. 297-389.

FLEMMING, K. (1988): Risikoreserven; in: Farny, D./Helten, E./Koch, P./Schmidt, R. (Hrsg.): Handwörterbuch der Versicherung (HdV); Karlsruhe, 1988; S. 667-670.

FMA (HRSG.) (2008): Vierte Untersuchung zu den quantitativen Auswirkungen von Solvabilität II (Quantitative Impact Study 4 – QIS 4) - Nationale Erläuterungen für Teilnehmer aus Österreich; Wien, 2008.

FRANKE, M. (2005): Anmerkungen zu Methodik und Konzept der Produktratings von Franke & Bornberg; in Achleitner, A. K./Everling, O. (Hrsg.): Versicherungsrating: Hintergrund - Strukturen - Prozesse; Wiesbaden, 2005; S. 115-128.

GDV (HRSG.) (2005): Diskussionsbeitrag für einen Solvency II kompatiblen Standardansatz (Säule I) - Modellbeschreibung (Version 1.0 vom 01.12.2005); Berlin, 2005.

GLEIßNER, W./ROMEIKE, F. (2005): Risikomanagement - Umsetzung, Werkzeuge, Risikobewertung, Controlling, Qualitätsmanagement und Balanced Scorecard als Plattform für den Aufbau; Freiburg/Berlin/München/Zürich, 2005.

GRÄWERT, A./STEVENS, A./TARDOS, R. (2003): Solvency II - Ein Regulierungsrahmen für risikobasiertes Kapital - Ein Diskussionsbeitrag zum aktuellen Stand; in: Versicherungswirtschaft; Heft 21/2003; Karlsruhe, 2003; S. 394-397.

GRIESSMANN, G./SCHUBERT, T. (2005): Solvency II - Das Standardmodell gewinnt Kontur - Die deutsche Versicherungswirtschaft treibt die Diskussion aktiv voran - Quantifizierende Risikokategorien und Möglichkeiten ihrer Abbildung; in: Versicherungswirtschaft; Heft 21/2005; Karlsruhe, 2005; S. 1638-1642.

GRIESSMANN, G./SCHUBERT, T. (2004a): Solvency II = Basel II + X; in: Versicherungswirtschaft; Heft 18/2004; Karlsruhe, 2004; S. 1399-1402.

GRIESSMANN, G./SCHUBERT, T. (2004b): Europa in Vorbereitung auf „Solvency II" - Neuentwicklungen bei Versicherungsaufsichtssystemen; in: Versicherungswirtschaft; Heft 14/2004; Karlsruhe, 2004; S. 1044-1046.

GRIESSMANN, G./SCHUBERT, T. (2004c): Solvency II - Die EU treibt die zweite Phase des Projekts voran (II); in: Versicherungswirtschaft; Heft 10/2004; Karlsruhe, 2004; S. 738-739.

GRIESSMANN, G./SCHUBERT, T. (2003): Solvency II geht jetzt in die zweite Runde; in: Versicherungswirtschaft; Heft 22/2003; Karlsruhe, 2003; S. 1798-1801.

GRÜNDL, H./WINTER, M. (2005): Risikomaße in der Solvenzsteuerung von Versicherungsunternehmen; in: Gründl, H./Perlet, H. (Hrsg.): Solvency II & Risikomanagement - Umbruch in der Versicherungswirtschaft; Wiesbaden, 2005; S. 183-204.

GRUNDMANN, W./LUDERER, B. (2001): Formelsammlung Finanzmathematik, Versicherungsmathematik, Wertpapieranalyse; 2. Aufl.; Stuttgart/Leipzig/Wiesbaden, 2001.

GRÜTER, M. D./LISTER, M./PAUL, S./SCHIERENBECK, H. (2003): Ertragsorientierte Allokation von Risikokapital im Bankbetrieb; in: Wirtschaftswissenschaftliches Zentrum der Universiät Basel (Hrsg.): WWZ-Forschungsbericht 03/02; Basel, 2003.

HARRIS, S./BRAUN, B./NAUMANN/A. (2004): Moody's' Rating-Methodik für europäische Lebensversicherungen; in: Hirschmann, S./Romeike, F. (Hrsg.): Rating von Versicherungsunternehmen; Köln, 2004; S. 9-49.

HARTUNG, J. (1985): Statistik, Lehr- und Handbuch der angewandten Statistik; 4. Aufl.; München, 1985.

HARTUNG, T. (2007): Eigenkapitalregulierung bei Versicherungsunternehmen - Eine ökonomisch-risikotheoretische Analyse verschiedener Solvabilitätskonzeptionen; Karlsruhe, 2007.

HARTUNG, T. (2005): Überprüfungsverfahren und Marktdisziplin als Instrumente der Versicherungsaufsicht; in: Gründl, H./Perlet, H. (Hrsg.): Solvency II & Risikomanagement - Umbruch in der Versicherungswirtschaft; Wiesbaden, 2005; S. 53-70.

HARTUNG, T. (2004): Der Einsatz interner Modelle vor dem Hintergrund des versicherungstechnischen Risikos; in: Institut für Betriebswirtschaftliche Risikoforschung und Versicherungswirtschaft an der Ludwig-Maximilians-Universität München (Hrsg.): Manuskript Nr. 54; München, 2004.

HAUCAP, J. (2007): Mehr Wettbewerb für Ratingagenturen; erschienen im Handelsblatt am 22.11.2007; Düsseldorf, 2007; S.10.

HEIMES, K. (2007): Kleine und mittlere Versicherer - ein Auslaufmodell?!; in: Versicherungswirtschaft; Heft 20/2007; Karlsruhe, 2007; S. 1707-1709.

HELTEN, E. (1991): Die Erfassung und Messung des Risikos; in: Große, W./Müller-Lutz, H. L./Schmidt, R. (Hrsg.): Versicherungsenzyklopädie; Bd 2, 4. Aufl.; Wiesbaden, 1991; S. 125-197.

HELTEN, E./KARTEN, W. (1991): Das Risiko und seine Kalkulation; in: Große, W./Müller-Lutz, H. L./Schmidt, R. (Hrsg.): Versicherungsenzyklopädie; Bd 2, 4. Aufl.; Wiesbaden, 1991; S. 125-275.

HEERMANN, L. (2007): Rating von Rückversicherungsunternehmen; Köln, 2007.

IAA (HRSG.) (2004): A Global Framework for Insurer Solvency Assessment - Research Report of the Solvency Assessment Working Party; Ottawa, Ontario, 2004.

JEREY, A./STÖFFLER, M. (2004): Hybridkapital als Finanzierungsinstrument nur für große VU?; in: Versicherungswirtschaft; Heft 24/2004; Karlsruhe, 2004; S. 1895-1896.

KAISER, T./FREY, C. (2007): Von den Erfahrungen der Bankwirtschaft profitieren; in: Versicherungswirtschaft; Heft 12/2007; Karlsruhe 2007; S. 954-961.

KARTEN, W. (2000): Versicherungsbetriebslehre - Kernfragen aus entscheidungstheoretischer Sicht; Karlsruhe, 2000.

KARTEN, W. (1993a): Risk Management, in: von Wittmann, W. (Hrsg.): Handwörterbuch der Betriebswirtschaft; Bd 3, 5. Aufl.; Stuttgart, 1993; S. 3825-3836.

KARTEN, W. (1993b): Versicherungsbetriebslehre - Das Einzelrisiko und seine Kalkulation; Wiesbaden, 1993.

KAWAI, Y. (2005): The IAIS framework for insurance supervision and EU Solvency II; in: Gründl, H./Perlet, H. (Hrsg.): Solvency II & Risikomanagement - Umbruch in der Versicherungswirtschaft; Wiesbaden, 2005; S. 85-97.

KEINE, F. M. (1986): Die Risikoposition eines Kreditinstituts - Konzeption einer umfassenden bankenaufsichtsrechtlichen Verhaltensnorm; Wiesbaden, 1986.

KELLER, P./LUDER, T./STOBER, M. (2005): Swiss Solvency Test; in: Gründl, H./Perlet, H. (Hrsg.): Solvency II & Risikomanagement - Umbruch in der Versicherungswirtschaft; Wiesbaden, 2005; S. 569-593.

KNAUTH, K. W./SCHUBERT, T. (2003): Versicherungsaufsicht vor dem Paradigmenwechsel; in: Versicherungswirtschaft; Heft 12/2003; Karlsruhe, 2003; S. 902-907.

KLINGE, U. (2007): Mit unternehmensspezifischen Daten zu Best Estimate; in: Versicherungswirtschaft; Heft 14/2007; Karlsruhe, 2007; S. 1145-1147.

KOCH, P. (2003): Was ist ein Aktuar? - Sprach- und versicherungsgeschichtliche Überlegungen; in: Versicherungswirtschaft; Heft 22/2003; Karlsruhe, 2003; S. 1787-1790.

KPMG (HRSG.) (2002): European Commission - Study into the Methodologies for Prudential Supervision of Reinsurance with a View to the possible Establischment of an EU Framework; Köln, 2002.

KRIELE, M./LIM, G./REICH, H. (2004): Das Solvabilitätskapital in Solvency II - Ein Diskussionsbeitrag zum Berechnungsrahmen; in: Versicherungswirtschaft; Heft 14/2004; Karlsruhe, 2004; S. 1048-1054.

KROMSCHRÖDER, B. (1988): Kapital; in: Farny, D./Helten, E./Koch, P./Schmidt, R. (Hrsg.): Handwörterbuch der Versicherung (HdV); Karlsruhe, 1988; S. 322-329.

KÜHNER, C. (2005): Kriterien für das Rating von Versicherungsgruppen; in Achleitner, A. K./Everling, O. (Hrsg.): Versicherungsrating: Hintergrund - Strukturen - Prozesse; Wiesbaden, 2005; S. 213-224.

LEYHERR, U./SCULLY, M./SOMMERFELD, F. (2003): Wieviel Rückversicherung braucht mein Kapital? Rückversicherungsoptimierung und Analyse des Risikokapitals in der Allianz Gruppe; in: Versicherungswirtschaft; Heft 22/2003; Karlsruhe, 2003; S. 1795-1797.

LEIDING, J. (2004): Hybridkapital als Finanzierungsinstrument für Versicherungsunternehmen; in: Versicherungswirtschaft; Heft 21/2004; Karlsruhe, 2004; S. 1633-1635.

LIEBWEIN, P. (2000): Klassische und moderne Formen der Rückversicherung; Karlsruhe, 2000.

LIM, G./KRIELE, M./RAUSCHEN, T. (2006): Mit Szenarioanalysen das operationale Risikokapital bestimmen - Aus den Erfahrungen in Großbritannien lernen; in: Versicherungswirtschaft; Heft 1/2006; Karlsruhe 2006; S. 36-39.

MACK, T. (2001): Schadensversicherungsmathematik; in: Deutsche Gesellschaft für Versicherungsmathematik (Hrsg.): Schriftenreihe Angewandte Versicherungsmathematik; Heft 28/2001, 2. Aufl.; Karlsruhe, 2001.

MASER, H./OEHLENSCHLÄGEL, H.-W. (2006): Mindestanforderungen an ein Risikomanagement nach Solvency II; in: Versicherungswirtschaft; Heft 23/2006; Karlsruhe, 2006; S. 1930-1932.

MEISTER, D. (2005): Solvency II und Rating aus Sicht der Versicherungsunternehmen; in: Gründl, H./Perlet, H. (Hrsg.): Solvency II & Risikomanagement - Umbruch in der Versicherungswirtschaft; Wiesbaden, 2005; S. 447-473.

METZLER, M. (2004): Kriterien für das Rating deutscher Lebensversicherer; in: Hirschmann, S./Romeike, F. (Hrsg.): Rating von Versicherungsunternehmen; Köln, 2004; S. 9-49.

MEYER, L. (2005): Implikationen von IFRS für Solvency II; in: Gründl, H./Perlet, H. (Hrsg.): Solvency II & Risikomanagement - Umbruch in der Versicherungswirtschaft; Wiesbaden, 2005; S. 99-118.

MÜLLER E., (2004): Risk-Based-Capital für (Rück-)Versicherer - Der Balance-Akt zwischen Anteilseignern, Aufsicht und Rating-Agenturen; in: Erdönmez, M. (Hrsg.): I-VW Management. Information; Sonderausgabe Band 7 - Trends und Herausforderungen in der Rückversicherung - Perspektiven der Praxis; St. Gallen, 2004; S. 33-54.

MÜLLER E. (2000): Sinn und Unsinn von RBC-Modellen - Anmerkungen zur Nichtlinearität von Risiken; in: Zeitschrift für Versicherungswesen; Heft 21/2000; Hamburg, 2000; S. 760-766.

MÜLLER E. (1995): Risk-Based-Capital für Versicherungsunternehmen: Der amerikanische Ansatz; in: Zeitschrift für Versicherungswesen; Heft 21/1995; Hamburg, 1995; S. 586-592.

MÜLLER E./REISCHEL, M. (1994): Vom theoretischen Konzept des Risikoreserveprozesses zur praktischen Messung und Steuerung des Risikokapitals (Risk-Based Capital); in: Hesberg, D./ Nell, M./Schott, W. (Hrsg): Risiko, Versicherung, Markt - Festschrift für

Walter Karten zur Vollendung des 60. Lebensjahres; Karlsruhe, 1994; S. 465-500.

MÜLLER H. (2004): Vom Sinn der Solvabilitätsvorschriften (Teil I und II); in: Zeitschrift für Versicherungswesen; Heft 23/2004; Hamburg, 2004 S. 722-728 und Heft 24/2004; Hamburg, 2004; S.764-767.

MÜNCHENER RÜCK (HRSG.) (2008a): Geschäftsbericht der Münchener-Rück-Gruppe 2007; München, 2008.

MÜNCHENER RÜCK (HRSG.) (2008b): QIS3 - CEIOPS-Bericht und Studie des CRO-Forums; München, 2008.

MÜNCHENER RÜCK (HRSG.) (2006a): Topics 1/2006 - Klimawandel, Solvency II, Berufsunfähigkeit; München, 2006.

MÜNCHENER RÜCK (HRSG.) (2006b): Geschäftsbericht der Münchener-Rück-Gruppe 2005 - Wir bahnen Chancen den Weg; München, 2006.

MÜNCHENER RÜCK (HRSG.) (2004): Dr. Horst K. Jannott Scholarship - Yearbook 2004; München, 2004.

NAIC (HRSG.) (2006): The 2006 NAIC Property and Casualty Risk-Based Capital Report Including Overview and Instructions for Companies; Kansas City, Kansans, 2006.

NAIC (HRSG.) (1993): Actuarial Advisory Committee to the NAIC P/C Risk-Based Capital Working Group - Report on Covariance Method for Property-Casualty Risk-Based Capital; Kansas City, Kansas, 1993.

OBST, G./HINTER, O. (2000): Geld-, Bank- und Börsenwesen; in: von Hagen, J./ von Stein, H. (Hrsg.): Handbuch des Finanzsystemts; Stuttgart, 2000.

OCKENGA, T./GROßPIETSCH, A. (2006): Modelle zur Bestimmung des Solvenzkapitals - Die Berechung des Solvenzkapitals mittels stochastischer Modelle als Teil des Enterprise Risk Managements; in: Versicherungswirtschaft; Heft 24/2006; Karlsruhe, 2006; S. 2008-2011.

PFEIFER, U. (2005): Solvency II - Ein Thema für die IT? In der Informationstechnologie rechtzeitig die Voraussetzungen für Solvency II schaffen und so den Wettbewerbern einen Schritt voraus sein; in: Versicherungswirtschaft; Heft 20/2005; Karlsruhe, 2005; S. 1558-1562.

PFEIFER, U./DORENKAMP, L./OTT, P. (2006): Solvency II Risikomanagement und Solvency II bei Versicherungsunternehmen - Ergebnisse der Markstudie 2006; Oldenburg/Hamburg/München, 2006.

PERRIDON, L./STEINER, M. (2002): Finanzwirtschaft der Unternehmung; 11. Aufl.; München, 2002.

RADTKE, M. (2005): Finanzkraftrating, Eigenkapitalausstattung und Solvabilität: Funktion und Bedeutung von Kapitaladäquanzmodellen; in Achleitner, A. K./Everling, O. (Hrsg.): Versicherungsrating: Hintergrund - Strukturen - Prozesse; Wiesbaden, 2005; S. 279-290.

RADTKE, M. (2004): Solvency II - Das neue Solvabilitätssystem der Versicherungswirtschaft nimmt Gestalt an; in: Rating aktuell; Heft 4/2004; Köln, 2004; S. 44-147.

REDER, D. (2004): Zur Geschichte der internationalen Rating-Agenturen; in: Hirschmann, S./Romeike, F. (Hrsg.): Rating von Versicherungsunternehmen; Köln, 2004; S. 167-179.

RIEF, W. (2005): Standard & Poor's Rückversicherungsrating; in Achleitner, A. K./Everling, O. (Hrsg.): Versicherungsrating: Hintergrund - Strukturen - Prozesse; Wiesbaden, 2005; S. 157-178.

RIEF, W. (2004): Rating-Prozess und Bewertungskriterium bei Ratings von Lebens-, Unfall- und Sachversicherern; in: Hirschmann, S./Romeike, F. (Hrsg.): Rating von Versicherungsunternehmen; Köln, 2004; S. 49-71.

RINGS, C./VENDOVA, D. (2002): Volatilität beherrschbar machen - Rückversicherer-Portfolios sollen sich am Gesamtertrag orientieren; in: Versicherungswirtschaft; Heft 12/2002; Karlsruhe, 2002; S. 896-897.

RITTICH, H. (1995): Anlegerschutz im Banken- und Lebensversicherungssektor - Ansätze zur Harmonisierung der Solvabilitätsvorschriften; Wiesbaden, 1995.

ROCKEL, W./HELTEN, E./LOY, H./OTT, P. (2007): Versicherungsbilanzen Rechungslegung nach HGB, US-GAAP und IFRS; 2. Aufl.; Stuttgart, 2007.

ROCKEL, W./HELTEN, E./LOY, H./OTT, P. (2005): Versicherungsbilanzen Rechungslegung nach HGB, US-GAAP und IFRS; Stuttgart, 2005.

ROMEIKE, F./MÜLLER-REICHART, M. (2008): Risikomanagement in Versicherungsunternehmen - Grundlagen, Methoden, Checklisten und Implementierung; 2. Aufl., Weinheim, 2008.

ROMEIKE, F. (2004): Rating von Versicherungsunternehmen; in: Hirschmann, S./Romeike, F. (Hrsg.): Rating von Versicherungsunternehmen; Köln, 2004; S. 9-49.

S&P (HRSG.) (2007): New Risk-Based Insurance Capital Model; New York, 2007.

SANIO, J. (2002): „Eine wahre Aufsicht verlässt Dich nie!" - Stand und Perspektiven der Finanzdienstleistungsaufsicht; in: Versicherungswirtschaft; Heft 23/2002; Karlsruhe, 2002; S. 1831-1835.

SAUER, R. (2004): Eigenkapital im Versicherungsunternehmen; in: Institut für Risikoforschung und Versicherungswirtschaft an der Ludwig-Maximilians-Universität München (Hrsg.); Manuskript Nr. 53; München, 2004.

SAUER, R./WIMMER, A. (2004): Unternehmensrating von Schaden-/ Unfallrückversicherungsunternehmen: Ansatzpunkte für die Rückversicherungsaufsicht in der Europäischen Union?; in: Institut für Risikoforschung und Versicherungswirtschaft an der Ludwig-Maximilians-Universität München (Hrsg.); Manuskript Nr. 49; München, 2004.

SCHANTÉ, D./CAUDET, L. (2005): Wer entscheidet über zukünftige Solvabilitätsregeln für europäische Versicherer; in: Gründl, H./Perlet, H. (Hrsg.): Solvency II & Risikomanagement - Umbruch in der Versicherungswirtschaft; Wiesbaden, 2005; S. 71-97.

SCHEUNEMANN, R. B. (1999): Aufsicht über die Solvabilität von Versicherungsunternehmen und -konzernen in Deutschland und in Singapur; Karlsruhe, 1999.

SCHIERENBECK, H. (2003): Ertragsorientiertes Bankmanagement (Band 2) - Risiko-Controlling und integrierte Rendite-/Risikosteuerung; 8. Aufl.; Wiesbaden, 2003.

SCHIERENBECK, H./HÖLSCHER, R. (1998): BankAssurance - Institutionelle Grundlagen der Bank- und Versicherungsbetriebslehre; 4. Aufl.; Stuttgart, 1998.

SCHIERENBECK, H./HÖLSCHER, R. (1993): BankAssurance - Institutionelle Grundlagen der Bank- und Versicherungsbetriebslehre; 3. Aufl.; Stuttgart, 1993.

SCHNEIDER, J. (2005): Rückversicherung und Solvency II - Herausforderungen und Chancen; in: Gründl, H./Perlet, H. (Hrsg.): Solvency II & Risikomanagement - Umbruch in der Versicherungswirtschaft; Wiesbaden, 2005. S. 339-417.

SCHRADIN, H. R. (2003): Entwicklung der Versicherungsaufsicht; in: Zeitschrift für die gesamte Versicherungswissenschaft; Heft 92/2003; Berlin/Heidelberg/Karlruhe, 2003; S. 611-664.

SCHRADIN, H. R. (1997): Solvenzaufsicht in den Vereinigten Staaten von Amerika. Zur Konzeption des Risk-Based-Capital; in: Zeitschrift für die gesamte Versicherungswissenschaft; Heft 86/1997; Berlin/Heidelberg/Karlruhe, 1997; S. 269-294.

SCHRADIN, H. R. (1994): Erfolgsorientiertes Versicherungsmanagement - Betriebswirtschaftliche Steuerungskonzepte auf risikotheoretischer Grundlage; Karlsruhe, 1994.

SCHRADIN, H. R./TELSCHOW, I. (1995): Solvabilitätskontrolle in der Schadenversicherung - Eine betriebswirtschaftliche Analyse der Risk Based Kapital (RBC)-Anforderungen in den Vereinigten Staaten; in: Zeitschrift für die gesamte Versicherungswissenschaft; Heft 84/1997; Berlin/Heidelberg/Karlruhe, 1997; S. 363-406.

SCHRADIN, H. R./ZONS, M. (2005): Konzepte einer wertorientierten Steuerung von Versicherungsunternehmen; in: Gründl, H./Perlet, H. (Hrsg.): Solvency II & Risikomanagement - Umbruch in der Versicherungswirtschaft; Wiesbaden, 2005; S. 163-181.

SCHUBERT, T. (2005): Stand der Diskussion und Tendenzen im Projekt Solvency II der EU-Kommission; in: Gründl, H./Perlet, H. (Hrsg.): Solvency II & Risikomanagement - Umbruch in der Versicherungswirtschaft; Wiesbaden, 2005; S. 35-52.

SCHÜLLER, J. (2008): MaRisk für Versicherungen - Chancen auf dem Weg zu Solvency II; im Internet unter: http://www.pwc.de/; Frankfurt am Main, 2008. Abruf am 20.06.2008.

SCHULZ, J. (2005): Welche Macht haben Ratingagenturen?; in Achleitner, A. K./Everling, O. (Hrsg.): Versicherungsrating: Hintergrund - Strukturen - Prozesse; Wiesbaden, 2005; S. 3-18.

SCHULZ, J./GLISSMANN, M. (2005): Versicherer und Makler stellen an Ratings unterschiedliche Ansprüche; in: Versicherungswirtschaft; Heft 5/2005; Karlsruhe, 2005; S. 330-333.

SCHWEPCKE, A. (2001): Rückversicherung - Grundlagen und aktuelles Wissen, ein Leitfaden zum Selbststudium; Karlsruhe, 2001.

STEINER, M./BRUNS, C. (2002): Wertpapiermanagement - Professionelle Wertpapieranalyse und Portfoliostrukturierung; 8. Aufl; Stuttgart, 2002.

STÖLTING, R./EHRLICH, K. (2008): Solveny II; in: Münchner Rück (Hrsg.): Newsletter Ausgabe 12; München 2008.

STÖLTING, R./EHRLICH, K. (2007): Solvency II für Schaden/Unfallversicherer; in: Versicherungswirtschaft; Heft 15/2007; Karlsruhe, 2007; S. 1222-1225.

STÖLTING, R./ALMUS, M./FREY, M. (2004a): Solveny II; in: Münchner Rück (Hrsg.): Newsletter Ausgabe 1; München 2004.

STÖLTING, R./ALMUS, M/FREY, M. (2004b): Solveny II; in: Münchner Rück (Hrsg.): Newsletter Ausgabe 2; München 2004.

SWISS RE (HRSG.) (2006): Sigma Nr. 4/2006 - Solvency II: Ein integrierter Risikoansatz für europäische Versicherer; Zürich, 2006.

SWISS RE (HRSG.) (2003): Sigma Nr. 4/2003 - Ratings für Versicherungsunternehmen; Zürich, 2003.

SWISS RE (HRSG.) (2002): Management des Unternehmenswertes - So schaffen Versicherer Shareholder-Value; Zürich, 2002.

SWISS RE (HRSG.) (2000): Sigma Nr. 1/2000 - Eigenkapitalausstattung der Nichtlebensversicherer im Spannungsfeld von Sicherheit und Renditeanforderungen; Zürich, 2000.

WAGNER, C. (2005): Das interne Risikokapitalmodell der Allianz-Gruppe; in: Gründl, H./Perlet, H. (Hrsg.): Solvency II & Risikomanagement - Umbruch in der Versicherungswirtschaft; Wiesbaden, 2005; S. 265-282.

WAGNER, F. (2000): Risk Management im Erstversicherungsunternehmen - Modelle, Strategien, Ziele, Mittel; Karlsruhe, 2000.

WANDT, M. (2007): Solvency II - Wird die Aufsicht zum „Mitunternehmer?"; in: Versicherungswirtschaft; Heft 07/2007; Karlsruhe, 2007; S. 473-476.

WEILER, W./MACHALETT, V. (2005): Solvency II - Auswirkungen auf die Eigenmittelbeschaffung und -bewirtschaftung; in: Gründl, H./Perlet, H. (Hrsg.): Solvency II & Risikomanagement - Umbruch in der Versicherungswirtschaft; Wiesbaden, 2005; S. 419-446.

WELZEL, H. J. (1988): Rückstellungen, versicherungstechnische; in: Farny, D./Helten, E./Koch, P./Schmidt, R. (Hrsg.): Handwörterbuch der Versicherung (HdV); Karlsruhe, 1988; S. 685-687.

WILKENS, K. (2004): Retrospektive Rückversicherungsdeckungen reduzieren den Kapitalbedarf - Alternative Deckungen erleichtern es, den Solvabilitätsanforderungen gerecht zu werden; in: Versicherungswirtschaft; Heft 17/2004; Karlsruhe, 2004; S. 1308-1309.

WÖHE, G. (2000): Einführung in die Allgemeine Betreibswirtschaftslehre; 20. Aufl; München, 2000.

WOLGAST, M. (2006): Rating-Agenturen - Internationale Beschwerde eingeleitet; in: Versicherungswirtschaft; Heft 5/2006; Karlsruhe, 2006; S. 368.

ZBORON, M. (2005): A.M.Bests Ratingansatz; in Achleitner, A. K./Everling, O. (Hrsg.): Versicherungsrating: Hintergrund - Strukturen - Prozesse; Wiesbaden, 2005; S. 179-194.

ZIELKE, C. (2005): IFRS für Versicherer; Stuttgart, 2005.

ZWIESLER, H. J. (2005): Asset Liability Management - Die Versicherung auf dem Weg von der Planungsrechnung zum Risikomanagement; in: Spreemann, K. (Hrsg.): Versicherungen im Umbruch - Werte schaffen, Risiken managen, Kunden gewinnen; Berlin, 2005; S. 117-133.

11 Stichwortverzeichnis

A

Abhängigkeit, linear 100, 101
Abhängigkeit, nicht linear 85, 102
Abschlagsfaktor 283, 284
Abschlusskosten, aktiviert 270
Absolute Minimum Capital Requirement 195
Abweichungsmaß, einseitig 95
Abweichungsmaß, zweiseitig 94
Accumulation Risk 45
Adäquanzfaktor 285
Aktienrisiko 202, 223
Aktienrisiko, global 202
Aktienrisiko, weitere 202
Aktuar 4, 40, 347
Allokation 8, 10, 15, 345
Analyse, qualitativ 121, 255, 257, 272, 283
Analyse, quantitativ 121, 257
Ancillary Own Funds 188, 189, 190, 192, 193
Änderungsrisiko 36, 37, 41
Anlagen bei verbundenen Unternehmen 60
Ansteckungsrisiko 36, 59
Arbitrage 156
Asset Concentration Factor 229, 238, 279, 280, 289, 290
Asset Default Risk 223, 238
Asset Leverage 264, 265
Asset Liability Management 52, 150, 256, 294, 340, 357
Asset Risk 221, 228, 288, 289, 290, 298, 301, 302
Assistance-Dienstleistungen 215
Aufsichtsarbitrage 156, 171

Ausfallrisiko 34, 47, 50, 197, 205, 223, 257, 277, 280, 290, 326
Ausschluss 89
Ausschuss für Wirtschaft und Währung 155
Auswirkungsstudie, quantitativ 120, 173, 174, 175
Auszahlungsänderungsrisiko 212, 214, 216
Authorized Control Level 219

B

Bank Run 228
Baseline Capital Factor 284
Basic Own Funds 188, 189, 190, 192, 193
Basiseigenmittel 180, 188, 189, 190, 192
Basisfaktor 284, 285
Beitragsindex 134, 135, 137, 141
Beitragsübertrag 50, 70, 139
Bermuda Versicherer 156
Beschaffungsrisiko 56
Best Estimate 174, 176, 179, 183, 184, 208, 212, 213, 347
Betriebsbereichsrisiko 34, 56
Bilanzkraft 260, 263, 264, 265, 266, 268
Bottom Up 9, 12, 22
Branchenrisiko 233, 235
Branchenverlustquote 234, 235, 322
Bundesanstalt für Finanzdienstleistungsaufsicht 17, 18, 19, 20, 21, 23, 24, 25, 26, 27, 67, 127, 128, 133, 176, 310, 339, 343

Business Risk 221, 223, 240, 287, 288, 292

C

Call for Advice 157, 194
Catastrophe Risk 45
Chief Risk Officer Forum 159, 350
Claims Inflation 89
Claims Made Police 224
Comité Européen des Assurances 158, 159
Company Action Level 219, 228
Company Size Factor 285
Company Stability Factor 285
Concentration Charge 302, 305
Concentration Factor 232, 233, 287, 290, 300
Conditional Value at Risik 98
Consultative Panel 158
Contagion Risk 59
Copula 12, 85, 100, 102, 341
Core 294
Corporate Governance 18, 150, 170, 340
Cost of Capital 176, 185
Counterparty Default Risk 50
Credit Risk 34, 50, 204, 205, 221, 223, 230, 239, 269, 277, 280, 292, 302, 303, 326
Credit Spread 48, 204
Credit Watch 245
Currency Risk 49

D

Debt Adjustment 272
Debt Service 269, 272
Deckungskapital 39, 141, 239
Deckungsrückstellung 39, 50, 52, 71, 128, 139
Deferred Acquisition Costs 270
Deskriptor 108
Diagnoserisiko 36, 37, 41
Discount Factor 283, 284

Diversifikationsbonus 299, 301, 308, 329, 330
Diversifikationseffekt 12, 14, 51, 59, 81, 106, 114, 116, 122, 145, 210, 263, 264, 276, 295, 298, 300, 304, 317
Diversifikationsfaktor 286, 287
Dokumentation 25, 170
Double Gearing 228, 289, 294
Duration 48, 204, 303, 304
Durchführungsbestimmung 20, 151, 155, 161, 163, 165, 173, 175, 179, 187, 192
Durchführungsmaßnahme 163

E

Economic Capital Available 296, 297
Effekt, risikomindernd 197, 201
Eigenkapital, adjustiert 261, 314, 334
Eigenkapital, bilanziell 2, 62, 88, 121, 221, 261, 268, 269, 270, 272, 273, 274, 296, 297, 334
Eigenmittel, anrechenbar 121, 186, 188, 193, 314
Eigenmittel, ergänzend 188, 189, 190, 192, 193
Eigenmittel, ökonomisch 180, 313
Emerging Market 203
Emissionsrating 250, 251, 279, 311
Epidemierisiko 43, 45, 214
Erfolgsrisiko 33, 34, 338
Ertragskraft 255, 260, 263, 264, 265, 266
Europäische Kommission 34, 120, 150, 154, 155, 159, 160, 161, 173, 175, 179, 181, 182, 183, 184, 185, 187, 188, 189, 190, 191, 192, 193, 217, 224, 225,

235, 237, 238, 239, 240,
342, 343
Europäischer Rat 154, 163, 165
Europäisches Parlament 150,
152, 154, 157, 163, 173, 342
European Insurance and
Occupational Pensions
Committee 155, 163

F

Fair Value 179, 341
Financial Leverage 264, 265
Finanzdienstleistungsaufsichtsgesetz 127, 128
Finanzierungsplan 148
Finanzkraftrating 249, 251,
260, 264, 266, 294, 351
Finanzprodukt, strukturiert 204
Fit and Proper 170
Fixkostenrisiko 42
Flexibilität, finanziell 255, 260, 264
Forderungsrisiko aus
Rückversicherungsgeschäften
50
Fortführungsprinzip 185
Fremdkapitalaufnahme 265

G

Garantiefond 143, 145, 148
Generaldirektion Binnenmarkt
155
Genussrechtskapital 72, 73,
272
Geschäft, direkt 135, 264
Geschäft, indirekt 135, 139,
140
Geschäft, Long Tail 307
Geschäft, Short Tail 307
Geschäftsprofil 260, 263, 264,
266
Geschäftsprozessrisiko 41
Geschäftsrisiko, allgemein 58,
221, 223, 237, 238, 240, 335
Geschäftssegment 2, 13, 14, 15

Gesetzgebungsakt 151, 163
Gewinnbeteiligung, zukünftig
39, 195, 197, 201
Gläubigerkapital 69
Gläubigerrisiko 49
Global Outlook 246
Goodwill 269, 270, 272, 296,
297

H

Haftungsrisiko 59
Haircut 301, 330
High Investment Leverage 279
Homogenität 92

I

Idiosyncratic Risk 46
Immobilienrisiko 204
Implementing Measure 152,
161, 173
Industry Loss Ratio 234
Insurance Risk 221, 223, 231,
239, 288, 290
Insurer Financial Strength Rating
249, 250, 251, 254, 258, 294
Interest Rate Risk 48, 223, 239,
277, 280, 288, 292, 326
Internal Governance 156
International Accounting
Standard 86, 153, 171, 179,
181, 341
International Accounting
Standards Board 153, 161,
171, 172
International Actuarial
Association 34, 153, 154,
161, 168, 339
International Association of
Insurance Supervisors 153,
159, 161, 347
Internes Steuerungs- und
Kontrollsystem 21, 24, 27
Invaliditätsrisiko 41, 212, 216
Investment Grade 244, 245

K

Kapital, ökonomisch 62, 189, 202, 259, 314
Kapital, Pufferfunktion 66, 78
Kapitaladäquanz 120, 266, 269, 294, 295, 314
Kapitalallokation 2, 13, 15, 259
Kapitalausstattungsverordnung 133, 144
Kapitalkostenansatz 176, 185
Katastrophenrisiko 36, 40, 45, 194, 206, 210, 211, 212, 214, 215, 216, 273, 305, 306
Katastrophenschaden 29, 206, 210, 215, 269, 272, 274, 280, 306
Kernrisiko 15
Kick Back-Risiko 42
Kleine und mittelgroße Versicherungsunternehmen 26, 167, 201
Kodezisionsverfahren 154
Kohärenzaxiomatik 91
Komitologieverfahren 162
Kompositversicherer 3, 134, 136, 137
Konzentrationsfaktor 232, 233, 279, 280, 290, 300, 305
Konzentrationsrisiko 21, 47, 49, 59, 105, 201, 202, 205, 229, 233, 238, 287, 290, 302, 305
Konzept, holistisch 22
Konzept, probabilistisch 112
Korrekturterm 197
Korrelationskoeffizient 101, 102, 106, 107
Kostenrisiko 42, 43, 214, 216
Kovarianz 101, 102, 202, 203, 276
Krankenversicherungsvertrag 214
Krankheitsrisiko 41, 290, 307
Kreditrisiko 20, 50, 167, 177, 194, 199, 204, 221, 223, 230, 250, 302, 303, 304, 335
Kummleffekt 11
Kumul 12, 49, 215
Kumulschaden 12, 59, 100
Kursänderungsrisiko 47, 49

L

Lamfalussy-Verfahren 151, 152, 159, 162, 163, 164
Länderrisiko 11, 47, 49, 51, 254, 255
Langlebigkeitsrisiko 41, 212, 216
Lapse Risk 42
Lebensversicherungsunternehmen 3, 27, 40, 138, 256
Leistungserstellungsrisiken 56
Letter of Credit 230
Liability Risk 298, 300, 301, 305
Liquidität 46, 53, 128, 202, 255, 256, 260, 264, 289
Liquiditätsrisiko 20, 33, 54, 181, 280
Liquiditätstransformation 124
List of Tiers 190
Longevity Risk 41
Loss Reserve Equity 271
Lower Partial Moment 95, 96

M

Makro-Sicht 53
Mandatory Control Level 219
Marginal Capital-Verfahren 14
Mark to Market-Ansatz 181
Mark to Model-Ansatz 181
Market Consistency 181
Market Participants Consultative Panel 158, 164
Market Risk 34, 49, 277, 303, 326
Marktkonsistenz 181
Marktrisiko 20, 34, 46, 47, 167, 177, 197, 198, 201, 202, 302, 303, 311
Maßnahme, ultimativ 193

Materialität 20, 26
Mikro-Sicht 53
Mindestkapital 194
Mitentscheidungsverfahren 154, 163
Modell, stochastisch 54, 107, 112
Moment, zentral 94, 95
Mono Liner 233
Monotonie 92, 93
Morbidity Risk 41, 290, 334
Mortality Risk 41, 43

N

Net Asset Value 63, 111, 189, 201, 202, 203, 204, 212
Net Required Capital 121, 268, 271, 274, 275, 276
Nicht-Leben Versicherungsunternehmen 3
Nicht-Leben-Bereich 3, 8, 30, 32, 36, 38, 39, 45, 55, 67, 276
Non-investment Grade 244
Notch 245

O

Occurance-Police 224
Operational Risk 34, 196
Ordinalskala 243
Outlook 246

P

Pandemie 45
Partialmoment 95, 96
Pi-Rating 241, 251, 252, 253, 257, 312
Portfoliodiversifikation 89, 265, 279
Prämie, brutto 27, 38, 57, 135, 196, 215
Prämie, netto 38, 208, 237, 281, 282, 285, 286
Prämienbasisfaktor 284

Prämienrisiko 38, 206, 208, 215, 223, 227, 231, 232, 233, 282, 305, 306, 325, 335
Premium Baseline Capital Factor 284
Pricing-Risiko 271
Probable Maximum Loss 97, 273, 274, 280, 306
Produktrating 248, 252, 344
Prognoserisiko 36, 37, 41
Property Risk 48
Proportionalität 20
Public Data Rating 251

Q

Quantil 97, 98, 210
Quotierungsrisiko 271

R

Ranking 218, 241, 242, 243, 244, 258
Rat der Wirtschafts- und Finanzminister 154
Rating, interaktiv 5, 251, 252, 256, 257, 266, 316
Rating, intern 253
Ratingkriterium 251, 253
Rechnungsgrundlagen 40, 43, 212
Regulierung 123, 124, 125, 126, 312
Reinsurance Recoverabele 303
Reputationsrisiko 21, 58, 59
Reserve Capital Baseline Factor 284
Reserve Defiency Faktor 283
Reserve Risk 38, 223, 277, 281, 326
Reserveadäquanzfaktor 285
Reservedefizitfaktor 283
Reserven, mathematisch 139, 141, 142
Reserverisiko 37, 38, 39, 51, 206, 207, 208, 209, 215, 223, 226, 227, 232, 233,

276, 281, 282, 305, 307, 325, 335
Reservierungsfunktion des Kapitals 65
Retrozession 15, 16, 294
Retrozession, konzernintern 230, 278
Return on Risk Adjusted Capital 319
Revision Risk 43
Revision, intern 17, 19, 21, 23, 24, 27
Risiko, außerbilanziell 30, 58, 219, 227, 231, 233, 238, 269, 273, 274, 276, 277, 287, 288, 289, 292, 326
Risiko, biometrisch 39, 40, 41, 212
Risiko, operationell 1, 11, 12, 20, 31, 32, 33, 34, 35, 56, 57, 58, 83, 121, 130, 150, 167, 177, 194, 196, 197, 198, 315, 317
Risikodimension 33
Risk Based Insurance Capital-Modell 121, 261, 293

S

Sanierungsplan, finanziell 149
Sarbanes Oxley Act 170
Schadensindex 134, 136, 137
Schadensquote 208, 224, 235, 236, 271
Schadensrückstellung 38, 70, 135, 137, 264
Schätzwert, bester 174, 176, 182, 183, 184
Scheinkorrelation 116, 117, 119
Schuldendienst 269, 272
Schwankungsrisiko 41, 211
Schwankungsrückstellung 71, 297, 306
Schwellenland 203
Selbstbehaltquote 136, 139, 141, 142

Sensitivitätsanalyse 273
Sicherheitskapital 35, 70, 91, 218
Size Factor Adjustment 302, 304, 329
Skaleneffekt 92
SOLL-Solvabilität 133, 134, 138, 143, 144, 145, 146, 148
Solo-Plus-Solvabilität 131
Solvabilitätskonzept 1, 28, 64, 74, 83, 84, 103, 110, 114, 123, 124, 128, 217, 316, 345
Solvabilitätsplan 148
Solvenzbilanz 166, 176, 177, 178, 201
Sovereign Ceiling 255
Sovereign Risk 51
Spread of Risk Factor 279, 290
Spread-Risiko 48
Stammaktie 278, 279, 289, 290
Standardformel 34, 115, 120, 122, 124, 152, 156, 164, 165, 166, 167, 168, 173, 174, 175, 176, 177, 178, 180, 186, 187, 188, 193, 201, 210, 259, 340
Sterblichkeitsrisiko 41, 212, 290, 307
Steuern, latente 196, 197
Stornorisiko 41, 42, 43, 52, 211, 212, 213, 214
Stresstest 54, 267, 270, 273, 279, 338
Streuungsmaß 94
Subadditivität 92
Szenarioanalyse 108, 109, 348

T

Teilmodell 167, 174, 186, 187, 188
Terrorismus 45, 270, 272
Tontinegeschäft 142
Top-Down 9, 22
Transfer- und Konvertierungsrisiko 51

Translationsinvarianz 92

U

Unternehmensrating 248, 249, 353
Unternehmensrisiko 235
Untertarifierung 38
Unveränderbarkeit 92

V

Variable, intervenierend 116, 117
Varianz 95, 96, 100, 101, 198, 202, 203
Veräußerungswert, aktuell 181
Verbindlichkeiten, nachrangige 73, 189, 192, 337
Verbraucherrating 249
Verfahren, risikotheoretisch 14
Verfahren, spieltheoretisch 14
Verteilung 9, 13, 14, 37, 51, 84, 97, 98, 101
Verteilungsfunktion 13, 84, 97, 98
Volatilität 55, 202, 204, 256, 279, 284, 285, 289, 295, 352
Volatilitätsrisiko 41, 277, 326
Volumenmaß 207, 208, 209, 280
Vorjahresvergleich 134, 135
Vorsichtsprinzip 62, 64, 71, 178

Vorzugsaktie 61, 250, 278, 289, 302, 303

W

Wachstumsfaktor 286
Wachstumszuschlag 232, 233
Währungsrisiko 11, 47, 49, 51, 205
Wertänderungsrisiko 47, 48
Wertbereich 33, 95, 96
Wertpapier, festverzinslich 47, 48, 229, 272, 277, 289, 303, 326
Wertpapiere Dritter 278
Wiederanlagerisiko 42

Z

Zeichnen 16, 87, 185, 194, 195, 250, 318
Zeichnungsjahr 69, 85, 87, 88, 89
Zeichnungspolitik 264
Zeitwert, beizulegend 178
Zession 15, 16
Zillmerforderung 52
Zinsänderungsrisiko 42, 48, 55, 202, 203, 223, 237, 239, 277, 280, 288, 292, 326
Zufallsrisiko 36
Zufallsvariable 83, 84, 95, 97, 100, 101, 102
Zweckgesellschaft 184, 278

www.ppogmbh.de